存在巨链

——对一个观念的历史的研究

〔美〕阿瑟·O.洛夫乔伊 著

张传有 高秉江 译

邓晓芒 张传有 校

商务印书馆
The Commercial Press
2019年·北京

Arthur O. Lovejoy
THE GREAT CHAIN OF BEING
A Study of the History of an Idea
Chinese(Simplified Characters)Trade paperback copyright
© 2015 by The Commercial Press.
All Rights Reserved
本书根据哈佛大学出版社1964年英文版译出

洛夫乔伊和他的观念史研究
（译序）

洛夫乔伊(1873—1962)是美国当代著名的哲学家,他曾在斯坦福大学、华盛顿大学、密苏里大学等大学任过教。他于1938年退休,同年创建了《观念史杂志》。他也是美国大学教授协会的创建人之一。洛夫乔伊的贡献,主要体现在他的观念史研究上,可以说是他开创了这个新的研究领域。按照他的说法,观念史研究不是仅属于某一学科领域的研究,它涉及哲学、文学、科学、宗教等多个领域,在一定意义上,它是对人类文化的综合研究。《存在巨链》一书是他观念史研究的最著名的著作。1948年,他还出版了《观念史论文集》,在该书中,他进一步探讨了浪漫主义、进化主义、自然主义以及尚古主义这样一些观念。他的其他哲学著作还有《反对二元论》、《对人性的思考》、《理性、悟性与时代》等。

洛夫乔伊所说的观念史研究是对人类思想史中的重要观念所作的反思和研究。由于这种研究主要是从哲学反思的高度出发的,因而在一定的意义上,我们也可以把它归于哲学研究的范畴之中,但它决不仅仅是一种哲学研究。人类在认识世界的长期过程中形成了许多观念,这些观念构成了我们思维的基本要素,离开它们我们就无法进行思想。然而人们却很少对这些观念进行认真的研究，很少过问这些观念是如何形成的，它们在人类思想发展史上是如何发展演变的，以及它们在人类思想史上起了何种作用。洛夫乔伊正是意识到人类思想史研究中的这一空白，从而开创了这样一个新的研究领域。在《存在巨链》一书中，洛夫乔伊主要是研究了"存在巨链"(The Great Chain of Being)这一观念群的产生与发展过程，同时也研究了这一观念群与它们赖以产生的充实性原则、连续性原则、充足理由原则等思维原则之间的联系。可以说，能够把"存在"看作一种连续不断的巨大的链环，没有这些思维原则作基础，是完全不可能的。关于洛夫乔伊是如何论述这一观念和思想原则的，我不准备在此处赘述，其中精彩的内容留给读者自己慢慢欣赏和体味，在此我只想谈谈由洛夫乔伊所提出的有关观念史研究中的几个原则和问题。

首先是关于观念史研究与哲学史研究的关系问题。洛夫乔伊认为，他用观念史这种说法所表达的东西，与哲学史相比较，在所涉及的范围上既更加特殊一些，又更为宽泛一些。说它特殊一些，主要是指：哲学史主要是研究各哲学家或哲学学派发展的历史，而观念史则是研究哲学中的某些观念或观念群，研究这些观念或观念群的发生与发展的历史，就此而言，它所研究的范围要相对狭窄一些；至于说观念史的研究在范围上比哲学史更宽泛一些，主要是指对这些观念或观念群的研究不仅涉及哲学，还涉及其他各种学科，涉及宗教、文学、艺术等各种文化现象。为了具体说明这一点，洛夫乔伊把观念史的研究比作化学中的分析，也就是把各种思想和命题加以分解，分解成许多基本成分，分解成许多不能再分的最为简单的观念，这些基本观念他称之为单元—观念(unit-ideas)。

而这些单元—观念也就是观念史研究的对象。要弄清哪些观念属于这种单元—观念并不是一件简单的事,因为有许多看似单元—观念的东西,其实是许多观念的复合物,例如那些被冠以各种主义(-ism)的语词就是如此,甚至像"基督教"这样的语词,都不能说是基本的单元—观念,而是一些观念的复合物。

其次,尽管洛夫乔伊把各种"主义"排斥在单元—观念之外,但是,他却认为对观念的研究应当包括一些观念群,"存在之链"就不是一个观念,而是一个观念群,它虽然是由多个观念组合而成,但是洛夫乔伊认为它仍属于最基本的观念,属于单元—观念。所以我们可以看到,在洛夫乔伊那里,区分单元—观念的不是它的外在形式,而是它的内涵,某些观念尽管它在形式上是单一的,但它不属于单元—观念,某些观念在形式上是由多个语词组成的,但它仍属于单元—观念。

那么,究竟哪些观念属于这种单元—观念呢?也就是说哪些观念是观念史研究的对象呢?洛夫乔伊列举了属于观念史研究的五种单元—观念。它们分别是:(1)某些含蓄的或不完全清楚的设定,或者在个体或某一代人的思想中起作用的或多或少未意识到的思想习惯。"正是这些如此理所当然的信念,它们宁可心照不宣地被假定,也不要正式地被表述和加以论证,这些看似如此自然和不可避免的思想方法,不被逻辑的自我意识所细察,而常常对于哲学家的学说的特征具有最为决定性的作用,更为经常地决定一个时代的理智的倾向。"* 什么是洛夫乔伊所说的这种假设、思想习

---

* 《存在巨链》(英文版)第 7 页。

惯呢？简单地说，它们就是那些在某一时代决定着人们的思维模式的、潜在的逻辑设定，或未能意识到的思维定式，比如18世纪西欧人思想中关于"世界是简单的"，或者说"世界是既简单又复杂"的看法，就属于这种单元—观念。这些假定具有作者所说的那些特征；即：它们是"含蓄的"、"不完全清楚的"、"心照不宣的"、"不要被正式表述和加以论证的"和"看似如此自然和不可避免的"、"不被逻辑的自我意识所细察的"等等。但是，它们又是经常地决定着一个时代的理智的倾向。其实，我们在从事哲学史或其他思想史研究的过程中，都可能发现许多类似的思维定式。比如，亚里士多德时代的关于"存在的序列不能无限延伸，必有一终点"的思想，中世纪思想中的"原因必然大于结果"的思想原则，就是此类东西。它们并没有明确地作为一种思想命题提出来并加以论证，但是，它们却成为当时的一种思想规范潜在地影响着人们的思维。这种单元—观念一般说来是由多个观念所构成，有些甚至是一些基本的判断，但洛夫乔伊认为它们正是他所说的单元—观念。这种观念的特点就在于它的潜在性，它是存在于人们心中而没有被明确表述出来的东西。

（2）作为观念史研究的对象的单元—观念还包括某些特有的假定或理智的习惯。和上述那类观念不同的是，虽然它们也常常是属于如此一般，如此笼统的一类东西，但是它们却不是"含蓄的"、"心照不宣的"，而是明确的、被界定了的。它们有可能在任何事情上影响人的反思进程。洛夫乔伊在说到这类观念时将它们称之为某种辩证的动机。他说："你可能发现某个人、某一学派甚至是某一代人的许多思想，被这种或那种理论倾向、逻辑手法、方法论假定所支配、所决定。如果这种假定明确了起来，它就相当于逻辑学或形而上学中的一个大的、重要的、或许还是很可争辩的命题。"*对此，洛夫乔伊所举的例子是一种可以称之为"唯名论动机"的理智习惯，这种理智习惯总是让人们本能地倾向于把所有一般概念的意义归结为那些属于这类概念的具体可见的特殊事物的枚举。他认为，从威廉·詹姆斯的实用主义思想中就可以看到这种理智习惯的巨大影响。可以说，这种唯名论的理智习惯对我们今天的许多人来说，仍然决定着他们的思维方法。

（3）作为观念史研究对象的，还有一种被洛夫乔伊称之为"形而上学的激情（pathos）"的东西。所谓形而上学激情，作者指的是这种东西，即在一切对事物之本性的描述中，在对一个人所属的世界之一切特征的描述中，通过一些富于诗意的语词所造成的移情作用所唤起的某种相同的情绪，或哲学家或其他读者所表现出来的情调。这种东西显然不是我们平时所理解的观念，但是就它对人类思想的影响而言，确实起到和观念同样的作用。洛夫乔伊并没有具体地解释为什么把它们称作"形而上学"的激情。我以为，这大概是因为他所说到的这些激情，虽然具有情感的成分，但是它们不同于一般的情感，它们所关涉的是形而上学思维方面的激情，这一点从他所提出的例证就可以看出。他认为，那种"审美的激情"和"奥秘的激情"就属于此类观念。它们是人们在阅读某本书籍或接受某种思想（如黑格尔的思想）时所引发的情感反射，在日常生活中，大量的这类或那类情感反射产生于没有任何明确意象

---

* 《存在巨链》（英文版）第 10 页。

介入的读者之中。他提出,属于这类形而上学激情的还有"一元论的激情"和"唯意志论的激情"等。作者之所以把这些情感反射也归于单元—观念之中,是因为他认为,这些激情背后有一些潜在的思想作基础。比如,那种"指出隐藏的神秘的意义是多么令人兴奋和多么值得欢迎"的奥秘的激情就是由"一切陌生的东西都是惊人的"这一潜在的思想作为基础的;而"一切是一","和任何别的数目比起来,有什么比'一'这个数更美丽更神圣"的思想则给如此之多的人们一种特殊的一元论激情的满足。据此,洛夫乔伊明确地提出:"不同种类的形而上学激情的感受性,我确信,起了重要的作用,不仅是在通过巧妙地引导许多哲学家的逻辑的方式而形成哲学体系时起作用,而且是在他们曾经感染过的群体和几代人中的不同的哲学时尚和影响中起作用。发现这些变化着的感受性,揭示它们何以有助于形成一种体系,或给一个观念以貌似合理性并使之流传的精巧工作,是观念的历史学家工作的一部分。"*

(4)作为一位观念史家还应该研究一个时期或一种运动中的神圣语词和成语,用某种观点去清除它们的模糊性,列举它们各种各样的含意,考察在其中由模糊性所产生的混乱结合的方式,因为这些语词和成语是在更大的思想运动中真正起作用的因素。特别是这些语词的模糊性曾影响到各种学说的发展,或者加速某一流行的思想由一个向另一个,或许正好是向其相反方向的不知不觉的转化。而且由于这些语词的模糊性,它们很有可能作为历史的力量而产生某种独立的活动。它们可能由于与某一时代流行的信

---

* 《存在巨链》(英文版)第14页。

仰、价值标准以及口味相投而得以流行或被人们所接受,从而改变人们的信仰、价值标准以及口味。他所举的神圣语词的例子就是"Nature"[本性]这个词在历史上所起的作用。他认为,Nature这个词是哲学语义学研究中含义最丰富的一个语词,也是其含义最为模糊的一个词,而这个词对人类思想的影响是十分巨大的。其实,与Nature这个词一样的还有Being这个词,最近一个时期,我们很欣喜地看到,我国的西方哲学史界对Being这个语词进行了热烈的讨论,也许这正是我国学界观念史研究的一个开端。

(5)观念史要研究的还有这样一些观念,它们存在于被早期欧洲最具影响力的哲学家所明白阐释的某种单一特殊的命题或原则之中,以及和那些作为或曾被设想为它的推论的进一步的命题处在一起。这些观念和这些原则紧密相连,只有弄清了它们,才能对与之相处的命题有一个明晰的了解。比如在洛夫乔伊的《存在巨链》一书中研究的"存在巨链"的观念,就属于此类观念。它是和"存在是充实的"、"存在物是连续的"以及"存在物是有等级的"、"充足理由原则"等假定命题或假设处在一起,存在于它们之中的。

最后,在对观念史的研究对象作了上述说明之后,洛夫乔伊进而提出观念史的研究方法的问题。应该如何去从事观念史的研究?他给我们提出了几个值得注意的问题。

(1)他认为,观念史的研究不应该仅仅局限于某一研究领域,如哲学史的研究领域,观念史的研究者应当穿越不止一个历史领域,而是穿越全部历史领域,即单元—观念以各种重要性出现于其中的那些无论是被称为哲学、科学、文学、艺术、宗教还是政治的历史领域。在这些领域中去追溯历史学家离析出来的每一个单元—

观念。他认为，有些领域被人们认为与观念史研究无关，然而实际上它与观念史研究有着极为密切的关系。比如，园艺美化的历史是哲学的近代思想史的一个部分，是研究观念史时不得不关注的方面。那种1730年以后在法国和德国迅速地流行起来所谓"英格兰式花园"的时尚，看起来与观念史或思想史毫无关系，只是建构花园的一种时尚技巧，其实它却是其后产生的某种类型的浪漫主义思潮的端倪。因此，当我们研究浪漫主义思潮时，我们就应该研究这一时期的园艺美化史。洛夫乔伊还认为，观念的历史学家在寻求某种观念或假定在某种哲学或宗教体系或科学理论中的最初起源时，他应当寻求它在艺术中，尤其是在文学中最有意义的表现。因为正如怀德海所说的，"正是在文学中，人类具体的见解才得到其表达。因此，当我们希望发现一代人的内心思想时，我们必须考察文学，特别是在它的较为具体的形式中进行这种考察"。洛夫乔伊在他的《存在巨链》中考察"存在之链"的观念时，大量地引证了近代诗人们的诗歌，以此证明，这一观念已经深深地渗透到了文学艺术之中，当然，这种做法对研究者的知识面提出了更高的要求，同时它也给我们翻译该书的工作带来了不少麻烦，因为诗歌的翻译可以说是翻译工作中最难的。在说到这种跨学科的研究时，洛夫乔伊还对西方现行的教育体制表示了不满：严格的专业划分，各院系之间的老死不相往来，为这种多学科的研究设置了人为的障碍，当然也给观念史的研究制造了诸多的困难。

（2）洛夫乔伊在《存在巨链》一书中还提出了一个值得注意的思想，那就是：他认为，观念史的研究不宜采取按国别、种族或语言来划分的方式进行，而应该按照一定的时代，或者该时代中的某些群体的划分来进行。在他看来，没有什么英国观念史，也没有什么法国观念史，国别之间的区别固然重要，但是观念变化主要还是时代的影响。在他看来，同一国家不同时代的人们之间在思想上的差异，远远超过同一时代不同国家的人们之间在思想上的差异。在他的这种说法中，我以为透出一种按时代精神或社会思潮研究观念史的想法。我以为这种研究方式比起我们现行的按照国别、民族、地域，以及按照思想家的人头来进行研究的方法要好得多，因为它能够更好地把握观念发展的历史。最近，我们准备为我校人文试验班编一套融哲学、历史和文学发展史为一体的人文科学发展史，写作思路就准备按照洛夫乔伊的想法进行。

在观念史的研究方法方面，洛夫乔伊还提出一个新颖的想法。他认为，我们不要一提起对历史的研究就想起那些著名的大思想家，而忽视那些不怎么有名的思想家。如果你最感兴趣的是那些得到最广泛的传播的观念，那么对你来说，这些较次一级的作家也就有可能和写过名作的大作家一样重要了。如果说得更极端一些，在许多情况下，这些小作家常常可以比那些大作家要显得更为重要一些。之所以如此，他援引帕尔默(Palmer)教授曾说过一句真实且相当巧妙的话来加以解释："一个时代的倾向，在它的地位低下的作者中经常比在那些居高临下的天才作家中表现得更加明显一些。"这是因为后者告诉我们他们所生活的时代，也告诉我们过去和未来。而那些较次的作家则主要是告诉我们过去，即告诉我们他们所生活的那个时代。这种说法虽然有一定道理，但是显然和他前面所说的话有些冲突，因为如果我们要想研究一个时代的精神，那么真正代表这个时代精神的，不会是那些不怎么知名的小作家，而是那些大作家。洛夫乔伊自己在《存在巨链》中研究的多半还是那些著名思想家的思想和观念，这一点就足以证明他并未按其所说的去做。客观地说，这话应该是这样说：在我们研究观念史时，我们除了必须研究那些著名思想家的思想外，也不应该忽视对那些有过一定影响的小思想家的思想的研究。

（3）洛夫乔伊认为，观念史研究的最大任务之一就是运用自己独特的分析方法试图理解新的信仰和理智风格是如何被引进和传播的，并试图去说明在观念的时尚和影响中的变化得以产生之过程的心理学特征。关于这一点，他没有加以详细论证。而且在他对"存在之链"观念研究的过程中也未能作出明确的示范。我想他只是把它作为一种研究方法提了出来，具体如何实施，也许他自己也还没有想好。

洛夫乔伊希望通过他的工作使更多的人来从事观念史研究，但是，他也意识到：对观念史的研究不是一件容易的事，因此他向正在从事或准备从事观念史研究的人们提出了三条忠告。第一是告诉人们，观念史的研究是充满危险和陷阱的，它有自己特有的偏激性。观念在其发展的历史中是混乱的，即使哲学史以及关于人类所有各个方面反思的历史，其大部分也都是观念混淆的历史。因而观念史研究是一个试错的过程，然而，就是错误也表明了这种研究的某种特殊本性、某些渴望、某些天赋，表明了那些陷入错误中的被造物所具有的有限性。第二是在我们从事研究时应该记住：虽然我们所研究的那些观念只是某一哲学家或某一时代思想的一个部分，是这些观念及其发展的历史，但是，我们一定要把它们放在全体中去认识和理解。他认为，在一个思想被专门化的时代中，要从各个领域中去研究观念史是有些困难的，而观念史的研究又要求我们对那些通常被设想为相互几乎没有关系的，通常是相当独立进行研究的大量学科的历史中的事件做出说明。因此洛夫乔伊强调：观念史不是那种具有高度专门化思想的学科的研究对象，观念史的研究要求研究者具有广博的知识，有对不同学科发展历史的充分了解。洛夫乔伊最后告诫人们说，我们决不能因为困难就放弃对观念史的研究，也不要因此而对观念史的研究漠不关心，因为科学研究的事实告诉我们：没有关于观念史的知识，要想理解主要领域内的大部分的西洋思想运动是不可能的。

观念史研究有助于扩展哲学史研究的范围，使哲学史的研究扩展到社会文化的各个领域，与科学史、宗教史、文学史等等研究紧密结合，从而开创思想史研究的一种新的视角和方法。因此观念史的研究，在一定意义上可以说是文化史、思想史的研究。这种研究的难度是很大的，它要求研究者具有广博的知识和驾驭众多原始资料的能力，从这一点上看，我们甚至可以说，并非每一个人都可以从事观念史的研究。不过我以为，虽然我们可能不适合从事观念史的研究，但是我们却不能没有关于观念史的知识，因为正如洛夫乔伊所忠告的那样：没有关于观念史的知识，要想理解主要领域内的大部分的西洋思想运动是不可能的。

张传有

2002年1月

目　录

前　言 ………………………………………………… 1
第一讲　导论　观念史的研究 ………………………… 5
第二讲　存在之链观念在希腊哲学中的起源：三个原则 ……… 30
第三讲　存在之链及在中世纪思想中的某些内在冲突 ……… 84
第四讲　充实性原则与新宇宙观 ……………………… 130
第五讲　莱布尼茨和斯宾诺莎的充实性和充足理由 ……… 192
第六讲　18世纪思想中的存在之链，及人在自然中的
　　　　地位和作用 ………………………………… 245
第七讲　充实性原则和18世纪的乐观主义 …………… 281
第八讲　存在之链和18世纪的一些生物学观点 ……… 307
第九讲　存在之链的时间化 …………………………… 327
第十讲　浪漫主义和充实性原则 ……………………… 389
第十一讲　历史及其道德的后果 ……………………… 425
注　释 ………………………………………………… **448**
索　引 ………………………………………………… **496**
译后记 ………………………………………………… 504
新版译者后记 ………………………………………… 507

前　　言

　　我发现,本书的题目对于那些未曾研究过这个主题和对其不很熟悉的人来说,似乎有点奇怪。但是,我所用作书名的这个短语,在西洋哲学、科学和反思性的诗歌中是那些最著名的语词中久用不衰的一个。在近代由这一短语或与之相似的短语所表达的这一观念,已经成为西方思想中最强有力和最持久的几个设定中的一个。实际上,在不到一个世纪之前,它可能是关于事物及宇宙构造模式的一般图式的流行最广的观念。因此,它必然预先决定了许多别的事物的现代观念。

　　真正奇特的是它的历史早先并没有人写过,而且它的意义和含意没有得到分析。对此,我想我所应该做的是,但显然却不是,历史的备忘录工作。如果它们不是历史的备忘录,我斗胆希望本书可能有助于使它们成为备忘录。确实,以往人们对历史的许多不同的部分已有所知,因此可以假定,它们或多或少是为人们所熟悉的。正是它们和某一流行的观念的复合物之间的联系——这种联系常常是相互的,因而——似乎仍然需要加以说明。用作对宇宙加以描述性命名的"存在之链"(the chain of being)这一术语,通常是用来断言世界的三个特殊的、丰富的和非常奇妙的特征的构成的一种方式,这些特征暗示了某种关于神的本性的概念。许多世纪以来这一概念都和另一作为潜在对立面的概念结合在一起——这一对立面最终会被揭示出来；西方大多数的宗教思想因此而深深地陷入自身冲突之中。关于终极价值的假设与关于世界之构成的同样的一些假说结合在一起，而又与别的同等流行的关于善的概念相冲突——前者只是在浪漫主义时期才表明了其全部意义。这种价值观念和关于宇宙是"存在之链"这一术语所蕴含的东西的信念一起，为解决恶的问题以及揭示事物之图式是一个可以理解的和理性的图式的大部分较为严肃的企图，提供了重要的基础。关于自然之构造的同样信念，存在于更早一些的近代科学的背景之中，而且以各种不同的方式影响着科学假说的形成。这些是我曾试图加以详细揭示和阐明的更为一般的历史事实。这种有关它们的初步提示，至少会帮助读者去判断这部书中的哪些主题会使他感兴趣，以及顺利担当评论家的工作——尽管我曾像一个谨慎的作者那样，试图避免在开场的概括中过多地透露故事将叙述的情节。

这种诸观念的复合物的历史似乎曾经向我暗示（如果不是证明）某些哲学结论，对此我打算附加在最后一讲有关道德的部分中简单陈述。我意识到它们是非常不适宜讲的，因为为了充分地扩展它们将会过分拉长本书的篇幅。

这些讲稿的绝大部分是按当时的口头讲演发表的。但是哈佛大学出版社的宽宏大量使它有可能作出相当大的扩充。主要是增加了较多的说明性的引文。我敢说，对某些读者来说，这些最终似乎还是内容多了一些。在我阅读此类著作时，当我希望看到其思想被评为研究的作者的实际说法时，看到的却是其思想的摘要和意译,我常常为此而感到恼怒。因此,我所提出的原则是使相关内容的文字做到充分合理地简洁。另一方面,我也不打算把所有的阐述全都包容进去;本书也不自诩为是一本,甚至差不多是一本重要的和与重要思想相关的著作之集大成者。

在我打算做的事情中,有某种根本上的困难,我希望仁慈的读者对此有所谅解。这些讲演并非为某一领域的专家准备的,而是为各个领域的大学的听众准备的。本书的一个实质性的目的在于追寻那些与思想史上大量不同领域相关的观念。因此当涉及属于某一领域的主题时,对某些问题作出说明看来也许是十分合适的,但对于那些精通这一领域的人们来说,这种说明又是不必要的了。然而,对于别的领域的专家,或者对于"一般读者"来说,对这一领域的内容就不可能有同等的了解了。

这里发表的如第 7 讲和第 10 讲中的某些段落先前已经在《现代美国语言学学会会刊》(1927)第 92 期上发表过。

感谢我的几个同事和朋友,他们不厌其烦地阅读了本书的手稿,并提出了特别有价值的批评和建议。对于这些帮助,我要特别感谢乔治·博厄斯博士(Dr. George Boas)、哈罗德·彻尼斯博士(Dr. Harold Cherniss)、罗伯特·L. 帕特森博士(Dr. Robert L. Patterson)以及霍普金斯大学的亚历山大·维恩斯坦博士(Dr. Alexander Weinstein)、史密斯学院的尼科尔森博士(Dr. Marjorie Nicolson),我禁不住要向哈佛大学哲学系表示我诚挚的谢意,感谢他们给我的荣誉和荣幸,为我提供了一个以詹姆斯的名字命名的讲座。我这个哲学上的生手在这些年来取得了一点小成就,却获得如此殊荣。我第一次听詹姆斯讲学时,他以不可比拟的方式说明了"心灵的实用主义的开放"的含义,以及对人类的那些古老问题进行新的和再度探索的可能性。

阿瑟·O.洛夫乔伊
霍普金斯大学
1936年3月

第一讲 导论 观念史的研究

这一讲主要是想对观念史作出点成绩；由于观念史这个术语常常在比我所想的更为含糊的意义上运用，因此，在过渡到所要考察的主要论题之前，似乎有必要对总体考察的范围、目的和方法作一简要的说明。这是我希望一直保留下去的一种说明。同时，我用观念史这种说法所表达的东西，与哲学史相比较，它既更加特殊一些又范围更为宽泛一些，它主要是借助那些与它自身相关的单元的特征使自己区分开来。虽然在大部分情况下它和思想史的其它分支运用的是同样的资料，而且在很大程度上依靠在先的劳动者的劳动，但是，它以特殊的方式划分这些资料，使这一资料的各部分参与到新的组合和关系中去，并且从不同的目的、立场出发去观察它。它最初的方法可能被认为有点类似于分析化学的方法，——虽然这种类比有其危险性。例如，在处理各种哲学学说的历史时，它按照自己的目的，把它分割成固定的独立体系，并且把它们分解成它们的组成成分，即分解成可称为单元—观念（unit-ideas）的东西。任何哲学家或哲学学派的学说，它们在总体上几乎总是一个复杂的和不同来源的聚集体，并且常常是以哲学家自己并未意识到的各种方式聚集在一起。它不但是一个混合物，而且是一个不牢固的混合物，尽管一代跟着一代，每一个新的哲学家通常都忘掉了这个令人伤感的真理。我认为,对这样一个混合物中的单元—观念加以探索的结果之一,是我们将更强烈地感觉到这一事实,即大多数哲学体系是按照它们的模式而不是按照它们的组成成分来创立或区分的。当研究者审视充斥于我们的历史教科书中的大量前后相连的论证和观点时,他很可能被提供的材料的多种多样和表面上的驳杂搞得手足无措。即使资料的排列借助于那种传统的——而且是大大误导的——依据各种学派或主义(-isms)对哲学家加以分类的做法而有那么一点简单化,但是它们仍然看起来极端繁多和混乱。每个时代似乎都在同样一些古老的问题上引申出各种新的推理和结论。然而事实却是,本质上独特的哲学观念或辩证的动机的数量——和那被看作真正有特色的笑话的数量一样——无疑是有限的,当然毫无疑问,原始的观念比起原始的笑话要多得多。许多体系中看似新奇的东西,应仅仅归于表面上的新奇或者说是对体系中的旧有要素所做安排上的新奇而已。当人们认识到这一点之后,作为一个整体的历史看起来就会是一个容易处理得多的东西了。我的意思当然不是说,那些本质上是新的概念、新的问题和关于它们的新的推理模式从未一次又一次地从思想史中产生出来。然而这种绝对新奇的东西的增长,在我看来比人们所设想的要少得多。确实,正如化学上的合成物在它们的可感性质上不同于构成它们的要素一样,哲学学说的要素也是如此,在区分其逻辑上的组合时,通常并不是很容易就能辨认出来的;由于哲学家态度的不同,以及由于在各个部分中重点分布上必然的不均衡,或者由于从部分相同的前提中引申出不同的结论,在分析之前,甚至是相同的复合物,也可能由于它们的不同表达而成了不同的东西。研究各种特定观念的历史学家希望能看透那些隐藏在表面差异性背后的普通逻辑的,或伪逻辑的,或感情的成分。

这些要素并非总是(或常常)对应于我们在为人类的伟大历史概念命名时通常惯用的那些术语。有些人曾打算撰写有关神的观念的历史,这些历史如被写出当然很好。但是,神的观念不是一个单元—观念。在此我并非仅仅说的是那些老生常谈的话,即不同的人曾经用同一个名字去标志各种完全不同和不适宜的超人的存在物;我要说的还包括:在这些信念中的任何一个之中,你通常都能够发现出某种东西,或者某些东西,它们比起该信念自身来如果说不是更有意义一些,也是更为基本一些和更具解释性一些。确实,亚里士多德的神和在西奈山上训诫我们的神几乎没有什么共同之处。虽然通过在西方历史上最不可思议和最严重的悖谬之论,基督教的哲学神学曾使这两个神相等同,并且把人的主要目的界定为对这两个神的效仿。但是,同样为真的是:对于那些赋予上帝以他所认为的最崇高的名称的人来说,亚里士多德关于这种存在的概念仅仅是某种较一般的思想方法的结果,一种并非专属于他的辩证法(我在后面将说到它)的东西,这种思想方法具有很强的希腊特征,但几乎完全与古代犹太精神无关。在历史上,这种方法曾把它的影响表现在伦理学和美学之中,有时甚至是在神学和天文学之中。在这种情况下,对于这个先行的、既更为基本又更为多种多样起作用的观念,观念史学家应该运用于他的探究方法之中。正是在这些持续不断的动力学的因素之中,那些在思想史中产生影响的观念,是他特别地感兴趣的观念。于是一种系统表达的学说有时是一种相对缺乏活力的东西。那种由思想进程所达到的结论,常常也就是该思想进程的结论。材料中更有意义的因素可能不是某些个人所宣称的教条——这些教条在意义上或是单一的或是多样的——而是导致他们去得到这一教条的动机或理由。这些部分相同的动机和理由有可能产生极为不同的结论,在不同的时期和不同的人物那里,本质上相同的结论可能由完全不同的逻辑动机或其它动机所产生。

或许,对那些以-ism 或-ity 作后缀的著名的名称所标志的学说和倾向加以评论并非多余。它们虽然偶尔有可能是观念的历史学家所希望加以辨别的那种性质的单元,但往往并不是这种单元。正相反,它们通常构成要求把他的分析方法用于其上的混合物。唯心主义、浪漫主义、理性主义、先验哲学、实用主义——所有这些引起麻烦的,通常也是搞混思想的专名——人们有时真希望看到这些专名从哲学家及历史学家的词汇中被删除——是复合物的名称,而不是单纯物的名称,而且是两种意义上的复合物的名称。通常它们不是代表一种学说,而是代表几种不同的且常常是相互冲突的学说。这些学说为不同的个体或群体所主张,这些个体或群体思考这些名称的方法要么是曾经为他们自己所用过的方法,要么是曾经在历史学家的传统术语中用过的方法。而且,这些学说中的每一个好像都可以依次解析为更为简单的要素,这些要素常常很奇怪地结合在一起,而且是从许多不同的动机和历史影响中派生出来。例如,"基督教"这个名词,就不是任何研究特定观念的历史学家所寻找的那种单个单元的名称。我这样说不仅指的是那些同样表明且声称自己是基督徒的人们在历史过程中,在同一名称下主张各种不同的和相互冲突形式的信仰这一声名狼藉的事实,而且也指这些人和这类人中的任何一个人通常在那个名称下主张一个诸观念的非常混淆的集合体。这种在单一名称下,并被设想为构成一个真正的统一体的结合物,是一个非常复杂和古怪的东西的历史过程的结果。当然,基督教会的历史学家们应该撰写基督教史的著作,这是恰当的和必然的。但是,在他们这样做时,他们正在写出这样一系列事实,这些事实总的说来除了名称而外几乎没有什么共同的东西。这种事情发生在世界的这样的地方:尊敬某个人,他的本性和教导的威望,曾被极为不同地加以想象,以致这里的统一体也大多是一个名义上的统一体。而且对他们的历史先辈中的一部分人的认同,对某些主张和影响的认同,这些主张和影响与别的主张多种多样地结合在一起,造成了每一个这类信仰体系本身。在同一名称下所经历的整个一系列历程和运动中,以及分别在他们之中的每一个所经历的历程和运动中,如果我们要想发现在任一给定的情况中出现的真正的单元,真正起作用的观念,就必须走到其单一性和同一的表象背后,去打破把众多东西包容在其中的外壳。

这些大量的运动与倾向,这些按惯例加上-isms 的东西,通常不是观念史学家所关注的终极对象;它们仅仅是一些原始的材料。那么,历史学家寻求的思想史中的那些要素,那些基本的、持续不变的或重复出现的能动的单元是什么呢?它们是相当异种的;我不打算作出正式的界说,而只是提及某些基本的类型。

(1)首先,有一些含蓄的或不完全清楚的设定,或者在个体或一代人的思想中起作用的或多或少未意识到的思想习惯。正是这些如此理所当然的信念,它们宁可心照不宣地被假定,也不要正式地被表述和加以论证,这些看似如此自然和不可避免的思想方法,不被逻辑的自我意识所细察,而常常成为哲学家的学说的最明显特征,更为经常地成为一个时代的主要的理智的倾向。这些隐含的因素可能具有多种多样的类别。一类是依据某些范畴或特殊类型的想象来思考的意向。如在"精神简单化者"(*esprits simplistes*)(英语中无与之对应的词)——那些在习惯上倾向于假设可以找到所处理的问题的简单的解决办法的人们——与那些惯常能知觉到事物的一般复杂性的人们,或者,在极端的情况下,与那些被大量的可能和他们所面对的任何情况有关的考虑,以及他们之间的可能有的复杂关系所烦恼和恐吓而形成的,具有哈姆雷特式本性的人们之间,存在着一种实际上非常重要的区别。例如,17、18世纪启蒙运动的代表人物就被这种简单性的假设明显地描述成某种特殊的阶层。虽然有许多的例外,虽然在相反方向上起作用的时尚中有一些强有力的思想,但仍然主要是一个"精神简单化者"的时代;而且他们在实际上产生了最重要的实践上的后果。在某些人那里,对简单性的设想确实与对宇宙复杂性的某种意识,以及对人类理解力必然的蔑视结合在一起。这初看起来是完全不协调的,但是其实却并非如此。典型的18世纪初的著作家充分意识到宇宙作为一个整体在物理学上是一个极其庞大而且极为复杂的东西。那个时期启发人的华美词章中最受人们喜爱的一段就是蒲伯*告诫人们提防理智的自以为是的部分:

---

* 蒲伯(Pope Alexander 1688—1744),英国18世纪前期最重要的讽刺诗人。——译者

第一讲 导论 观念史的研究

谁能通过巨大无垠的空间,洞察一切,
看到世界加世界组成一个宇宙,
看到系统如何在系统之中运行,
别的行星如何绕着别的太阳转,
每个星球上的人们如何在变化,
他就能告诉我们上苍为何使我们像现在这样。
但对于这样的体格、姿态和联系,
如此坚强的团体,倾心相依,
如此公正的等级,你的无所不至的灵魂,
能看透么?难道部分能够包容整体?

在那个时代流行的哲学中,你可以发现大量的这类东西。这首关于理智的谦虚的诗歌,实际上具有那个时期普遍流行的特色,或许洛克比别的任何人都更加多地参与到这种时髦中。人类必须记住自己精神力量的有限性,必须以"相对的和实际的理解力"为满足,这种理解力是他获得知识的唯一器官。正如洛克在他的一段名言中所指出的:"人们如果不想冒和他们自己的构造相冲突的危险,而且不愿意抛弃占住他们双手的祷告的话,是可以找到足以使他们的头脑忙起来的事情的,他们也可以以各种令人高兴和满意的方式去运用他们的思想,因为他们的手并非大得足以抓住一切。"我们一定不要"放任我们的思想进入存在的汪洋大海之中,就好像这一无边无际的空间是我们理解力的自然且无疑的所有物一样,就好像这里边无物能不受其决定,无物能不被它所理解一样。如果我们愿意把我们的思想只用于那些可能有益于我们的东西,运用于它们完全有能力运用的东西,我们就没有太多的理由去埋怨我们思想的狭隘性了……不能原谅一个懒惰且不听话的仆人,他不愿意凭借烛光去看顾他自己的工作,却借口说他没有明亮的阳光。对我们的目的来说,在我们之中点燃起这样的烛光就足够了。我们用这种烛光可能做出的发现应该足以使我们自己感到满足。当我们以这种方式和适合于我们的能力的比率去接纳所有这些对象时,我们因而将正确地运用我们的理解力"。

虽然在人的理智与世界之间不成比率的认识中表现出来的这种缺乏信心的说法,这种自负的谦虚,是18世纪大部分时间中最为流行的理智的潮流之一。但是这种说法常伴随着一种关于真理的简单性的极端假设,这些真理是人所必需的,而且在他力所能及的范围之内。这种说法还伴随着对一些"简短易行的方法"的可能性的确信,它不仅和自然神论者相伴随,而且几乎和所有正当的人类事务相关联。"简单性,真理的最高贵的装饰",约翰·托兰德*独具特色地写道;人们可以看到,对他以及他那个时代和他那种气质的许多人而言,简单性实际上不仅是一种外在的装饰,而且是一种他们愿意接受其为真的,或者是明白地考察其为真的观念或学说的必要属性。蒲伯在他最著名的诗句中劝诫他的同时代人说:

认识你自己吧!不要假定上帝的审视!
人类恰当的研究对象就是人本身。

---

* 约翰·托兰德(Joho Toland 1670—1722)英国著名自由思想家、自然神论者,他的著名著作是1696年写的《基督教并不神秘》。——译者

他暗示了对于人类的思想而言,神学和思辨形而上学的问题太大,但是他也暗示了对同时代人来说,人是一种可以忍受的单纯的实体,而要探测人的本性,这恰恰是在他被赋予的明显有限和单纯的理智力量的范围之内。由于假定人类的本性是一种简单的东西,通常启蒙运动也设想政治的和社会的问题是简单的,因而是容易解决的。使人类心灵摆脱一些古代的错误,清除他对形而上学"体系"和神学教条这些人为混杂的信仰,保留他的与自然状态的简单性相类似的社会联系,假设他的本性的优越性得到实现,那么人类以后将幸福地生活。总之,我提到过的这两种倾向,有可能追溯到一个共同的根源:人类兴趣活动的范围是有限的,就连他的想象力的范围也是有限的,这种有限性本身就是偏爱思想的简单图式的一种表现;这种理智上谦虚的气质部分地说是讨厌不可理解的东西、烦琐的东西以及神秘的东西的表现。另一方面,当你步入浪漫主义时代时,你会发现简单性成为一个值得怀疑的甚至讨厌的东西,而弗里德里希·施莱格尔*独具特色地称之为 *eine romantische Verwirrung*[浪漫主义的混乱]的东西,则是在人们的气质中、在诗歌中和在宇宙万物中得到最多重视的品质。

(2)这些某地特有的假定,这些理智的习惯,常常是属于如此一般,如此笼统的一类东西,以致它们有可能在任何事情上影响人的反思进程。那些属于相同类型的一类观念可以称之为辩证的动机。也就是说,你可能发现某个人、某一学派甚至某一代人的许多

---

* 弗里德里希·施莱格尔(Friedrich Schlegel 1772—1829)德国作家、批评家、浪漫主义的先驱之一。——译者

思想，被这种或那种理论倾向、逻辑手法、方法论假定所支配，所决定。如果这种假定明确了起来，它就相当于逻辑学或形而上学中的一个大的、重要的，或许还是很可争辩的命题。例如，一件不断重现的事是唯名论的动机——某些人几乎本能地倾向于把所有一般概念的意义归结为那些属于这类概念的具体可见的特殊事物的枚举。这本身表明在各个领域中完全远离了专门的哲学，而且在哲学中，这种倾向作为一种在许多别的学说中也起决定性作用的东西出现，不仅仅是在那些通常标示为唯名论的学说之中。威廉·詹姆斯的实用主义大量证明这种思想方法对他的影响，而在杜威的实用主义中它却起着小得多的作用。另一方面，也有一种有机论的或"在有裂缝的墙上开化"（flower-in-the-crannied-wall）的动机，这是这样一种假设习惯，即假设在你拥有这种或那种复合物时，这个复合物中的任何要素都无法完全理解，也没有任何要素能够完全脱离与它所属的系统中的所有别的要素之间的联系。你可能还会发现，这一点在某些人独特的思维模式中起作用，甚至在那些非哲学的事情上起作用，进而它还在哲学的体系中，而不是在那些形成各种关系的本质性原则的正式教条的东西中表现其自身。

(3) 观念史中的另一类因素可能被描述为对各种各样形而上学激情（pathos）的感受性。这种在决定哲学的风格以及思辨的倾向中有影响的原因，被如此之少地考虑，以致我发现它没有一个为人们所认同的名字，而不得不创造一个并不完全能辨明自身的名字。在一切对事物之本性的描述中，在对一个人所属的世界之一切特征的描述中，用这样一些富有诗意的语词，通过它们所造成的移情作用来唤起某种相同的情绪，或哲学家或其他读者所表现出来的情调,"形而上学的激情"就得到了证明。对于许多人来说——我想,对大多数外行而言——阅读一本哲学书籍通常无非是某种形式的审美体验,甚至在读那些完全缺乏艺术魅力的著作时也可能如此。大量的这类或那类情感反射产生于没有任何明确意象介入的读者之中。现在,有很多种类的"形而上学的激情",人们在依据它们的感受性的程度而归属于其中的某一类上意见不同。首先,有完全朦胧的激情,不可理解的愉快,我担心,它们中的许多对哲学家以及他们的爱好者是很有用的,哪怕哲学家没有作出任何如此这般的努力的倾向。成语 omne ignotum pro mirifico [一切陌生的东西都是惊人的]简明地解释了许多哲学,甚至包括某些在我们这个时代享有盛名的哲学的时尚风气的一个相当重要的方面;读者并未精确了解他们所说的意思,他们也就因此而越发摆出一副很崇高的样子来。当读者思考着如此深邃的思想时,一种令人愉快的敬畏和兴奋的感觉油然而生。对他而言,它们的深刻性可以通过这样的事实得到令人信服的证明,即他可以看出它们是无底的。与此类似的是对奥秘的激情。指出隐藏的神秘的意义是多么令人兴奋和多么值得欢迎啊!某些哲学家——特别是一个世纪之前的谢林和黑格尔,以及我们这代人中的柏格森(Bergson)——是多么有效地满足了人类对这种体验的渴望啊!这种满足是通过把他们的哲学的主要洞察力描述为某种不是通过适用于每个人的日常逻辑所引导的连续进步所达到,而是通过突然的跳跃,使一个人跃上某种在其原则上全然不同于仅仅是理解层次的视野水平才能达到的东西。柏格森先生的某些弟子的表述极妙地指明了这种对奥秘的激情在这种哲学中,或至少在对它的反应中所具有的地位。例如，M. 拉若（M. Rageot）宣称，除非一个人在某种意义上再次出生，否则他不可能学到作为新教诲之秘密的直觉主义的哲学。M. 拉·罗伊（M. Le Roy）写道："在实在物与我们自己之间隔着一个遮蔽物，它突然落了下去，仿佛迷惑即刻消散，而且在心灵深处留下一道至今无法想象的光，那时它被揭示在我们的眼前，即实在自身第一次被揭示在我们眼前，这是柏格森的读者在其每一页中体验到的一种特有的和强烈的感觉。"

然而，这两种类型的激情，与其说存在于某个给定的哲学归之于普遍物的属性之中，不如说存在于它归之于自身的属性中——或者是它的崇拜者归之于它的那些属性中。形而上学激情的某些例证，在更严格的意义上应该因此而被提供出来。某种强有力的变种是永恒主义者的激情，即审美的愉悦，不变性的赤裸裸的抽象观念把它给予了我们。较伟大的哲学诗人知道如何去召唤它。这一点在英文诗歌中通过雪莱的《阿多尼斯》（*Adonais*）*中的那些为人们所熟悉的段落而得到体现。在某些时候，我们全都感受到这些诗句的魔力：

> 持存的是一，变化消失的是多，
> 天光永照，尘世的阴影飞逝……

保持永远不变的东西应该被视为某种最好的东西，这种看法并非自明的；然而，通过仅仅不变这一概念所激起的联想和半成型

---

* 写于 1821 年，为悼念济慈去世而作。——译者

的(half-formed)想象——想象一个事物,对它的 *innere Nachahmung*[内摹仿]在我们疲惫的情绪中诱发出的我们对其余事物的感情——某种告诉我们在事物的核心中有一个既无变化也无由变化所投射的阴影的本体的哲学,必定在我们的情感本性中,无论是在个体还是在群体的体验的某些状态中,找到其回应。雪莱的诗句也是说明另一种形而上学激情的例子。它常常与后者——一元论的或泛神论的激情结合在一起。"一切是一"这种说法将给如此之多的人们一种特殊的满足,正如威廉·詹姆斯曾经指出的那样,这是一件令人相当惊异的事。和任何别的数字比起来,有什么比"一"这个数更美丽更神圣的呢?然而从心理学的角度看,当人们考虑到谈论"一"所产生的含蓄反应的本质时,一元论的激情在某种程度上是易于理解的。例如,它提供了一种值得欢迎的自由的感觉,这种自由的感觉产生于事物的某种令人烦恼的分裂和分离的征服或免除。认识到那些在我们心中一直是不同的东西其实不知何故是相同的东西,这本身自然是一种令人类愉快的体验。你们应该记得詹姆斯的论文"论某些黑格尔主义"以及对 B. P. 布洛德先生(Mr. B. P. Blood)的那本名为《麻醉的启示》(*The Anaesthetic Revelation*)的书中的论述。因此,当一个一元论的哲学宣称或暗示"一"本身是普遍的太一的一部分时,一个朦胧的情感反应的整个复合体也就被释放出来了。对独立人格的感觉——常常是如此疲惫的感觉——的化解,例如当这种化解以不同的方式产生时(如在所谓"民众情绪"中那样),也能够产生出激励,而且能够产生出真正强有力的激励,而且是借助于一个纯粹形而上学的原理来产生。桑塔亚那先生(Mr. Santayana)十四行诗的开头说:

"我愿意我有可能忘记我是我，"这句话几乎完满地表达了一种情绪，在其中，意识的个体性本身，成了一种负担。一元论的哲学家有时给我们的正是我们的想象力所要逃避的这样一种有限的、特殊的自我的意识。不同于一元论的激情的是唯意志论的激情——虽然费希特和别的人曾经试图把它们结合在一起。在此，它是我们活动和意志的本性的回应，甚或如某个短语所说的，是我们战斗的血液的回应，它被那种归之于我们意识到自身与之同质的整个宇宙的特性所唤起。所有这一切与作为科学的哲学无干；但是它却与作为历史因素的哲学有很大的关系，其原因在于：曾经是历史中的一个因素的哲学主要不是作为一门科学而存在。我确信，对不同种类的形而上学激情的感受性，起了重要的作用，不仅是在通过巧妙地引导许多哲学家的逻辑方式而形成哲学体系时起作用，而且特别是在他们曾经感染过的群体和几代人的不同的哲学时尚和影响中起作用。发现这些变化着的感受性，揭示它们何以有助于形成一种体系，或给一个观念以貌似合理性并使之流传的精巧工作，是观念史学家工作的一部分。

（4）观念史学家的另一部分工作，如果他想要认识那些在更大的思想运动中真正起作用的因素的话，那就是追寻那种可以被称作哲学语义学的东西。这种哲学语义学也就是对一个时期或一种运动中的神圣语词和短语的一种研究，用某种观点去清除它们的模糊性，列举出它们各种各样的含意，考察在其中由模糊性所产生的混乱结合的方式，这些模糊性曾影响到各种学说的发展，或者加速某一流行的思想由一个向另一个，或许正好是向其反面不知不觉地转化。由于其模糊性，单纯的语词很有可能作为历史的力量而产生某种独立的活动。一个专名,一个用语,一个公式,因为它诸多意义中的一个意义,或者它所暗示的思想中的一种思想,与某一时代流行的信仰、价值标准以及口味相投而得以流行或被人们所接受。由于这些专名、短语、公式中的别的意思,或者暗示的言外之意,并没有为运用它的人们清晰地区分开来,而逐渐成为其意义中的起支配作用的成分,它们也就可能有助于改变信仰、价值标准以及口味。"Nature"[本性]这个词,几乎不用说,它就是最极端的一个例子,是哲学语义学研究中含义最丰富的一个对象。

(5)我们将涉及的这类"观念",比起我至今一直在讲的那些观念要更确定更明白,因而更容易有信心去加以分离和认同。它存在于被早期欧洲最具影响力的哲学家所明白阐释的某种单一特殊的命题或"原则"之中,以及那些作为,或曾被设想为它的推论的进一步的命题之中。正如我们将会看到的,这种命题是意欲对人们自然会问及的哲学问题所作的回答——反思这一问题的思想迟早是会提出来的。这证明对某些别的原则来说,有一种自然的逻辑上的密切关系,这种关系起初是在反思某些极为不同的问题的过程中发展,结果和它胶合在一起。这类观念以及构成它们历史的过程的特性,并不需要用一般词句来作进一步的描述,因为下面的一切将说明它。

第一*,它下一步就是穿越不止一个历史领域,——最终实际上是穿越全部历史领域,即单元—观念以各种重要性出现于其中

---

* 此处原文为"第二"或"其次",但在前文中没有找到"第一"或"首先",由于是讲演,这种情况的出现是常有的,因此,我们把它改为"第一",以下类推。——译者

的那些无论是被称为哲学、科学、文学、艺术、宗教还是政治的历史领域,去追溯历史学家如此离析出来的每一个单元——观念。这样一种研究的先决条件需要某种设定概念的工作,需要某种明白地或暗地里进行预设的工作,需要某种精神习惯的作用,或某种特殊主题或论证的操作,如果这种研究的本性和它的历史作用必须被充分理解,必须通过人的反思生活的一切阶段,——在这种生活中,这些工作自身显现出来——或是通过像历史学家的智力所允许的那些阶段,对它们连续地加以追溯。这种研究被这样的信念所激励,即认为有许多领域是相通的,这些领域比我们通常认识到的其中的一个领域要多得多。相同的观念常常出现(而且有时相当隐蔽)在理智世界最多种多样的领域之中。例如,园艺美化(*landscape-gardening*)是看似最无关哲学的东西,然而,至少在某一点上,园艺美化的历史是任何真正哲学的近代思想史的一个部分。那种所谓"英格兰花园"的时尚,1730 年以后是如此迅速地在法国和德国流行起来,正如莫奈特(M. Mornet)和别的人所表明的,这种时尚是浪漫主义,或某种类型的浪漫主义楔入其中并逐步扩大其影响。这种时尚本身——无疑,部分表现了对 17 世纪过分刻板的园艺形式的口味的自然逆反,部分也是对各种由伏尔泰、普雷沃(Prévost)*、狄德罗以及胡格诺派的报刊撰稿人曾在荷兰介绍过的英国园艺风格的普遍狂热的一种分支。但是,在园艺方面的兴趣的变化应该是一个开端。——我不敢保证说,它是一切

---

* 普雷沃(P'revost d'Exiles 1697—1763),法国多产小说家,代表作为《曼侬·莱斯科》——译者

艺术口味变化的原因,是整个世界趣味变化的原因,然而它是一种先兆,是综合原因中的一个。在被称之为浪漫主义的多方面的东西中的一个方面不可能不精确地归之于对世界是一个(在大的规模上的)"英格兰式的花园"(*Englischer Garten*)的信念。17世纪的上帝,像他的园丁一样,总是按几何学原理工作。浪漫主义的上帝是这样一个上帝,在他的宇宙中,事物疯狂地生长且不加整理,按照它们全部丰富的多样性的自然形态生长。对不规则的喜爱,对充满理智的东西的反感,向往逃进(*échappées*)朦胧的远方,——这些最终侵入到欧洲人的理智生活的各个方面,使他们18世纪早期最初的近代形象,大规模地以快乐花园的新型风格出现。这就使探求它们成长和传播的连续阶段并不是不可能的了。[①]

因而,当观念史——就它能以现在时和陈述语气来谈及而言——是一种力图进行而未完成的历史综合时,并不意味着它仅仅是一种由别的历史学科聚合而成的东西,更何况它还渴望成为一个可以理解的统一体。它仅仅和历史中的某一组因素有关,而且只是就它们可以被视为与那些通常被看作理智世界的分离部分中起作用的东西有关而言。它特别对过程感兴趣,通过这个过程,其影响由一个领域扩展到另一个领域。我不能不认为,即使这样一个规划只是部分地实现,也该做许多事,以给许多不连贯的、因而缺少理解的事实提供一个必需的统一的基础。这有助于打开围墙大门(put gates through the fences),在劳动专门化和分工后,在值得赞赏的努力之中,这种围墙曾树立于我们大多数大学的各个院系之间,这些院系的工作应该经常保持联系。我心目中特别是指哲学系和近代文学系。大多数的文学教师或许乐意承认,曾影响了人们的想象力和情感以及行为的那些观念,应该加以研究——我决不是说,它们可以被孤立地享有——主要是因为它的思想内容,因为对文学史的兴趣大多是作为对观念运动的一种记录——而在严肃的反思文学中的那些观念当然大部分都是淡化了的哲学观念——也就是改变了其形态,从伟大的哲学体系所散播的种子中成长起来的观念,而这些哲学体系自身或许已经不再存在了。但是,我认为,由于缺乏合适的哲学训练,研究者甚至专业的文学史家,当他们碰到这种观念时也常常不认识它,至少不知道它的历史世系,它的逻辑含意和言外之意,它在人类思想中的其他表现形式。所幸这种情况很快就会改善。另一方面,那些研究和教授哲学史的人有时几乎对那种不是穿着哲学大礼服——或盛装——的观念不感兴趣,而且总是不理睬在非哲学世界那一边的人们所做的工作。但是,观念史学家,当他最经常地寻求某种概念或假定在某种哲学的或宗教的体系,或科学理论中的最初起源时,他将寻求它在艺术中以及尤其在文学中最有意义的表现。因为正如怀特海所说的,"正是在文学中,人类具体的见解才得到其表达。因此,当我们希望发现一代人的内心思想时,我们必须考察文学,特别是在它的较为具体的形式中进行这种考察"。[②] 正如我所认为的——虽然我没有时间去为这一观点辩护——正是通过对一而再、再而三出现的主要观念的最初分辨和分析,而且通过把它们之中的每一个观念视为在许多场合中不断出现的单元,文学的哲学背景才能最好地得到说明。

第二,和那种所谓比较文学研究一样,观念史表达了一种抗议,即对由于各种民族和语言所造成的对文学以及某些别的历史研究的传统划分所产生的结论的抗议。有某些好的和明显的理由说明，由于政治体制和政治运动的历史必须以某种方式打碎成更小的单元，所以它将按照国别的方式来加以区分；但是即使历史探究的这些分支最近在精确性和成就方面得到显著的进步，这也是由于为了理解彼国的诸多事件、倾向或政策的真实原因，而不断增长的对此国中事件、倾向或政策的研究之必要性的认识。在文学史的研究中——不说哲学史的研究，因为在那里这种做法已经逐渐被放弃——依据语言来分科是认识到专门化之必要性的最好方式，而这却远非是自明的。现存的划分的图式部分地说是一种历史的偶然事件，是大多数外国文学教授首先是作为语言学大师这种时代的一种遗风。一旦对文学的历史研究被设想为一种彻头彻尾的关于因果过程的研究——甚至是某种关于故事迁移的相对琐碎的研究，它就必定会不再顾及这种民族和语言的界限了。因为没有什么比不顾那些界限而去研究大部分过程更为确定的了。如果教师的作用或者高年级大学生的培养会被某些主题，或某些思想类型之间的诸种精神的亲缘关系所决定的话，那么，至少我们不能肯定英国文学、法国文学或德国文学的教授们是否会被取代掉。我们不应该有关于文艺复兴的教授，关于中世纪后期的教授，关于启蒙运动的教授，关于浪漫主义时期的教授以及诸如此类的教授。无疑，从总体上看，一个16世纪后期的典型有教养的英国人和一个法国人及意大利人之间在基本观念和风格及道德气质上的共通性，比起当时的英国人和1730年或1830年或1930年的英国人之间的共通性来，要更多一些。——正如一个普通的新英格兰人和一个1930年的英国人之间比起一个1630年的新英格兰人和他的现在的后裔之间,显然有着更多的共通之处一样。因此,如果在历史学专家中,他的用于理解他所处理的东西的专业综合能力是令人满意的话,人们就可以貌似有理地论证说,这些研究按照时代或者该时代的某些群体来加以划分,比起依照国家、种族或语言所作的划分来,要更加恰当一些。我并非认真地主张对大学人文学各系加以重新组合,在这方面显然有实际困难,但是这些困难几乎不涉及被研究的事实中的真正分裂,当这些事实不得不涉及支配性的范畴、信念、风格以及理智的时尚的历史时,其中极少数有可能涉及真正的分裂,正如弗里德里希·施莱格尔很早以前说过的那样:"*Wenn die regionellen Theile der modernen Poesie, aus ihrem Zusammenhang gerissen, und als einzelne für sichbestehende Ganze betrachtet werden, so sind sie unerklärlich. Sie bekommen erst durch einander Haltung und Bedeutung*[如果现代诗歌的各个地域性的部分从它们的相互关联中割裂出来,并作为单独自存的整体来考察的话,那么它们就是不可解释的。它们只有通过相互之间才获得支持和意义]。"[3]

第三,观念史研究的另一个特点是:正如我希望对之加以界说的,它特别关心在大量的人群的集体思想中的那些特殊单元—观念的明晰性,而不仅仅是少数学识渊博的思想家或杰出的著作家的学说或观点中的单元—观念的明晰性,它试图研究被分离出来的——在细菌学的意义上的——那类因素的作用。这些因素可能是从整整一代人或许多代人中有教养阶级的信仰、偏见、虔诚、爱好、愿望,思潮中分离出来的。简而言之,人们最感兴趣的是得到最广泛的传播的观念,它们成为许多思想的原材料中的一部分。

正是文学上的观念史研究的这种特点，常常使我们大学现代文学系的学生们——甚至是高年级大学生——感到为难。至少，我在那些系中的同事常告诉我，当他们之中的某些人在要求研究某个其作品已死去的、已作为文献的作家时——或者在最好的情况下，按照我们现代美学和理智的标准来看其作品只具有很少价值的作家时，遭到拒绝。那些大学生惊呼：为什么不研读杰作？——至少不增加研读这些二三流经典以上的作品——对于具有现代观念的人们来说，这些东西还可以愉快地，或者说带着他们所表达的感情情绪深情地去阅读。如果你不把文学史的研究视为对包括其领域在内的观念的研究，对别的人们在当时曾被其感动过的情感的研究，以及对那些能称作文学和哲学的公众看法得以形成的过程加以研究的话，这就是一种十分自然的思想状态了。但是，如果你确实认为文学史家应该使自己去关注这些事情的话，你的那种较次的作家也就有可能和写过现在被视为名作的大作家一样重要了——从这种观念出发，那些小作家常常可以比大作家更为重要一些。帕尔默（Palmer）教授曾说过一句真实且相当巧妙的话，他说："一个时代的倾向，在它的地位低下的作者中经常比在那些居高临下的天才作家中表现得更加明显一些。后者告诉我们他们所生活的时代，也告诉我们过去和未来。他们是属于一切时代的。至于在那些反应灵敏但缺少创造力的心灵上，当时流行的观念只是清楚地记录了他们自身。"[①] 当然，一个时代的少数几个伟大作家所具有的历史理解力，无论如何确实不可能不熟悉他们那个时代的理智生活、共同道德和审美评价的一般背景；而这一背景的特点也确实不得不通过对当时一般流行的观念之本性和相互关系的实际历史考察才能确定。

第四，作为观念史的最终任务的一部分就是运用自己独特的分析方法试图理解新的信仰和理智风格是如何被引进和传播的，并试图有助于说明在观念的时尚和影响中的变化得以产生的过程的心理学特征，如果可能的话，则弄清楚那些占支配地位或广泛流行的思想是如何在一代人中放弃了对人们思想的控制而让位于别的思想的。对于这个巨大的、困难的和重要的历史解释的分支而言，我在此说到的只是这种研究方法作出的许多贡献中的一点贡献。但是我不能不认为，这是一种完全必要的贡献。因为在作为诸因素进入其中的各种观念之本性被分辨出来和在它们的一般历史作用被分别考察之前，过程几乎是不可能被弄明白的。

因此，这些讲座打算在某个小的范围内举例说明这种哲学的、历史的研究，我仅想对这种研究的一般目的和方法作一个概略说明。我们首先要分辨的，不是一个单一的简单的观念，而是三个观念，这三个观念贯穿了西方历史的较大部分的时间，它们曾经如此紧密和持久地结合在一起，以至于常常作为一个单元发挥作用。因此，当它们放在一起时，就产生了一个概念——西方思想中的那些主要概念中的一个，它终于以这样一个词来表达："存在之巨链。"我们将单独地和在联系中考察这些概念的作用。例证必然是不适当的，哪怕是作为精选的论题的讨论也是如此，它不仅被时间的有限性所限制，而且被讲演者知识的不充分性所限制。不过，就这些有限性所允许的范围而言，我们将试着在某些哲学家的思想中去寻求这些观念的历史起源；观察它们的融合；注意它们在许多时期和不同领域中的那些广泛分布的影响中的某些最重要的影响，即在形而上学、宗教、近代科学史的某些领域中的影响，在艺术宗旨的理论及其中的优秀标准、道德评价以及相对较小程度上的政治倾向中的影响。我们将试图弄明白后代们如何通过他们的创造者从这些影响中得出不受欢迎的和不曾梦想的结果来，试图指出它们对人们情感和富有诗意的想象力的某些影响。或许，最后从故事中引申出一种哲学的寓意来。

但是，我认为，我应该使这个序言达成三条忠告。第一条忠告关系到我曾概述过的纲要。对观念史的研究是充满危险和陷阱的，它有自己特有的偏激性。一点不错，因为它以阐释和统一为其目标，而且寻求某些常常在表面上并不相干的关联物，所以它可能很容易地堕入到一种仅仅是想象的历史概括之中；而且由于观念史学家被他的事业的本性所迫使，不得不从好几个知识领域中搜集材料，他不可避免会至少在他所综合的某些部分中陷入那些为外行埋伏着的错误中。我只能说：我并非没有注意到这些危险，而且为了避免这些危险做了我力所能及的事，如果设想我已经在各方面成功地做到了这一点，那是太乐观了一点。如果不顾遭受部分失败的或然性，或许也是确定性，这件事看来还是值得一试的。

我要对听众讲的另一忠告是，我们的行动计划要求我们只去论及任一哲学家或任一时代的思想的一个部分。因此，这个部分绝对不能被视为整体。确实，我们将不把我们的观念仅仅限制在属于这个行动主题的相互联系的三个观念之上。因为它们的哲学意义和历史作用可能只有通过对比才能理解。我们要讲的故事大多是这些观念与一系列相反的概念相互冲突的故事，这些相反者中的某些是这些观念自身的产物。这种冲突起初是潜在的，后来才公开出来。因此，我们必须用它们的反对者的眼光去彻底考察它们。但我们要说的是:没有什么会被分析为对于任何学说的体系或对于任何时期的倾向都是一种可以理解的说明。最后,当一个人打算以这种方式叙述哪怕是一个观念的变迁史时,对于听众理智兴趣的广泛性就提出了一个很高的要求。在追溯形成这一课题的主题的那些概念的影响时,和以往提示过的一样,我们将不得不对那些通常被设想为相互几乎没有关系的,通常是相当独立进行研究的很多学科历史的事件作出说明。观念史因而不是那种具有高度专门化思想的学科的研究对象。在一个思想被专门化的时代中,观念史的研究有某些困难。即使对我们这一代人中的许多人来说这些过去的人类思想的产物是,或似乎是被误导的、混淆的甚或是胡闹的东西时,人们还假定有一种对它们进行研究的兴趣。哲学史以及关于人类所有各个方面反思的历史,大部分是观念混淆的历史。我们将要从事的有关它的这一章也不例外。因此,对我们中的某些人来说,它还是有趣的,也还是有教益的。因为人,无论好还是坏,都天生是,而且根据其本性最特有的冲动来看是一个反思的和解释的动物,他总在寻求 rerum cognoscere causas〔对事物原因的认识〕,为了在比眼见的更多的质朴的经验材料中,找到他的理智对他的可感存在的赤裸裸的事实之反应的记录,他至少建构起关于种或亚种的自然史的一个本质的部分,他有点过于自以为是地把自己命名为人类*;而且我永远无法明白,为什么这一在那个种的自然史中是独特的东西却应该显得——尤其对它的一个成员来说显得——是一个比草履虫或白鼠的自然史更不值得

---

* homo sapiens,直译为"智人"——译者

研究的对象。无疑,人对自然和自身的可理解性的要求,对人的被可理解性的感觉所限制的各种情感满足的要求,常常和关在笼中的老鼠对食物的需求一样,是无止境的,是在曲折的迷宫中不知所措的。但是,虽然观念史是一个试错(trial-and-error)的历史,然而,就是错误也表明了那种特殊的本性,表明了那些渴望,那些天赋,那些陷入错误中的被造物的有限性,以及在它们借以出现的反思中的那些问题的逻辑;而且它们能够进而提醒我们,我们之中的某些人总是倾向于把我们时代起支配作用的思想模式视为清楚明白的和首尾一贯的,以及有坚固基础的和终极的,其实这些思想模式在后代的眼中,似乎未必具有上述那些属性中的任何一个。为我们祖先的混乱提供充分证据可能不仅有助于弄清那些混淆,同时有助于产生一个有益的怀疑,即怀疑我们是否完全不受那些不同的但同样巨大的混淆的影响。因为虽然我们可以随意去获得更多经验的信息,但是我们没有各不相同的或更好的心灵;而且,毕竟正是这种心灵作用于事实的活动不仅产生了哲学,也产生了科学——而且实际上多半产生了这些"事实"。不过,那些在自己的最有特色的活动中不关心人类自然史的人,那些既无好奇心、也无耐心追随别的从那些他们并不共有的前提出发进行工作的人,或者陷入在他们看来是,而且常常也的确是奇怪的混淆之中,或者忙于他们可能看作毫无希望的思辨的事业,对于这些人,我们应该坦诚相告:我在此想说的大部分故事对于他们来说是没有兴趣的。另一方面,我认为,由于同一原因,唯一公正的是告诫那些对这里所说的故事漠不关心的人,如果没有关于观念史的知识,要想理解其主要领域内的大部分西洋思想运动,是不可能的。

第二讲　存在之链观念在希腊哲学中的起源：三个原则

我们要评论的那种历史上最基本的观念群，首先出现在柏拉图那里，而且几乎所有的后来者因而都可以成为怀特海教授著名评论的一个例证，怀特海说，"欧洲哲学传统中最可靠的一般特征是：它存在于对柏拉图的一系列脚注之中"。但是，在柏拉图和柏拉图传统中有两个相互冲突的主要倾向。柏拉图不顾这种最为深刻、影响最深远的分裂而同时站在这分离的哲学或宗教体系的两边。而且，他对在这两个相反方向上工作的后代都有影响。我所指的分裂是我将称之为来世观与今世观的东西之间的分裂。关于来世观，我并不是指对未来生活的某种信仰，以及心灵对它的一种专注，对死后将会如何的关心，或者当你的思想特别关注你所希望的东西时将会带给你的快乐，这些可能明显是今世观的最极端的形式。如果来世的生活不被想象为一种在种类上完全不同于今世的东西，而只是把它想象为与今世同类东西的大量增加，想象为我们在这个变化的、感觉的和繁多的社会团体的世界中所知的存在模式的延续，只不过去掉了现世存在中那种无价值的，或令人讨厌的特性，从而增强了它的令人更为愉快的东西，以弥补尘世的失落的话，那么它实质上就是今世观的最极端的形式。维多利亚时代的诗人希望个人的存在永恒不灭的两句名诗完全说明了这一点。在罗伯特·布朗宁(Robert Browning)对待生活的谈笑风生的风格中,在他希望"继续奋斗,就这样生活下去,在哪里都是如此"的诗句中,这一点表现得最为明显。当丁尼生(Tennyson)*在《死亡的沉思》(*Meditatio Mortis*)中只以一个"继续活下去,而不是去死"的简单祈祷来结束时,也以他不那么强烈的方式宣称:共同的生活经历已经使我们了解了一般情况下的存在的充分价值。这两位作家确实表明了他们的那种在浪漫主义时期之前有点例外的特殊形式的感受——虽然我们现在的历史考察将告诉我们这种感受更早发生的情况——而且这种感受是他们那个时代的重要特征——这种特征在帕尔默教授的诗句中表现为把这种重要的存在价值等同于时间中的过程和奋斗,表现为对满足和终止的厌恶,表现为"对不完满的赞美"的感受,这是对我说到的来世观的全盘否定。因为这甚至在它的更为温和的表现形式中,即那种对 *contemptus mundi*[厌世]的或多或少清除就已具有本质的意义,它和对独立的个人的不朽渴望没有必然的联系——虽然在它的西洋方面的大多数情况中,有某种实际的联系。在它的更为彻底实行的形式中,它已经在那种渴望中看到了它要克服的最后的敌人,一切存在之痛苦和空虚的根源。

因此,"来世观"——在我认为这个词是区分哲学或宗教倾向之基本对立的、不可缺少的词语的意义上——我指的是某种信仰,

---

* 丁尼生(Tennyson Alfred Lord,1809—1892),英国维多利亚时代最杰出的诗人。——译者

这种信仰认为：不仅真正"实在的"，而且确实善的东西，它们在实质性的特征上与人在自然生活中、在人类经验的日常过程中发现的任何东西是完全相反的，无论这些东西多么正常，多么理智和多么吉祥。我们此时此地认识的世界——多样的、可变的、事物不断变动的状况和联系，或者思想和感觉的经常变动的幻觉，它们之中的每一个在它们出生的那一刻就陷入不存在之中——在相信来世的人们看来，其中似乎没有实体存在；感觉的对象、甚至经验科学知识的对象都是易变的、偶然的，在逻辑上不断分解成和别的事物的纯粹关系，这些关系被细察时就证明它们是相对的和无从捉摸的。我们有关它们的判断，在许多民族和时代的诸多哲学家看来，似乎不可避免地把我们引进纯粹的混乱和矛盾的困境之中。而且——这个话题是最陈旧的——自然生活的享乐是短暂和虚妄的，就像青年人尚未发现人的寿命一样。但是，人类正如某些主张来世的哲学家所设想的，不仅寻找而且能够发现某些终极的、牢固的、永恒不变的、真正的、完全令人满意的善，就像人的理性寻找且能够找到某些稳定的、确定的、首尾一贯的、自我包含的和自明的对象或沉思对象一样。然而，在今世我们不可能找到这两者，只有在一个不仅在等级和细节上，而且在其本质属件上，都不同于这个较低的存在王国的更高存在的王国中才可能找它们。这另一个王国，虽然对那些陷入事务，成天忙于感性的事物和行动计划，专注于个人情感的人们来说，似乎是冷酷和空洞无力的，而且缺少兴趣和快乐，但是对那些由于反思或情感的幻灭而解脱出来的人们来说，它却是哲学探求的终极目标和唯一领域——在其中，甚至在今世的现存生活中，无论是人的理智还是感情都不再追求幻影，从而

第二讲 存在之链观念在希腊哲学中的起源：三个原则

能够找到安歇之处。

这就是我们十分熟悉的来世哲学的一般信条。但是我们必须使它明白地放在我们的面前，以作为以下要说的内容的参照背景。这是一种持久不变的样本，以贯穿在人类历史的大部分时间中的这种或那种形式成为大多数文明人类的占支配地位的官方哲学，对此我毋需提醒各位。绝大多数更精于思辨的人以及伟大的宗教导师，按照他们各自的风格，以其不同程度的严格性和彻底性，致力于使人类的思想或情感、或者使这两者与其母体大自然相疏离——他们中的许多人确实在努力规劝人类，说他必须真正重生，才能进到一个其善不是自然之善以及其实在性不能依靠那些他得以认识他的自然环境，以及这种自然环境不断变化的状态所遵循的规律的思想过程才能认识的世界——我之所以用"官方哲学"这个词，是因为我认为没有什么比这个词更明白的了。多数的人，无论他们是多么的多，都势必要自称接受它，以及甚至在它的解释者的推理或雄辩中发现某种合意的和令人感兴趣的形而上学的激情——它部分是某种不可名状的激情——这些人可能从来没有真正相信过它，因为他们永远也不能否认那些由感官所揭示出来的东西是某种真正的和给人印象深刻的、非常重要的实在。而且他们自己也从来没有盼望过那种来世观向他们提出的目标，那些伟大的形而上学家可能希望证明这一目标的真理性，圣哲们某种程度上能够按照它去改变他们的生活，而那些神秘主义者则会从他们的狂喜状态中回转过来，而且结结巴巴地向我们报告某种直接的体验。这是与一个绝对的实在，一个它所赞颂的唯一令人满意的善相接触的体验；然而对于这种体验来说，大自然总的说来还是过于强有力了。虽然一个普通人可能承认形而上学家的论证，也可能在圣人面前低声下气，还可能并非假装理解地相信神秘主义者的报告，但是他显然继续在这个他自己的构成是如此之深地扎根于其中，且如此密切地与之交流在一起的世界中寻找确实的和极有趣味的东西；即使生活经历使他的希望破灭，而且在晚年，生活的滋味变得有点无聊和平淡无味，他仍然在某种将要到来的更好的"今世"的憧憬中寻求安慰。在这种憧憬中，每个期望都有其未来，而且他自己对事物的兴趣是如此持久地被赋予新的活力。这些偶然观察到的事实并不意味着那种在其中，至少在名义上，一种关于来世的哲学还是广泛地被接受，或者说官方的支配力量几乎不受环境影响的社会的一般特征和常态。中世纪的欧洲，或者在中世纪前后的印度——受到西方民族主义的瘟疫的传染——的悲惨景象，就是与此相反的充分的证据。在某种形式的来世观被一般地信奉的地方，社会上流行的价值尺度多半由它所形成，而且基本的论题和理智努力的目标也从它那里获得其形式。在这样一个社会中，"世俗的"人通常尊敬——且通常不得不支持——这样一些少数人，这些人或多或少彻底地和真诚地从追求暂时的善中返转回来，并使自己脱离他们并非不愉快地受到吸引的这个世界的喧嚣；而且，根据为人们所熟悉的在中世纪的欧洲就像在当时的印度一样经常得到印证的某种悖论，俗世事务中的主要权力并不是不可能落入，或者被攫取到那些已经从俗世退出的人们的手中。信奉来世观的哲学家生性是统治者，或者是隐藏在统治者背后的统治者。神秘主义者或圣人成为最有权力、有时是最精明的政治家。或许在俗世事务中没有什么东西能像高度的情感超脱这样有利于成功了。

然而，来世观的社会和政治作用虽然是一个内容丰富而有趣的论题，它除了提醒我们，来世观经常在实际上被迫制造一些与今世相关的语词，而且常常作为达到与其原则不相干的目的的工具外，在此却与我们并不相干。正是由于它本身作为人类思想和情感的模式、特别是为之提供根据和"理性化"的哲学动机的模式的本性，某些深层考虑才与我们的话题有关。来世观显然能够存在，而且在历史上已经在各种不同的程度上存在过；但它可能在某些思想领域而不是在另一些思想领域中得到部分运用。对它的滥用可能出现在奇怪的和不恰当的场合中。有一种纯粹形而上学的来世观，它有时被发现与任何关于善的本性的理论完全相脱离，因而也与任何来世的道德和宗教情绪相脱离。关于这一点，最奇妙的例子或许可以在关于"不可知"的半打文不对题的文章中看到，"不可知"是赫伯特·斯宾塞在汉弥尔顿（Hamilton）和曼塞尔（Mansel）的影响下给"综合哲学"所加的前缀。此外，正如我已经说明的那样，有好些共同的思想世界和经验世界的各不相同的特征或范畴，它们有可能导致对其中任何一个世界的"实在性"或"价值"的否定。今世在形而上学上之所以被指责是有罪的，可能仅仅因为其暂时的特征和永恒的不完满性；或者因为它的所有构成成分看起来的相对性，它们之中的每一个都缺乏任何自我等同的、在其中思想能够找到自己的措词的可理解性；或者因为它看起来仅仅是那些琐碎的存在物的胡乱的集合，这些存在物全都是些残缺不全的、不完满的，其存在没有任何明确和必要理由的东西；或者是因为我们对于它的理解是通过那些骗人的器官、感觉而得到的，这些器官和感觉既不能通过它们自身，甚至也不能通过基于它们之上、并以它们所提供的措辞来定义的任何推理结构得以摆脱主观性的怀疑；或者是因为这个世界的纯粹的多样性，因为这种多样性对那种困扰着思辨理性、贪得无厌地对统一体的渴望的顽抗；或者——就某些不爱推理的心灵来说——仅仅是因为某些间断的经验，在这种经验中它失去了对现实的感受——

> 从我们堕落、消失，
> 被造物空虚的疑虑，
> 在不认识的世界中到处游荡——

以至于对这样一些心灵来说，确信变成了对那种真实存在的即灵魂可以感受到无拘无束的世界的克服，确信不知何故必定不同于"这一切"。这些动机中的任何一个都可能产生一个真正来世的本体论，因为这些动机中的每一个都决定了"此"世的某一个真正独特的和本质的特征。但是，仅当这些动机中的一个或几个在起作用时，是不会产生那种可能被称之为形而上学意义上的完整的来世观的；为自然经验所知的世界的某些别的特征避免了怀疑而保留下来。再者，站在"价值"这边来说，如果以人们熟悉的普遍充斥在主张来世道德学家和宗教教师文章中的抱怨中的任何一个或者全部作为根据，"此"世就可能被作为恶和无价值的东西打发掉。对于想象力而言，当它试图把世界历程视为一个整体时，这种历程就仅仅呈现为一出东扯西拉、枯燥乏味的戏剧，一种充斥噪音和狂怒的没有意义的东西——要么是一些相同故事情节的无意义的重

第二讲 存在之链观念在希腊哲学中的起源:三个原则

复,要么是无头无尾不断变化的传说,这种历程达到一个相当于无限时间的无终点的境界,在这个无限时间之中,它继续着,而且趋向于无法理解的目标;或者因为在时间中产生并被固定于时间的终点上的一切愿望,已经被经验所发现,只不过构成了某种无止境的更新的不满足,通过反思可以看出它们必然分有它们陷入其中的这一过程的使人困惑的暂时性;或者因为在很多人中,甚至在那些自身并不能达到真正的神秘狂喜状态的人之中,存在着某种流行的情感上的逆反,即反对事物相互间的外在性,反对他们自身的存在的限制性的分离,一种从自我意识的重负中解脱出来,"忘记我是我"的渴望,而且这种渴望迷失在一个统一体之中,在这种统一体中,一切分裂的感觉,所有它物的意识都将被超越。一个完整的来世观将把所有这些动机结合在一起,并将依所有的罪状去指控这个世界。在奥义书的某些部分中,在吠檀多的体系中,在吠檀多派和佛教徒的气质中,也在《作为意志和表象的世界》(Die Welt als Wille und Vorstellung)——尽管令人啼笑皆非的是叔本华的实际生活与他的个人气质不相容——中,这一点得到了最好的证明。原始佛教,作为某种实用主义的来世观,仅仅依靠它的否定性,以及它对今世的非实在性和无价值性的坚持,而没有对这二者之一的肯定的实在性和肯定的价值作出总体上明确的断言,这是不够的。来世观的某些近代考察者可能会问:佛教在这方面是否并没有更接近于揭示这一新奇的真理,即许多大哲学家和神学家都曾忙于教导人们崇拜的真理,即非存在的真理。虽然通过强调非存在摆脱了特殊的缺陷和有限性——相对性、内在的逻辑冲突、缺乏思想和愿望的终极性——即描述了我们所能想到的一切具体事物的特征的那些东西，因而非存在似乎更真实，并且在感情上更令人满意一些。对我们的目的而言，没有必要在此对这种大问题作出答辩。然而可以确定的是：这些哲学家总是自信他们正在做着与此恰好相反的工作。

但是，任何来世观，无论是完整的还是有限的，看来都可能不在乎这样的事实：有一个被逃避的"今世"。它最不能公正地评判或解释这样一个世界的存在，或者最不能公平评判或说明它所否定的经验存在的特殊的性能和方面了。因此，像在吠檀多中一样，它出乎本性的依靠就是求助于"物质世界幻觉说"的谋略。但是，称实际经验的性质为"幻觉"，为空虚的非存在，虽然是一种有着非常强烈的形而上学激情的诗意的表达，但是从哲学上看，它是十足的毫无意义的废话。在这些特征不具存在性，或者在经验到它们的人们的意识之外的客观序列中没有与其对应之物的意义上，它们可以被设想为"不实在的"。但是，为了把它们说成是绝对的不存在，一方面经验到它们在自身中的存在，以及设想它在别人之中的存在，另一方面又明确地指出它们是某些需要超越的不完满之物，以及是要克服的恶，这显然是同时否定和肯定了同一主张。凭借表面上的崇高并不使自相矛盾消失为无意义。因此任何不采用这种穷途末路的"物质世界幻觉说"的主张来世的哲学——看来都拥有今世，无论这种今世在本体论上有什么缺陷，就它这方面说，作为一个无法说明的神秘，一件不能令人满意的、不可理解的事，以及作为恶，它似乎不应该存在，但不知什么缘故它却不可否认地确实存在，这种困惑在来世观的部分形式及其全部变种中同样明显。即使你希望拒绝给我们的所知经验仅仅是暂时性、连续性和

第二讲 存在之链观念在希腊哲学中的起源：三个原则

流逝性的东西以"实在"这样一个褒扬性的称号，但我们曾经经验到的一切存在都是连续的和流逝的，以及根据最初的假设，这种存在是和那些在终点上是永恒不变的东西正相反对的，这一事实却保留了下来。

正是根据这种来世观和今世观的基本对立，柏拉图在西方思想中的双重作用才得到最好的理解。不幸的是，当人们想在今天说明柏拉图哲学的实质时，他们在一开始就遇到博学的专家中间关于两个不同问题的截然不同的意见。第一个问题是：我们在柏拉图的"对话"中的许多人，哪怕任何一个人那里所看到的学说是否为柏拉图自己所主张；第二个问题是：这些学说——无论归之于谁——实际上是些怎样的学说。如果那些在名望很高的专家们中有分歧的东西不能被认为是"已知著名"的东西的话，那么我们几乎不可能说我们知道柏拉图自己关于哲学的更深刻的问题的学说是些什么了。与别的哲学家为了学术争论而写作相比，柏拉图作为一名著作家的特色自然使得他的对话具有更加丰富的视域，具有推理特征的戏剧性形式；恰恰在论证的极紧要的或达到最高潮的地方，引进公开的"神话的"或比喻的表达模式的这种倾向；遍布在苏格拉底式的对话中的反讽；所提出问题中的内在的逻辑困难；对话中的某些论证和别的论证之间表现出来的不可调和性；亚里士多德对柏拉图的某些理论的看法与从柏拉图本人著作中可以推测出来的理论之间的不同——这些全都给予各种解释以广阔的空间，特别是使近代诠释学家发现他的表述变得容易起来，或者至少是容易勾画出他们自己所倾向的学说的轮廓来。我希望在这些讨论中尽可能不参与到诠释学的或者是个别作家思想传记中有争议的问题中,但是,如果在论及柏拉图主义时,连那些用其一生中大多数时间去研究柏拉图著作的学者们的结论中的某些不同看法都没有说到的话,看起来无疑是对一个有重大意义的问题的回避。必须提到一个重要的争论问题是有关归属的问题,不是作品自身的归属,而是作品中的学说观点(无论这些学说是怎样的)的归属。一种长期流行的看法是:除了某些较早时期的对话——在这些对话中还没有出现理念论——外,柏拉图一直在努力提出某种属于他自己的形而上学学说,这种学说远远超出了苏格拉底教诲的范围。这种流行观点仍然为德国最著名的柏拉图学者康斯坦丁·里特尔(Constantin Ritter)所坚持。他在近著中还郑重地向读者宣告,"无人怀疑这一点"。[1]但在事实上,在研究柏拉图的现代英国学者中,有一种明显的、虽然不是普遍的倾向,即把那些在对话中由苏格拉底和别的重要参与对话者所提出的思想和论证归属于这些哲学家,而不是归属于柏拉图本人的倾向。如果伯纳特(Burnet)的主张是对的,整个理念论就必须归属于苏格拉底,至于他的最后的哲学的内容,在苏格拉底是主要对话者的对话中,柏拉图,这个可以说比鲍斯维尔*更伟大的人仅仅作了一个客观的和从历史上看是可靠的转述。根据伯纳特的看法,柏拉图是否曾经接受过这种理论都是有问题的。可以确定的是:当他开始提出他自己的不同的和独创的看法时,他已经拒绝了这种理论。柏拉图的学

---

* 鲍斯韦尔(James Boswell 1740—1795),英国著名作家,是世界上最伟大的日记写作者之一。他日记中的人物的谈吐和神情各不相同。他记述人们谈话的本领是无与伦比的。在此作者认为人们实际上把柏拉图看成是和鲍斯维尔同样的他人对话的记述者。——译者

说,这样称呼是恰当的,所涉及的不是理念,而主要是这样两种东西,"这两个东西在他的早期著作中几乎没有起什么作用,或者顶多只是以某种神话的形式起作用,这就是神和灵魂"。它们现在被看作"非常单纯且毫无神话比喻的意味"。②《蒂迈欧篇》(*Timaeus*)和《法律篇》(*Laws*)中的人格化的神,简单说,不是善的理念,是柏拉图自己哲学的最重要的论题。在前一个对话中,关于创世的故事(这一点看来应该是不言而喻的)大体上被原原本本地采纳,而且不是用华丽辞藻和流俗语言,而是用精巧得多的形而上学概念来表述的神话。一位大作家因此指出:或许非柏拉图理论在柏拉图中期的对话中最明显,这时,苏格拉底仍然承担着论证的重负。此外,A. E. 泰勒(A. E. Taylor)教授以相似的态度论及最重要的后期对话,且基本同意伯纳特关于"没有根据,我们无权假定"的说法,例如,我们无权假定,"《斐多篇》(*Phaedo*)和《理想国》(*Republic*)曾经是柏拉图作为他自己的学说讲授的"。泰勒进一步说,同样,"要想在《蒂迈欧篇》中找到任何揭示出柏拉图学说所特有的东西都是一个错误"。③在其中所陈述的理论是——或者说曾经被柏拉图设想为——对话中提供了其姓名的说话者的理论,前一代人中南意大利的一位哲学家和医生,恩培多克勒的同时代人,他曾试图把那个哲学家(译按:恩培多克勒)的生物学观念"与毕达哥拉斯学派的宗教和数学融合在一起"④,而这"实际上是泰勒《论〈蒂迈欧篇〉》一书大量研究工作的重要论题"。⑤如果我们接受这两个结论,那么那些通常被看作柏拉图哲学的大部分学说就从他那里拿走了,而归之于别人和更早的哲学家;而且大多数对话就会被理解为主要是对前柏拉图的思辨的历史的贡献。从这种观点出发将得出结论：柏拉图本人（在他尚存的著作中）必定被视为主要是一位他人哲学的哲学史家，而不是一位伟大的独创的哲学家。

撇开为这些观点进行辩护的论证的可钦佩的学识和力量不论，我承认，我觉得我难于接受这些观点。至于说到提出理念论的诸方面的那些对话，困难就特别大。如果认为柏拉图只是出于对他早期的老师的崇敬，作为一个作家，把他壮年生命的大部分时间以显而易见的激情和无比的雄才大略（颇为肯定地说这是不属于苏格拉底的）献身于解释一种他既不希望教导，也不相信其为真的学说，在我看来，从心理学上看这是非常不可能的。我们也没有比心理学上的盖然性更好的证据。有两个反对伯纳特的学说的重要证据，第一个是亚里士多德的证言，他在这个问题上最不可能是无知的，而且想象不出曲解它的动机。他明白而反复地报告说，苏格拉底只是从事于道德哲学问题的研究，根本就没有涉及"事物的一般性质"的研究，是柏拉图引进了"理念"这个名称和概念——简言之，从苏格拉底的伦理学和关于定义的逻辑转换到形而上学的责任要由柏拉图来负。⑥另一个证据存在于柏拉图的曾奇怪地被忽视的一部著作中。某些时候人们确实怀疑过这部著作的真伪，然而现代的柏拉图学说的研究者中再也没有人对它有怀疑了。在有可能写于他死前不久的"第七封书信"中，柏拉图不仅为他的政治活动进行辩护，而且对他的哲学原理进行了总结。⑦在这里，没有由于学说的陈述形式而引起怀疑的戏剧性对话，没有滑稽的讽刺，也没有神话。柏拉图是以他自己个人的口气并带着极端的真诚说话的。这一学说实质上就是《斐德诺篇》(phaedrus)和《理想国》的

第二讲　存在之链观念在希腊哲学中的起源：三个原则

第六、七卷中所提出的学说。它就是在那种直言不讳的神秘主义中达到顶点的理念论。柏拉图声称，"由于内在于语言中的缺陷"，他的最深沉和"最严肃"的确信是不能用言辞来恰当地表达的。因此他从来不打算、也永远不想真的仅仅通过著作或谈话将其传达给他人。而只可能通过一种突然的启示，才能为一个经过严肃的生活和理智的训练、对其有准备的灵魂所得到。不过，"有某种真正的论证"，这种论证既导向这种确信，又说明这种确信为什么在其自身中必须保持不可名状的状态。这种论证揭示出来的是：理性知识的真正对象，唯一真正的实在，是事物不可改变的本质——是融合所有形状、物体、生物、灵魂的所有作用、善的东西、美好的事物和公正等等这一切东西的不可改变的本质，这些本质是永远不会与那些作为其可感觉的表现的转瞬即逝的对象相同一，甚至也不会与我们关于它们的思想相同一。它们的本性也不能比文字定义所概括的更多。因此，柏拉图哲学的遗言，只是那种以其最不适当的和神话的形式一再肯定的理念论，以及他先前著作中"多次陈述"的对这种理论的宣言。⑧

由于这些以及别的理由，我发现认为柏拉图不是柏拉图学说作者的观点是难以令人信服的，而承认支持这种学术观点会有一个难以承受的负担是每一个当代评注者的义不容辞的责任。因此，情况可能是这样的，即我不得不说的关于柏拉图在我们这里所关心的观念史上的作用的话对他而言是不适用的，而对他之前的别人而言则是适用的。但是，对于我们的目的来说，这种区分并不怎么重要。我们这里所说的是柏拉图是对话的作者，柏拉图的这些谈话，无论是否表达了他自己的思想，都曾贯串于其后的所有世纪而深深地影响了西方思想。新柏拉图主义者,经院哲学家,文艺复兴时期、启蒙运动时期以及浪漫主义时期的哲学家和诗人可能是不幸的,因为他们不知道现代权威学者的理论。对他们来说,柏拉图主义就是他们所知道的包含在对话之中的思想和推理的整体。而且,对于他们来说,柏拉图主义是一个单独的,大体上首尾一贯的思想体系——许多有学问的当代注释学家也如此认为。

这个柏拉图,不必说,是西方哲学和宗教中本土血统的、不同于从东方舶来的来世观的主要历史渊源。正如英奇教长(Dean Inge)所说,正是通过他,"一个不可见的永恒世界的概念——可见的世界只不过是这永恒世界的一个苍白的副本——才在西方获得了一个永恒不变的立足点。这种说法,一旦听说,在欧洲就从未被人遗忘过。"⑨而且,正是从他的著作中,增添了这样一种长期被人们所信奉的信仰,即相信人的最高的善在于想办法把他自己迁移到这种世界中去。至于其后继者肯定是从柏拉图那里学来的这种来世观,是直接受教于他,还是在对话中发现的,这确实是学术研究中意见不同的另一回事。里特尔(Ritter)热忱地主张:总的说来,在理念论中没有他称之为"某种异想天开的实在观"的东西。关于那种理论的基本争论只不过是:我们的判断,包括对事实和价值的判断,当经由正确的反思过程得到时,就获得了客观标准。("柏拉图的理念是这样一种简单思想的表达,即每个恰当形成的概念在客观实在中都有它坚固的基础。"⑩)而且,我们因而能得到一种独立于我们对其理解的事物的知识。当然,柏拉图说到的真正的"代表物"的客观对应物确实是与类名词相应的普遍物。但是这并不意味着一种与理念在其中得以表现的今世的事物相分离的、独立存在的"关于理念的超验王国学说"。⑪"理念"是普遍物，因为语词总是指谓普遍物的；而且在"每个这样的代表物都有一种普遍联系而不是单独的现象来作为它的内容"⑫的意义上，真正的知识主要就是关于理念的知识。一个一般概念是某种分类活动的结果；而且一种分类，如果"它不是纯粹主观的，而是在被分类的事物的客观联系中有基础的"，如果它和一个在自然中，在那种我们给它一个单独名字的存在物的特殊集合中，与那些和它一起实际发生的属性所组成的复合物一起出现，而且"如果它不是一种仅仅由我们的想象力放在一起的、没有由经验所实际上单独提供、却并不在这种联系中的那些要素的结合物，那么这种分类就是正确的"。⑬无疑，"《会饮篇》(*Symposium*)、《理想国》和《斐德诺篇》中的柏拉图神话和同类的诗意的明喻"，暗示了柏拉图的"理念"确实有更多的含义，但这些说法只是 *Phantasiegemälde*［想象的描绘］，它们的作者并不想严肃地看待它们，而近代读者又"不可能太着重地被告诫提防这样一种常见却严重的错误，即把这些说法看成与柏拉图通过科学的探究而在方法论上所达到的效果具有同等意义的东西"。⑭

但是对柏拉图的学说或其中最为重要和最具特色的东西的上述看法，在我看来，不管其作者有多大的学识，实际上是错误的。这种错误部分是基于一种极不可能的设想之上，即认为亚里士多德关于理念论的评论是错误的，不仅在某种程度上是错误的，而且实际上在主要的观念上都是错误的。然而，亚里士多德在哲学上并不是一个无知的人，他在学园中作为柏拉图的学生和助手有二十年之久，而且当他写了那许多著作时，其他可以作出评判的人还健在，他们从自己的知识出发，可以判定他的说明一般来说是正确的。我们确实有理由认为，亚里士多德有意说明他自己的哲学和他老师的哲学之间的大多数不同之处，这对一个学生来说并非怪事。如果说他完全错误地描述了柏拉图核心学说的性质，那是让人难以相信的。这样一种缓和和简单化了的柏拉图学说也不可能不加曲解地就和某些对话相调和。同时，它也与7世纪的使徒书证据绝对冲突。它可能仅仅由于某种随心所欲的设想而为人们所主张，这一设想认为：那种在某一学派的现代哲学家看来似乎是异想天开的东西，不可能被公元前5世纪的希腊哲学家视为真的东西。它尤其要求这样设想：那些为苏格拉底和所有在《斐多篇》中参加谈话的人同意的、在逻辑上可以用最高度的确定性来加以论证的结论，⑮对于苏格拉底和柏拉图来说，都只不过是诗意般的奇想。它还要求我们去掉柏拉图著作中的几乎所有神话及此类东西的不恰当的修辞学装饰。确实，柏拉图自己告诫我们：这些东西不应该照字义去理解，但是这并不等于说，它们不应该认真地加以理解，也不等于说它们不是那些柏拉图视为真实而重要的论题的比喻性暗示，这只是说，它们是一些难以用僵硬刻板的（matter-moulded）话语形式加以转述的东西。尤其在《理想国》中，准确地说是当他到达他的论证的顶点时，他的那些最确定和最重要的概念是以寓言形式开始表述的。他之所以如此做，正如他在别处所解释的那样，是因为在他的思想的这些终极之处，普通语言的语词已经无能为力了，真理就像在镜子中那样昏暗只能通过可感知的相似物来预示，但是，柏拉图坚持认为，哲学作为最高的知识，和那些变化的事物无关，甚至和那种伴生的与后继的恒常的一般法则无关,这些法则拥有这些事物的善及其变化。这些知识不仅与数学的真理有关,而且与纯粹本体的超验王国有关,而自然世界只是这个超验王国的一个模糊不清的和歪曲了的影像。这种看法,只有当我们把柏拉图的整个体系中的最有特色、最具表现力的言论视为不足取时,才有可能加以否认。但是,既然我的这种看法不同于像里特尔这样一些如此卓越的专家的意见,那么就很有可能看来是轻率的和独断的。不过我很高兴的是,这种看法有可能得到肖里(Shorey)教授的重要判断的支持。"实体化了的观念是柏拉图的 ding-an-sich[自在之物],它被人们从常识的观点出发,以对这种学说的明显荒谬的全部感受所审慎地接受",⑯"柏拉图的无畏的坚定的实在论是如此令常识讨厌,以至于近代批评家要么把它视为天真的证据,不是指孩子似的天真,而是指他的思想的天真;要么通过论证他不可能严肃地表达其意思从而必定在他的更成熟的著作中放弃或修改这一学说,来缓和这种自相矛盾。所有这些解释都起源于他们未能领会形而上学问题的真正特点,以及领会使柏拉图抓住和坚持这种解决办法的历史条件。"⑰

无论如何,只要柏拉图的形而上学致力于和事物的所有本性的多样性相对应的那些永恒理念的多样性,那么,这种形而上学的来世观就显然是某种特殊的和独特的来世观。对柏拉图来说,可感世界从来就不是一个单纯的幻觉或单纯的恶。而彼岸世界与此岸世界一样都是一种复多,而且还有众多的个体灵魂,永久地相互分离,并和理念相区别,甚至当它们转移到更高的境界时也是如此。就这一方面而言,柏拉图的体系因而比较不受一元论形而上学激情的影响,虽然在不朽学说方面或许比别的体系更多地受其影响。理念的世界与其说是对今世的纯粹的否定,不如说是对今世的一个值得赞美的、非世俗化的复制品。有关某种感觉对象的理念,虽然被看作不能通过身体的感觉器官加以改变和理解,但仍然是那个对象的一个凝结的和无实效的副本——因为它的某些特征还保留着不确实性。自然的性质上的丰富多样性没有——或者无论如何,不应该——被忽视。这些多样性包括:简单的可感觉的性质,自然物体之间存在的非暂时的关系,这些性质和关系的复杂的聚集,形成了我们经验到的事物所构成的"东西"。由于这些,所有的道德的和审美的属性、正义、节制和美——统统被简单地投入到另一个存在的王国中,在那里,每一种属性都因其被设想为免除了迁移和变化,以及因其在永恒的固定性之中与迁移和变化不相干,因全人类的计划和努力,而有可能得到更好的审美享受。它不提供需获取的对象,也没有有关于它的事情需要做,毕竟沉思就是享受,用詹姆斯的话来说,就是一个"道德的假日"。但是沉思的东西是由我们所认识到的、被看成是 sub quâdam specie aeternitatis [在某种自然情况下]的今世的组成部分所构成的。或许对于柏拉图来说,不时地把本质不正当地排除在外的某些做法,就沉思而言,也不是人们所期待的令人高兴的事。确实,柏拉图自己并没有把他的理念世界当作游乐场,使人们在其中度过道德的假日。他一心想使理念世界成为达到现世目的的工具,一心想从它那里得到具体的道德的和政治的教训,他曾经因此而被桑塔亚那(Santayana)先生谴责,这位先生发现他对"精神生活"的本性是无知的,对于精神生活来说,对本质的无利害的沉思足矣。精神生活没有任何偏爱,而且不为官能的和道德的益处——这些益处使我们的生活全神贯注于现世的和活动中的创造物——所陶醉。"纯存在是无限的,它的本质包含了所有的本质,那么它又怎么发布特殊的命令,成为一个严厉的道德家呢?"在这种批评中,我认为桑塔亚那先生指出了柏拉图思想中一个真正不一致之处,虽然我认为这是一个幸运的不一致,而桑塔亚那先生显然并不这么认为。

只是当柏拉图在他的《理想国》中引进一个诸理念的理念,而别的东西似乎被认为是以某种隐晦的方式从这一理念中派生出来的时候,他才清楚明白地以西方来世观之父的面貌出现——虽然巴门尼德无疑是这个理念的 urgrossvater[始祖]。在此,和在别的地方一样,柏拉图的历史影响的性质是毫无疑问的。对于那些哲学家及其后来的许多中世纪和近代的摹仿者、犹太人、穆斯林以及基督徒来说,完满的"来世"和不可名状的"太一",即新柏拉图主义者的绝对之物,是对柏拉图的"善的理念"的一种解释。在此和前面一样,研究柏拉图哲学的当代专家们并不同意把出自柏拉图学说的东西包括在这一理念之中。里特尔根据他的使理念论摆脱任何"异想天开的和粗俗的非自然物"倾向的一般愿望,发现"善的理念"和"善的状态"是同义的。而且他主张,这两种表达方式仅仅意味着:和"善"这个字联结在一起的这种概念,不仅是我们自己思想中的幻想的产物,而且有一个独立客观的实在。他认为,这个思想也可以用另外的方式来表达,即认为:"这个实在的世界真正说来是如此构成的,以致我们有理由称之为善,把善视为其中的主要因素。"简言之,在柏拉图说到与善的理念有关的东西时,他所肯定的是"所有存在物和所有在这个世界中发生过的东西中理性的神圣力量的领域。"*das Walten einer vernünftigen göttlichen Macht in allem Weltsein und Weltgeschehen*［在一切世界的存在和世界的发生中某种合乎理性的神性力量的统治］。[18] 这就把认为善是诸理念的理念的学说的意义降低为一种乐观主义的信念了，这种信念相信这个世界的短暂的过程为一个仁慈的神意所控制——这种信念同时被奇妙地与关于道德判断的客观确实性的断言相混淆，或者被看作后者的基础。柏拉图保持着这两种信念，而且认为后者是他最坚持和最重要的确信之一，是不能否定的。但是，若设想这个简单的信条是柏拉图想要通过他的不可思议的和天启似的关于善的理念的言辞来加以表达的一切，恰恰会把其中最显著和最具有特色的东西弃置不顾了。与所有这些使柏拉图的这部分学说不再神秘的倾向（其中有许多现在正时髦的东西）相反，柏拉图自己的话是说得过于花哨了。

确实是《理想国》使有关柏拉图的那个理念的概念的某些东西足够明白起来。第一，对他来说——或者对那个柏拉图化的苏格拉底来说——［善］这个概念是所有实在中最无可置疑的。第二，它是某个理念或本质——"善本身"，它区别于特殊的和变化的存在，这些存在以不同的程度参与到它的本性之中。[19] 而且因此，它有与所有理念共通的属性，在这些属性中，最基本的是永恒性和不变性。第三，它是和"今"世正相反对的对立面，为了理解它，知识的能力

> 必须和整个灵魂一起转身离开那属于变化的东西，直到它能够坚持对所是之物的沉思默想，由此而对最光辉灿烂的部分进行沉思，我们宣称，这就是善。[20]

第四,它的真正本性因而在日常话语中是不可名状的,它是"一种不可描述的美",而且确实不可能置于哪怕是能够运用于别的思想对象的最普遍的范畴之下。"它和实在远非同一的"——也就是说,在别的事物也有实在性的意义上——"它实际上在地位和能力上都高于实在的东西"。㉑ 第五,善的理念(Form)是期望的普遍对象,它把所有的灵魂引向它自身,对于人甚至他的一生来说,主要的善就是对这个绝对的或本质的善的沉思。确实,那些曾变得有能力过沉思生活的人,为了成为国家的统治者而不得不放弃这种生活。但对他们来说,这是为了他人的利益而暂时牺牲他们自己的最高幸福。那些曾经窥见过某种善的美景的人,"将不愿意使他们自己忙于人间的事务,他们将渴望献身于天上的事情"。㉒ 在今世的事务中,他们一看就知道确实是十分笨拙的了——这些事务是如此地不同于他们曾经享有过的对神圣之物的沉思。因为对于柏拉图来说,对善的真知卓识,确实不仅仅是认识自然法则,也不是实用主义的智慧,哪怕它是最高等级的智慧。这种真知卓识并未被那些仅仅"对一时的对象具有敏锐的眼睛和最好地记得所有经常先于它、后于它和伴随它的东西",以及"由此而能最好地预见到下一步将发生什么的人所拥有"。㉓

古代和近代的柏拉图学说的解释者曾无休止地在这一问题上发生争执。这个问题就是:对于柏拉图来说,绝对的善的概念是否等同于神的概念。简言之,这个问题是无意义的,因为,"神"这个字在其最上的等级中是含糊不清的。但是如果它被认作是主张经院哲学家称之为 *ens perfectissimum* [最完善的存在]的东西,是存在等级制度的顶端,最终的和唯一令人完全满意的沉思和崇拜的对象,那么几乎不可怀疑的是,这种善的理念曾是柏拉图的神。但它不可能成为亚里士多德的神,而且是中世纪大多数哲学神学,以及几乎所有近代柏拉图化了的诗人和哲学家的神的要素或"方面"之一。虽然在柏拉图那里,就像在他的门徒们那里一样,某个关于意识生活和至福情感的理想化模式的模糊意念可能持续存在于这个彼岸世界的神的概念中,[24]但是,严格地说,这样一个神的属性是可以在对此岸世界属性的否定中表达的。你可以一个接一个地想象呈现在自然经验中的对象的每一种性质、关系或种类,而且,用奥义书中圣哲的话说:"真正的实在不像这,也不像那。"——只不过要加上一句:"它是某种好得多的东西。"

不过,柏拉图正是通过他自己的特殊辩证法——这种辩证法完全不同于例如在吠檀多的一元论中被示范的东西——在他的哲学推理中达到了彼岸世界张力的这种最高峰。他的绝对物是善的理念,而且对于他来说,"善"这个词,正如在大多数希腊思想中一样,最重要的是意味着某种肯定的、虽然在本质上仍是否定性的特征。这一点在苏格拉底以降的几乎所有希腊道德哲学学派中——在空想的犬儒学派的气质中,第欧根尼(Diogenes),那个不需要也不要求别人能给他什么的人的气质中,在伊壁鸠鲁学派的不动心中,在斯多噶派的冷漠无情中——都是很明显的。"善"的实质,即使在普通人的经验中,也是自足存在的、摆脱了对个人之外的东西的一切依赖。而且当"善"被假设为和形成为超现实的本质时,这个词也有同样的涵义,除非它现在在一个绝对和无条件的意义中被理解。柏拉图在《斐利布篇》(*philebus*)中说:"善在本性上不同于任何别的东西,在其中,具有了善的存在物总是而且在一切方面

第二讲 存在之链观念在希腊哲学中的起源:三个原则

都有最完满的能力,它永远不需要任何别的东西。"㉕ 在对话的论证中,"享乐和理智就是善本身的主张",由于"这两者都缺少自足性(αὐτάρκεια)、恰当性以及完满性"而被"搁置在一边"。㉖ 这是所有特殊的"善"按某种等级所分有的性质;这也是在其充实性中绝对存在不同于所有别的存在的一种属性。

在关于善的理念的这种辩证法中,有一个明白的暗示,暗示了一个奇怪的结论,它支配了西方宗教思想有两千多年。虽然今非昔比,但在西方思想中仍有强大影响。如果你用"神"这个词——在许多别的、看起来不相容的东西中——指的是这样一种存在,它具有或者说永远地具有最高等级的善;如果这个"善"意味着绝对的自足性;如果所有的不完满的和有限的以及暂时的存在都如此地与神圣的本质不同——那么,显然会得出这样的结论,即它们的存在——也就是说,整个可感世界在时间中的存在以及在任何意义上都不真正自足的所有有意识的存在物的存在——都不需要卓越的附加物也能成为现实。善的丰富性一劳永逸地包含在神之中,被造物不再为它增加什么东西。从神的观点出发,它们是没有价值的,没有它们,宇宙不会变得更坏。确实,柏拉图自己并未明确地推出这种结论。他没有这样做这一事实无疑是大有讲究的,不过正是在他的学说的这一部分的明白的暗示中,我们必须认识那种为哲学神学家们不断重复的公理的最初起源。这种公理认为,神不需要一个世界,也不关心它以及在它之中发生的一切。柏拉图的善的理念的这种含意在亚里士多德的神学中很快变得明朗了。在《优台谟伦理学》(*Eudemian Ethics*)中,亚里士多德写道:"一个自足的人不可能要求别的人为他服务,也不受他们的影响,不需要社会生活，因为他能够独自生活。这一点在神的情况中特别明显。显然，因为他不需要任何东西，神不可能需要朋友，他也没有任何朋友。"㉒作为预先提到的内容，我们只引证上千个较后的例证中的一两个——正是这种亚里士多德学说和柏拉图学说的血统，人们可以在殖民地美国听到爱德华兹*的回应。当他声称："上帝创世的最终目的这个概念是不合理的。这个概念确实暗示或表示神的一切贫困、不足和易变性，或者为了他的任何程度的完满或快乐，创造者要依赖于被造物。因为显然，根据圣经和理性，神是无限地、永恒地、无可变化地和独立地荣耀和完满的，它不需要被造物参与，不能为被造物所利用，或者从被造物那里得到任何东西，或者真的被伤害，或者作为任何痛苦的，或有损于他的荣耀的，以及从别的存在中获取幸福的主体。"㉓这个永远宁静和泰然自若的绝对，在对"愤怒的上帝手中的罪人"加以训诫的有残忍癖的神那里，显然是难以认识到的。但是爱德华兹在把众多的神统一在一个神的名字之下这一点上与大多数大神学家没有什么区别。柏拉图传统中的这一要素无疑把自己的持存归功于这样的事实，即它对应于宗教经验的本质上的多样性中的一个。显然存在着某种类型或模式的宗教想象力和情感，以及某种与之伴生的神学辩证法，它们只需要一种对从自然中沉思出来的最高对象之绝对孤立的信念，甚至对它们的崇拜者的高傲的冷漠就能满足。这种思想方法的永驻的生命力有可能由一个在许多方面都极端"现

---

* 爱德华兹（Jonathan Edwards 1703—1758），美国基督教清教派最大的神学家和哲学家，倡导宗教改革的"伟大启蒙"运动，力图为正统宗教改革提供哲学上的论证。——译者

代化",人们不应在他那里期待发现这种思想方法的著作家对它的表达中看到,约阿德(C. E. M. Joad)先生最近断言,"艺术的和理智的意识,被属于它们的对象的他性所抬高而不是降低。这一点甚至以更大的威力应用于宗教意识。一个被视为永久不变的和完满的神,也要进入到与一个不断变化和不完满的世界的联系中去,进入到与存在于这个世界之中的变化的和不完满的人类的联系中去,或者进入到与赋予它以生命的本原的联系中去,这就在它受到尊重的那些属性方面被降低了。像善和美一样,如果神存在,他就必须具有一种非人的价值,他的意义在于他与那种渴望成为神的生命完全不同。他可能通过生命被认识,而且随着生命的展开而不断为人们所认识……但是神自身却不为这种沉思所影响……他并未意识到朝向他的生命的运动……显然,神如果是一个值得我们崇拜的对象,那么他必须保持不被这个崇拜他的社会的恶习所污染。"㉔这是对来世观模式的某种有特色的表达方法的一种当代的且十分精确的评论。如果这种来世观没有十分明确地在柏拉图关于善的理念的学说中表现出来的话,他也会很快地从其中产生出来。

毫无疑问,如果柏拉图就此止步的话,西方思想随后的历史就会和现在完全不同了。然而最值得注意的——而又较少被注意到的——是关于他的历史影响的事实:他不仅给欧洲的来世观以其特有的形式、表达方式以及辩证法,而且也给显然相反的倾向——一种特别有活力的今世观以特有的形式、表达方式和辩证法。他自己的哲学在我们可能称之为彼岸的方向上一达到其顶点,就反转了其行程,在达到这个诸理念的理念的概念之后——这个概念是一个纯粹完满的概念,一个和所有的日常思想范畴相反的概念,以及一个不需要任何外在于它自身的东西的概念——他立刻就在这个超验的和绝对的存在中找到了此岸世界存在的必然的逻辑根据,而且他并没有中止关于这种必然性的论断,以及关于一切可以想象的、有限的、暂时的、不完满的和有形的存在物之存在价值的论断。柏拉图显然不满意那种对世俗之物的存在、数的存在以及它们各种模式的多样性、不完满性程度的根据和辨析没有作出尽可能多的说明的哲学。在这种哲学中,不断的变动是一个完全无意义的和额外地附加到永恒之物上去的东西。如果可感世界存在的一切理由都被发现,对于柏拉图来说,这些理由必定是在理智世界中被发现,而且是在唯一自足的存在本性中被发现。那种并不那么好(not-so-good)、也不能说坏的东西就必定被理解为派生于善的理念的东西,理解为包含在完满的本质之中的东西。这个自我同一的,作为所有期望之鹄的神,也就必定是期望着它的那些被造物的起源。

[46] 柏拉图学说的这种决定性转向首先出现在《理想国》的同一节上,在这一节中,善的理念的"他性"是如此显著地被陈述。[30]对所有我们已知的东西来说,善不仅是它们被认知的原因,而且还是它们的存在以及现实性的原因。"——它们所具有的那种现实性,如我们所知,在柏拉图看来,是如此不同于'善'的现实性,以至于他不愿意对这两者用同一个字眼。"这里的转变无疑太突然和太暧昧以致无法理解;但是在后面的对话的段落中,我们发现柏拉图心中有关它的含意和根据却表达得很充分——虽然正如周伊特(Jowett)所说,对最现代的读者来说,它是"最晦涩和最令人讨厌

的"——但是它两千多年来对柏拉图的全部著作仍然有着极大的影响。在《蒂迈欧篇》中,柏拉图明确地开始了从较高的"绝对存在"的领域向较低的世界回转的路程。这些较低的世界是他的思想在某些情绪中,或在更早的时候就如此渴望超越的世界。[31]确实,这篇对话的大多数内容是明显地用神话的方式表达的,因此,它必然使它的严肃的哲学内容远离了这些诗意的形象化描述,但我们很难确定它们之间的界线该划在何处。显然,从学园的第二代人到现在,在学者中关于诗意的东西在何处结束而哲学由何处开始的问题上仍存在着分歧。我们将要讨论的这些内容大多包含着争议,所幸的是它并非实质性的争议。我们所关注的只是两个密切相关的概念,就我们所知,这个对话首先把这两个概念引进到西方哲学观念的一般语系之中。它首先是回答了这样一个问题:为什么在一个理念的永恒世界,或确切地说一个最高的理念之外,还要有一个变化的世界?其次则回答了另一问题:是什么原则决定了构成可见的和暂时的世界之存在物的物种数量。在柏拉图那里——或者说无论如何,在那些在对话中对此发表了意见的哲学家那里——对第二个问题的回答暗含在对第一个问题的回答之中。

这两个问题属于那种大多数哲学家不再询问的问题——虽然某些现代自然科学家,他们或许是我们这个时代最富有想象力的思想精英,曾试图回答第二个问题。半个多世纪以前,T. H. 格林(T. H. Green)就评论说:"任何形式的关于整体世界为什么是其所是的问题是一个无法回答的问题。"[32] 在 18 世纪末以前欧洲思想中的柏拉图传统和较为近代的哲学之间,几乎没有比这种反差更重要的一般差异了。因为认识到这样的问题必然是难以解决的或无意义的,意味着就我们所能判断的范围而言,世界在最终的分析中是非理性的,它的根本存在,它所拥有的它曾有的范围,它的构成成分所显示的多样性的范围,它与奇妙的为经验科学所发现的基本法则的符合——这恰恰是一些残酷的事实,对于这些事实我们无法给出可以理解的理由,而且这些事物有可能和他们所是的同样好。如果情况确实如此,那么,世界的构成就只不过是某种奇想,或者是某种偶然事件。但是柏拉图给后来的希腊、中世纪以及近代早期哲学留下了这样一个大假定——它确实多于人们曾经要求的——即人们可以而且应该提出这样一些问题;而且对于那些在他之后问及这些问题的人们来说,他提供了一个长期为人们所接受的答案。我们要评论的历史就是这样,在一些别的事物之中,西方人的长期努力所形成的他生活于其中的世界的那一部分历史,对他的理智而言,显现为一部理性的历史。

对第一个问题的回答是以一种简单的和毫无疑义的表面措辞引进的,它被无数后来的哲学家和诗人所重申。在关于世界起源的故事开始之前,蒂迈欧说:"让我们来说明那个构造了世界的神何以要构造生成(Becoming)和万物的原因吧,"这个原因是:"他是善的,而且在一个善的东西之中,不会产生对任何别的事物的嫉妒。由于没有嫉妒,他希望一切都应该尽可能像他自己那样。因此,根据从智慧的人们那里接受来的思想,我们完全有理由把这视为生成和宇宙的首要的最高起源的原则。"[13] 这些话是什么意思呢?——或无论怎样,后来的柏拉图主义者把它们理解为什么呢?在此被描述为"善"的存在名义上是世界的人格化的工匠,他就是对话中所讲到的那个创世神话的英雄。但是如果我们设想这个对话中的说法和《理想国》中的说法完全可以一致——《蒂迈欧篇》是作为《理想国》的一个补充提出来的——那么,神话的各种细节,以及描述造物主的大多数的特征和活动,就不可能从字面上加以理解。它们也不曾被大多数古代和现代的柏拉图追随者如此理解。在《理想国》中,我们知道一切存在的根据和起源都是善的理念本身。因此许多注释者曾主张,出现在《蒂迈欧篇》中的创造主只不过是那个善的理念的诗意般的化身。——或者像新柏拉图主义者们所解释的——是某种喷射,或次一等的神,通过它,绝对的和完满的太一的创世作用得以实现。比起这两者更有可能的是这样一种看法:柏拉图思想中的在起源上不同的两种倾向在此被混淆在一起了。而且作为最后结果的概念也因此而被给予了大量表面的表述。在柏拉图的哲学中,有两种超感觉的和永恒不变的存在物——"理念"和"灵魂"——就像它们的概念在历史起源上有所不同一样,它们在本性上也十分不同。理念是纯粹思想的永恒对象,灵魂是不朽的有意识的和有思想的存在物。而且,由于前者是普遍物和本质,后者是个别物,因此它们不可能很容易地化为一体。但有一种至少是可能的推测——它可以被特殊的文字所支持——那就是柏拉图在结尾处设想这两个系统的最高成员具有某种同一性。如果真是如此,《蒂迈欧篇》中的创世主,作为"最好的灵魂",有可能被看作完全具有"作为善本身"的属性——无论如何,我们能够设想,关于它的较大部分特性的描写是形象性的。如果我们设想柏拉图的学说有某种一致性和连贯性的话,那么这三种解释中的某一个肯定会被采纳。

总之,这个讨论告诉我们:其现实性用来说明今世之存在的那个超现世的存在者就是"善"。我们必须牢记:对任何柏拉图主义者而言,没有什么东西分有由"善"这个字所表达的任何一点本性或本质,除非它是自足的。甚至在《蒂迈欧篇》本身,被创世界的卓越之处从某一点来说,也被说成是在于一种相对的和物理的自足性。物质的世界是"如此被设计,以至于它的所有主动的和被动的过程都发生在它自身之中,被它自己的动因所造成,由于那构造了它的上帝相信,如果它是自足而不需要他物的,那么它就是更好的。"㉞根据柏拉图的这种原则,"最好的灵魂",如果它需要别的东西,显然就不是最好的,因为它自己的存在或优越或幸福是由于别的东西而不是它自己。但是,当柏拉图开始告诉我们关于这个世界的存在的理由时,他恰恰是返回到"善"的实质性意义上去了。无疑,部分地说,他正是在利用"善"(good)这个词在古希腊如同在现代一样所具有的双重含义。但是他用于形成这种转换的隐喻暗示了他正在试图调和这两种意义,试图从另一个当中派生出这一个来。一个永远作为目标的自足的存在,他的完满性是超乎任何可能的增加或减少的,他不可能"嫉妒"任何不是它自身的东西。它的实在是不可能阻碍在存在、物种以及卓越性方面不同于它的那些存在物以其各自的方式表现出的实在性的。相反,除非它产生出它们,否则它会缺少完满性中的一个肯定的要素,它也就不是像它的定义中所说的它所是的那么完满了。因此,柏拉图心照不宣地作出了一个决定性的假设:许多并非永恒的,并非超感觉的,远非完满的实体的存在是可以期望的。在他的彼岸的绝对中,在善的理念本身之中,他发现了这种绝对不能单独存在的理由。自足完满性的概念,根据某种逻辑上的反演——它的任何原始含意并没有丧失——被转换成一种自我超越的生育力概念。一个无时间性的,无形体的太一就成为一个暂时的、物质的和极端复多的和丰富多彩的宇宙之存在的动力学起源和逻辑根据。omne bonum est diffusivum sui[一切善都是自行扩展的]的命题——像中世纪所说的那样——表面上被弄成像是一个形而上学的公理。由于这种反演,许多世纪以来产生出最有特色的内在冲突的,以及记载它的历史的逻辑上和情感上相互反对的传统的概念的结合物就被引进到欧洲哲学和神学中来——它们是某种(至少是)二神合一的概念;某种自身并不完满的神圣的完满性概念,因为没有除它自身之外的在本性上不完满的存在物的存在,它就不可能是它自身;这也是某种需要变化,而且在,变化中表达自身的不变性的概念;某种仍然并非真正绝对的概念,因为它至少是通过隐含的和因果的方式与那些其本性不是它的本性,其存在和无穷的行程与其永恒不变的存在正相反对的实体相联系。柏拉图用以达到这种结合的辩证法,对许多现代听众来说,可能似乎是不能令人信服的,实质上是字面上的,而且它的结果不比一个矛盾更好;但是如果我们忽视了一个事实正是这种二元辩证法支配了许多代人的思想,而且这种支配比起在古代来,在中世纪和近代甚至更为有力,我们就不能理解其后西方观念史的大部分、重要内容。

对第二个问题——这个世界必须包含多少种暂时的和不完满的存在?——根据同样的辩证法得出的答案是:包含了一切可能的种类。"最好的灵魂"不可能嫉妒那些被设想为已经拥有它的东西的存在,而且"期望一切事物应尽可能像它自身",对柏拉图来说,这里的"一切事物"可能始终不外是指理念的每一个可见的副本:而且正如在对话中以巴门尼德(130c,e)名义的那个人提醒年轻的苏格拉底时所说的那样,在理念的世界中存在着一切种类的事物——包括那些微不足道的或可笑的或令人作呕的事物——的本质。在《蒂迈欧篇》中,柏拉图确实主要说到了"生物"或"动物";但是就这些而言,他至少坚持了所有理想的可能性必定完全转换成现实性的思想。他说,"一定不要认为世界是在一切理念的肖像中形成的,只是部分如此;因为不完满的东西是不美的。我们必须宁可设想,这是对于把一切动物——包括个体和类——都作为其
51 部分的那个整体的一种完满的想象。由于普遍物的模型包含在它自身之中,所以这个世界的所有存在物的可以理解的形式正好包含了我们以及别的可见的被造物。因为上帝想把这个世界造成类似于最公正和最完满的可理解的存在物,所以构造了一个可见的有生命的存在,把所有类似自然的,也就是暂时的和可见的其他有生命的存在物包括在自身之中。"在《蒂迈欧篇》中,有一段文字似乎暗示,在可理解的世界中,甚至存在着个别事物的理念,或者无论如何是最接近于特殊化了的普遍物的理念,凭借他们的互有差别的号数,尽可能地像个体。柏拉图说:"别的有生命的存在,[也就是说,它们的形式]个别地和一般地是完满和永恒的模型的许多部分,而且由一切事物所构成的宇宙最像这个原型。"[35]正是因为被创造的宇宙是理念世界的一个详尽的摹本,所以柏拉图认为只能有一次创世,它包括了"其他所有可理解的被造物"的副本。因此可以说,没有什么东西留在这个原形之中没有被创造出来,那第二个世界可能是摹仿原形造成的。因此,在某种神话的形式中,我们被告知某种连续创造事物的故事。当各种等级的不朽的存在者

第二讲 存在之链观念在希腊哲学中的起源:三个原则

被产生之后,造物主注意到,有朽的东西还仍然没有被创造出来。而这将是不行的:如果缺少这些,普遍物就会是有缺点的,"因为它将不包括它若想完满就必须创造出来的那一切种类的有生命的被造物",因此,"为了整体能够成为真正的全体",创造者就要委托那已经被带进存在之中的较小的神来代替他完成依照其类别产生有死的被造物的任务。因此"宇宙中完全充满了有死的和不死的有生命的存在物"。因而宇宙就成为"一个可感觉的上帝,它是那种可以理解的东西的形象——某种最伟大、最好、最公正、最完满的东西的形象"。简言之,柏拉图的造物主完全是依据这样的原则活动的,在该原则中,共同的言语像平常那样表达情绪,不仅表达普遍容忍的情绪,而且表达对差异得到广泛认同的情绪,即它用了各种方法来创造一个世界。

即使柏拉图对宇宙必然包含许多存在模式的问题没有给予这种神学形式的回答,但他还是不得不根据别的证据得出了相同的结论。因为二者择一的选择将会承认:在理念的整个范围之外,只有一种有限的选择具有可感的具体形象。但是我们完全可以相信,对他来说,这似乎是一种奇怪的反常现象。如果任何永恒本质都有暂时的副本,那么由此得出的推论是:如果所有的本质都是如此,那么,这就成为理念在具体存在中显现自身的一种本性。如果不是这样,那么两个世界的联结看来就是不可理解的,宇宙的构成,本质自身王国的构成,就确实是一种偶然性和任意的东西。这和柏拉图愿意考虑这样一个假设的思路是完全相反的。

正是这种奇怪的和富于想象的思想的可能性在实际中现实化的"充实性"原理,在和那种它与之相联系且通常被认为是它所包含的两个别的观念的结合中,成为这一讨论的重要论题。就我所知,它从来就不曾为一个合适的名称区分出来,⑱ 而且由于缺少这一点,所以它在变化的场合中,以及在不同的措辞中的身份似乎常不为历史学家们所承认。我将称它为充实性原则。然而从和柏拉图相同的前提出发,我将用这个词包含一个比柏拉图自己从中引申出来的推论意义更为广泛的推论;也就是说,从中不仅引申出世界是一个 plenum formarum[形式的充实],在其中可以设想的多种多样的生物种类的范围得到了详尽例证这一推论,而且从这种设想出发,它还包含许多别的推论,如,没有一个真正的潜在存在可以留着不实现出来;创造的广度和丰富程度必定和存在的可能性一样大,并和一个"完满"而无穷的源泉的创造力相对应;以及这个世界是更好、更多的东西。在我们通盘考察这个原则后来的发展以及与之相联结的事物之前,有必要先说一下潜在于柏拉图学说中的有关它的原始说法的两种含义。

(1)在我们已经看到的作为柏拉图哲学之特征的形而上学倾向的两重性中,隐含了一个原始的柏拉图价值图式的相应的逆转——虽然有关于此的详尽的结论是很迟缓才得出来的。没有可感的世界,理智的世界就会被看作是有缺陷的。因为一个不为自然所补足的上帝在它的所有多样性上将不是"善"的,从而会得出它并不神圣的结论。由于这些假定,在《理想国》中的"洞喻"就含蓄地被取消了——虽然柏拉图自己似乎从来没有认识到这一点。除非陷入自相矛盾,感觉的世界再也不能被恰当地描述为不实在的虚幻的影子而在善的东西与实在的东西之间作无用的来回滚动了。不仅太阳自身产生洞穴,产生火,产生活动的模型和影子以及

第二讲　存在之链观念在希腊哲学中的起源：三个原则

它们的观看者，而且，在这样做时，它表明了它自己本性中有一种和世俗的眼睛所不可凝视的纯粹的光辉一样的——可能显得一样好，甚至更卓越的——本质属性。对于理智王国的太阳来说，这影子是不可缺少的，就像对于这影子来说那个太阳也是不可缺少的一样。而且虽然影子在种类上与太阳相反，在存在上与之相分离，但是影子的存在是太阳的完满性的最大完成。这意味着本质的全部王国，只要它缺少具体化，它就缺少对它的意义和价值来说不可或缺的东西。从逻辑上看，这种思想与后来的思想没有多大不同，在后面的思想中，"洞喻"恰恰是被倒转过来的——理念的世界现在变成了一个不实在的东西，一个纯粹的模型，像所有的模型一样，只是当它获得具体的现实化时才有价值。在存在的恩典降临到它们身上之前，它只是一个空洞且贫乏的"可能"的序列，存在于世界创造之前的某种幽灵的王国中。因此人们可以问，为什么人的心灵要么为了沉思默想，要么为了快乐而忙于这些空虚的，抽象的毫无变化的事物之范型（*forms*）之中，为什么既然在影子之前就已经有了在它们所有的亲缘关系的特性中的可感的实在性，而且它自身就是同一个较丰富的存在模式的分有者，却还要仔细研究这些影子呢？但是，甚至在柏拉图最初的事物图式已经倒转过来的地方，也没有走得这样远，即在《蒂迈欧篇》这一段的逻辑中最终证明很容易找到对这样一种确信的支持，即对一个洞穴人（Troglodyte）来说，合适的事就是在洞中和影子呆在一起。因为如果他想法离开分派给他的这种昏暗的地方，转向外面的阳光之处，那么他就会（这是可以论证，也应该被论证的）对抗神，就会在那总的秩序中留下一个空虚的地方，在这种秩序中，充实性原则要求每个可能的位置都被填满。

（2）善的这种广阔与多产，无论如何，像柏拉图所明白暗示的，不是神话中个性化的造物主的任何自由和任意选择行为的结果，而是一种辩证法的必然性。善的理念是一个必然的现实性，它除了是其本质所包含的东西之外，不可能是别的什么东西。因此，根据本性，它必然地产生有限的存在。这些存在的种类在数量上同样是逻辑地预先被确定的；如果上帝产生的东西少于在其中的"模型"也就是理想形式的总体被转化为具体的实在的完满世界的东西，那么它就不会是它所是的东西。这也就得出一个结论：每一个存在着的可感事物的存在，乃是因为它——或者无论如何，它的种类——不能不是，并且精确地是它所是的东西。这种含意确实并不全是出自柏拉图自己。它显然是内在地存在于《蒂迈欧篇》中，因此，他把它们中的一个最顽固、最令人烦恼、最容易产生争论的问题留给了后来的形而上学和神学。在其中，充实性原则潜藏着一种绝对的宇宙论的决定论。这种决定论在斯宾诺莎的伦理学中获得了其最终的系统化的形式和实践上的运用。绝对存在者的完满性必定是一种内在属性，一种内在地存在于它的观念中的性质。别的所有事物的存在和属性都从这个完满性中派生出来，因为它们逻辑地蕴含在它之中。所以，世界根本没有为偶然的东西留下余地，神的善——用宗教语言来说——是一种强制性的善。按弥尔顿的说法，它不是"想创造就创造，不想创造就不创造的"，也不能自由选择某些种类的可能存在物来作为存在特权的接受者，而否定其他种类的可能存在物有存在的权利。因为按照柏拉图学说的原则，这些其他种类的可能存在物中的每一个所具有的特性也

第二讲 存在之链观念在希腊哲学中的起源：三个原则

都内在地存在于它的永恒不变的理念之中。正是在它使其现实化的存在的独特的可能性中，无论是神还是被造物都不能设想曾经是或者曾经做过的任何东西不是它们所是和所应做的东西。然而，《蒂迈欧篇》的基本思想对于大多数中世纪和近代早期哲学来说，应该成为不证自明的公理，针对它们的这种含意，众所周知，在西方思想中曾经有过长期的顽抗，这种顽抗出现于其中的推理，以及激起这种顽抗的动机，我们在此用不着讨论。

柏拉图学说中的这种反演进程在亚里士多德的体系中没有发现，在他那里，来世观的一般倾向比起柏拉图确实要少得多。而且他的神什么也不创造。撇开在一定程度上陷入日常语言的风格不谈，亚里士多德一贯坚持认为，自足性概念是神的本质属性，而且他还认识到神排除了那种对别的东西的依赖性，这种依赖性会由产生这些别的东西的某种内在必然性所暗示。确实，对于亚里士多德来说，这个不动的完满性是所有运动的原因。而且它似乎（虽然在此亚里士多德的思想中有某种二元性）是所有不完满存在物的活动性的原因。但是它只是它们的终极原因。㉗神在自己那永无终止的自我沉思中所不变地享有的至福，就是一切别的事物所向往、所千方百计追求的善。但是，不动的推动者不是世界之根据，它的本性和存在并没有解释别的事物存在的原因，也没有解释它们为什么恰好有这么多，并以这种方式和秩序从神圣的完满性向下堕落的原因。因此，他不能为充实性原则提供一个基础。而且，事实上这种原则被亚里士多德在他的《形而上学》中正式地拒绝。"每个可能的事物都会在现实中存在，这并不是必然的。而那种具有潜能的东西没有实现这潜能，这是可能的。"㉘

另一方面,正是在亚里士多德那里,我们发现了另一种思想——关于连续性的思想——它注定要和柏拉图关于世界必然充实的学说相融合,而且注定要被视为在逻辑上为后者所暗含。亚里士多德确实没有形成一种具有任何普遍性的连续性法则,像后来人们所赋予它的那样。但是他给他的后继者,特别是他后来的中世纪的崇拜者提供了一个关于连续的定义:"当在两者相交之处有一个且为同一个它们所共同拥有的边界时,事物也就被看成是连续的。"[39]亚里士多德认为,所有的性质——线、面、体、运动以及一般的时间和空间——都必定是连续的,而不是不连续的。[40]但他并没有同样明确地指出,事物性质上的不同必定构成类似线性的或连续的系列,更不要说它们构成一个单一的连续系列了。然而,他应对把连续性原则引进自然史负责。他确实没有主张所有的生物体能够被安排在一个上升形式的序列之中。他清楚地看到——这一点确实不需要多大的聪明就能看到——有生命的存在物以多种方式——以居住地,以外在形式,以解剖学上的结构,以有没有特定器官与功能以及它们发展的程度,以感觉和理智等相互区别开来。他显然也看到,在这些多样性的模式之间并无有规则的关联,一个被造物由于有某种类型的特征而可能在被看作高于别的被造物的同时,又由于有另外的类型的特征而可能被看作低于别的被造物。因此,他似乎不打算编制出一个单独专有的动物分类表来。然而,被造物参照某一支配性的属性所作的任何划分,显然都会产生一种线性的等级系列。亚里士多德观察到,这样一个系列倾向于表现出某种类型的属性以极其细微的差别逐渐改变成下一种类型的属性,而不是在它们之间表现出十分明确的区别来。自然拒绝遵

第二讲 存在之链观念在希腊哲学中的起源:三个原则

循我们要有一个明确分界线的愿望;她喜欢朦胧的界线,也就是这些形式如果要被分类,那么形式所在的地方也必须被同时分给两个类别。这种看不见的微小的等级差别精确地在那些点上得到特别的证明,在这些点上,共同的用语暗示了那意义深远和很好划分的对立面的存在。例如,自然

> 如此渐进地从无生命的事物过渡到有生命的事物,以致它们的连续使它们之间的边界变得不可区分,而且还有一个同时属于两个等级的中间类型,因为植物紧接着无生命的东西,而植物又在等级上相互区分,在这个等级中它们似乎分享生命。因为这种被观为一个整体的等级,在和别的物体的比较中,似乎很明显是有生命的;但是在和动物相比较时,又似乎是无生命的。而且从植物到动物的转变是连续的,人们可能会问,某些生物在海中的形式到底是动物还是植物,因为它们中的许多都附着在岩石上,而且一旦它们与岩石分开的话,它们就会死亡。[41]

"植物形动物"的存在许多世纪以来一直成为受人特别喜爱的东西。它不断地成为生物学中连续性原则的真理性的例证。但是亚里士多德在基于别的标准的分类中发现了这种连续性的大量的进一步的例证。例如,你可以通过它们的居住地来区分动物——对中世纪来说,这似乎是一个具有重大意义的区分——把它们分成陆上的动物,空中的动物和水中的动物;但是,在这些区分的这样或那样的界限内,你不可能产生一切真正的物种类别。"海豹在

某种意义上既是地上的又是水中的动物",而蝙蝠则是"生活在地上的动物和会飞的动物之间的中间物,因此它可以被认为是属于这两者或者两者之一的东西"。进而,关于哺乳类动物,不可能说它们全都要么是四足动物,要么是二足动物。因为后一个类型只有人作代表;因为同时具有人和四足动物两种本性的是猿,它不属于这两个类型中的一个或同属于这两者。㊷

我们将看到,在亚里士多德对后来的思想的影响、特别是对不仅是科学的而且是日常推理的逻辑方法的影响的这两个方面之间,存在着某种本质上的对立。和在分离开的、很好界定的类概念中的思想习惯与依据连续性、依据使每一事物逐渐变成它物的无限巧妙的细微渐变、依据诸本质相交接的思想习惯之间的区别相比较,这里并不存在心理习惯上更有意义的区别。所以整个物种的概念似乎是一种思想的技巧,不能真正用于真实世界的流畅的也就是说普遍的交接上。正如柏拉图的著作是西方哲学中来世观及其对立面的基本来源一样,亚里士多德的影响促进了两类正相反对的有意识的或无意识的逻辑。我认为,他最经常地被人们认为是某种逻辑的伟大代表人物,这种逻辑基于明确划分和严格分类的可能性假设之上。W. D. 罗斯先生说到他称之为亚里士多德的"固定不变的类和不可分的种的学说"的那个东西时曾评论说,这是亚里士多德通过"密切关注观察到的事实"而得出的结论。不仅在生物学的物种中,而且在几何学的形式中——"例如,在把三角形划分为等边三角形、等腰三角形和不等边三角形的划分中——他已经有了以事物本性来作严格分类的证据。"㊸但是,这只是讲了关于亚里士多德故事的一半,而且这是否是较重要的一半还有问题,因为同样真实的是,他最先指出了分类的局限性和危险性,以及自然与那些明确划分之间的不相符合,虽然这种明确划分对语言来说是如此不可缺少,对我们日常思想的活动来说是如此便利。被后来的直到洛克和莱布尼茨以及除此以外的上百位著作家运用过的这些名词术语和例证表明,他们只不过是重复了亚里士多德对这个观念的表述而已。

从柏拉图的充实性原则中可以直接推导出连续性原则。如果在两个给定的自然物种之间有一种在理论上可能的处于中间地位的类型,这种类型就必须被实现——这种情况延续下去,直到无限。不那样,宇宙中就会有一些空隙,创世就不是像它可能是的那样"充实",这将意味着一种不能允许的结论,即世界的起源和创造者就《蒂迈欧篇》中所说的"善"这个形容词的意义而言就不是"善"的。

在柏拉图的对话中有一些偶然的提示指出:理念,及其可感的副本,并非全都具有同等的形而上学的地位和优点,但是这种不仅具有存在而且具有本质意义的作为等级序列的概念在柏拉图的哲学中留下的仅仅是一种模糊的倾向,而非明确形成的学说。撇开亚里士多德对自然分类的可能体系多样性的认识不说,正是他首先为后来的生物学家和哲学家提出了一种按照动物"完满性"的程度把(至少是)所有的动物安排在一个单一的定好级次的自然等级序列之中的思想。至于这种等级序列中划分等级的标准,他有时采用出生时幼体发展所达到的程度为标准。他认为,作为结果有十一种一般的等级,人在其顶峰,植物形动物在其底部。[44]在《动物志》中,他提出对一切有机物的另一种等级安排,这种安排注定对后来的哲学和自然史有更大的影响。它是建立在它们所具有的

"灵魂能力"的基础上的,从植物被限定于其中的植物的营养的灵魂,到作为人和"有可能超出人之上的另类"的特征的理性的灵魂,每一较高的等级都具有在这个等级序列中低于它的那些灵魂的所有能力,以及增加的一个把它自己与别的东西区分开来的能力。⑤在由亚里士多德自己提出的这两种图式中,每一个都提供了一个仅仅由少量大的类别所组成的系列,它们的亚种则并不必然地能够作类似的等级划分。但是,在亚里士多德的形而上学和宇宙论中,有某些很不具体的思想,这些思想如此适用于允许在一个单一的卓越的秩序中对所有事物作出安排。在这个秩序中,除神之外的一切事物都有某种程度的"欠缺"。首先,在它的类的"本性"或本质中,有在它的存在之给定的状态下还未现实化的"潜能",有存在的某些较高的层次,而这种层次,凭借它的有缺陷的特征的特定程度,在本质上是不可能获得的。因此,"一切个体物都可以按照它们受到的[单纯的]潜能影响的程度来确定等级"。⑥这种关于本体论的序列的含糊想法,是和由亚里士多德提出的关于动物学和心理学等级制度的更为理智的学说结合在一起的。以这种方式,那种我将称之为分阶段发展等级划分原则的东西就被加到了关于自然存在的形式系列的充足的和在性质上连续的设想上了。

其结果就是整个中世纪直到后来的18世纪,许多哲学家,多数科学家,以及大多数有教养者都毫无疑问地接受了的关于世界的计划和结构的思想——即宇宙是一个"巨大的存在之链",这个存在之链是由大量的,或者——根据严格但却很少精确运用的连续律逻辑看来——是由无限数量的、排列在一个等级森严的序列中的环节所构成的,这个序列由最贫乏的、只是忽略不计的非存在

第二讲 存在之链观念在希腊哲学中的起源:三个原则

的那类存在者出发,经过"每一种可能"的程度,一直上升到完满的存在(*ens perfectissimum*)——或者,按照某种更正统一些的说法,一直上升到被造物的最高的可能的种,在被造物和绝对存在之间被设想为有无限大的悬殊——它们中的每一个都通过"最少可能"的差别程度不同于紧挨着它的在上的和在下的存在。再者,请让我预先引证勿需很多的,二三个近代诗人关于这些思想的诗句。在17世纪,在乔治·赫伯特(George Herbert)所特有的大胆而又混乱的隐喻中,就可以找到对充实原则和连续性原则的表述:

> 创造物不作飞跃,但展示了丰富的宴席;
> 你的所有客人紧挨着坐的地方,什么都不缺;
> 青蛙使鱼和肉结合,蝙蝠使鸟和兽结合,
> 海绵使无感觉和有感觉的东西结合,矿物使土壤与植物结合。[47]

蒲伯在后一个世纪的、我相信每一个学生都知道的一段文字中,通过两行诗美妙地概括了充实原则和连续性原则,从而宣布了他重要的——可以说是老一套的——论证乐观主义的主要前提:

> 如果可能的世界汇集在一起,
> 那无限的智慧必形成最好的世界,

因而

> 一切都必须是充实的,否则就不相连贯,
> 所有产生的东西,都产生于适当的等级。

从事物整体的这种结合图景中,蒲伯推导出一个道德的——为 18 世纪的精神非常珍视的因素,我们将有机会返回到那里去。

> 多么巨大的存在之链啊!它从上帝那里开始,
> 自然以太,人类,天使,人
> 野兽,鸟,鱼,昆虫,眼睛看不见的东西,
> 显微镜都无法达到的东西,从无限到你,
> 从你到无——借助于超级的力量,
> 假如我们要强迫,卑微的东西能凌驾于我们之上,
> 或者在充实的宇宙中留下一个虚空,
> 一步错乱,巨大的等级序列就被毁掉,
> 你从自然之链中撤掉任何一环,
> 第十,或者第一万,一样会打破这个链条。

蒲伯进一步注意到,在系列中哪怕一个链环这样被消除,其后果都将是宇宙秩序的总的瓦解;如果世界不再被"充实",它就不再在任何意义上是"连贯的";我在此重提这些为人们所熟知的文字,主要是要提醒你们,《论人》(*Essay on Man*)部分也是为柏拉图作的脚注。詹姆斯·汤姆森(James Thomson)在《四季》(The Seasons)中,对这个论题并无扩展,他问道:"有人曾经看到过吗?"——问得有点多余,因为在那个时代每一个受过教育的人都被认为是

第二讲 存在之链观念在希腊哲学中的起源:三个原则

熟知这一点的。

> 假如有人看到,
> 巨大的存在之链,缩小,
> 从无限完满到濒临
> 沉寂的虚无,荒废的深渊!
> 是什么使思想感到惊讶,畏缩而心神不宁?

当然,存在之链并不会变成像这些诗的狂言所说的那种仅仅是偶然的情况。不仅在专门的形而上学中,而且在科学中,它——或者是从中把它锻制出来的那一系列原则——都将具有那种伟大历史时刻的重要性。例如,一个专门研究分类学史的学者就曾经指出等级划分的原则和连续性原则在文艺复兴时期的生物学中的决定性作用。

根据[亚里士多德的]这些论断,从自然史的开端出发,一个长久保持其权威的原则是:根据这个原则,有生命的存在物被有规则的、分等的亲缘关系相互联结到一起……因此,从亚里士多德的科学出发,两个观念——它们被非常不同地阐述,而且老实说,是相当松散地相互联系在一起——被文艺复兴时期的自然史接收为一个遗产。一个是存在的等级制观念,它是某种哲学的教条,基督教神学追随新柏拉图主义常常把它作为对世界进行实质性的思辨解释的论题……另一个观念则主张自然事物之间的变化是感觉不到的,而且好像是连续的。虽然后者可能显得不大具有形而上学意义,然而,为生物学家所用,它却有一个大的优点,即通过对实际可感对象的考察,承认一个至少是表面上看来容易的证明。无论如何,这在当时并不使从经院哲学家的教导中推出一个似乎授予这个原则以一种理性的必然性的公理成为不可能。这个公理是:在对世界的有序安排中,不可能有"裂口",或者说在"形式"之间不可能有"离散"。⑱

虽然这种诸观念的复合体的组成成分来自柏拉图和亚里士多德,但是,正是在新柏拉图主义中它们首先以充分组织成事物的连贯的总图式的形式出现。流溢说的辩证法,实质上是前已征引的《蒂迈欧篇》中的段落的精巧化和扩展,简言之,是一种想对充实性原则的必然确实性作一番演绎推论的企图。而连续性和分等级的原则的确与充实性原则融合在一起。这一点在普罗提诺中比在柏拉图那里要清楚一些,正是从这种严格的来世的以及完全自足的性质即绝对者出发,今世存在的必然性及其全部多样性和不完满性才被推论出来。

太一是完满的,因为它什么也不追求,什么都不要拥有,而且什么都不需要。由于是完满的,它就流溢了出来。而它流溢出来的东西便形成了别的东西⑲……任何东西每当它自身完满起来的时候,我们就可看到,它就不能容忍将其留在自身之中,而是生育和产生出某种别的东西来。不仅有选择能力的存在物,就是那些本性上无选择能力的东西以及哪怕无生命的东西,都发送出它们所能发送的它们自身的许多东西。因此,火发射出热,雪发射出冷,药在别的东西上起作用,……那么最完满的存在和原始的善又何以会保留和封闭在它们自身之中,好像它是嫉妒或无能似的。它自身就是万物的潜能……因此,必然有某物从它产生。㊿

这种从"太一"中产生的"多",只要在降序中还留存有存在的任何可能的变化没有实现出来,就不可能走到尽头。每一个实在都将"产生某种低于它自身的东西"。"我们不能把任何踌躇不前,任何极度的嫉妒吝啬归咎于'不可名状的生育潜能',它必定永远向外运动,一直达到可能的最终的限度。一切事物都曾依据那种从它自身发射到一切事物的力量的无限性这个理由进入存在,而且不允许它们之中的任何一个被取消继承权。因为没有什么东西阻止它们之中的任何一个去分有善的本性,分有使得每一个都能如此做的那个标准。"㊿

这个降序过程的第一阶段属于"心智的世界",而且与时间和感觉毫不相关。但是,永恒实在中的第三个,"普遍的灵魂",是自然的直接来源。因为它同样也不能"保留在自身之中",而是"首先回头观望它出发的地方,因此它被完全充满"——也就是说,被所有的理念所充满,形成下一个高级的实在的实体,或"理性"——"然后在相反的方向上继续向前,它产生出它自身的形象",也就是说,"有感觉的和植物的本性"(也就是动物和植物)。因此,世界就是一种开始大步迈向广阔范围的"生命,其中每一个部分都在这个系统中有它自身的位置,它们全都不同但却是整个连续

的,而凡是在先的东西永远也不会完全被同化于接踵而来的东西之中"。㊾

存在的等级序列,由于被"善"的扩张的和自我超越的原则所包含,所以成为新柏拉图主义的宇宙论的实质性概念。例如,当马克罗比乌斯(Macrobius)*在5世纪早期假借评论西塞罗著作的名义拿出一部普罗提诺学说的拉丁文节本时,他用一种简洁的文字概括了这个概念,这些文字可能是主要媒介之一,通过它,普罗提诺学说被传递到中世纪作家那里,并且他用了两个隐喻——链条的隐喻和一组镜子的隐喻——它作为这个概念的一些比喻性表达在许多世纪来一再为人们所想起。

> 以后,从至高的神那里产生出心智,从心智产生出灵魂,自此轮流创造下面的东西,而且使它们全都充满了生命,由于这单一的光辉照亮了一切,而且它被反射到每一个之中,像一个单一的脸能被系列设置的许多镜子所反射一样;由于一切事物在连续的系列中紧随着,逐一退化到这系列的最底部,细心的观察将会发现一个各部分的联结,从至高的上帝往下直到事物最后的残渣,相互联结在一起而没有断裂。这是荷马的金链,他说,上帝从天国下垂到尘世。㊿

较低等级存在的产生,或者说作为可能的所有等级的产生,都

---

* 马克罗比乌斯(Macrobius,创作时期约公元400年),拉丁语法学家和哲学家。此处所说的著作是他对西塞罗的《论国家》一书中《斯齐皮奥之梦》的评注。这是一部新柏拉图主义的著作,共2卷。——译者

是直接靠"自然的灵魂",而最终是为上帝所造成。人们将会看到,这一点被新柏拉图主义者看成是一种逻辑的必然。无疑,普罗提诺不喜欢用"必然性"这个词,或者,确实不喜欢给"太一"增加任何别的限定词,思想的最高对象的谓词必须既肯定又否定,同样,也必须是必然性的对立面,即自由和偶然。但是不顾这种具有特色的吹毛求疵,新柏拉图主义辩证法的整体倾向是反对那种任性的意愿和从存在的各种可能性中作出的反复无常的有限的选择的思想,这在基督教神学史上起了很大作用。在我们看来,按照新柏拉图主义者的某些最重要的原则,无论是上帝还是宇宙灵魂,都将不可能是那种我们必须把它们视为存在于它们各自的"善"的等级中的东西,除非它们也是有生殖力的,是在某种仅仅被理念体系的逻辑特征所限制的等级上永远被次一等的实在即宇宙理性所沉思的。普罗提诺问道:"难道是由于那个存在的纯粹意志赋予了所有的事物以各自不同的运气,才使那种不平等存在于它们之间的吗?"他回答说:"决不是这样的,而是按照事物之本性,它们才必然会是这样的。"㉞

在这种形而上学必然性的假设和一切可以想象的存在形式——从最高的到最低的——的现实性的实在价值中,显然有某种隐含的神正论的基础。在普罗提诺和普罗克诺斯(Proclus)*的著作中,我们发现已经得到充分表达的、由金**、莱布尼茨、蒲伯以

---

* 普罗克诺斯(Proclus,约410—485),最后一位重要的希腊哲学家,曾任柏拉图学园的主持人。对新柏拉图主义的广泛传播作过贡献。——译者

** 金(King,Henry 1592—1669),英国诗人,圣公会主教。诗作受琼森和多恩的影响。——译者

及一大群较小的作家在18世纪又重新散布开来的那些"时髦"的话语和推论。乐观主义提法本身是普罗提诺学派的,在其中伏尔泰会发现他在《老实人》(Candide)中讽刺的论题。而且普罗提诺为了主张这个世界是可能世界中最好的世界的学说,所提出的理由就是这个世界是"充实的"——"整个世界充满了多种多样有死的和不死的生物,整个世界塞满了它们,直到天国"。那些设想世界有可能造得更好的人们之所以这样想,乃是因为他们不明白最好的世界必须包括所有可能的恶——也就是说,一切可以想象的缺乏善的有限等级,普罗提诺认为这就是属于"恶"这个词的唯一的含义。

当他找出世界本性的缺陷时并不知道他做了什么,也不知道他的傲慢正把他引向何处。其原因是人们并不知道存在的相继等级,第一,第二,第三以及等等连续下去,直到达到最后……我们不应该要求一切都是善的,也不要轻率地抱怨,因为那是不可能的。⑤

类的区别被看成是和卓越的区别,和等级制中的等级的多样性必然相同。

如果有很多形式,除非另一个更好,否则又怎么能说这一个更糟,或者除非另一个更糟,否则又怎么能说这一个更好呢?……那些想从世界上消除较糟的东西的人,就是想消除上帝本身……⑥

正是[宇宙]理性按照合理性产生被称作恶的东西,因为它并不希望一切事物都[同等]是善的……因此，这理性在一个连续的系列中并没有仅仅只造神灵，而是首先造神灵、造天使，其次造自然、人，随后是造动物——不是出于嫉妒，而是因为它的理性的本性包括一个理智的多样性。但是我们就像那些不懂绘画的人一样，因为在艺术家的图画中的颜色并非全都是美的而责备它——不明白艺术家已经给了每一部分适合于它的东西。一个具有最好政府的城市，不是那些在其中所有的公民都平等的城市。就像一个因为悲剧中的角色不是只有英雄，而是还有一些连话都说不清的奴隶和农民而抱怨悲剧的人一样。但是去掉这些地位低下的角色，就会损坏戏剧的整体的美，正是靠他们，戏剧才成为完满的。[字面上就是“充实的”](57)

一个理性的世界以及被上帝的本性所包含的那种世界——必须展示所有不完满的等级，而这种不完满性是通过特定的局限性，由创造物之间的详细说明的差异产生出来的。因此，对人来说，宣称有比他已经得到的属性更多的属性是荒谬的。这就好像他要求由于某些动物有角，所以所有的动物都应该有角一样。(58)人只是碰巧是一个在这个等级序列中占有某种特殊位置的创造物，这个位置难以想象留有空缺。

当论及无理性(因而也是无罪的)动物的痛苦的问题时，普罗提诺主要是用了同样的一些原则。他清楚地意识到，“在动物中间和人中间进行着一场猛烈而持久的战争，没有暂停也没有休战”。(59)但是他清醒地相信，对于“整体”的善而言，这是必要的，因为整体的善主要在于"它的部分的多样性"。"一个动物被另一个动物吃掉,比起这个动物从来就根本没有存在过要更好一些。"在此那种认为动物只是根据这样一些说法才能有生命的心照不宣的假设,显然只能和逻辑上可能的、其"本性"就是要被吃掉的特殊种类的动物相关联,而不能和一般所论的动物的必然性相关联。需要它们是为了补足这个系列。食肉动物的存在,以及它们的牺牲品的存在,是宇宙生命的丰富性所不可缺少的,宇宙生命的本性是"产生一切事物,而且按照它们的存在方式使它们多样化"。普罗提诺继续说,"一般说来,冲突只是某种特殊的情况,是某种必要的包含多样性的东西;差别走到极端就走向了其反面"。而且由于包含和产生差别、"产生他者"是创造性的世界灵魂的本质,所以"在最高等级中也必然会这样做,而且因此会产生相互反对的事物,而不仅仅是产生那种不同等级而非对立的事物。只有这样它的完满性才得以实现"。⑩

但是,普罗提诺不愿意说,暂时存在物的数量,或在理智世界中对应于它们的东西的数量,确确实实是无限的。像最伟大的希腊哲学家一样,他对无限概念有一种审美的厌恶感。他也不能区分无限和不确定。说事物的总数是无限的,就等于说它根本没有清晰的算术上的数字。没有什么东西在拥有其潜在存在时是完满,或者充实的,没有什么东西能够缺乏明确的界限。无限数量的概念,无论如何是自相矛盾的;普罗提诺重复着一个老生常谈的论证说,无限数量是和"数量的本性相反的"。另一方面,他又不能承认理念的数量,即可感世界在数量方面的原始模型,是任何可以指定的有限数量。因为我们总是能够想象出一个比这种数更大的数

第二讲 存在之链观念在希腊哲学中的起源：三个原则

来。但是，"在只能用理智了解的世界中，想象一个比神圣理智设想的数更大的数是不可能的"。因为那数已经是完满的了；"对它来说，不需要任何数量，或者说不可能需要任何数量，因为如果那样它就是可能被增加的"。[51] 因此，普罗提诺的观点实质上是含糊不清的；存在物的数量既是有限的，又比任何可能的有限数量更大。这与我们将会看到的其他许多人所采用的借口恰好相同。但无论是有限的还是非有限的，无论如何，对普罗提诺来说，世界在他的惯常的、虽然不是完全不变的学说中是如此"充实"，以致其中没有任何可能的存在种类会缺少。

第三讲　存在之链及在中世纪思想中的某些内在冲突

从新柏拉图主义出发，充实原则以及为它所预设或由它派生的那一组观念，转化成了形成中世纪基督教神学和宇宙论的先入之见的那种复合物。比起别的人来，有两个人更多地决定了这个由旧的成分所构成的新的混合物的程式。这两个人就是奥古斯丁和5世纪的无名作家，后者是被错认了的奇怪的著作集或以宗教为名目的伪作的作者。这些著作被误认为是狄奥尼修斯（Dionysius）这个圣保罗的雅典弟子的著作。在这两个人的神学中，充实原则的影响是明显的。因此，人们在奥古斯丁那里发现他在对老问题，即"当神在创造万物时，他为什么不完全平等地创造它们"的回答时，他把普罗提诺对该问题的论证归结为六个词的讽刺短诗：*non essent omnia, si essent aequalia*："如果一切事物都是平等的，一切事物就不存在；因为构成世界的事物种类上的多样性——第一，第二以及等等，直到最低等级的被造物——就会不存在。"这个假设在此再次明白地包含了这样的意思，即从字面上看，一切——也就是所有可能的——事物都应该存在。在伪狄奥尼修斯的著作中，这个原则还要更为明显一些。它构成他的那种"爱"或"善"的神圣属性之概念的本质，这些拟人化的术语在他那里所指的意思，

第三讲 存在之链及在中世纪思想中的某些内在冲突

通常和这些术语在中世纪神学中出现时所指的意思是一样的,不是指同情,也不是指减轻人类的痛苦,而是指无法计量的和无穷尽的生产活力。神的多产不能想象为和人的多产一样真的具有情感,换言之,在中世纪的著作中,神的"爱",基本上在于创造和生育,而不在于赎罪或神的天职:它是这样一种属性(用托马斯·阿奎那从雅典大法官*那里借来的纯粹新柏拉图主义的措辞来说)即 *non permisit manere Deum in seipso sine germine*, *id est sine productione creaturarum*[神在自身中的持存不允许毫无生产,这将失去创造的产品]。① 这是这样一种爱,它的原始被爱对象可以说不是实际上有感觉的被造物,或者已经存在的道德力量,而是柏拉图的理念,它们象征性地被想象为追求现实存在之眷顾的人。

> 使万物都变善的爱,预先以流溢的形式存在于善之中……使自身走向创造,就像使自己适合于产生万物的流溢物一样……存在的善把自己的善扩展到万物。因为善也就像我们的太阳一样,不是通过拣选或思想,而是仅仅通过存在,就照亮万物……仅仅通过它的存在,把自身的善的光束发射到万物身上。②

在此,一个充满爱心的上天的圣父这种原始基督教概念的用语,已经转变成为一种流射说的辩证法的表达方式,而且应该提及

---

* 原文为 Areopagite,出自 Areopagus,为雅典卫城旁边一座山头,是古希腊雅典贵族议会所在地。——译者

的是：由于上帝的内在必然性而产生有限存在物这一点必然对应于上帝特有的无限的"流溢物"，而且根据其含意也因此而被描述为不可避免地扩展到一切可能的万物之中。

在很久以后，但丁摹仿这位雅典大法官的这些话语，以及马克罗比尤乌斯（Macrobius）的话语，像大多数神学家所做的那样，重复着柏拉图在《蒂迈欧篇》中的词句：认为善不可能隶属于"妒忌"，因而它必定是自我交通的。但丁的诗句是：

> La divina bontà, che da sè sperne
> Ogni livore, ardendo in sè sfavilla
> Sì che dispiega le bellezze eterne. ③
> ［神善是没有嫉妒的，
> 因为他内心的热量，迸射着火星出来，
> 用以散布他永久的美德。］*

正是在他对天使的等级制度之存在的解释中，但丁主要阐述了 l'Eterno Nalor［永恒的价值］必然具有自我扩散的能量这个概念的含意。他甚至认为，天使这一等级的存在物其被创造的数量也是无限的，或者无论如何是大于一个有限理智所能设想的。

自然使自己在数量上如此繁多，

---

* 译文据《神曲》"天堂篇"，第七歌，王维克译，人民文学出版社 1980 年，第 394 页。——译者

第三讲 存在之链及在中世纪思想中的某些内在冲突

> 但这个数目却从来不曾说出,
> 凡人的想象力也决不能到达。
> 如果你注意到但以理所启示的东西,
> 你可发现它的,
> 成千上万数目的限度是秘密隐藏着的……
> 你现在看到永恒力量的崇高和广大
> 是因为他把自己制造成如此之多的镜子
> 镜子一旦打碎,他自己仍然保持原样。④*

但是,和在别的地方明白说到的一样,这种神圣的善所固有的生产的必然性,并没有被限定在创造无限的精神存在物之内,它还扩展到不死的和有死的事物上,存在的喷射从它的根基处依据等级向下传递到所有具有潜能的各层次。

> 那些有死的东西和不死的东西,
> 都无非是理念的光辉
> 我们的主以他的爱把理念带进存在
> ……那生命之光
> 通过它自身的善重聚起它的光芒,
> 在一些新的实体之中,
> 如同在一面镜子之中,
> 它自身永远保持同一

---

* 参看但丁:《神曲》"天堂篇"第 29 歌。——译者

从那里起它下降到最后的潜能

一步步蜕变成这样

它只造成那些短暂的偶然事件。⑤*

这是对充实原则的一个相当明确的表达，因为如果连 ultime potenze［最终的潜能］都不能拒绝其存在的权利，在等级序列中的任何一个较高地位的潜能就更不能没有存在的权利了。而且，就但丁所追随的以及在此所假设的哲学而言，可能物的全部系列在逻辑上是先于创世的，对于一个"允实"宇宙而言，它是一种永远固定的程序，是上帝的"善"保证了这一程序的实现。

但是，在这些文字中，虽然它们不过是雅典大法官和其他许多人所关注的东西的诗意的说法，然而如果缺少权威性，哲学家似乎就会说，但丁接近于异教。确实，对中世纪的作者来说，充实原则的任何运用，不接近于异教是不可能的。因为这种观念，当它被基督教所继承时，就不得不去迁就从别的来源中引出的十分不同的原则，它妨碍基督教的原原本本的解释。要把它贯彻到那种似乎是它的必然含意中去，这就肯定会落入一个神学的陷阱，或别的什么东西中去。这种观念的冲突确实不会发生在那些极端的反理性主义者的身上。这种反理性主义者在中世纪末期的代表是司各脱主义者、奥康的威廉以及别的一些人，他们坚持认为，神的任性的和不可思议的意志是一切价值区分的唯一根据。如果你假设，一

---

* 参看但丁：《神曲》"天堂篇"第 13 歌，王译本第 434 页。其中"新的实体"王译本译作"九个物体"。——译者

个东西,仅仅因为上帝意愿它,它就被做成善的(好的),上帝不意愿它,它就被做成恶的,或不善的,那么在有关"善"的属性的含意上,你就根本被禁止进行推理。世界包含了那些凡是使它的创造者感到高兴从而把它注入世界之中的东西。然而,这意味着,被造物有哪些种类,或者说它们有多少,人们无法对此作出判断,除非依靠经验或天启。然而当某些人称上帝为"善"是基于这些人感到需要表明某物的意义,而且,某些继承了柏拉图传统的人,对那种认为事物的最终的非理性的信条感到厌恶时,充实原则不可避免地迫使它自己——仅仅遭遇到比它自身更强有力的相反的假定或需要。由于神的"善"明白地意味着创造性,即把现实性这一礼物授予可能的事物,因此说 ens perfectissimun[完满的存在]不是本质的善,就似乎既是非理性的,又是亵渎神灵的了。但是,承认上述这种说法似乎又陷入了与司各脱主义者相反的极端之中,而且把所有的实在看成了对原初理念的必然本性进行必然推演的结果。这就导致这样的结论:上帝选择的自由必须通过否定但丁冒险接近的论断而得以坚持,也就是说,必须否定这样一个论断:创造性潜能的实际的实现会把必然性扩展到全部可能性的领域之中。

自奥古斯丁以后,由这样两个辩证的动机的对立所产生的内在倾向就明显地表现在中世纪的哲学之中。在 12 世纪,由于阿伯拉尔(Abelard)打算坚定地贯彻充足理由原则和充实原则的结论,问题变得公开和尖锐起来。因为这些问题是暗含在被人们接受了的关于神的善性的学说的意义之中的。阿伯拉尔明白地看到,这些前提导向一种宿命论的乐观主义。如果世界是"善的"和理性的世界之根据(world-ground)的世俗表现,那么,它必然是最好的可能世界;这意味着在它之中所有真正的可能性都必定会被实现。因此,它的特性或成分中没有哪一个会是偶然的,而万物都必定严格地是其所是。阿伯拉尔认识到这种结论可能带来的冲击,所以他首先声明他不愿采纳它;但是最终又使他的读者对他的观点坚信无疑。

我们必须问,对于上帝来说创造出比他事实上已经创造出的更多和更好的东西是否可能……我们是承认还是否认这一点,由于二者择一的做法使我们得出的结论具有表面的不适宜性,这就使我们陷入诸多困难之中。因为如果我们设想他能够创造比他已经创造的东西更多或更少的东西来,我们就会说这大大地降低了他的至善,善所能产生的显然只是善的东西,然而,如果有些善的东西上帝能创造却不去创造,或者如果他忍住不去创造某些适于被创造的(facienda,适于做的)东西,那么,人们怎么会不指责他是出于嫉妒的和不公正而这样做的呢?更何况创造东西又不花费他什么劳动……由此得出柏拉图的最真正的论证,即他证明上帝无论如何也不能创造一个比他已经创造的更好的世界来。[引自《蒂迈欧篇》,30C]……神既没有做,也没有有意不做任何东西,除非由于某种理性的和至善的理由。尽管这种理由对我们藏而不露;正如柏拉图别的话语所说的,凡是被产生的东西都是被某种必然原因所产生。除了有某种正当的原因和先于它的充分理由,无物进入存在。这也是奥古斯丁的看法。他指出,世间万物都是由神圣天意所产生或安排，无物是偶然的，无物靠运气。[引自《教义问答》LXXIII,26]上帝对一切善的东西留心到这样一种程度，以至于人们说他创造个别事物是由于存在于它们之中的善的价值所促成的，而不是由于他自己的意志的（libitum 自由）选择……这是按照哲罗姆（Jerome）所说的，不是因为上帝想这样做而没有做，而是因为它是善的，他才想这样做。

阿伯拉尔说，因此，hoc volo, sic jubeo, sit pro ratione voluntas[这一决定，如此命令，是按照意志作出]的态度不应属于上帝，而仅仅属于人类，他们放纵他们自己心中的任性的愿望。从所有这些中——我省去的比这多得多——阿伯拉尔得出结论说，确实，对上帝来说，除了他实际上已经在某一时刻做了的或没做的东西而外，上帝做（或创造）或者不做（或不创造）任何别的东西都是不可能的；或者说除了事物以它实际的方式和时间被做而外，以任何别的方式，在任何别的时间去做任何事物，也完全是不可能的。*ea solummodo Deum posse facere vel dimittere, quae quandoque facit vel dimittit, et eo modo tantum vel eo tempore quo facit, non alio.*⑥[因此上帝只能要么做，要么不做那些任何时候都做着或不做的事，并因此只做到实际做了的程度或时间为止，岂有他哉。]

因此，阿伯拉尔在差不多 5 个世纪以前就从柏拉图的前提中得出最具特色的斯宾诺莎的结论。换句话说，从这个前提中得出了它的真正结论。⑦他的学说与 17 世纪的这位犹太哲学家的密切关系可以从他在回答一个反对意见的特点中进一步看到，他说，这

个反对意见是"最近提出来的",这就是:

> 这种说法认为,我们没有必要因为上帝所做的事而感谢他,因为他是按必然而不是按意愿不得不去做的。这种诘难是完全无意义的。因为在此那出自他的本性或他的善的某种必然性是和他的意志密不可分的,我们也不能说这是一种强制,就像他被迫去做某件违背其意志的事那样……由于他的善是如此伟大,他的意志是如此完满,以致他并非不愿意而是自发地去做应该做的事。所以他越完满地因为他的本性而如此多地被爱,他也就越是因为那不是由于偶然,而是由于实质上和永远不变地所从属于他的这种善而受到赞颂。

从所有这些得出了一个通常的乐观主义的论证,这个论证在17世纪和18世纪变得如此广泛地为人们所熟悉:关于这种最好的可能世界的善,不是存在于恶的缺乏之中,相反是存在于它们的在场之中,也就是说,存在于阿伯拉尔称之为需要这些恶的 *rationabilis varietas*[合理的多样性]的实现之中。为了支持这种观点,像我们所知的那样,他本可以引用有力的权威:

> 毫无疑问,万物无论好坏,都是从一个最完满安排的计划中产生出来的,它们在一种不可能有更合适的方式的方式中发生并且相互适应。因此,奥古斯丁说,由于上帝是善的,恶应该不存在,除非恶应该存在是一种善。因为根据他意愿那些善的东西应该存在的同样理由,也就是说,善的东西的存在

第三讲 存在之链及在中世纪思想中的某些内在冲突

是合适的(conveniens 适当的)这一理由,所以他也意愿恶的东西应该存在……所有这一切作为一个整体有助于给他带来更大的荣耀。因为就像一幅画,如果某些本身是丑的色彩被包含在画中,比起画中仅有一致且单调的色彩来,这幅画常常是更加美丽和值得赞美一样,因此,从一个混有恶的东西出发,世界会表现得更加美丽和更值得赞美。⑧

但是,虽然论证的前提很少能被最正统的神学家所否定,结论却也很少能为他们所认可。阿伯拉尔曾经有失慎重地把那些几乎为所有人接受的原则的决定论的和唯信仰论的含义明白地表达出来。这是克莱沃的贝尔纳(Bernard of Clairvaux)责备阿伯拉尔为异端的原因之一。他说:"神不应该制止恶。因为由于他的慈善,每一件这样发生的事都是以最好的可能方式发生的。"⑨彼得·伦巴第*在《教父名言录》(Liber Sententiarum)这本许多世纪以来作为神学学生的主要课本的著名的语录简介中谴责了阿伯拉尔有关这些观点的推理,而且对这种推理加以严厉的驳斥。那种主张世界是如此之好以至于不可能更好的说法,"是使被造物等同于造物主",只有造物主的完满性才是可以被合法主张的。无论如何,如果承认世界是不完满的,就会得出有些可能的存在物和善是没有实现的,以及"上帝本来可以创造别的事物以及可以创造比他已创造的更好的事物"。⑩从今以后,人们认识到:接受某种严格的乐

---

* 彼得·伦巴第(Peter Lombard,约 1100—1160),出生于意大利,任巴黎主教。所著《教父名言集》收录了大量教父和神学家语录并加以评价。——译者

观主义或者充实原则、或者是作为这两者之基础的充足理由原则是不允许的。

然而,虽然在中世纪起支配作用的哲学不可能论及这些原则。但没有它们也不行,而且在它们特有的假设之间的冲突——这种冲突在阿伯拉尔那个时代采取了公开争论的形式——仍在个别思想家的心中以内在对立倾向的形式继续证明着自身。没有什么能比重温那些最伟大的经院哲学家中这位最伟大者对这些问题的意见能更好地阐明这一点了。通过它我们将既看到传统学说中的这种内在张力给他带来的困惑,同时也看到这种张力迫使他对那种巧妙独创却无用的逻辑手段所作的重新分类。

托马斯·阿奎那似乎首先毫不含糊地和无条件地肯定了充实原则。

> 每个人都希望他所意愿和热爱的东西就其自身的目的而言是完满的,因为就我们所热爱的事物自身的目的而言,我们希望尽可能多地增殖。但是上帝为了自身的目的意愿和热爱他的本质,而这种本质自身是不能增加或增殖的。它只能在它的相似物中增殖,这种本质是被许多相似物所分有的。因此,上帝愿意事物增殖。因为他愿意且喜欢他自己完满。……然而,上帝在意愿他自身中意愿一切在他之中的事物,而万物通过它们的型(rationes)以某种方式预先存在于上帝之中。因此,上帝在意愿自身中意愿他物……进而,这意愿导致理解。但是上帝是在首先理解自身中理解所有的他物。因此,同样,上帝也是在首先意愿自身中意愿所有的他物。[11]

第三讲 存在之链及在中世纪思想中的某些内在冲突

就像现今罗马天主教的一位评论家在评论《反异教大全》(Summa contra Gentiles)时所说的那样,"这种孤立地被采纳的学说看来可能是要证明:上帝愿意他理解为可能的万物存在,而且他必然地愿意他自身之外的诸事物的存在,因此必然创造它们"。⑫这段话有可能不仅仅指这个意思,但是和阿奎那在别的地方所接受的假设联系起来看,它不可能有任何别的意思。按照斯宾诺莎的说法,所有可能的东西"都受一个无限的理解力的影响",并且一切可能的东西的确都从属于它的本质。因此一切真正可能的东西也就是所有真正可能成为上帝意志之对象的可能之物的总和,也就是成为创世活动之对象的一切真正可能之物的总和。托马斯当然不能承认这一点,他是不得已才承认绝对意志的自由的。"*necesse est dicere voluntatem Dei esse causam rerum, et Deum agere per voluntatem, non per necessitatem naturae, ut quidam existimaverunt.*"〔必须证明神的意志是事物的原因,且神的推动是按照意志而非按照自然的必然性,使事物产生出来。〕⑬因此,创世就被限定为从理念中作出的一种选择。为了把那种不排除"善"的必然性排除在神的选择活动之外,托马斯首先在绝对的必然性与假设的必然性之间引进了一种区分——这几乎肯定是莱布尼茨和沃尔夫学说中类似区分的来源——上帝的意志虽然总是选择善,不过选择这种善"是因为它和上帝自己的善相合,而不是因为这种善为上帝自己的善所必需"。这是一个经不起推敲的区别;选择别的善而不选择更大的善,按照托马斯主义的原则,这既和神圣本质的概念相冲突,也和意愿的概念相冲突。而且无论如何,这种论证承认:所谓较大的善,在此指的就是最大数量的可能之物,在事实上被选择了。托马斯因此而增加了一个进一步的和极富特色的推理,这个推理的结果只不过是对他先前曾经表述过的结论的否定。

由于被如此理解的善是意志的恰当对象,而意志可能盯住被善的概念在其中得以实施的理智所想象的一切对象,因此,虽然像这些对象一样的任何事物的存在都是善的,而其不存在就是恶的;但是一个事物的不存在也有可能成为意志的对象,尽管由于附属于它的某种善的原因而不具有必然性。因为对一个事物的存在来说,这是有用的,即使是以其余某物的不存在为代价。因此,这个意志天生不能希望它不存在的唯一的善,是那种它的不存在将会同时毁坏善的概念的善,而这种善只能是上帝。因此这种意志天生能够意愿除上帝之外的任何事物的不存在。但是,按照意志力的充实性,在上帝之中是有意的,因为在神之中,万物都毫无例外地以完满的方式存在。因此,他能够意愿除他自身而外的任何存在的不存在。当然,他不是出于必然而去意愿他自身之外的别的事物。[14]

因此,虽然神的理智想象出无限多的可能事物,但是神的意志也不会把它们全都选上,有限事物的存在因此是偶然的,而且它们的种类的数量也是任意的。

但是,依据这种论证,这位大经院哲学家试图逃避他的另外一些危险的结论,这些结论同样明确地肯定了前提与其自身以及与其体系中某些最重要的原则的不相符合。这种论证宣称:任何事

第三讲 存在之链及在中世纪思想中的某些内在冲突

物的存在,就其为可能的而言,确实是一种善;神圣意志总是选择善,但是他的完满性允许(或者要求)它去意愿某种可能的因而是善的事物的不存在。因此,毫不奇怪的是,阿奎那在后一段话中再次回到原来的论题,即上帝如果是善的或理性的,就必定按照他自身力量的大小——这只可能指其力量是无限的,虽然处在被某些事物的逻辑上的不可能性所强制的限制之中——去产生多样性。奥利金曾联系他的灵魂预先存在的学说宣称:上帝的善曾在其第一次创世中就通过创造了一切在精神和理性上相同的被造物而表现出来了,而在被造物中存在的不平等是这些被造物各自运用其自由选择的结果。阿奎那认为这种看法显然是错误的。"创世中最好的东西是宇宙的完满性,这种完满性在于事物的有序的多样性……因此被造物的多样性不是产生于功过的多样性。而是被第一动因最初所意愿。"为此提供的这一证明由于高度经院化的方法和潜在于其中的革命性的含意之间的鲜明对比而更具冲击性。

由于每个动因都试图在结果上引起它自己的相似物,就这种结果能够达到而言,一个动因越是完满地这样做,它自身也就越完满。但是上帝是诸动因中最完满的。因此,就适合于被创造的自然而言,应该说上帝在创世中最完满地引起了他的相似物。但是被造物就它们被限定为某种被造物而言,它不可能达到与上帝相似的完满性,由于原因大于结果,所以那种存在于原因中的东西,作为一种东西,只能在其结果中以一种复合的和多种多样的方式被找到。因此,复多和变化在创世中是必要的,到最后,上帝的完满相似物可能按照它们的程度在事物中被发现……[进而]如果任何其力量扩展到各种结果之中的动因只是产生出这些结果中的一个结果,他的力量就不会像创造许多东西那样被完满地实现。但是由于主动的力量变成了现实性,其结果也就获得了动因的相似物。因此,如果仅仅只有某一等级的结果,上帝的相似物在宇宙中就会是不完满的……[再者]类的善高于个体的善,就像形式高于质料一样。因此,类的增加比起某一个种类中的个体的增加会使世界中的善增加得更多。宇宙的完满性不仅需要众多的个体,而且需要多种多样的类,而且因此需要多种多样的事物的等级。[15]

即使是那些对这段话毫无批判眼光的读者,也必定看得很清楚,在此天使博士(译按:指托马斯)仅仅根据某种不一致就再次在它的不合适的形式中拒绝接受充实原则,因为他像所有正统神学家一样主张,神的力量不仅扩展到"各种各样"的结果上,而且扩展到"无限"的结果上。用"许多"去取代"所有可能"是从这个前提不仅允许而且要求的结论的明显倒退。

因而,在此,或者在托马斯·阿奎那别的著作的同类段落中所说的话,可能成为后来金和莱布尼茨在他们的神正论中所运用的论证的直接来源,也是某种价值理论的直接来源,这种理论像为18世纪的作家所继承的理论一样,会产生一些重要结论——诸如关于存在的多样性的内在和至高价值的论题,以及那些认为不管它们在等级系列中的次序如何,在宇宙中被实现的本质越多,它也就越好的假设。因而托马斯说,如果世界不是由善的事物和恶(在

缺乏善的意义上)的事物所形成,

> 各种可能等级的善都不会被充满,任何被造物也就不会像上帝那样比别的东西更卓越了。因此,如果缺少事物据此才成为不相同的和不平等的那种秩序的话,创世就失去了至美(Summus decor 最高的美)……如果在事物中有某种不复存在的平等,那就会只有一种被创造的善存在,这对创世的完满性将是一个明显的损害……从事物中完全排除其缺乏善的可能性,这不是神圣天意的事。因此凡是可以缺乏的东西,有时也就会缺乏,而善的缺乏就是恶。

在"一个没有恶的世界不如一个实际世界那么好"这样一个明显是冒险的论题面前,这个大经院哲学家并没有什么犹豫。他宣称:这样一些人的推理是错误的,他们说:"由于一个天使比一块石头好,所以,两个天使比一个天使加一块石头好……虽然孤立地考察,一个天使是比一个石头好,然而两个自然物就比仅仅一个自然物好。因此,一个包含了众天使和别的东西的宇宙要比一个仅仅包含了天使的宇宙要好。由于宇宙的完满性实际上是按照宇宙中自然物的多样性的比例来获得的,因此,善的若干个等级都被充满。而且不是按照某种自然物的个体的增加的比例被充满的。"⑯

从所有这些来看,很明显人们几乎不能和一个现代令人钦佩的从事托马斯主义体系研究的作者说到一起去。托马斯主张,由人来认识"那种与上帝相等同的至善",是"世界存在的唯一理由"。⁽¹⁷⁾宇宙是它自身存在的理由,这是这位伟大的多米尼克派哲学家理论中的一个同等实质性的要素;也就是说,"事物的有序的多样性",理念的现实化,本身就是某种目的,是一种不仅有助于人的得救,而且在任何蕴含着事物相互之间,甚或事物与其起源之间差异的丧失的意义上,实际上是一种与把这些被造物"同化"为任何事物都不相容的目的。

或许也正是在这里,我们找到[把这种思想]传递到18世纪的不同作家中去的重要媒介,这些作家从新柏拉图主义出发为狮子对待驴子的方式——以及狮子的创造者的正当性辩护。*Non conservaretur vita leonis, nisi occideretur asinus*[如果不杀死驴子,狮子也无法求得生存。]"不允许被造物按照其各自本性的模式行动,这一点与一个神圣统治者的理性是不相一致的。但是如果让被造物这样行动的话,又会在世界中产生毁灭和恶,因为事物由于它们相互之间的矛盾与对立,是相互毁灭的。因此这种就那些不可能是道德上的恶的东西而言的冲突和痛苦的恶,也是天意不应当完全从它所统治的事物中排除出去的一种恶。"

所有这些试图把恶解释为必然性的说法显然都暗含着乐观主义;一假设用来证明一种给定的、作为最好的可能世界的一个成分的恶逻辑上是不可避免的证据,除非设定这个宇宙实际上是而且必定是最好的可能的宇宙,否则将是没有必要的。然而,托马斯在此无疑是回忆起阿伯拉尔的命运,因而再一次改变了他的立场;*同时我们目睹了一位伟大的才智之士的痛苦景况,他力图通过欺

---

* 阿伯拉尔因锋芒毕露而遭到当时教会的迫害,被宣布为异端。——译者

骗性的或绕圈子的划分来逃避其自身原则所导致的结论,只是在最终才得到一个明显自相矛盾的结论。当他直接面对阿伯拉尔的问题 utrum Deus possit meliora facere ea quae facit[上帝是否具有通过任何事实来进行制作的善?]时,托马斯首先公正而有力地阐述了那种他将要拒绝的观点(在已被接受的学说或权威的基础上)的论证。如果肯定地回答这个问题,看起来显然是相当于否定神做着那些他 potentissime et sapientissime[在力量和智慧上]能做的一切东西,这当然是不能否定的。而且,同时我们还听到某种对《蒂迈欧篇》中的论证的无止境的重复。"如果神可以创造比他已经创造的东西更好的东西,而他又没有这么做,他就是嫉妒的,但是嫉妒完全不为神所有。"对于这些考虑,托马斯通过一系列的区分来回答。一个给定了种类的个别事物不可能比它的类的本质更好,因此一个数的平方就不可能比它所是的更大,因为如果它是更大,它就不是这个数的平方数而是别的数了。这显然是对真正问题的文不对题的回答。看起来更为要紧的是用"更好"这个词去指行为者的行为方式(modus ex parte facientis,部分行为的方式)和用它去指被做或被产生的事物的特性(modus ex parte facti,部分事实的方式)这之间的区别。按前一种意义,这句话必定被认为说的是"神不可能以更好的方式去做他已经做过的事情",而按后一种意义,其反面必定是断言:"考虑到它们的偶然性而言,神能够赋予他创造的事物一个比他已经创造的事物更好的本质特性。"这种区分,虽然对于一个司各脱派的人来说是可能的,但与托马斯所最坚决地持有的信念是不相一致的。它暗示了一个行为的"善",无论神怎么做,都与被做的或打算做的事物的客观特征完全不相干。最终,就连这个精敏博士*的机智也无法把他从一个由三个命题形成的论证中救出来,这三个命题中的第三个命题是对第一个命题的正式否定。

人们应该认为,这些东西被假设,整个宇宙不可能比它所是的更好,因为这是上帝安排给事物的非常合适的秩序,宇宙的善就存在于其中。如果这些东西中的任何一个(单独地)是更好的,那么构成整体秩序的比例就会被损坏……不过,上帝可以创造除他已创造的东西之外的别的东西,或者给他已经创造的东西加上别的东西,而且这别的宇宙会是更好的。⑱

托马斯·阿奎那把一个完全明确的关于连续性原则的论断与他那以谨慎的、犹豫不决的、然而又是不会弄错的探讨充实原则的方法结合在了一起。写作了 De animalibus[《论动物》]的大阿尔伯特(Albertus Magnus)已经确定"自然如果不产生各类之间的中间物,就不会使[动物的]类分离开来,因为自然不会从一个极端跳到另一个极端 nisi per medium[除非通过中介]"。⑲托马斯因此仔细研究了"存在间的奇妙的联系。(connexio rerum[事物的关联])","这种联系是自然揭示给我们的。较高类的最低成员总是被发现与较低类的最高成员相接近(contingere[相毗邻])"。对此我们可以借用亚里士多德的说法,引证他关于植物型动物的最常见的例证;托马斯对这种思想最基本的运用是运用在身心关系上。

---

* 邓斯·司各脱号称精敏博士。——译者

物质的东西,物质的类(*genus corporum*[物体的种类]),在它的类的最高的东西中,也就是说在人中,过渡为精神的东西。人的构成是"*aequaliter complexionatum*[均匀的复合体]",它在均等的程度上具有物质和精神这两类东西的特征,因为它达到了高于身体的类的最低成员的地位,也就是说人的灵魂是处在理智存在物的系列的底层。——因此,人们认为,它是有形事物和无形事物的地平线和分界线。"[20]因而,连续性原则的压力甚至在整个中世纪都趋于缓和传统的尖锐的身心二元论,虽然并未克服它。关键在于这种原则在后来的那些具有最高名望的神学家那里又不断复现——例如,在库萨的尼古拉那里:

> 万物无论它们怎么不同,都是联结在一起的。在事物的类别中,在较高的事物和较低的事物之间有一个使这两者会聚在一个共同点上的联结之处。在物种中也有这样的秩序;一个类别中的最高物种与紧挨着的上一个更高的类别中的最低物种相合,目的是为了使世界能够成为一个完满的、连续的世界。[21]

为人们所接受的"哲学的"、不同于宗教教义的,关于天使存在的论证,是建立在存在之链必然充实和连续的假设基础之上的;显然可能存在着高于以人为代表的等级的有限存在物;如果这样的存在物实际上不存在,那么在存在之链中就会有欠缺的环节,即使一个超自然的天启不能使我们确信这种缺环的存在,自然理性也可以先验地认识到这些天使军存在的现实。[22]许多世纪以来,这种说法——可以想见——不断成为为确信"精神被造物"这一信仰辩护的主要理由。托马斯·布朗先生[*]在《一个医生的宗教》(Religio Medici)一书中声称,"对我来说这是一个谜,即在质疑精神物的存在的问题上,何以有如此之多的有学问的头脑,会这么久地忘记了他们的形而上学,而且损坏了存在物的阶梯和等级序列。"甚至在 18 世纪中期,诗人扬格(Young)在连续性原则中也发现了人类灵魂不死的证据,以及纯粹的或永恒不变的无形体的被造物存在的证据:

彻底审视自然,看看它那所有美妙的分级,
它的等级序列是以多么细微的层次伸展,
每个中间的自然物在每个端点上相接,
把在它之上的和在它之下的相联结,
……但是,如何保持
这个链条不被打断而向上直到天国,
那无形体生命的王国?那至福的王国,
在那里死亡不再起支配作用?假定一种被造物
一半有死,一半不死;一部分是尘世的,
一部分是永恒的;假定人类的灵魂
是永恒的;或者在人类之中这个系列终结了
宽宽地张着大口的裂缝,不再联结,

---

[*] 托马斯·布朗(Browne Thomas 1650—1682),英国医生,作家。上述作品在当时曾引起轰动。——译者

审视的理性踟躇不前,她的下一步缺少支持,
努力攀登时,她就从她的构想中跌下。㉓

但是,在扬格的那个时代,那种认为在一个理性的序列中不可能有缺环的设想,主要被转向另外一个完全不同的方向,以获得完全不同的结论。但是,人们如此坚持从充实原则中得出的这种论断,以致我们发现在 19 世纪 50 年代维克多·雨果(Vitctor Hugo)还以华丽的言辞对它加以详细论述:

> Comme sur le versant d'un mont prodigieux
> Vaste mêlée aux bruits confus, du fond de l'ombre,
> Tu vois monter à toi la création sombre.
> Le rocher est plus loin, l'animal est plus près.
> Comme le faîte altier et vivant, tu parais!
> Mais, dis, crois-tu que l'être illogique nous trompe?
> L'échelle que tu vois, crois-tu qu'elle se rompe?
> Crois-tu, toi dont les sens d'en haut sont éclairés,
> Que la création qui, lente et par degrès
> S'élève à la lumière…
> S'arrête sur l'abîme à l'homme?
> [正如在一座神奇的山峰的边坡,
> 你混杂在隐约噪声和阴影的深处,
> 你看到昏暗的造化降临头顶,
> 岩石很远,动物很近,

你就像高傲、活脱的屋脊那样出现,
可是,告诉我,你是否相信非逻辑的存在会欺骗我们?
你眼前这架梯子,你是否相信它会崩溃?
作为拥有天国感觉的你,
你是否相信那造化会慢慢地,一步一步地
迎向光明……
它是否会止于人之深渊里?]

这种暗含着有关存在的不合逻辑性的设想,难以为人们承认,这个等级系列通过比人更高的无数的层级延伸着:

Peuple le haut, le bas, les bords et le milieu,
Et dans les profondeurs s'évanouit en Dieu!㉔
[让上层、下层、边缘和中央都住上人,
在更深远之处热衷于上帝吧!]

让我们返回到《神学大全》的作者那里,我们现在可以对有关充实性和连续性原则的观点作一个总结。我们已经看到,托马斯随意运用这两个原则作为前提。无论何时这两个原则都服务于他的目的;当这些原则似乎有可能导致他承认可能王国与现实王国的完满对应这一异端邪说,而且这种说法又意味着宇宙决定论时,他凭借那些精细的、欺骗性的、或与这种说法所包含的宇宙决定论无关的区分来逃避它们的结论。所有正统的中世纪哲学,除了那种激进的反理性主义的类型之外,都是站在同样的立场之上的。

只有两个可能相容的观点———一种是邓斯·司各脱的观点,另一种是后来以布鲁诺和斯宾诺莎为代表的观点。那些拒绝前者———也就是认为唯一的选择是承认创世是一种非理性的任性的人们的观点,这种观点肯定神的内在固有的"善",并接受在此之中隐含的充实原则———的进退两难的哲学家们,只有通过对显然出自他们自己前提的结论采取明智的忽视态度,才有可能逃避另一方的抵触。

这种我已经在基督教的经院哲学家们那里阐明了的充实原则的推理,当然不是他们的专利;在穆斯林和犹太教的中世纪哲学家的著作中就有与之相类似的说法,例如阿维罗伊(Averroes)写道:

> 为什么上帝创造的植物灵魂和动物灵魂不止一种?其原因就是这些物种大多数其存在都是建立在完满性(完全性)原则之上的。某些动物和植物之所以被视为存在着,仅仅是为了人,或者是互为目的;有些别的东西的存在就不能假设是为了人的目的,比如对人有伤害的野兽的存在,其目的就不是为了人。[25]

在中世纪的思想及其之前的新柏拉图主义中,有一种更有意义的,虽然往往是不怎么明晰的内在冲突。这种冲突同样应归咎于充实原则与那些为人们所接受的一组重要假定中的其他成分的结合。这是在两种不可调和的善的观念之间的冲突。人类最终的善,像几乎所有西方哲学家一千多年来同意的那样,在于同化或接近神的本性的某种方式,无论这种方式被定义为摹仿、沉思还是陶醉。有关神的属性的学说因而成为一种有关终极价值之本性的理论，且因此而变得重要得多了，上帝的概念同时也就成为对人类生活目标的界定。绝对存在完全不同于自然中的被造物，然而它却是 primum exemplar omnium［万物的原始蓝本］，在其中人类因此会发现作为自己要达到目的的上帝，就像我们已经指出过的那样，不是一个而是两个。他是善的理念，但他也是善行的理念，虽然这第二种属性在名义上是辩证地从第一个属性中推导出来的，然而没有哪两个概念可能比它们更相反对的了。一个是对一、自足性以及不动心的某种神化，另一个则是对多样性、自我超越以及生殖力的神化。用彼得·拉穆斯（Peter Ramus）*的话说，一个是 *a Deus omnis, laboris, actionis, confectionis non modo fugiens sed fastidiens et despiciens*［一切功劳的上帝，行动的上帝，不但回避，而且厌恶和蔑视终结的上帝］；另一个是《蒂迈欧篇》中和流溢理论中的上帝。一个上帝是"还在上面"的目标，是有限灵魂通过它从所有被造物转向，返回到通向永远不变的完满性的上升过程的目标，只有在这种完满性中灵魂才能找到休息之处。另一个上帝是那种下降过程的源泉和赋予活力的能量，依靠这种下降的路程，存在向下流动，通过所有可能性的层级而下降到最底层。我们已经指出调和这两个概念的纯粹逻辑上的困难，但，就思想的最终目标而言逻辑上的困难，并不给中世纪的思想家造成多大烦恼。coincidentia oppositorum［对立统一］的概念，在上帝中两个极端

---

* 彼得·拉穆斯（Peter Ramus，又作 Peteus Ramus 1515—1572），法兰西学院哲学与雄辩术教授。后被正统基督教会迫害致死，曾改编亚里士多德的逻辑学。——译者

相遇的概念，是几乎所有中世纪神学的一个实质性部分，就和它曾经是新柏拉图主义的重要部分一样。那种被英奇教长巧妙地称为"在精神世界中概念的流动性和相互贯通性"的东西，或者用更通俗的话说，也就是人们说到上帝时自相矛盾的可容许性甚至必然性，是一种通常充分被认识到的原则，虽然这种特权通常并没有扩展到神学的反对者那里去。这种原则的运用在心中所留下的轻微不安可以被这样一种解释所缓解，即这种表面上矛盾的说法通常是用在 sensus eminentior［卓越的感觉］之上的，而经院神学家们往往就是如此解释的——这就是说，这些说法并没有它们的普通含义，也没有人心灵所能理解的任何别的含义。但是，在此处与我们有关的中世纪思想中的内在倾向不仅仅是一种为同样的思想家所主张的两个思辨的观念之间的不一致，也是两种实践的观念间的差异。这似乎容易得出这样的论断，即神的本性看来必定是与我们不相容的形而上学的属性。但在人类的实践中，要想调和那些看来必定与我们不相容的价值概念是不可能的。没有办法从多飞跃到一，那种完全被限定在与被创世界相反的语词中的对完满性的探求，也无法与那种喜欢多样性，且在由一产生多的流溢中显现自身之善的摹仿物有效协调。这种计划是要求从一切"附加在被造物之上"的东西中脱离开来，而且在对不可分的神的本质的出神的沉思中达到癫狂状态。另一种计划，如果要对它加以系统陈述的话，就会是召唤人们在某种有限的范围内参与到上帝的创造激情中去，在获得事物的多样性和世界的丰富性的过程中有意识地进行合作。人们将会在注视创世的光辉或好奇地追溯它的无限变化的细节时的无利害关系的快乐中找到至福。人们将把一种生动的生活置于沉思的静观之上；而且或许人们将想象创造性的艺术家的主动性，他既爱着、摹仿着又扩展着可感世界的"有序多样性"，把它作为人类生活中最类似神性的生活模式。

但是，在中世纪早期，这些含意虽然清楚地包含在被接受的学说群体的某一方面中，但其最大部分却仍然没有起作用。由于两种价值理论不能实在地调和起来，中世纪的基督教哲学，就像它之前的新柏拉图主义一样，被迫在它们之间作出选择。当然，它们选择了第一种理论。正是善的理念，而不是一个自我超越和生育性的善行的概念，决定着教会的伦理学说（至少在她的十全十美的理想中是如此），而且形成了一些有关人的主要目的的假设，这些假设支配着欧洲思想直到文艺复兴时期，而且除此之外也在正统神学中，在天主教和新教的神学中起着支配作用。只有"向上的路"才是人们能够在其中期望善的方向，即使那从全部永恒中已经完满地具有了作为人类追求对象的善的上帝，人们还是坚持认为，他的主要的善是在"下降的路"上发现的——在阿雷奥帕吉特（Areopagite）的奇妙和意味深长的警句中，人们曾"被善行和情感以及爱所欺骗，被引导从他的高于一切和超越一切的高位，下降到在一切之中的存在"。一切有限之物向往的圆满，人们有意力求达到的圆满，将返回到且保留在统一体之中，而这种统一体却并不而且根据其本质也不能保留在自身之中。

85　　　Hic est cunctis communis amor,
　　　　　Repetuntque boni fine teneri,

第三讲 存在之链及在中世纪思想中的某些内在冲突

Quia non aliter durare queant
Nisi converso rursus amore
Refluant causae, quae dedit esse.㉖
［万物都趋向于上帝，
路有许多条，而目的却只有一个，
因为虚无将持续，除非它回头
转向上帝的方向，并渴望
甘泉重新涌出，
从那里他的存在首次彰明。］

而这种 *amor che muove il sole e l'altre stelle*［推动万物趋向上天的爱］的看法是对那种在产生天上和地下的事物之多样性时显现自身之爱的否定或颠倒。托马斯·布朗先生（像一个作家曾经评论过的）却不断重复着通常的经院哲学的假定，他写道："事物当它们从一中退出来时，就越接近于不完满和丑陋，因为它们在单一性中看到了它们的完满性，而且把它视为最近地接近上帝的道路。"㉗

虽然隐含在充实原则之中的这个价值图式，其绝大部分在中世纪的哲学和宗教中没有得到发展，然而由于它是这个接受下来的传统中太实质的部分，以致不可能完全不明说地保留下来。它和相反的善的概念之间的冲突，甚至在最正统的神学家那里有时也明显地表现出来。因此，奥古斯丁在一个奇妙的章节《论形体之美》(*De pulchritudine simulacrorum*)中认为："上帝的最高技艺"表现在用无去造成的事物的多样性中，而低劣的人类技艺则表现在复制这种多样性的有限能力上,或者表现在自然物体的,例如人的身体的 numerositas[数]上。奥古斯丁因此似乎接近于从充实原则中派生出一种美学理论,他认为艺术的功能就是尽可能精确地摹仿或符合这种被创世界的多样性。这种论证中显然包含的这种看法确实是一种对神的摹仿(imitatio dei),因而是同样卓越(par excellence)的一种宗教方面的运用。但是,在此这位圣徒对照其自身,激烈地返回到禁欲主义和他的学说的彼岸世界那一方面去。"创作这样一些[艺术]作品的人并不值得受到高度尊重,那些在艺术创作中得到快乐的人也不值得受到尊重。因为灵魂如此专注于较小的事——即用有形的手段做成的有形事物——上时,就会忽视派生出这些力量的最高智慧。"㉘因此,奥古斯丁被纠缠在一种不合适的结论中,这种结论认为,作为造物主的上帝不应该被摹仿,人类按一定程度参与其中的某种神的力量不应该为他们所运用,而且在其中只有"善行"这种神圣属性被表现出来的创世并不应该得到欣赏。在中世纪后期艺术的全盛时期,这种态度虽然没能被正式抛弃,但显然已日益成为不合适的了。而且我们已经发现,甚至那位作为14世纪的一个正统的和神秘主义的诗人但丁,也不能不相当强调艺术家的工作与创世的神圣天职之间的密切关系。按照亚里士多德的说法,由于艺术是对自然的一种摹仿,又由于自然是上帝的完满性的显现,所以,我们可以得出结论说:"你的艺术可以说是上帝的孙子。"(vostra arte a Dio quasiè Nipote)[译按:但丁《神曲·地狱篇》第11歌]㉙在文艺复兴时期,中世纪观点中的这一方面完全成为那个时期的共识。"Non merita nome di Creatore"[没有什么有价值的东西不是神的创造],塔索骄傲地说,"se non Iddio ed il Poeta"[如果不是归功于艺术家的话]。而且布鲁诺也写道,"神以多种多样事物的多种表现形式,以所有天才的多种成果为乐,因为在它们所是的万物之中以及由它们所形成的一切表现形式中有着巨大的快乐,就像在操心它们的存在和给予秩序以及把它们造出来时有着巨大的快乐一样。"㉚

在其伦理学的关系上,对神的形象(*imitatio dei*)的这两种想法的含意之间的冲突在托马斯·阿奎那那里也许已经被明白地看出来了。他经常宣称,"如果被造物不仅是善的,而且还能帮助别的东西善,那比起只是自身完善来,它就更接近于上帝的形象一些"。因为上帝的善"流溢出自身"。正是因为这个理由,在别的东西中,"在被造物中有复数和不平等"就是合适的;如果所有的东西在一切方面都是平等的,那就没有什么东西"能够帮助别的东西进步了"。㉛当然,最后,人的真正完满并不在于——这对于托马斯与对于奥古斯丁同样重要——与那种人可以把善传递给它的被造物相关的事情上,而在于在对人不能把善传递给他的上帝的沉思中对个体的整体意识有造化的吸收上。

如果我们回到一个典型的17世纪柏拉图主义者那里,我们就可以看到,在关于神的这两种同等的柏拉图主义的概念,因而也就是善的概念之间,同样的冲突仍然继续存在,甚至是以更加尖锐的形式存在。贝默顿的约翰·诺里斯(John Norris of Bemerton 1657—1711)几乎以同等的爱好仔细研究了暗含在某种绝对的和完满的存在者的观念中的永远自我包含和永恒自我扩散的思想。一方面,神是"普遍的充实,他的幸福在他自己的范围内达到顶点,

他在完全自足的基础上维持自身。而且,他是他自己的目的和核心。"但是另一方面,

> 神的本性,像在神的意念和概念中一样,也像在真理和现实中一样,包含着绝对的和无限的完满;因此,也就包含了某种仁慈的和爱交通的气质,这就是一种完满的存在性。神的本性的最为卓越之处并非仅仅表明他是爱交通的,而且表明他是所有存在物中最爱交通的和自我扩散的。因为像所有物种一样,一切程度的必然性的卓越的必需之物也都包含在一个绝对和无限完满的存在之中……神的本性的这种卓越的爱交通的性情,通过波菲利的存在的等级系列被典型地表现出来,而且被它神秘地加以示范。

因而诺里斯在他的《关于创世的神圣赞美诗》(*Divine Hymn on the Creation*)中高兴和热诚地渲染《蒂迈欧篇》中的论题:

> 爱,高尚的爱,敞开[上帝的]丰满的胸怀,
> 唤醒在那里酣睡的理念,
> 唤醒它们的美,对其展示,
> 上帝微笑地观看着
> 他的永恒想象的和谐的
> 适当的形式;
> 他看到这是善和公正,以及被赐福的初期的教义:
> 你们这些存在的种子,住在你们美妙的内部的

一切可能事物的形式，

显现出来吧，并把你们的创生之力展示出来。㉒

因而诺里斯发现，要看出作为理念世界摹本的宇宙是如何由于附加了存在的尊严被提高了，是困难的，一个借此来表明它的作者中意的和宠爱的优点并值得对他赞美的宇宙可能会是一个不值得人类高兴的对象。

如果说被造物的美和多样性是如此值得看重，以至于应从创造了它的神那里受到嘉奖的话，那么什么是不能由它引起的我们的爱和满足呢？那种只能使上帝愉悦的东西很可能被设想为使人满足的东西，凡是造物主在其中感到高兴的地方，人们会认为，被造物也有可能在其中心安理得。根据这样一些考虑，当单独注意时，我有时几乎被说服而认为在上帝的创世中有足够的善。如果这些善被聚集一起，而且充分地享用，它们对于运用我的整个的爱的活动和确定我的灵魂的全部分量就是足够的了。

的确，甚至在这里，彼岸的情绪最终占据了上风，没有什么被造物能使人类感到满足的：

当我考察经验，比较我的本性的渴望和被造物的善时，我被迫得出结论：虽然上帝的创造物……全都完善到足以令人高兴和赞赏的程度，但是它们却不能捆住人的灵魂和给它以停泊的港湾……在被造物中，可以找到某种盛宴，至于说到完全的满足，以及我们所期望的结局，大海说，它不在我之中；深渊说它不在我之中；上帝曾经做过或曾经能做的一切，都将证明不足以达到这个目的，而且都得归于智慧的《传道书》那判决性的格言之下：虚空的虚空，一切都是虚空。

诺里斯没有就此停止，他继续说，在有限的事物中，甚至连我们的一点点善都找不到，天堂的美将不仅是我们人类之爱的终极对象，而且是唯一的对象。

我们的爱的无论哪一部分，不纳入到这一渠道就必然会专注于一些不相称和不能令人满意的目标，因而这种爱也是令我们不能满意的手段。因此，就我们的幸福的完满性而言，这个目标必定吸引我们的全部情感于它自身，只有它能满足这些情感……[就像]眼睛不仅爱超越于别的事物之上的光线，而且也以其余的虚无为乐一样。

诺里斯承认，这无疑是一个在这种生活中并非总行得通的关于完满性的意图，"这是那些精神坚定的人所特有的殊荣和幸福，他们如此沉浸在对不朽永在的领悟之中，如此永久地陶醉于神圣之美的壮丽之中，以至于没有精力转向任何别的对象一边"，但是，我们甚至在今世也能够接近这种对彼岸善的全神贯注，而且我们越是接近于这样，"我们所遇到的失望和不满就越少"。[33]

当然，有一种用来在某种程度上调和柏拉图主义传统中的两

第三讲 存在之链及在中世纪思想中的某些内在冲突

个要素的常见方法,这两个要素在这些关系中似乎只是无聊地对立着——这是一种为柏拉图本人在《会饮篇》(*Symposium* 210—212)中所提出,也为普罗提诺所提出的方法,这种方法对于那些圣徒,神秘主义者,异教徒或基督徒来说永远是亲切的,这些人的彼岸观具有不太苛刻和急切的性质。即使(按照传统假定这一边的看法)任何被造物没有真正价值可被描述,但人们也仍然能够假定,接近至善的道路通常说来是甚至必然是逐级渐近的。而且存在的等级序列或存在之阶梯的比喻的流传,使得这样一种思想似乎成为一种更加自然的东西。神圣的生命向下流溢的被造物的划分等级的序列,可能被设想构成为人类在它的自我包含的完满之中向神圣生命上升的阶梯。因此,像在《失乐园》(*Pamdis Lost*)中的亚当的天使教师一样,那些不把他们自身完全引向接受"智慧的《传道书》那判决性的格言"的哲学家,详细讲述了在"向上的道路"上渐进的必然性,以及

> 从核心到四周
> 自然的等级序列建立起来,在那上面
> 在对被造物的沉思之中,
> 我们可以一步步地上升到上帝

因此,即使所有真正的善被宣布为存在于超感觉和超自然的秩序之中时,在自然物中我们至少还可以认识到一种暂时的和工具性的价值。只要人把它们之中的每一个当作过渡到在存在的大斜坡上的处于它之上的东西上去的手段,他仍然可以正当地准许

他的心灵关注被造物，而且在它们之中寻求快乐。正是借助于这种思想，那种证明世俗的工作和自然科学的研究是正当看法才成为人们的共识。即使在《论宇宙之变革》(*De revolutionibus orbium*)的开头对天文学的颂词中，科学家的劳动被描述为攀登这一等级序列的一种方式；在他们之中从事这一劳动的最终理由——但是并不能认为，他们正在做着作为造物主的上帝的工作，虽然这种想法也被提到过——只不过是"我们被它们拉扯，就像被一部车子所拖一样，去沉思至善"。㉞

显然创世概念作为人们上升的一把梯子，并不能真正使充实原则作为一种价值理论的含意与柏拉图主义的哲学和基督教神学的来世的方面调和起来。因为，首先，下降的路和上升的路之间只是字面上相同。存在的等级序列被想象为一部通过他人可能登上至福的梯子，而这个梯子并不是真正由那些与想象为自然的形式系列的存在之等级序列相同的阶梯所组成。我认为，没有人会严肃地提出，作为人类获救的真正方法，从一开始就要么用理智沉思的方法，要么用审美欣赏的方法，把自己的思想集中在麦克罗比尤斯(Macrobius)*所说的"存在的残余物"上，然后从这些东西开始，通过微小的变迁，连续地过渡到植物生命的更为复杂的复合物，从这些复合物再过渡到"植物形动物"，从"植物形动物"依次过渡到甲壳类动物，从甲壳类动物过渡到鱼类，从鱼类过渡到更高级的动物，以及如此等等，详细地通过像中世纪的自然史所认为的那

---

* 麦克罗比尤斯(Macrobius, Ambrosius Theodosius)，约公元400年左右。拉丁语法家和哲学家，生平不详，写有对西塞罗的评注——译者

样的自然等级制度,并最后通过天使的连续等级。这种无限小等级的概念,是宇宙论的存在之链的本质,它几乎不适合于这样一个计划,即人们设计的最终尽可能快地把人带到他的终极的超感官的幸福中去的计划,或者在世俗生活所允许的条件下尽可能紧密地接近这一幸福的计划。如果圆满是目标,逐渐接近这个目标的方法就并非真正是最好的方法,这种渐进在很大程度上只是被看作对人类的无能的迁就——一种危险的迁就,一种只不过是勉强作出的迁就,而且它是无论何时只要可能就会完全逃避的迁就。最终,这种"通过对被造物的沉思上升到上帝"的计划并不像承认那种暗含在充实原则中的内在价值那样,承认在一切可能的多样性中的不完满存在物的内在价值。在上升到完满性的楼梯中被设想为阶梯的那些较低等级的存在只起到那种作为阶梯的作用,起到那些将被踢开和被超越的东西的作用,这种思想和这样一种假设几乎毫无共同之处,这种假设认为:这些等级中的每一个等级的存在都是一件如此有利于自己的事,以致上帝自己也曾被他的神性和理性所迫使去产生它们之中的每一个。

一个单一的例证必定足以说明这些后来的观察,这个例证是从一个中世纪的作品中选出来的——这里所谓中世纪不是时间上的,而是就其哲学思想而言的——是从一部著名的虔诚的反改革的书中引出来的。其作者是一个最具攻击性和令人敬畏的神学争论者,他简直像是一个神秘主义者。枢机主教贝拉米诺*(Cardi-

---

* 贝拉米诺(Cardina Bellarmino 1542—1621),意大利神学家和枢机主教,曾参与审判伽利略,并主张持开明态度。——译者

nal Bellarmino)的论文《论沿着创造物的阶梯向上帝攀登》(*De ascensione mentis in Deum per scalas creaturarum*)或许是对这种思想最驰名的近代阐述,而且它明白地指出,在有关神的属性的学说中给予充实原则以重要的地位,以及把它从关于人的主要的善的理论中排除出去这二者之间通常并不一致。创世似乎首先被描述为某种衍射透镜,通过它,上帝任何一个单独的显像对于一个有限的精神都是可能的;并不排除绝对简单性的那种复多性是超出我们的理解力的,因此,如果我们想注视神的本质的全部完满性,那么它必须为我们而被打碎成了许多不同的部分。

神意愿通过他的被造物使人们在某种程度上认识他,因为没有哪种单一的被造物能够合适地表现出造物主的无限的完满性,他增加被造物,并且赐予每个被造物一定程度的善和完满性,由此我们可以形成有关造物主的善和完满性的某种观念,而造物主以一种最单纯和完满的本质,包含了无限的完满性。

因此,正是在对存在着的事物的多样性的考察中,贝拉米诺说,我们终于认识到了具有神的理性之本质的无限的多样性(虽然它不损害单纯性)。

虽然被造之物单是复多性自身就是奇妙的,它是单一的神的多种形式的完满性的证据,但更为奇妙的是表现在这种增加中的变化,它使我们更易于认识神。因为对于一个印章来说，印出许多精确相同的印迹来，这并不困难，困难的是几乎无限地改变形态。而这就是上帝在创世中曾经做过的。老实说，这确实是一件神圣的工作，是最值得赞扬的工作。我不谈种和属，每个人都同意它们是极端不同的和多种多样的……现在，我的灵魂，抬起你的心灵的眼睛，向上帝那里看去，万物的理念存在于上帝之中，而且从上帝那里，就像从一个无穷无尽的喷泉那里一样，几乎无限的变化涌流而出，因为除非上帝以一种最杰出和最高贵的方式把他们的理念或原型保留在他自己存在的奥秘之中，他是不可能在被造物身上印上那无数的形式的。

但是所有这一切与其说似乎看来是理应得出的那个结论并没有被得到，毋宁说倒是得出了相反的结论：即人类正在从事的工作，不是通过科学的研究去进一步探寻出自然或人的本性中详情的复杂性和丰富性，也不是通过它的无穷无尽的多样性在艺术中的再现，来摹仿"最值得赞扬的奇迹"。上帝所关注的仍然是太一，而不是复多，因为所有"各种各样的被发现是分配于被造物中的善，被发现是以全然更高的方式统一在上帝之中的"。⑤这位伟大的耶稣会的争论者确实不是一个克莱尔沃的贝尔纳（Bernard of Clairvaux）*式的严厉的禁欲主义者，他也不会走到像基督教的圣约翰**

---

　　* 贝尔纳（Bernard of Clairvaux 1090—1153），法国天主教神秘主义者，创立明谷隐修院。——译者
　　** 圣约翰（St. John of the Cross 1542—1591），西班牙神秘主义神学家，诗人。——译者

那样的反改革的神秘主义者所表现出来的极端的地步,他吩咐说,"一个超乎世俗的人的目的在于完全的出神坐忘,以便尽可能地在他的记忆中不再保留被造物的知识或形式——就像它们不曾存在一样。"贝拉米诺勉强承认,"当我们在这个世界上时,我们并没有被要求抛弃一切来自被造物的慰藉"。但是被造物的主要任务是提醒我们有关它们自己的暂时性和非自足性,或者起到作为神的超感觉属性的可见的表征的作用,并因此显示"除上帝之外的一切事物都是无用的东西和精神的烦恼。它们没有存在性,只是看起来有,也不提供快乐,而仅仅提供痛苦"。毕竟,"被造物阶梯的上升"只不过是一个 contemptus mundi[渺小的人世]进步的另一种说法而已。

人们将会看到,在最后引用的贝拉米诺的那段话中,有某种物质世界幻觉说的色彩,有一种关于所有复数和个别化都只不过是不真实的表面现象的学说的暗示。那种使人堕入物质世界幻觉说的措辞的诱惑从来没有远离过新柏拉图主义或天主教的形而上学,这部分地是因为,彼岸世界的或神秘主义的情绪通过把它所要避开的此岸世界看成是不存在的来自然地表现自身;部分地是因为这种思想提供了一种缓和我一直提到的那种内在逻辑冲突的表面上的作用。如果一个人凭借那种虽然自相矛盾、但不费力气的权宜手法去否认多种多样的有限事物有任何存在,那么解决所有的难题就是一蹴而就的事;因为除非太一真正存在,没有什么东西能真正得到说明。然而这不是基督教神学能够采纳的逃避此困难的方法。无论是新柏拉图主义,还是天主教哲学的来世观本身在程度上都不像《奥义书》或别的印度体系的来世观那么走极端。当普罗提诺学派的人,或者奥古斯丁学派的人,伪狄奥尼修斯(Pseu-

第三讲 存在之链及在中世纪思想中的某些内在冲突

do Areopagite)*、苏格兰人约翰(John the Scot)、甚至是托马斯·阿奎那学派的人,在单独转向自己的学说的那一面时,比起更加神秘主义的《奥义书》,或者比起香卡(Shankara)**来,在断言真正实在和唯一真实的善的"彼岸"方面一点也不差。这种唯一的真正的善绝对排除我们现在所经验到的存在物,或者我们的散漫的思想所能够构造其概念的存在物的一切特性。㊱区别仅仅在于西方的学说实质上是二元的,它主张这一面,也主张相反的一面。这两个要素中的第二个要素既被其犹太教的起源、同样也被柏拉图学说坚定地结合在其主旨之中。《蒂迈欧篇》的影响,以及新柏拉图主义辩证法的影响,主要是通过伪狄奥尼修的中介,与《创世记》的权威相结合,强迫中世纪神学家断言一个由特殊存在所构成的真实世界的真正产生,以及把神与自我扩张的和创造性的能动因相同一。因此,非宇宙论(acosmism)的语言,当它在一个作家,比如像贝拉米诺那里显示其自身时,它是很好地置根于其传统之中的。这种语言从来不能被过分字面地理解,这只是对这种二元论学说中的某一方面的极端的陈述,这种陈述必须被理解为它是由另一方面来弥补的,无论它们是多么不一致。

在传统的假设的复合物中的两种传统之间长期压抑着的冲突,在某些文艺复兴时期的作家中发展成为一种包含两个敌对原

---

* 伪狄奥尼修斯(Pseudo Areopagite 即 Pseudo-Dionysius the Areopagite),其活动期约为公元 500 年,生平不详。他假借《使徒行传》中亚略巴古人狄奥尼修的名字写了大量神学著作,对后世神学家影响甚大。——译者

** 香卡(Shankara 即 Shankar Uday 1900—1977),印度舞蹈家,建立印度文化中心,所编舞蹈风靡西方世界。——译者

则的公开的二元论,这两个原则一个是善,一个是恶。但是二者都必然地内在地存在于神的本性自身之中,而且因此也出现在人的本性之中。重要的是,在近代早期的某些观念的重新组合之中——这些观念派生于柏拉图学说、犹太教以及基督教的起源之中——通常中世纪的偏好被颠倒了过来。更高的价值不是给予不动的推动者,这是一种太一处于未被分割且永远置于自己的自足之中的静止不动的状态,更高的价值是给予不停运动着的"活动的原则"。它在变化、运动和多样性中表现出来。因此,罗伯特·弗卢德*发展了一种显然部分地派生于贝纳迪诺·泰莱西奥**和部分地派生于犹太神秘哲学(Kabbalistic)血统的二元论。它告诉我们,在神圣的本质中,

> 潜在的或隐藏着的原则,在其本质属性上是与光的发端之处的实际发射相对或相反的,因此也使它们中的每一个都得以显现,或使之产生出此岸世界,呈现出两个产物或两个在前提上是对抗性的、在其本性上相互是敌手的本质属性;这两种活动的特点是冷和热……因为黑暗的无的属性,或丑陋的地狱的属性在本性上趋向静止,而不是趋向活动或起作用;其理由是因为活动的欲望必须经常停留于一个核心之中或周围,远离这个核心就不会有运动或活动,也不会向周围扩展自身,就像光明的圣灵,或者上帝在他的意志中或公开的本性中

---

* 罗伯特·弗卢德(Robert Fludd 1574—1637),英格兰神秘主义者。——译者
** 贝纳迪诺·泰莱西奥(Bernardino Telesio 1509—1588),意大利哲学家、自然科学家,著有《按自然本身之法则论自然》。——译者

所惯于去做的那样。由于这个原因,黑暗的原则凭借自然本能,静止和平静,挑战自身,而且这种属性引起或产生一种属于它自己的本质特点,也就是冷。由于它被选为一个战士去抵御他的对立面的攻击,也就是热的攻击,而热的对应物就是运动或活动……因此除非它被热的攻击所唤醒或激励,它不会运动,而是追随他的昏昏欲睡的母亲,黑暗和缺乏,它的孩子是凝固和静止,它们睡在中心,而且紧紧地守在中心,因此它不愿意向四周看看。的确,冷是一种本质性的活动,它从神圣权力中产生,而且听候神圣权力的差遣,在这种属性中,神圣权力将其辐射从四周收缩进它自身之中。

因此,正是这种上帝本质的属性,在冷中感性地显现出来,它"是缺乏、死亡、空虚、无知、损害之母;是浓缩、紧缩、凝固、不动、呆板、静止、遮蔽或黑暗的唯一起作用的原因;是耻辱、缺乏、麻木以及诸如此类东西的原因"。㊲无疑,弗卢德感到不得不承认,"它是一种令人惊奇的东西,而且超出人类所有的理解力,它本质上和本性上出自一个太一。此种对立本性的两个分支将突现出来并蓬勃生长,因为它们是黑暗(它是错误、畸形、争斗、缺乏、死亡的所在地)和光明,光明是真理、美、爱、地位诸如此类的载体。"毫不奇怪的是,"摩尼教的教派如此顽固地主张,有两种同样永存的原则"。而且弗卢德,虽然他要么作为基督徒,要么作为柏拉图主义者都不能放弃所有的存在都是从一个单一的,单纯的和完满的本质中派生出来的学说,然而却不安地意识到他的两个神圣属性,或者我们不得不看到这种神圣属性的东西,在一切实际方面起着与上帝和魔鬼同样多的作用。在此与我们相关的是，上帝之中的魔鬼成分是由自足性或自制性这些属性所产生。它的影响由在事物中寻求不动的存在中心的倾向表现出来。这就是那种“不和、缺乏和可恶的属性，它把黑暗与畸形提供给光明和生命的孩子，并因而提供给它的所有美丽的后代”。[38]正是当神自行发生并生活在他的“仁慈的发射”中时，它的更好的本性就显现出来了。[39]因而当弗卢德热切铺陈本性的空虚可怕（*horror vacui*）时，“充实”也就成为他的神圣语汇之一。

约伯(Job)争辩说，空虚、空幻以及黑暗是一个且是同一个东西。也就是说，空虚、空幻或空无，因为一切充满或充实都是由于上帝凭借他的实在属性而来的……这个世界在上帝的精神显示之前是空幻和空无的，而现在它却为神圣的光和加倍的神恩所充满。因此，它不再是空无和空洞的了，也就是说，它不再是缺少实质性存在的东西了，而是成为多产的和丰富的了，存在现在装满了神圣的火和不易败坏的上帝的精神，根据所罗门的说法 *Spiritus disciplinae sanctus implet orbem terrarum*［圣灵的教导神圣地充满周围世界］……以及使徒的说法 *Christus implet omnia*，基督充满了万物。我们借此就能看出，一切充实都是来自神圣法令，反之，虚空就像正式的生命离开了水，这就是为什么空虚或空幻被看作自然中如此可怕的东西的原因。完全缺少永恒的发射对被造物来说是不堪忍受的，因为一切事物都强烈地希望被赋予活力。而且这样一来，由于一种自然的欲望或情感，对于每个自然物来说,完全失去存在总是令人讨厌的。⑩

因此,在弗卢德那里,"恶的原则"被严格限定在这样的术语之中,传统哲学习惯于以这些术语来表达让所有的愿望都在其中找到自己的完成的那种完满本性,

在此,你所有的变化和革命都已停止,
在此,一切都宁静与和平;
你将来到中心,静止的天然位置,
现在没有进一步的改变,也不需要这种改变,
那时一将会是多。㊶

对于弗卢德而言,"静止的天然位置"就是黑暗和死亡的住所,而"和中心有关和围绕中心"的存在是对一切善的否定。但就其逻辑结论而言,他只是成就了两种倾向中的一种,而这两种倾向被强有力地结合在柏拉图主义的和基督教的传统之中。

人们可能注意到这种冲突的另一种形式。任何存在物的善,根据某种已被接受的、也是从公元前5世纪的希腊哲学继承来的原则,都处在它的特殊"本性"的现实化之中;因此通常必须系统地提出一种论证:哪怕这种论证是在这种意义上以"按照本性"这种说法在名义上为最极端的彼岸世界所作的论证,但赋予这种论证的具体意义却完全派生于这样一种辩证法。根据这种辩证法,善和自足性是同一的。作为理性的人被断言只是在对绝对的、非派生的和无限的善的占有中,也就是说,在一个理智的思辨(assimi-

latio intellectus speculativi)与神圣完满性和美的完全的联合或同化中,才能实现其本性。[42]但假如充实原则的逻辑当时在这一点上被运用了,就像在以后时代它会被运用那样,那么特殊的人类之善的概念的这种性质的改变就会是不可能的了。

这些实质上不可共存的观念的这种长期持续的结合,我们曾经从三个方面对其加以考察,其重要性现在可能用一些更一般的语词加以表达。在西方宗教哲学和道德哲学的历史中,最重要和最有特色的事件是这一事实,即晚期柏拉图主义和被接受的教会哲学把彼岸世界与某种实际上的、虽然通常并非字面上的或完完全全的乐观主义结合起来了。这两者同等地被提交给了两个矛盾的论题,即"此岸"世界是某种必须逃避的本质上是恶的东西,以及"此岸"世界的存在和恰好为它所有的属性一起是如此之大的善,以致在它的产生中,神的所有属性中的最神圣的属性被显现出来了。人的思想感情将转身离开这个暂时的、可见的、分裂的世界。一种始终一贯的彼岸世界的哲学可能提供有关此岸世界的以下三种考虑中的任何一种:正如我们已经看到的;人们可能说,对任何这样的世界的存在的信念都是一种纯粹的幻觉。人们还可能宣称,在并不否认此岸世界的实在性的同时,它应该永远不存在,除了永恒的和完满的太一而外的任何东西的发生都是一种完全的和莫名其妙的灾难;或者,人们可能像原始的佛教的思想那样拒绝讨论诸如世界的起源,它存在的理由(*raison d'etre*),或者世界的形而上学状况,或者甚至是它要寻求的这一目标的肯定的本性这样一类仅仅是思辨性的问题,而且尽其全力去劝导人们,指出暂时的和感性的存在是一种十足的恶,向人们揭示,一条逃避它的道

第三讲 存在之链及在中世纪思想中的某些内在冲突

路。[43]但是,对于在悲观主义的这三种形式之间作出一个选择而言,这样一种哲学是有限制的。[44]在某一时期的西方宗教思想中——在摩尼教和诺斯替派的基督教的异端中,明显存在一种强大的指向这些观点中的第二种观点的趋向,如果这种趋向流行开来,则我们曾提到过的那些不协调就一个也不会产生出来。这种由不堪重负呻吟着和艰苦努力着的创世所构成的神圣生活的平静和无忧的产生,一个被分离的、暂时的和有形存在者的世界,应该被看作是原初的和本质上的堕落,而 Demiurgus[造物主]被设想为与这件事有关的一切都应该被看作原初和本质上的恶。在开初的整整4个世纪中,在被异端的柏拉图主义者和基督教神学家所接受的这一假定中,有多少本来似乎使某种这类结果成为不可避免的东西,这是很明显的。那种有利于某种充分的冲突的决断——这种决断具体地表现在普罗提诺对诺斯替教派的气质和学说的拒斥中,而且,更富戏剧性地是,在奥古斯丁由摩尼教皈依基督教过程中具体地表现出来——的意义直到近代之前都不是清楚明白的,实际上就其总体而言,直到18世纪也还是不清楚的。但是整个中世纪,在官方教条占优势的彼岸世界的时代中,至少还有某些本质上是"此岸世界"哲学的根基保持着活力;它们是:关于在神圣本性中,也就是说,在理念世界中有一个真实的和内在固有的多样性的假定;进而,关于"存在是一种善"的假定,即把具体的实在性附加到普遍物之上,把超感觉的可能性转换为可感的现实,意味着价值的增加,而不是价值的减少的假定;关于善的本质确实在于大量多样性的现实化的假定;以及暂时的和可感的世界因此是善,是神性的最高表现的假定。

第四讲　充实性原则与新宇宙观

在造成有关空间方面物理世界巨大的和总体安排上的等级序列的概念中，在中世纪的概念向近代概念的变化过程中，起着最重要和最具决定性作用的东西，不是哥白尼的假说，甚至也不是随后两个世纪中科学天文学的辉煌成就。在18世纪初有教养者所共同主张的宇宙观中，那些最广泛地区分了新旧两种世界图式的特征，极大地影响了人们的想象力，改变了人们对人在宇宙中地位的流行看法，改变了传统的宗教信仰以及宗教情感的基调。人们认为这些特征的引进，以及其绝大部分最终被一般地接受，不应归功于天文学者的实际发现和专业推理，而应归功于那些原始的柏拉图主义的形而上学先见的影响，就像前面的讲座中已经揭示的那样，这些先见虽是强有力的和百折不挠的，但它们在中世纪的思想中总还是被压抑的和发育不全的。为了弄清这一点，我们首先有必要考查一下那种旧的宇宙观的哪些方面对于中世纪的思想来说具有或看起来具有宗教的和道德的含义——这样做有助于我们确定人们在何种程度上在他们的世界中能够安然地富于感情地感受到他们自身，以及他们应当按照何种方式设想自己的地位和作用。

那种假定中世纪的世界很小，而地球在其中却看上去显得相当大的想法是错误的。虽然与现在的天文学家用来计算距离的那种几亿光年相比,托勒密体系中的距离是微不足道的,但是如果和为想象提供等级序列的地上的量值相比,却并非微不足道。托勒密自己也曾说过,和天空相比地球只不过是一个点,迈蒙尼德后来在12世纪所写的《迷途指津》中指出:

> 为了对我们自己形成一个正确的估价,我们有必要考查这样一些研究结果,它们曾确定了诸天体和众星辰的大小和距离。这些研究结果表明:从地球的中心到土星的星体顶点之间的距离大约有8 700年的路程,如果一年有365天,如果我们设想一个人一天走40里路的话。[也就是说,这距离大略算来有125 000 000英里]……试想一下,这个距离大得简直吓人。正是由于这个原因,《圣经》宣称:神不是在天堂的高处吗?看看星星的高度,它们是多么高啊!……这被揭示出来的距离是如此之大,然而它却还仅仅只是最小的,因为从地球的中心到恒星的天体的凹面的距离会更大,可能要大好多倍……就恒星的天体而言,它的厚度必定至少有包含在它之中的诸星球中的一个那么大,这些星球中的每一个都超过地球体积大小的九十多倍,而且它自身[比这个星球队]可能还要厚得多。至于带动所有别的星体作周日运动的第九重天,其大小尚不为人所知。因为只要它里面不包含有星体,我们也就无法判断其大小。因而,请想想这些星体的规模有多么大,它们的数量有多么多。如果地球和这恒星的天体相比还不如沧海之一粟的话,那么人类和作为整体的被造的宇宙相比,又该是何等渺小呢?而且,我们之中的任何人又怎能认为

这些东西的存在是为了他的缘故,以及认为它们是为他所用的工具呢?①

罗杰·培根用坚持不懈的热忱详述了 rerum magnitudo[宇宙的巨大]。"最小的可见的星星也比地球大,但是和天空相比较,这最小的星星实际上无大小可言……按照托勒密的看法,一颗恒星,由于天空的巨大,尽管它以不可思议的速度运动,绕其一圈不会少于 36 000 年,但是绕地球转一圈可能连三年都不要。"② 这个论题在 16 世纪继续成为那些反哥白尼的人们所喜爱的论题。例如,巴尔塔斯(Du Bartas)就详细论述了它[我是从第二周(La sepmaine)的西尔维斯特(sylvester)*译本,1592,中引证的]:

> 我们看见那颗最小的星星闪耀发光,
> 散布在晶莹闪亮的苍穹之上,
> (至少,如果星相师们是可信的,)
> 它将比整个地球大 18 倍,
> 是的,虽然一个国王靠奸计和战争赢得了胜利,
> 他征服了世界各地,
> 这是他光荣辛劳的奖赏,然而,
> 他所赢得的只不过是一个针尖,一粒尘埃,一个小钱,
> 一个虱卵,一个空无(而这就是他所拥有的一切)。③

---

* 西尔维斯特(Sylvester Tosuah 1563—1618),英国诗人、翻译家。译有通俗的圣经史诗《创世的六天》(The Firstweek),该诗的原作者为法国基督教新教诗人巴尔塔斯(Du Bartas,1544—1590)。——译者

第四讲 充实性原则与新宇宙观

然而,虽然中世纪的世界因此是无限大的,但是相对于人和他的行星来说,它仍然显然是有限的和在樊篱之中的。因此它实际是可以描绘的;它所呈现的视野,无论有多大,决非完全无法想象的。15世纪的人们仍然生活在有围墙的城市之中,也生活在有围墙的世界之中。而且——和中世纪的城市以及中世纪的别的东西不同——这种宇宙的图式有某种古典艺术作品的本质属性。确实,在中世纪时代最古典的东西也许可以说就是这种宇宙了。人们更喜欢在哥特式的教堂做礼拜,但是天堂的建筑样式在某种意义上却不是哥特式的设计——这是毫不奇怪的,因为事实上它是希腊式的大厦。世界有一个可以清晰理解的结构上的统一,不仅有明确的形状,而且同时被认为是某种最简单和最完满的形状,就像组成它的所有形体一样。它没有散漫的目标,也没有不规则的轮廓。它的内在计划的简单性,在观察到的天文学的事实的压力下,实际上已越来越被认为不像人们所希望的那么完满;但是引导穿越整个世界的这位重要的诗人导游者(cicerone)几乎没有注意到这些有点麻烦的关于细节的复杂性,而这些复杂情况或许也没有过多地打扰这一非天文学的头脑。

人们常常认为,世界的旧图像在空间方面特别地适合使人类感受到他自身的重要性和尊严;而且某些近代作家也非常了解这种前哥白尼天文学所设想的含意。[④]我们被告知,人在宇宙中占据了中心的位置,而且在他所居住的行星的周围,一切巨大的,无人居住的天体顺从地围绕着它旋转。[⑤]但是对于中世纪的人而言,以地球为中心的体系的实际旨趣恰恰是相反的:因为世界的中心不是一个光荣的位置;它毋宁是一个远离上帝住处的地方,是被造物的底部,是它的残渣和较低级成分的堕落之处。这个现实的中心实际上真正的中心就是地狱;在空间的意义上,中世纪的世界的的确确是以魔鬼为中心的(diabolocentric)。当然,月下的整个区域都是无比地低于辉煌的和不朽的月上的天空的。因此,蒙田——他仍然坚持旧的天文学观点——能够一贯地把人类的住所描述为:"世界的污物和泥沼;宇宙的最糟、最低和最无生气的地方,房子底层的故事。"因此,他盘问道:一个在此土生土长的被造物,一个与动物的三个等级中最低等级的动物(也就是地上动物)为伍的房客,又怎么敢想象"把他自己置于月球圈之上,并把天空踩在自己的足下呢"?蒙田问道:"根据什么权威",人能够设想"苍穹的这种令人赞美的运动,这如此壮丽地在他的头上循环往复的明灯的永恒光芒……确立和持续这么多世代是为了他的方便而服务于他的吗?"⑥作为仍然在攻击哥白尼体系的诸多论证中的一个,约翰·威尔金斯(John Wilkins)在1640年写道:这个体系

> 是从我们地球的卑鄙邪恶的东西中引出来的,因为地球是由一种比起世界的任何别的部分更肮脏更卑下的物质所构成的。因此它必定被置于中心,那是最糟的地方,而且是距离那些纯洁不朽的东西,即天堂最远的地方。⑦

从这些段落中足以证明,地球中心论的宇宙观与其说有助于人的提升,不如说有助于使他出丑,而且哥白尼的学说所以遭到反对,部分地是基于这种情况,即它分配给人的住所的位置太威严和太崇高了。

第四讲　充实性原则与新宇宙观　　135

当然,在中世纪基督教的体系中也有别的要素,这些要素曾适合于使无毛的两足动物产生一种他在宇宙中的重要性和他自身行为的重要性的感觉。然而,这种感觉与天文学上的地球中心说无关,所以它们能够很容易地存留下来,而且确实几乎不受地球中心说被抛弃的影响。不是由于我们的这颗行星在空间中的位置,而是由于只有它被设想为存在着某种土生土长的、其最终命运尚未被确定的理性存在物的种群的这一事实,才给予它在世界中以唯一的地位,以及在上帝的关照中的唯一的份额。如果它是唯一的腐败之地,那么它也是唯一创生之地。只有在这里新的灵魂才被产生出来,它们不朽的命运还处于悬而未决之中,而且在某种意义上,造物主自身设计的完成尚吉凶未卜。因此,如果宇宙的这个朦胧的和肮脏的地下室是最少受到尊重的地方(也有例外),而在这个地方任何存在物都能有它们的住所,那么它也是一个一切真正戏剧性的和令人兴奋的事情不断发生的地方。因此,无论与神的自我满足和无动于衷的学说是多么明显地相矛盾,人的事务仍然被设想为神自身无限关心的对象。以致在美索不达米亚的一对天真无邪的男女的唯一的一次出自本能的愚行,由于它的结果,就能迫使神格中的一个位格化为人身,并为了人类的得救而在这个世界上生活和死去。纵观历史,很少有从上面世界来的存在物忙于为人类服务的,而反叛的天使却没少谄媚地热中于他的破坏工作。赞格威尔(Zangwill)*的一部小说中的一个人物说:"当我观看西

---

*　赞格威尔(Zangwill 1864—1926),英国小说家,犹太复国主义的领袖。——译者

尼奥雷利*的'下地狱'时,我一直在想我们先辈过着多么有生气的生活啊,每个个体灵魂是多么的重要啊,有上天和地狱这两个阵营为它而战,生命的意义是一种多么强烈的感受啊!"对于中世纪的信徒来说,这种看法有多大的实际快乐或许是值得怀疑的;在如此强大之力量和以其自身方式如此兴奋的每个个人之间的斗争,对于一个平凡的肉体的人来说,几乎不是一个适意的处境,更不要说他对自身状况中冲突的终极问题的天生的理解力了。但是,不可否认的是,这确实是一种倾向于鼓励和证明某个种族自尊的处境(amour propre)。然而仅就它暗示出只有这个行星包含了一个半物质半精神的自由被造物的种族——这个种族是存在之链中的中间环节——这一点而言,它才和流行的宇宙观相关,天堂和地狱的力量都在争夺它的忠诚。

在旧的宇宙观中,那种具有诗意般的和宗教意义的东西,几乎没有为哥白尼的理论所触及。对哥白尼来说,太阳系和宇宙是保持同一的。他的世界,虽然不是以地球为中心的,但仍然处于中心,在形状上仍然是球形的,仍然是被最外面的球面可靠地围护着,*se ipsam et omnia continens*[自己与万物相联]。⑧只要整个可感世界依然是有限的和被困在狭小的区域内,只要这个行星为人类所居住,无论它的空间位置是怎样的,它就仍然被指定为一种独一无二的生物学的道德的和宗教的地位,中世纪宇宙观图式的那种审美的和实践的明显特征就仍然存在。对地球中心论体系的放弃所暗含的这种变化,正如前述所明白显示的那样,和那些常常被

---

* 西尼奥雷利(Signorelli 1445—1523),意大利文艺复兴时期的画家。——译者

归之于新的天文学的东西正好相反；把人类从事物的中心的地位移开，也就是把他从低下的地位抬高起来。这也意味着是对亚里士多德关于中心位置是一个特殊的堕落了的位置的说法的否定，以及对那种认为变化的地上的世界和不朽的且永远不变的天堂之间是完全对立的看法的一种否定。但这一观点其实早已被中世纪的几位学者所非难。例如，在哥白尼之前一百多年，库萨的尼古拉就曾拒绝这种地球是宇宙中最卑下的部分的假设；他声称，我们并不知道死亡和腐朽是这个地球所特有的，而且那种认为天体分为两个部分，实际上被两个不同种类的物体所占有的说法也是没有正当理由的。⑨因此，哥白尼学说中的这种附带的含意也不是新颖的，不过在 16 世纪时，它对某些人来说仍是惊人的和革命性的。然而对传统观念最严重的打击，不是由哥白尼的推理所给予的，而是由第谷（Tycho Brahe）在 1572 年对仙后座新星（*Nova Cassiopeiae*）的发现所给予的，

> 对自从创世以来不变的天空，
> 就像世界所相信的，
> 他（译按：指新星）是一位陌生的新的来访者

在这个时代，哥白尼的理论几乎没有带来什么进步，而且这种理论甚至也没有为第谷所接受。因此，不可能把破除世界在空间上分为两个在属性和尊严上完全不同的区域的看法记在哥白尼理论的账上。

关于天体的非地球中心论的安排确实在表面上可以被看作比

带有基督教神学色彩的托勒密的图式更和谐一些；而且这种思考确实至少和任何纯天文学的推理一样给开普勒的新的假说以更为强有力的支持。或者不如说给开普勒对哥白尼学说的重大修正以更加强有力的支持。因为哥白尼的理论所描述的运动与其是要说明太阳、行星、恒星等天体的"现象"，还不如说是要说明地球的"现象"，它当然不是一个以太阳为中心的理论；世界的中心是地球轨道的中心。太阳虽然最接近于那个位置，但并没有占住那个位置，地球轨道的平面并没有通过太阳。因此，正如德雷尔（Dreyer）曾指出过的，哥白尼"在他的新体系中仍然被迫给地球一个十分特殊的位置"。——以便，像德雷尔有点误导地说的那样"地球在新体系中就像在旧体系中一样是一个重要的物体"。（正如我们已经知道的，其实它在旧体系中的地位并非是一个重要的地位。）真正够得上称之为太阳中心说的学说应该归于开普勒而不是哥白尼。撇开亚里士多德不说，有一点无论如何是确定无疑的，那就是在中世纪形而上学中上帝理念的中心位置与中世纪宇宙论中天堂所处的边缘的位置之间，对于想象力而言，就常常存在着某种不协调；在开普勒看来，他的新体系的主要优点在于消除了这种不协调，把可以最自然地视为神（或者更恰当地说，三位一体中的第一位）的物理表征或副本的东西放在了可感世界的中心——它是那种公认为"一切天体中最美好的天体"，一切光、色、热的来源，"如果上帝愿意有一个物质的住所，而且选择了一个在其中和有福的大使住在一起的地方的话，这将是我们唯一断定为配得上最高上帝的天体。"⑩ 这种神学的关于太阳中心论的论证之所以投合开普勒的心意，主要是因为他在思考上帝时，不是照亚里士多德学说的方式，

第四讲　充实性原则与新宇宙观

把他想象成一个自我包含的、作用于别的存在物的，以及作为自身不动的运动的最终原因的东西，而是把他主要想象为一种生育的和自我扩散的能力。⑪而这一点并非与我们所关心的那个普遍主题无关，至于开普勒的宇宙观存留了多少实质性的中世纪的东西这可以从他进一步完成他的天文学—神学平行论的方法中，以及从下述事实中看出来，即他恰恰是借助太阳中心论的体系，才能找到新的理由来把世界想象为和在托勒密的体系中一样有明确界限的和封闭的东西。开普勒发现，如果太阳是作为圣父和上帝的对应物，那么恒星的星体就显然是圣子的可见的副本，而行星之间的中间地带就被分配给了圣灵。⑫外层球面的作用是"反射和增强太阳的光线，像一堵不透明的和装有照明装饰的墙一样"。它也可能被描述为"宇宙的皮肤或衬衫"（mundi cutis sive tunica），防止由太阳产生的内部的热不至通过无限的流射而丧失；神学的类比在此看起来是一种无聊的牵强附会。至于说到天体间的距离，开普勒声称，他曾经（借助于太阳中心论的假设）揭示：这种距离表明了像以前的天文学家曾经探求过但未能发现的那种和谐的计划。从相信宇宙必定符合于美学的要求。而且，像典型的中世纪的人物一样，相信在宇宙中有某种实质性的古典趣味出发，他不能相信当时已知的 6 颗行星的轨道之间的间隔会不符合于某种精确比率的法则。在没有简单的算术比值被证明可用时，正如他所设想的，他最终得到成功的发现："上帝在创世中和在安排天体时，他心中有 5 个规则的几何体，这些几何体在毕达哥拉斯和柏拉图时代就已驰名，依照它们的属性，上帝确定了天体的数量，它们的比例以及它们运动的比率。"⑬在这方面，人们将会看到，开普勒也是按照他自己的风格，以充足理由原则为依据的；他确信，造物主在分派这些比率以及确定行星的数目为6个因而间隔为5时，必定是被某种并非任意的方案所引导。只可能有5个规则的几何体；而且，如果理念世界中的这种必然性被转换成天体数目的界定的话，那么关于事物的总体计划就有可能被视为多少有某种理性的基础和有某种美学的秩序。正是为了给这个完全是空想的假设寻求证明，开普勒最终发现了他的行星运动的第三定律。

哥白尼的学说确实要求普通民众对那种顽固不化的理解的确定的自然习惯作出某种困难的修正——这是普通人在他平时关于太阳系运动的内心图式中，从来没有完全成功地完成过的一种修正。新的假设不仅表面上与感官证据相冲突，而且，它至少包含了那么一点令人厌恶的相对性的思想——也就是那种把空间和运动的观念视为具有纯粹关系性意义的思想。就哲学方面的启迪作用而言，新体系中并不存在什么实质性的新东西或异端的东西。感觉的欺骗性对于有启发性的讨论来说是一个陈腐的论题；新天文学为这个论题提供了某种值得欢迎的新的说明。它的17世纪的鼓吹者并没有拒绝对此加以利用。至于说到对观察者所表现出来的表面运动的相对性的一般观点，对每个天文学家来说它终究必定是一种老生常谈；而哥白尼学说所蕴含的也就是这些东西。一旦恒星的不动的天空仍然作为一个绝对的参照系，那么一个有关位置和运动——甚或关于可确定的位置和运动——的相对性的更为彻底的学说的任何含意都有可能被避开——用哥白尼自己的话说，也就是：*universi locus, ad quem motus et positio caeterorumomnium conferatur*〔其他万物的运动和位置充斥于其中的那些地方的总和]。⑭

哥白尼学说对神学正统观念的主要冒犯,不在于它与传统宇宙图式的较为哲学化的部分之间的任何重大矛盾,而在于它与某些纯粹的历史命题部分的细节之间的表面上的不可调和性,这些细节是别的宗教所没有的,是基督教结合到它的教条中去的东西。例如,耶稣基督升天的故事就显然难以适合于哥白尼式世界的地形学;对于基督教会反对新假说的人们来说,很容易指出《圣经》中有大量段落证明了那些被认为受到启示的和一贯正确的著作家们理所当然地设想太阳围绕地球的运动,以及别的朴素的常识的天文学主张。但是,借助于对《圣经》等宗教经典的某种机智和开明的注释,这些麻烦可能,而且总有一天会被某种程度上的巧辩所对付过去,而且无论如何,并非只有哥白尼的创新产生出更一般的和更深一层的困难,甚至就基督教教义的历史性内容方面也是如此。

宇宙观上真正革命性论点在16世纪奠定了基础,而这些论点被相当普遍地接受则是在17世纪末以前,这些论点在数量上有5个,但是它们之中没有一个是由哥白尼或开普勒的纯粹天文学体系所产生。在任何近代关于世界概念的历史研究中,以及在对任何个别著作家的观点的说明中,实际上都必须在那些被久久考虑的问题之间保持这些区分。这5个较有意义的创新是:(1)关于我们太阳系中别的行星上居住着有生命的,有感觉的和有理性的被造物的假设;(2)中世纪的宇宙的围墙的毁坏,这些墙是等同于最外围的水晶天,还是等同于恒星,以及这些恒星所扩散到的辽远的参差不齐的地方的某个确定的"区域";(3)有关像我们的太阳一样的诸多恒星的概念,它们全都或大多数都被它们自己的行星系所围绕;(4)关于在这些别的世界中的行星上也有有意识的居民居住的假设;(5)对物理的宇宙在空间上的实际无限性,以及包含在这个宇宙中的太阳系在数量的实际无限性的断言。

这些论点中的第一个论点——当然,第四个论点更是如此——使人类生活和地球的历史失去了独一无二的价值和重要性,这种价值和重要性是中世纪理念的图式赋予他们的,也是哥白尼的学说留给他们的。有多个有人居住的世界的理论倾向于产生某些困难,这不仅是包含在基督教信仰之中的历史细节方面的困难,而且是关于它的核心教义的困难。整个道成肉身和救赎的激动人心的戏剧看来显然是假定了只有一个有人居住的世界。如果这种假定应当被放弃,那么这些教义又该作何解释呢?如果它们确实被放弃,这些教义又何以能被完整地保存下来呢?就像后来托马斯所问的那样:"我们是否要假设在无限的创世中,每个世界都有一个夏娃,一个苹果,一条大毒蛇,以及一个救世主呢?"⑮三位一体中的第二位格是否要在无法数清的行星上依次化为人形,或者,是否只有在我们宇宙的这个唯一的部分中道德行为者才有救赎之必要呢?这些难题至少在 17 世纪早期已被人们认识,但是它们似乎并没有被当时的神学家看成是一个非常严重的问题。康帕内拉在他的 1622 年的《为伽利略辩护》(*Apologia Pro Galileo*)中提到这些难题,1638 年他关于这个主题的思想在英国被威尔金斯(Wilkins)以英文归纳为:如果别的星球上的居住者也是人,

那么他认为他们不会沾染上亚当的罪,然而他们或许有

他们自己的罪。这些罪会使他们遭受和我们一样的痛苦,因此,他们可能会借助和我们一样的方法即以耶稣基督的死来得救。⑯

第二和第三个论点的潜在的重要性对于想象力来说怎么估计也不会过高,根据这些论点,物理的宇宙不再具有任何中心;它被打碎成(至少是)大量多样化的孤立体系,这些体系根据无法认识的理性计划分布开来;它不再是某种形状,而成为了诸世界的无形式的聚集体;这些世界无规则地散布在无法想象的空间范围中。从地球中心论体系到太阳中心论体系的变化,远不如由太阳中心论体系到无中心体系的变化那么重要。培根说:"与天体有关的第一个问题是是否有一个体系的问题,也就是说,是否世界或宇宙一起组合成一个具有某种中心的天体的问题;或者包括地球和星辰的特殊天体是否被散漫地分布开来,其中每一个都在它们自身的根基上,没有任何体系或共同的中心的问题。"⑰当这些世界的数目和范围进一步被设想为无限时,这个宇宙看起来不仅对于想象力,而且对于理性自身来说都是难以理解的了。因为产生于数目和量的无限性概念在现实中的运用的那些数学上的二律背反(antinomies),现在又承担了一种新的相关性和重要性。

我曾说过哥白尼和开普勒的宇宙论体系并不必然地包含这5种更打动人心和意义深远的新东西,他们的这些体系被16世纪和17世纪的那些不接受这5种新东西的天文学家以及其他著作家们所主张——而且,反过来也是如此。从历史上看,放弃地球中心论的图式对某些人来说似乎并不真使这些更彻底的假说中的某些假说更成为可能。因此,作为一个虽然并非完全毫不犹豫地反对哥白尼学说的人,培根评论说,"如果假定地球在运动,那么假定根本就没有什么体系也许会更自然一些,而且散布着的星球比起构造一个以太阳为其中心的体系来也似乎更自然一些。"[18] 无论如何,培根似乎极力认为,这是在哥白尼的体系中发现的"许多大的麻烦"中的一个,它是由该理论的反对者造成的一种推论,而且显然是一种牵强附会的推论。

同样确实的是:我们这个体系的太阳中心论图式可能被认为是给那种认为在这种体系中的别的行星上都居住着人的假说提供了某种表面上的理由。通过在某一方面把地球置于和别的星体相同的地位,也就暗示了某种可能性,即地球与别的星体的相似性可能扩展到其他特征上去,比如扩展到有意识的生命的存在上去。在伯顿(Burton)*1621年的著作中也许就给出过这种通常的论证:

> hoc posito[在此种情况下],姑且承认他们关于地球运动的这种教义,如果地球运动,它就是一颗行星,它就对月亮上的居住者,以及和月亮一样的别的行星上的居住者发光,反过来它们对地球上的我们来说也发光;只要它发光,正如伽利略、开普勒以及其他人所证明的那样,那么 Per consequens[结论就是],月亮和别的行星上是有人居住的……因此(我认为)

---

* 伯顿(Robert Burton 1577—1640),英国作家、律师,作品有《忧郁的剖析》。——译者

第四讲 充实性原则与新宇宙观

地球和它们（火星、金星以及其它的星）同样都是行星，都同样有人居住，都围绕太阳运动，有一个共同的世界中心，这可能就是努布莱根（Nubrigensis）所说的在他那个时代从天而降，由此出生的那两个绿色的小孩。[19]

但是这种结论显然是通过类比推论得到的一种不确切的论证，而且就连那些尚未基于别的更有说服力的理由的结论的人，这种推论都几乎不能使他们信服。而且事实上这个结论不是由太阳中心论得出的推论，因为它在哥白尼之前就已经得出。

这些更富于想象力和更惊人的创新不仅不依靠哥白尼的理论，而且在19世纪以前，它们之中没有哪一个得到我们现今称之为科学的证据的支持。而且它们之中至少有三个仍然保留着不确定性。第二个和第三个的一部分确实没有超出天文学证明的可能范围。但是它们未被哥白尼之后的三个世纪中通行的任何方法所证明，恒星是在一个完全限定了的范围中，在与太阳保持接近均等的距离的情况下以它为中心聚集起来，还是通过空间的巨大间隔而扩散开来，这是直到它们中的多数离地球的距离能够被测量出来之前不可能确定的。但是在1838年前没有一个关于星体视差的成功测量得以完成，[20]而且确定距离的光度测量法还不为人们所知。人们对太阳中心论体系的接受确实意味着所有星辰之间的遥远距离远比托勒密天文学曾经设想的要大得多。因为正是对地球沿轨道运动的认识给了人们一条基线，借助于它某种视差似乎有可能被发现。由于当时被认为是高度精确的方法也没有发现什么视差，其结果是就连最近的星球的距离，以及据此而推测出来的它的大小，也必定被认为是难以预测的大。但是，另一方面，在确定某种视差方面的不断重复出现的失败，被用作了一个多世纪以来反对太阳中心论体系本身振振有词的论据。

关于世界的新概念的更为重要的特征，很少归之于任何以我们现在应称之为"科学的"观察为根据所得到的新假说。这些特征主要是派生于哲学的和神学的前提。简言之，当充实性原则不是运用于生物物种的数目这类生物学问题，而是运用于星际的宇宙的大小以及空间中生命和知觉能力扩散的范围这类天文学的问题时，这些特征显然是这一充实原则的推论。如果在任何一个逻辑上可能的存在物可能存在之处，上帝都拒绝给这样一个存在物以实际存在之特权的话——至少哪怕有时顺便、并不一贯地加上一条，即如果没有说明为什么它们的存在由于凌驾于别的存在物之上的优势就要得到照顾的补偿性理由的话，那么，用《蒂迈欧篇》的用语来说，这个上帝似乎就会是一个"嫉妒的"上帝。根据假说，创造性的力量是无限的，而且它的表现因此也会是无限的；看来没有理由说明为什么有物质的地方却没有生命。现在，我们已经看到，这些前提在整个中世纪是很流行的，甚至在那些不情愿从它们之中吸取其所有意蕴的正统神学家的著作中也是如此。而且在这些意蕴之中有关世界以及有人居住的系统的无限性的争论同样也是众所周知的，虽然这种争论通常为正统神学家所拒绝。那种认为宇宙必须是无限的，因为上帝的全能要求他不应该 *ab opere cessare*［在工作上无所作为］的论证被奥古斯丁在《上帝之城》(*De civitate dei* X, 5)中讨论过，尽管他是反对这种论证的。鉴于中世纪的基督教哲学家全都非常熟悉奥古斯丁的著作,所以他们全都必定熟知这个论题。在 15 世纪的时候,有一种明显趋于接受它的倾向。在犹太教哲学家克雷斯卡斯(Crescas)* 1410 年的《阿多尼斯的神谕》(Or Adonai)中提出了对这些论证的驳斥,亚里士多德曾打算根据这些论证在 De Coelo[论天]中提出"没有任何别的世界"的思想——也就是说,除了地球位于其中的同心的天球的那个体系而外没有别的世界的思想;"在否定了许多世界存在的可能性的情况下,上述的一切都是'废话和空话'"。对于在作为克雷斯卡斯著作的不可分割的一部的、对亚里士多德这本书的令人钦佩的编辑中的这一思想,沃尔夫森(H. A. Wolfson)教授[②]在评论它时看出:克雷斯卡斯"并没有明确地说有多少个世界可能存在。他只是为'许多世界'的存在而争辩。在知道了他拒绝亚里士多德对无限量的否定和他就无限空间所作的争辩后,我们可能有理由指出,克雷斯卡斯的许多世界的数目有可能上升到无限"。后来在同一个世纪中,这同一个论题被基督教的一个伟大的形而上学家所暗示。枢机主教库萨的尼古拉(Nicolaus Cusanus),中世纪后期最明白的哲学头脑中的最精细的一个,虽然也是苛刻的一个,曾经把神学家们有时用来表达上帝的"无限"的学说的自相矛盾的修辞手法转用到物理的世界上。库萨在他的《论有知识的无知》(De docta ignorantia)1440 中宣称:世界是一个"其中心与周边相一致"的球体。他毫不自相矛盾地说:

---

* 克雷斯卡斯(Crescas Hasdai 1344—1410),西班牙犹太教哲学家,塔木德学者,阿拉贡大拉比。他反对犹太教思想中的亚里士多德理性主义的传统。——译者

> 世界没有周边；因为它如果有一个中心和一个周边，那么就会在世界之外有某种空间或某种事物，这种假设是完全不具真理性的。因此，世界将被包围在一个有形的中心和一个有形的边界之中是不可能的，我们也无法理解这样的世界，这个世界的中心和周边都是上帝。而且虽然这个世界不可能是无限的，不过它也不能被设想为有限的。因为不存在它可以被限制于其中的界限。因此，那不能作为中心的大地，也不能完全没有运动……正如世界没有中心一样，恒星的天空也没有中心，任何别的星体都不是它的周边。

对静止不动的和作为中心的地球的信念仅仅是由于无法认识表面运动的相对性。

> 显然，这个大地确实是在运动，虽然它看起来并非如此，这是因为我们仅仅借助与某个固定的点相对照来理解运动。如果一个人坐在河里的一条船上，他不能看到岸，也不知道河水在流动，他又如何知道船在运动？事情就是这样，无论一个人是在地球上，还是在太阳上，或者是在某个别的星球上，似乎他总是感觉到他所占住的位置是一个没有运动的中心，而所有别的东西却都处在运动之中。㉒

这些话语经常被 17 世纪的著作家们当作对后来的著作家在这两方面论题的预言来引用，因为它们似乎有枢机主教的预言作担保。后来的著作家们自己也认为它们是这样一种预言。然而库萨的思想，对天文学的问题的关注少于对某种神秘主义的神学的关注，他用来代替地球的中心位置的不是太阳，而是上帝；只有上帝是"世界的中心，天体的中心，以及大地的中心，他还同时是万物的无限的周边"。对那种被恒星的天体所限制的有限宇宙的思想的拒绝，并没有使库萨去完全同等地承认，在那些想象的界限之外还有一个由别的太阳和行星所组成的无限的物理世界的主张，只是使他承认难以理解一个物理的和定量的世界，以及同时由这个概念过渡到上帝的概念的必然性的整个思想。这些话语，在作为某种副产品而提出一个新的天文学的论题的同时，它们的实质性目标是阐述这些作者所偏爱的哲学论争，以维护那种存在于我们不知道的知识之中的有学识的无知(docta ignorantia)。看来为反思所揭露的任何矛盾都有利于他的目的；这是一个受到更多欢迎的有关对立面同一的例证。正是为了通过例证来证明对立面的同一，库萨尽力通过手中能够得到的一切证据去表明：当把"中心"和"周边"的概念运用到宇宙时，它们并没有清楚明白的含意。因此，虽然人们几乎不可能同意焦尔达诺·布鲁诺(Giordano Bruno)的说法：库萨是"相当小声地"(suppressiore voce)宣布他的论题的。因为他关于这个论题的言论是足够大胆的了，这些言论正是由于最终被如此莫明其妙地解释，并被从属于完全不同类型的论题，才使得它的那种放弃亚里士多德和托勒密的思想的做法看来没有产生巨大的影响——确实，库萨自己在后来的一部著作中还在继续运用亚里士多德和托勒密的思想。他说，神的智慧"把大地放在了中间，而且使它成为重要的，使它在世界的中心运动"。㉒然而，这也可能被设想为只涉及我们自己的体系。

库萨关于别的星球上有居住者存在的论断更具体、更明确。他很好地阐述了我们在别的例证中曾见到过的东西，以及那些在一般的情况下拒绝充实原则和充足理由原则，然而在特殊的情况下却毫不犹豫地从这些前提出发进行论证的中世纪的著作家的倾向。Operarum Dei nulla est ratio[上帝的工作没有任何理由]，他坦率地宣称：没有理由说明为什么大地是大地，人是人，除了因为创造它们的人想这样做这个原因之外。㉔当然，这种说法从逻辑上暗示了关于存在之物的任何先验知识都是不可能的。但是库萨满怀信心地论证说，那种像普通见解所暗示的那样认为"由天空和众星辰所构成的如此之多的空间是空的"的看法是不可思议的，不仅包括太阳和月亮，而且还有 de aliis stellarum regionibus[另外的星球区域]，

我们猜想它们之中没有一个是没有居住者的，而且像许多星星一样，有构成这样一个宇宙的很多特殊部分的世界（partes mundiales），除了在数中创造万物的上帝，谁也无法数清它们。㉕

可以从这样一个假设中推出同样的结论，这种假设是：在存在的等级序列中的各个等级已经存在于某处；他写道："不同等级的高贵的性质都是出自上帝的，在天空的每一个区域内都有居住者。"比起别的星球来，"在地球上居住的存在物或许要少一些"。虽然这并不表明有某种看起来都能比可以在地球和它的区域中发现的、理智的自然物更高贵和更完满的东西存在。因此，"别的星球上的居住者属于同种自然物，甚至是属于另类的自然物。"至于

其余的东西,"我们对它们仍然是完全无知的。"——尽管库萨就它们的特性冒险作出了某些猜测,但这都是从它们所居住的那些星球的特性中推论出来的。

因此这种新天文学的逻辑根据存在于有关世界的近代概念的许多要素之中,这些要素已在中世纪思想的溶液中包含了,而且它们在中世纪末期就已经开始表现出沉淀的迹象。大约在16世纪初,关于有多少个太阳系,有许多个有人居住的行星,以及星辰在数量上是无限的,宇宙在空间方面也是无限的理论,已成为人们讨论的共同话题。因此,帕林根(Palingenius)在《天体运行论》(*De Revolutionibus orbium*)出版之前10年或者更早一些时候,就在一首曾被许多学校用做课文的非常的流行的诗中记录下了这样的话:

Singula nonnulli credunt quoque sidera posse
Dici orbes,
[有些卓越的人相信每颗星都拥有自己轨道的统治权]

他自己论证说:"在别的天体的范围内,必定有某些远远超过人类的被造物,因为如果说'上帝的无穷力量'仅仅由于创造如此微不足道和可怜的存在物就会精疲力竭,那简直是不可思议的。"诗人问道:"如果说诸天体是一片荒漠,没有居民,而上帝只是统治我们和禽兽,这难道不是亵渎神灵吗?"

Tam paucis, et tam miseris animalibus, et tam

Ridiculis?

[如此之少,如此可怜的动物及如此滑稽可笑?]

"全能的天父确实有知识、有力量和有意愿去创造比我们更好的东西……而且他创造的东西越多,世界的美和神的力量就发射出越高贵、越辉煌的光芒。"㉖至于说到星辰在严格的数值上的无限,帕林根采用了自托勒密以来在论及存在的等级序列中的等级数目时惯用的回避的手法:

Plurima sunt numero, ut possit comprendere nemo. ㉗
[一切数目中最大的数,以致无人能把握。]

整个论证在此再次表现为,从设定第一原因的生产潜能的无限性出发而推论出实际结果的必然无法数清。在这个世纪的末期,就像新近一个十分有趣的发现所显示的,英国的天文学家托马斯·迪格斯(Thomas Digges)在对哥白尼学说的解释(一个有很大自由度的解释)中曾加上了一个关于"那些用无数的光亮装饰起来,并无止境地上达 Sphaericall altiude[天球的高处]"的恒星之"轨道"的无限性的论断。㉘迪格斯未曾尝试对由哥白尼的太阳系的图式而来的结论作特别的推论。对这个论断他给予的唯一的理由是:这是想象"伟大上帝的荣耀的天庭的最恰当的方式,我们可以部分地通过他的这些可见之物去猜测他的不可探究的不可见的作品。对他的无限力量和威严来说,这样一个在量上和质上都超越所有别的东西的无限的地方,才是唯一合适的地方"。㉙

第四讲 充实性原则与新宇宙观

虽然在好几个地方发现对新宇宙观要素更早的表述,然而正是焦尔达诺·布鲁诺,必须被视为那种分散的、无限的和有无限众多人口的宇宙学说的重要代表人物;因为他不仅以一个福音传道士的激情在整个西欧宣扬这种学说,而且首先对这个学说的根据给予了透彻的说明,在这个基础上,这一学说才为一般公众所接受。当他可能把他在这个问题上的兴趣归之于哥白尼的创新时,他从未试图去歌颂它的伟大,他确实不是通过对哥白尼理论的意蕴的反思,或任何天文学的观察而被引向他的有特色的确信的。对他来说这些确信基本上和几乎完全是一种得自充实原则的推论,或者是得自是充实原则之基础的假设,即充足理由原则的一种推论。《蒂迈欧篇》、普罗提诺(对布鲁诺来说,他是"哲学家的宗师")以及经院哲学家们,而不是《天体运行论》,是他的理论的主要来源。他可能被认为是继续了阿伯拉尔的哲学,以及把同样的推理扩展到了天文学领域。他的前提实际上是和但丁用来论证天国的等级制的实际无限性,以及存在物的所有可能性的现实化的前提是一样的。但是它们被带到与潜在的恒星体系的数量有关的问题上去,永恒的力量必定被设想为曾分给这些体系以实际的存在。简言之,恰恰是在布鲁诺学说的那些特点中,他几乎是一个近代宇宙观念的通报者和拥护者,几乎完全是柏拉图主义的形而上学和中世纪神学的某种血统的延续者。"世界的无限性",众所周知它确实曾是德谟克利特和伊壁鸠鲁学派的一个论题,但是,这个论题与其说是有利于这一理论,不如说是反对这种理论的;正是它可以从比德谟克利特的学说要正统得多的前提出发来进行推断这一点,保证了它在17世纪的胜利。

布鲁诺论证的实质性特征或许最清楚最简洁地表现在他约写于1586年的《论无限》(*De Immenso*)的一文中。在那里他主张恒星世界在空间上的无限性直接和明显出自 *principia communia* [共同的来源]，并预设了每个人都承认这一点。因为不证自明的是，"神圣的实体是无限的"；而且它的权力的大小(*modus possendi*)对应于它的存在的大小(*modus essendi*)，以及依次它的 modus operandi[成就的规模]，又对应于它的 modus possendi[权力的规模]。一种无限的力量(potentia infinita)，诸如那种被公认是世界之根据(world-ground)所支配的东西，不可能存在，*nisi sit possibile infinitum*[除非无限是可能的]。同等无疑的是，绝对的存在是完全单纯的，"在它之中，存在、力量、活动、意愿……它们是一个东西且是同一个东西"。简言之，可能的东西和现实的东西在上帝之中是同一的，而在时间的序列中必定是同样久远的。因此，无限多的存在物和无限多的世界必定以所有可能的模式而存在。"当我们说到它可能是无限结果的原因时，我们侮辱了无限的原因，对无限的结果而言，它可能既没有名称，也和产生结果的原因无关。"因此，更特殊地说，物质的量不可能是有限的，或者说在天空的传统疆界之外，不可能除了空的空间之外一无所有——即一个张着大口的未曾实现的存在之可能性的深渊。布鲁诺在别的地方又说，在这无限多的被证明为存在的世界中，某些世界必定比我们的世界更为宏大，有着高于地球上人种的居住者。㉚

在实际上并未正式提出上述这种推理的一段话中，通过布鲁诺不断重复那些我们在更早的著作家那里已经提到过的陈腐的话语和隐喻，这个推理的来源就变得更加清楚明白了。

第四讲 充实性原则与新宇宙观

我们为什么和怎样能够设想神的能力是懒惰的？我们为什么说这种能使它自己与无限多的事物相交通，而且能够无限制地流溢出自身的神的善是吝啬的？……为什么能把自身扩展（如果可以这样表达的话）到无限的天空的中心的神会让自己是不育的，好像它是嫉妒的一样？为什么无限的能力被落空，无限多的世界之存在的可能性被消除，神的形象的完满性被减损——这种形象更应该像它自身一样无穷无尽地在镜子中反映自身？……为什么我们要主张让那种充满如此之多的谬论，却没有增进宗教、信仰、道德或者法律智慧的东西，去破坏如此之多的哲学原理？[31]

在别的地方，作出这种论证更直接和更明显地是依赖于充足理由原则。正如我们必须设想的那样，如果有理由说明为什么我们的行星所占住的地方应该被充满，那么就更有理由说明为什么同样能够居住的所有别的地方也应该被充满；而且在空间的本性中并没有限定这些地方之数量的东西。总的说来，"既然有理由说明为什么某种有限的善，某种有限的完满性应该存在，那么也就会有一个更大的理由说明为什么无限的善应该存在；因为当有限的善因为其存在是恰当的和合理的而存在时，无限的善则是由于其绝对必然性而存在。"确实，"无限的善"的概念严格地说只用于一种非物质性的完满上；但是"什么东西能阻止包含在绝对单纯的、未被分割的第一原则中的无限不会在无限的和无边际的，能够包含无数的世界的影像中变成明显可见的呢？"布鲁诺在此进一步说，纯粹空间方面的广延或物理的大小并不凭借自身是第一原因

119 的完满性的表现而在自身中有任何"威严"。确实是因为整个存在之等级序列现实化的必需,才必定有无限多的世界来为这些可能之物的完满布置提供场所。"自然之物和有形物种的卓越之处"不可能用别的方式充分表现出来,"因为无限卓越的东西在无数的个体之中表现自身,比起在某些有限数量的个体中表现自身要好得多……由于有无数等级的完满性,在其中无形体的神圣卓越的东西必须以有形的方式表明自身,所以必定要有无数个诸如那些巨大的有生命的存在物那样的个体存在,而我们神圣的母亲——地球——即是其中之一。"㉜

由于这一点,我们再次遇到了关于乐观主义的一般论证,"那是由被安排在固定的关联中的,紧密地联系在一起的许多部分构成的完满。"因此,"如果因为在自然中有某些不是最好的东西,或者因为在不止一个物种中发现畸形之物,就对非凡的造物主的浩瀚的大厦吹毛求疵,这是不允许的。"无论是多么渺小的、微不足道的或下贱卑劣的东西都完全服务于整体的光辉。不可能有"在序列中自己的位置上而在与整体的关系中不是好的存在物的等级。"㉝

所有这一切的决定性的含意被清楚地认识到了,而且是从与四个多世纪以前阿伯拉尔所用的非常相似的形式中引申出来的。由于上帝是永恒不变的,由于在他那里潜能和行动是同一个东西,

> 所以,在他的活动中不存在偶然性;而一个明白而确定的结果永远是从一个明白而确定的原因中推导出来的,以至于他除了是他所是之外不可能是别的东西,而且除了他所有的

可能性之外不可能有任何别的可能性，他除了意愿他实际意愿的之外，不可能意愿别的东西，他除了做他所做的之外不能做别的任何事情。因为在潜在的东西与现实的东西之间的区别仅仅和那些从属于变化的存在物有关。㉞

布鲁诺哲学的其他方面我们在此不感兴趣。但是，通过指出表现在他的学说中的不单单是与充实原则和充足理由原则相联结，而且还与神的"善"相联结的中世纪的思想传统，或许能更好地避免可能产生的误解。当传统的复合物中的这种要素被自由而一贯地发展时，某些与它完全不一致的别的成分也被同样保留和同等强调。例如，布鲁诺学说的绝对，虽然一方面实质上是创生性的，而且也表现在许多丰富的创造之中，但它也是超越的、自足的、不可分的、无时间的、不可名状的和不可理解的。它的一切属性对于我们所知的世界中的一切来说完全是否定性的，甚至是和我们的理解力自相矛盾的。一般中世纪的上帝概念的内在矛盾的本性，也出现在像托马斯·阿奎那这样的著作家那里，但它被明智地掩盖了起来，而且被减少到最小程度；而布鲁诺却夸张地把它展示出来；他处于一种非常特殊的心绪之中，似乎认为悖论越大，学说就越好。

一个完满的和最好的存在……并不包含其自身，因为它并不比它自身大；它也不被它自身所包含，因为它不比它自身小……它以不是限定的这种方式而是限定，以不是形式的这种方式而是形式，以不是物质的这种方式而是物质……在它的无限持续中,小时不再区别于日,日不再区别于年,年不再区别于世纪,世纪不再区别于瞬间……你并不因为是一个人而比一只蚂蚁能更近地接近于一种类似无限的东西,也不因为是一颗星星而能比一个人更近地接近于类似无限的东西……因为在无限中这种区别已经没有了——我之所以说到这些东西,是打算暗示所有别的那些使事物得以作为特殊的实体而存在下来的区分。(intendo di tutte L'altre cose di sussistenza particolare[意指所有其他的保持特殊存在之区别的区别])……由于在它之中,中心和周边没有区分,所以我们能够可靠地肯定宇宙全都是中心,或者宇宙的中心存在于任何地方,或者没有任何地方就其有别于中心而言是周边;或者反之,到处都是周边而没有地方是中心。⑯

简短地说,和普罗提诺以及经院哲学家一样,布鲁诺也至少有两个上帝,没有人能想象出如何对它们的属性和功能加以调和。有时,当这些矛盾的倾向对布鲁诺来说变得太大时,他简直不得不向无世界论的诱惑让步,正如已经说到过的,这种无世界论从来就没有远离过属于柏拉图主义传统的哲学家。"一切构成多样性的东西,一切存在于生成和败坏,变更和变化之中的东西,都不是实体,不是本体,而是本体的条件与环境,本体是一……在事物中产生复多的一切都不是其所是,不是事物本身(la cosa[基石]),而仅仅是现象,在其中它向感官显现……构成区别和数目的一切都 è puro accidente, è pura figura, è pura complessione[出于纯粹的偶性,出于纯粹的外表,出于纯粹的关联]"⑯。当然,所有这一切都与我们在此所关注的布鲁诺学说的这一派完全相反——即这样一个论点：在绝对本质之中，为了最大可能程度的多样性，存在着所有可能事物之真实存在的现实必要性。同样，在布鲁诺的伦理学中，例如在《避免狂热》(*Eroici furori*)中，正如我们已表明的那样，也存留了太多彼岸世界的或反自然主义的倾向。简要地说，布鲁诺描述了中世纪哲学中流行的各种偏见之杂烩的几乎一切方面。但他通过用果敢的和严格的逻辑在每一个偏见自身的范围内将它发挥出来，而对它与任何别的偏见之间所有的不和抱一种优雅的置身事外的态度，这就使每一个偏见的含义，以及整个混合体的不一致性变得比以往更清楚得多了。而这一结论，在别的东西之中，是一种出自严格传统的和中世纪的前提的假定的论据，是这样一个结论的论据，这个结论说的就是中世纪物理世界的图景的破灭——以及与这种图景不可分地联结在一起的许多别的东西的破灭。

在布鲁诺这一代人和继他之后的一代人中的三个最伟大的天文学家——第谷、开普勒、伽利略——至少在表面上全都拒绝世界的无限的和"复多性"的学说；但是他们也全都或多或少明确地接受了这5个新的论点中的第一个论点——也就是说，在我们太阳系中有很多有人居住的星球的说法。[37]伽利略在其实际信仰中相当确定地倾向于布鲁诺的观点；在《关于世界的两个基本体系的对话》中，他着重论述了"没有一个人曾经证明过世界是有限的和有一个明确形状的"，[38]然而他在对话中的代言人却正式地对亚里士多德学说的对话者承认，其实，宇宙是"有限的和在形式上是球形的，而且因此有一个中心"，[39]但是当提出这样一个问题，即如果设想在月亮上有居住者，那么他们和地球上的居住者是一样的呢，还是完全不同这一问题时,伽利略显然不自觉地表露出充实原则在他心中的影响。他指出,我们没有确切的观察来确定这件事;而且像他这样的天文学家不可能仅仅根据逻辑上的可能性(*perunasemplice non repugnanza*[凭借一致性自然不会有差错])就肯定一个事物的存在的。但是,伽利略进一步说,如果他被问到"在遇到月亮上的被造物是和我们所知道的东西一样的,还是不同的这种问题的情况下,他的第一直觉和纯粹自然理性会告诉他"什么时,他会被迫回答说:"他们是一些完全不同的东西,而且对我们来说它们完全是不可想象的。"因为对他来说这种回答似乎是"为自然的丰富性,它的创造者和统治者的全能所必需的"。⑩因此,伽利略之所以没有公开维护那种布鲁诺曾由同样的前提推导出来的更大的论题的原因,并非因为他在原则上拒绝所有基于这类考虑的结论的结果。

　　但是,人们将会注意到,恰好是这些意义更深远的在宇宙观上的创新很好地适合了增强传统宗教中某些有特色的倾向的目的。例如,基督教伦理学家的主要论题之一,常常是谦恭的品德。骄傲,这个最初的罪,我们所有灾难的最初起源,从来未能受到如此充分而猛烈的攻击。一位中世纪的或近代早期的著作家,在讨论这个论题时可能会运用某种被假定的宇宙观上的事实(正如我们已经看到的蒙田做过的那样)去指出它的道德寓意:在整个创世中,人类几乎是处于中心的、因而简直是最卑微的地位。这种从天文学出发的关于谦恭的理由,正如已经被论述过的一样,被新的天文学所摧毁了。但关于世界的不可胜数的多,进而关于世界的无限性的学说提供了某种替代上述理由的东西;如果人在宇宙中的

第四讲 充实性原则与新宇宙观

地位不再特意地被降低，无论如何，他的渺小会比以往显得更加明白。为了使人因此而能意识到他的说不出口的平凡，就他仅仅被视为自然的一部分而言，可以很好地让他恭谦地追随他的上帝。而且我们将马上看到：宇宙观上的这些更极端的新论点对于用作道德教诲的这种适应性，显然使它们在 17 世纪较正统的学术圈中得到了较大的可接受性，比起它们所希望证明的要多。那些无疑主要是依照别的根据而主张它们的人，确实指出了它们以宗教教诲为目的的价值。

17 世纪 50 年代之后，不仅哥白尼的学说，而且布鲁诺的论点都在当时最有影响的哲学家的支持下占了上风。牢记伽利略被定罪的原因，笛卡尔并没尝试做殉道者，而是常常十分小心地为哥白尼的体系辩护。他把哥白尼体系称之为一种"寓言"或仅仅是"假说"，认为它确实比任何别的体系更好地和我们已知的事实相符合，但我们不必因此就把它看作真的。然而没有哪个读者会怀疑哲学家论证的逻辑结论或他的实际观点。[41] 但是笛卡尔在这种有可能看起来是更大的异端的事上没有保持谨慎的态度。而且事实上，正如他小心地提到的那样，"库萨的枢机主教和几个别的博士"，曾经采取"他们不再提宗教这个主题"（sans qu'uils aient jamais été repris de L'Église de ce sujet）的态度[42]——他们拒绝了包容性的空间并断言有无限多的有人居住的世界。对于恒星离太阳的距离是变化的，以及它们之中最近的恒星与土星的轨道之间的距离比起地球轨道的直径不知要大多少这一结论，笛卡尔表面上给出的是天文学的理由，然而即使这些理由，也是由于它们和充实原则相一致才在他心中明显地得以巩固的；而且其前提也是基于他进一步确信,对我们而言,存在着无数不可见的别的星球和体系。相信这一点比起"假设造物主的能力是如此之不完满,以致不能使这样一些星球存在"来,"要恰当得多",⑬总之,在其他证据都是无效的场合下,我们必须由之出发进行推理的前提就是,只要我们可以对它加以判断,它就能够以存在的东西存在着。无限多的世界的产生对于造物主来说是可能的,而且我们在这些问题上总是必须接受的原则是可能性已经被现实化了的原则。

我们必须经常记住我们眼前的上帝的无限的权力和善,不要害怕因为想象他的作品太伟大、太公正和太完满而犯错误。相反,我们必须小心唯恐因为设想[在上帝的作品中]存在着界限(对此我们并无确定的知识),我们也许就会不能充分地意识到造物主的伟大和权力。⑭

从这些新宇宙观的学说出发,笛卡尔引出了一些具有充分教育意义的但决非新的道德的和宗教的教训来。就像旧的理论曾经提供给蒙田一样,这些教训提供给他否认许多神学家曾以此迎合人类的骄傲心理的人类中心论的神学的理由。"说万物都是为我们而造的,按照这种想法,上帝在创造它们时心里没有别的目的,这是绝对不可能的……我们不能怀疑,有无限多的事物现在存在于世界之中,或者是以前存在过而现在消失了,它们从来没有被任何人所看见,也没有为任何人所利用。"⑮当蒙田猛烈攻击"骄傲"时,这种攻击几乎不曾出自彼岸世界的动机;由于有某种来自心底的厌恶一切做作的、自命不凡的、不自然的东西的性情和一种对人类存在之喜剧事件的敏锐感觉,他喜欢揭穿人类自负的真相,把人置于他的平凡但并非不适宜的处境之中。如果人不使自己适应于这种处境,这种处境就会成为自然中不愉快的地方。然而,笛卡尔却用他的天文学的思想作为一种使我们以完全不同的精神来矫正我们自尊的办法。他阐述了已经指出的在新宇宙观概念、特别是那些以它们极端的或布鲁诺学说的形式表现的宇宙观概念,与那种在传统宗教情感中毕竟是基础之物的东西,也就是它的彼岸性之间潜在的亲缘关系。在1645年写给伊丽莎白女王的信中,他列举了4条引导我们的生活行为的理解原则。其中的第三条就是宇宙是无限的,对这一点的沉思教导我们谦虚,而且有助于"使我们的情感脱离此岸的东西。""因为如果一个人想象在天堂之外除了想象的空间之外什么都没有,而且所有的天体都是仅仅为了地球的缘故而被造,而地球又是为了人类的利益,那么其结果就会使他认为这个地球是我们最重要的居住地,而且这种生活是我们所能得到的最好的生活;而他也就不再去认识我们真正具有的完满性,而把并不属于其他被造物的不完满性归之于它们,以把他自己抬高到它们之上。"㊻

在17世纪的后50年中,迅速增长起来的对世界的复多性和无限性理论的接受,很可能主要应归功于笛卡尔主义的流行,而不是归功于布鲁诺的著作的任何直接影响。即使是对于有学识的作者来说,忘记新的宇宙观的先驱者而转向笛卡尔是完全可能的。对这一点的完全确信可以从艾迪生1693年在牛津大学发表的论新天文学的拉丁文演说中看出。艾迪生说,正是笛卡尔"摧毁了这些玻璃做的天球,而古代的奇想就是固定在这种东西之上的",而

且他还"嘲笑仍然被限制在狭小的和由水晶做成的亚里士多德的世界之墙中的作法"。㊼

在英格兰,亨利·莫尔(Henry More)一度成为无限多的世界的最热心的辩护者。虽然莫尔沉浸在普罗提诺和经院哲学家的理论之中,除了需要这些为他提供论证的根据而外,他不需要任何别的学说,然而,他所采用的理论显然属于与笛卡尔的新近例证一类的东西。关于物理世界的新概念可以如此简单如此直接地从熟悉的正统的中世纪的前提中引申出来,这在莫尔论证的诗的形式中就像在布鲁诺的推理中一样,清楚地表现出来:

> 如果上帝是全能的,
> 而这个全能的上帝是无处不在的,
> 那么无论他在何处,他都能毫不费力地喷射出
> 他的强大的效力,贯穿于一切领域……
> 如若没有全能的力量我们将受到损伤
> 并且我们说他的工作可以排除空的空间……
> 因为我们应该知道,何以这宝贵而甜蜜的以太的露水
> 上帝在每个地方都将提取其精华,
> 并把它贯彻到空的虚空所放弃的一切之中,
> 以此注满广阔的张着大嘴的干渴的世界,
> 他的不断溢出的善涌流
> 到一切地方,他连续地创造了
> 无限多的各不相同的世界,如同他的最高超的技艺,
> 如果他下命令而被造物能够收到:

第四讲 充实性原则与新宇宙观

> 凡是无限的物质所需要的,无限的世界都必须给予。
> 每个各不相同的世界的中心都是一个太阳,
> 带着照耀的光芒和仁慈的温热,
> 行星们围绕着他光辉灿烂的王冠旋转,
> 就像许多飞蛾围绕着烛光旋转一样
> 我想象所有这些一起成为一个世界,
> 而且甚至有无限多的这样的世界存在,
> 永不枯竭的善,那就是上帝的名,
> 对我来说,一个充足的理由是
> 创造单纯的善的是最高的神。[48]

莫尔的门徒格兰威尔(Glanvill)用散文形式——或许是一种更不合适的方法——把这归结为一句话:"断言善是无限的,又说善发挥作用的地方和打算发挥作用的地方都是有限的。"这纯粹是"一个矛盾",而且同样的结论可以根据别的理由加以证明:

> 是的,圣经证实了我的论证是非常有力的,也就是说,神使万物成为最好的……使宇宙和他自己一样无限,以及无论他在何处,也就是说,在无限的空间和持续的时间中,他的力量和伟大都产生效力,这种情况比起他把自己的全能限制住,仅仅在无限空间容量的一个小点上发挥作用,且是在几天前才开始行动起来,对于上帝来说要光辉得多,荣耀得多,也壮观得多。因此,世界的后来的创造及其有限性,似乎和真理的无可怀疑的天启相冲突。[49]

在帕斯卡尔那里,我们可以看到他把拒绝接受哥白尼的假说和明确维护布鲁诺学说奇怪地结合起来。帕斯卡尔发现要在托勒密学说、哥白尼学说和第谷学说这三种学说对太阳系的安排上选择其一是不可能的。所有这三种学说都和它们被设计用来解释的可见现象相一致。"因此,谁又能够不冒犯错误的危险去支持其中的某一种而伤害别的学说呢?"㊿但是,没有人曾比帕斯卡尔更为世界的无限广阔的思想所迷住心窍,也没有人曾比帕斯卡尔更有说服力地对这种思想详加论述。在这方面他强于布鲁诺。而且(在大多数情况下)带有明确的相反动机和情感。布鲁诺认为,事物在广度上,在数量上,在多样性上的无限的观念,产生出一种强烈的审美赞叹和享受。他似乎富于感情地扩展开他所详述的对象的规模,这就进入到一种宗教崇拜的情感之中。然而,这通常在实质上是一种宇宙论的虔诚,这种虔诚表现为在创造性的活力之中发现它的对象,并且把它显现在可感的世界之中。大体上相同的是亨利·莫尔的真诚。但是对于帕斯卡尔的想象力来说,无限的创造(*infini créé*)的景象不是令人兴奋的,而是令人压抑的;由于这种理论小视和羞辱人类,而且挫败人的理解力,他甚至比笛卡尔更多地研究了这个问题。在他关于自然的知识中——这是《思想录》(*Pensées*)中那段人们熟悉的忧闷的雄辩的重任——人类只是发现某种自我屈辱的理由。因为这个理由主要揭示给他的是"存在之物与他所是之间的不协调"。

让他观看辉煌的阳光像一盏长明灯那样照亮宇宙;让他记住地球在与这颗星所描绘的巨大轨道相比只不过是一个微

第四讲 充实性原则与新宇宙观

粒;让他惊异于这个轨道只不过和那些在苍穹中旋转的星辰所环绕的东西旁边的一个极小的东西一样小。但是,如果我们的视线就此停止,那么就让我们的想象力超越此外吧。在自然厌倦为智慧提供想象的对象之前,智慧将厌恶想象。这整个的可见世界只不过是在自然的宽广胸怀中的一个难以察觉的微粒,没有任何观念可以接近它。我们徒然地把我们的思想膨胀到超出一切可以想象的空间之外;与事情的真相相比,我们的思想只是产生一些原子而已。它是一个无限的天体,其中到处都是中心,无处是周边。最终,它是上帝全能的重要的可见的显现。让我们的想象力在对它的思想中而忘却自身吧……让人类把自己想象为一个已经迷失于大自然的无出路的人吧,而且从这个他发现自己居住于其中的这个狭窄的牢笼——我指的就是宇宙——里让他学会按照他们公正的价值去评价地球、王国、城市以及他自身。在这种无限中间,人究竟是什么呢?[51]*

让人因此而去鄙视他自身,这确实只不过是帕斯卡尔的目的之一。在涉及一个种族的自我评价时,他简单的程序法则总是不是趋向于这个极端就是趋向于另一个极端。帕斯卡尔曾经告诉我们:"如果他抬高自己,我就贬低他;如果他贬低自己,我就抬高他;并且永远和他对立,直到他理解自己是一个不可理解的怪物为止(S'il se vante, je l'abaisse; s'il s'abaisse, je le vante; et je contredis toujours,

---

* 参看《思想录》中译本,商务印书馆 1985 年版,第 28—29 页。——译者

jusqu'àcequ'ilcomprennequ'il est un monstre incompréhensible）。"[52] 对物理世界的无限性的反思因而表面上只不过是对一种相反论点的支持，这形成了人类本性的二律背反即"人类的悲惨与伟大"（misère et grandeur de l'homme）。补偿性的考虑是：思想的尊严——哪怕是最短暂的和最无效的思想——高于无感觉的物质，无论这种物质多么巨大和多么强有力。"所有存在的物体，天空、星辰、地球和它的王国，都比不上最渺小的心灵。因为心灵意识到它们，也意识到自身——而物体却什么也意识不到。""由于空间，我作为宇宙中的一个点，被宇宙所包容和吞没，但是由于思想，我包容了宇宙。"[53] 毕竟，在此打住也就是给二律背反中使人振奋的一面留下最后的话语，然而帕斯卡尔并没有打算这样去做。"人类的一切尊严都在思想之中"，而且"思想天生就是一种值得钦佩的和无法比拟的东西"。但是在人类中，它的具体运作却是一件荒唐的事。"它一定具有出奇的缺点才能为人所蔑视，然而它又确实有，所以再也没有比这更荒唐可笑的事了（il fallait qu'elle eût d'értranges défauts pour étre méprisable；mais elle en a de tels que rien n'est plus ridicule）。"[54] 因为宇宙无限性的假设一再提供了贬低人类的手段，因此无论把人类表现得资质多么高贵也是无济于事的。自然的暗示和思想的渴望也是可以理解的。然而一种无限的实在必然是不可理解的。"由于缺乏对这些无限作深思熟虑的思考，人们就匆忙地去对自然加以研究，就好像在它和它们之间有某种相称一样"。但是当他们一旦真正面对哪怕是物理世界的无限广阔之后，他们必定不得不被投入到"一个对要么只知道事物的开端，要么只知道事物的终结的永恒的失望之中"；通过对他们自然理智力量的运用,他们能够确信的只是那种 assurance etfermeté[不确定和不牢靠],即不确定的和不牢靠的知识,"我认为,这一点被认识到之后,人们就会保持心情安定,每个人都处在自然安排给他的状态之中。这种我们命中注定的中间位置同等地远离两个端点[即无限和不存在],一个人对事物多一点理解又有什么关系呢?"对帕斯卡尔来说,这不仅仅是一个无限的世界太大而不能为我们所详尽研究的问题——他宣称说,虽然那本身指的是,它的任何单一的部分都不可能真正地得到理解,因为"它的各部分全都是如此相互联系而且相互联结起来的,以致不知道整体而想认识部分,或者不知道所有部分而想认识整体都是不可能的"。⑤然而更深一层的困难是:无限数量或无限大小的概念,我们知道它是真正可以断定为现实的属性的,这种概念同时把我们的思想包含在不可解决的矛盾之中。"我们知道有一个无限,但是我们却不知道它的本性。"因此,"我们知道说数目是有限的是错误的。因而一种数量上的无限的存在是真的;但是我们并不知道它是什么。说它是奇数是不对的,说它是偶数也是错;然而,它确实是一个数,而且每个数要么是奇数,要么是偶数。"由于陷入到神秘和对唯一自然的沉思的不可思议之中,所以反思的心灵在宗教中遇到它们时将既不会感到惊奇,也不会感到难于驾驭。因为上帝有点像物理学的无限,一个"可能不知道他是什么而知道他存在"的存在——除非上帝恩赐给我们获得关于他的某种实际知识的超自然的手段。⑤

帕斯卡尔对世界是无限的假设的利用,如果不说是心存不良的话,无论如何也是随心所欲的;在这种假设适合于他的心绪时,以及当这种假设服务于他的责罚人的骄傲的目的时,他就使用这种假设，但是他独具特色地忽视了另一个假设——这个假设在他那个时代是够普遍的了。而且这种假设通常被看成是前一个假设的推论——这个假设是：这些无限的世界是有人居住在其中的。对一个叫作布鲁诺的人来说，甚至对一个叫作开普勒的人以及他的有围墙的宇宙来说，居住在这个行星上的种族并不缺少伴侣，虽然不幸的是它缺少与居住在别的星球上的他的邻居交往的手段。因而这一时期的这些以及许多别的著作家可以期盼一个星际空间的到来，伴随这个空间的是有意识的生命和享乐的无所不在的令人兴奋的感觉。但是帕斯卡尔似乎意识到，在一个死寂的、无止境地行进在它的不能生育的轨道上的、没有思想和理解力的、在其中没有类似于人类的东西的无限物质中，人类是孤独的。"这些无尽空间的永恒沉寂使我害怕（*L'éternel silencede ces espaces infinis m'effraie*）"，但是，如果他不那样想，如果他容许自己去严肃地思考有多个世界的理论的含意，那么帕斯卡尔将面对比起在物理世界中的孤独感更令他窘迫的困境。因为在其中他发现避免纯粹的自然的悲惨景况所产生的悲观主义和怀疑主义的宗教确信的理智根基，（撇开打赌的论证不说）* 几乎完全存在于对一种贯穿于犹太教和基督教的历史以及记载这种历史的文献之中的超自然天启的现实的信仰之上。因为理性已经指出，这种信仰将会在适应那种包含着任何地方都有无数别的有理性的以及也可能是有罪的存在物的种族的无限空间的存在假设方面会

---

* 帕斯卡尔曾依靠打赌的方式来证明上帝的存在。参看《思想录》第 110 页以下。——译者

第四讲 充实性原则与新宇宙观

有那么一点困难。

帕斯卡尔比任何别的著作家更好地弄清了充实原则历史中的某种令人啼笑皆非的方面。我们已经看到,这个原则一开始就倾向于以及适宜于我曾经称之为此岸型的宗教感受和道德情绪的那种东西;因为它暗含了真正的实在和可见世界的形而上学的必然性;它在这样一个世界的创造中发现了某种实际上增加神的完满性的东西;而且一个世纪接一个世纪地,它成为了乐观主义论证的主要根据。但是,由于它似乎使世界确实成了无限的,它的结论也就可能像我们曾经指出的那样易于转向为彼岸世界服务;而且帕斯卡尔所利用的也正是这种思想用在天文学上的可能性。再者,正如在大量的例证中已经表明的那样,说到底这个原则是理性主义的一种表现;它表达了这样一种确信,即在现实的本性中有某种实质上的合理性,在可以理解的世界中,每个具体存在的事物都有一个存在的充足理由。然而当它被解释为暗指质量上和数量上的无限的真实存在时,它又似乎宁可使现实在实际上和人的理性相反,充满着悖论与矛盾。他是由充足理由原则而得到那种似乎是它的最终结论的东西的,但是他发现这个结论对它由以派生的假设有破坏作用。他因此而有可能很容易地转变为这样一个卓越的皮浪主义者(*pyrrhonien accompli*),如同在他眼里为一个顺从的基督徒(*chretien soumis*)准备最有希望的材料一样。

在17世纪的最后十五年中,新宇宙论的观念迅速取得胜利;而且18世纪的头一二十年,不但哥白尼的日心说体系的理论,而且对别的居住着人的行星及有诸多世界的信念甚至在相当正统的圈子中也被普遍接受了。丰特奈尔(Fontenelle)*的《谈宇宙的多元性》(*Entretiens sur la pluralité des mondes*,1686)比起别的作品来无疑更多地在一般有教养的阶层中扩散了这些思想。没有哪本书比起该书的轻浮写作方式更不适合于这个主题的重要性。无疑,作为一种通俗读物(oeuvre de vulgarisation)的《谈宇宙的多元性》的成功在很大程度上要归之于这种写作方式。它在英国和在法国一样流行。㊼在该书出版两年内就出版了第一个英译本,而且在下一个世纪中出现了另外12个这种或那种版本的文本。丰特奈尔关于我们体系的别的星球上存在着"居住者"(它通常似乎指的是有理智的存在者)的论证,以及他对那种认为所有的恒星都处于由有人居住的行星组成的体系的中心的假说的论证,主要有4种。他部分地依据从类推出发的简单论证,这种论证可能是由于它与从原因的同一推出结果的同一这种推论相近似而派生出它的巧辩的。他是这样概括这一论证的:"你假定,当出现在你面前的所有那些事物中有两个事物相似时,那么在那些没有见到的事物中,它们也可能是相似的。如果你没有某种好的理由相信别的看法的话,"丰特奈尔继续说,这种从"可能的"东西容易地过渡到"或然的"东西的做法,是"我惯用的推理方法。我说,月亮上有人居住,是因为它和地球相像;说别的行星上有人居住,是因为它们和月亮相像"。㊽说到月球上的居民,丰特奈尔其实并非全然是严肃的;他知道月亮上由于没有大气层而使得月亮上有人成为可疑的,然而他最终还是采用了仅仅让他的侯爵夫人高兴的理论。至

---

* 丰特奈尔(Fontenelle 1657—1757),法国科学家、作家。——译者

于说到我们体系中的别的行星,争议就被严肃地升级了,而且根据同样的理由,人们主张,别的恒星或许也有围绕它们的行星,而这些行星就可能是生命的住所。当然,这是一种最低水平的类比推论;它不具有真正验证的力量。有时,丰特奈尔也认识到他的这种推理比起问"为什么不"以及和如此这般地把举证责任强加在对方身上的做法来没有什么更多的道理。第二种论证是从这个行星上的自然界和别的地方的可能条件的相类似而得出的。我们从我们自己的观察中,以及从新近显微镜所揭示出的东西中看到:自然倾向于让所有具有生命的东西都群聚在一起,以致每一颗沙粒都容纳上百万个有生命的被造物。"那么,为什么在我们这里是过分丰饶的自然,在别的行星上就会成为不毛之地呢?"然而,这不应设想为是同种类型的东西的简单增加。"自然痛恨重复",而要使她的产物在每一个有居住者的世界中都有所不同,这种不同随着距离的增加而增加。"因为任何看到月球上的居住者和地球上的居住者的人都会很快发觉,比起地球上的居住者和土星上的居住者之间的关系来,前者是更接近的邻居。"㊾

然而这种论证更加大大地依赖于另外两种考虑,这两种考虑是传统的,而且本质上是充足理由原则的运用。这两种考虑中的第一种是从对我们必须归因于[*]自然的创造者的那些机会的没有道理的耗费和浪费出发所作的论证,如果我们接受天文学关于宇宙广延的结论,然后假设这个广延中唯有一个极小的部分被有生命的东西所占有的话。最终有某种几乎是结论性的推测从产生万

---

[*] "归因于"一词原文为"acribe",应为"ascribe"之误。——译者

物的绝对存在的善(在多产意义上)和无限性的神学理论中引申出来。简要地说,丰特奈尔在他的前言中指出,"大自然赋予其万物以无穷尽的多样性的观点是这本书的核心的观念"("I'idée de la diversite infinie que la Nature doit avoir mis dans ses ouvrages, règnedans tout le livre")——这是一种"肯定不可能被任何哲学家反对的观念"。丰特奈尔承认这种被引申出来的结论只是一种或然性的东西;但是它却和亚历山大*的在先存在具有几乎同样程度的或然性。但它们之中的哪一个也不可能作为用来论证的证据。然而,我们所知道的一切都有利于这个假设,没有什么东西反对它。

你有你在相同的事情上所能希望的所有证据:诸多行星与地球完全相似,地球是用来居住的,不可能设想这些行星创造出来是为了什么别的用途;自然的旺盛的生育能力和宏大,使她在把诸多卫星分派给远离太阳的那些行星时,似乎注意到它们的居住者的某种需要。

丰特奈尔开玩笑似的谈到建立在想象力基础上的相信有多个世界的结论。而他的侯爵夫人却坚决主张,哲学家们揭示给她的世界的状况是"令人害怕的",但哲学家并不垂头丧气。

我说,是的夫人,这是令人害怕的;但我以为它也是令人

---

* 亚历山大(Alexander of Hales 1185—1245),英国经院哲学家,主张"理智应在推理过程中努力过到一个不因其他东西而存在的东西"。参看赵敦华《基督教哲学 1500 年》,人民出版社 1994 年,第 326 页。——译者

非常愉快的。当天空是一个蓝色的小拱顶,上面粘贴着星星时,对我来说,宇宙是太狭窄和封闭了。我差点由于透不过气来而快闷死了;不过,现在它在高度和广度上都增加了,而且在其中有一千多个漩涡。我开始感受到更多的自由,而且我认为宇宙和以往相比是无可比拟地更加宏大了。⑩

当然,这只是一种纯粹审美上的慰藉——而且这种慰藉只是对于那些体会到广大和多样性的价值比形式的单纯性、理智性以及完满性的价值更大的人才会有。丰特奈尔承认世界的扩大对于人的活动本性的影响是压抑的。它为无所事事提供了辩护,因为它使人类的一切成就看起来是一些不值一提的东西。侯爵夫人总结道:"我们必须承认,在如此众多的世界中,我们不知道自己处于何处;至于说到我自己,我开始意识到地球是如此可怕的小,以致我相信,从今以后,我再也不对任何事情关心了。我们如此迫切地期望我们自己变大,我们总是在策划,总是在烦恼和折磨自己,这些确实是因为我们不知道这些漩涡是什么所致。但是,现在我希望我的新的眼光将部分地证明我的懒惰的正当性,而且当有人因为无忧无虑轻松随便而责备我时,我将回答说,嗳,你知道什么是恒星吗!"

18世纪初的许多英国人,或许大部分英国教士,大多是从威廉·德勒姆(Willian Derham)的《天体神学,或某种从天堂的概观出发的对上帝的存在和属性的证明》(*Astro-Theology, or a Demonstration of the Being and Attributes of God from a Survey of the Heaves*,1715)一书中得到他们一般的天文学观念的,该书是在王室赞助下出版的,而且它的作者是一名温莎王室的教团成员,一位波义耳学说的讲演者,也是皇家学会的一名成员。因此,可以预见的是它代表了为那个时代的神学和科学的正统观念所认可的官方看法。德勒姆毫不含糊地支持了无限论的宇宙观,在"新体系"的名义下,他小心地把它与哥白尼的学说区分开来。

> 就太阳系和它的行星方面来看,这种新体系是和哥白尼的学说一样的……但是,有鉴于哥白尼的假说设想由恒星所组成的天空是宇宙的界限,并把它们置于离作为其中心的太阳均等距离的地方;所以,新体系设想除了我们居住于其中的体系之外,还有许多别的由太阳和行星组成的体系,也就是说,每一个恒星就是一个太阳,被一个行星体系所包围。不仅有第一等的和第二等的,也有我们这一个体系……在所有可能性中,有许多[宇宙的体系],甚至有多少恒星就有多少宇宙体系,宇宙体系是无数的。

而且,德勒姆坚持认为,我们体系中的所有的行星(包括月球在内)以及无限多的别的太阳系中的所有行星都"因为提供住所,才有它所特有的住户在其中繁衍的空间"。他从为,"这种新体系在所有体系中是最具理性的和最为可能的",而且他的这个观点的首要和主要的理由是通常神学的理由:

> [这个体系]是在所有体系中最壮丽的体系;而且配得上无限的造物主;他的权力和智慧,由于它们是没有界限和无法

第四讲　充实性原则与新宇宙观

度量的，所以它们能够在一切或然性中为创造许多体系也为创造一个体系而尽力发挥作用。因为无数的体系比一个体系更体现出上帝的荣耀，更多地表明了他的属性。因此，存在着除了我们有权生活在其间的这个体系之外的许多体系，这种或然性并不是没有可能的。[61]

从"新体系"中引申出的道德意义恰恰是中世纪著作家和早期反哥白尼学说的人曾经从托勒密学说中引申出来的那种东西：

由于考虑到天体的令人惊异的巨大和繁多，以及天体中的某些有着比我们所具有的远为高贵的装备和仆从，我们可能会认识到不要高估我们这个世界，不要太多地把我们的心放在它之上，或者放在它的富有、光荣或快乐上。因为我们整个世界只不过是宇宙中的一个点，一件小事！地球在天体的最大部分，也就是在恒星中是很不显眼的。而且如果规模和仆从能使一个行星高贵，土星或木星就可能会宣称它们拥有优先权了。或者如果接近整个体系中最壮丽的星球，接近光和热的源泉，接近中心这一点能使一个行星荣耀和提高地位的话，那么水星和金星就可能宣称这种高贵了。因此，如果我们的世界是我们体系中低下的部分中的一个，那么为什么我们还要过分地去研究它和对它抱有期望呢？[62]

然而，德勒姆进一步提出一个令人高兴的建议，即"天国"的主要的优点将会增加到有利于天文学的观察——或发现：

> 我们很自然地对新事物感兴趣,所以我们费尽心机,历经艰险去观察别的国家。我们听说对天空有了新的发现就感到非常高兴,而且带着极大的快乐通过我们的望远镜去观察这些荣耀的天体。然后,带着满心的喜悦离开尘世;幸福的灵魂眺望宇宙中最遥远的地方,而且以更近的视野观察所有那些荣耀的星体,以及它们高贵的扈从。⑥

18 世纪初在最受人尊敬的和最正统的圈子内流行的同样的假说的进一步证据,可以在理查德·布莱克默(Richard Blackmore)* 先生的《创世》(Creation,1712)中看到。布莱克默是 18 世纪诗人中最受奚落的一个,不幸的是,他除了引起那些较小的讽刺诗人的憎恶之外,还引起丹尼斯(Dennis)** 和蒲伯对他的憎恶,他的《创世》对于现在的大多数读者来说,似乎是那个令人生厌的说教诗时代中的说教诗中最令人生厌的一部,但是它却受到他同时代的许多人和 18 世纪后继者的大力赞赏。艾迪生*** 在说到它时说:"它被如此之好的意向所保证,被如此熟练的手法所创作,它值得被看作我们英国诗歌中最有用和最高贵的作品之一。读者不可能不因为发现艰深的哲学被诗歌中的所有魅力赋予了生气而感到高兴,也不可能不因为在如此美好的丰富的想象力中看到如此强大有力的推理而愉悦。"(《旁观者》,339)甚至丹尼斯也把《创世》描述为

---

* 理查德·布莱克默(Blackmore sir Richard 1654—1729),英国作家、医生。——译者

** 丹尼斯(Dennis John 1657—1734),英国评论家、剧作家。——译者

*** 艾迪生(Addison Joseph 1672—1719),英国散文家、诗人、政治家。——译者

"一部在诗的韵律之美上已经比得上卢克莱修的哲学诗,而且在推理的确实可靠和强大有力上已无限地超过了卢克莱修的作品"。而且约翰逊[*]博士把它与蒲伯的哲学诗相比较后认为,后者处于不利的地位。因而《创世》就其流行和在同时代人中的名气而论是那个世纪中重要的哲学诗之一。

布莱克默在整体上接受了哥白尼的理论,虽然似乎在少数问题上有所动摇。但是他毫不怀疑世界的复多性。

然而,这个非凡的体系,它包含
如此之多的世界,如此博大而精微清晰
但却只构成一个整体的万千分之一,
或许,它像诸多世界一样充满了荣耀。

　　＊　＊　＊　＊　＊　＊　＊

所有这些辉煌的世界,以及许多更为辉煌的世界,
天文学家们用望远镜来探索它们,
还有千百万个世界,是我们永远不可能发现的,
那消失在广阔无垠的旷野中的
是许多的太阳和中心,它们高高在上的权势
为各种各样大小的行星所服从。[64]

他还发现——由于那种弥尔顿在四十年前就已经拒绝的十分可爱的理由——怀疑这些别的星球上有人居住是不可能的。

---

[*] 约翰逊(Johnson Samuel 1709—1784),英国诗人、评论家、散文家。——译者

> 当我们小心地反思忠实可靠的自然,
> 并着眼于她的用不完的力量……
> 我们可以宣告,每个星球上都居住着一个种族
> 有生命的存在物都适合于这种地方……
> 所有的星球,这些光明美丽的国度,
> 难道仅仅悬挂在遥远的地方到晚上才发光,
> 通过发射它们的闪烁的光线来取悦我们的视觉吗?……
> 所有这些光荣的王国难道都是白白地被造的吗?[65]

"地球这个星球"只是整体的"平庸的部分",而某些别的星球上的居民

> 必定超出这低下世界的居住者。
> 由于他们适宜于不同的行星,
> 所以它们相互之间必须被区分开来,
> 并且各自的完满性程度是不同的。

这一类或许主要倾向于在 18 世纪一般正统的和平凡的心灵中产生对世界的无限性和有居住者星球的复多性设想的宗教思想和情感,或许在扬格(Young)*的最后一本书《夜思》(Night IX, 1745)中找到了它的最好表达。在当时和以后很少有诗歌能在流行和影响方面与之相比。其中"第九夜"是对其余八夜的补足,前

---

* 扬格(Young, Edward, 1683—1765),英国诗人、评论家。——译者

第四讲 充实性原则与新宇宙观

八夜以"冲突"为主题,第九夜则以"慰藉"为主题,这第九章由一些意义不同于别的章节的夜思所构成,夜大体上是和杨的诗情上相吻合的时间,因为它是忧郁的,接近于对死亡、坟墓以及彼岸世界的思考,或者引起人们悲伤的回忆。但是夜是星光灿烂的天空向我们敞开的时候,是天文学家开始其工作的时候。正是夜:

> 让我们认真观察
> 无数的世界,被白昼藏匿在
> 骄傲的和嫉妒的正午之星背后的世界。

因而,它是主要由有关天文学的一系列宗教沉思所构成的诗歌。

扬格之所以接受无限多世界的理论,无疑主要是因为那个时代的大多数人都接受它;但是显然这种理论对于他这样一个诗人和宗教启示著作的作者也有某种特殊的吸引力。这种理论适用于那种扬格和他的读者们所喜欢的、夸张的、散漫的和迸发性的修辞术——适合于圣茨伯里先生(Mr Saintsbury)*所指的那种情趣,他在说到《夜思》时,把它说成是"由一个具有超人肺力的演员对一位具有更为超人的忍耐力的听众所发表的一篇巨大的独白"。这种理论配得上那种宗教狂,这种宗教狂希望能通过详述创世在物理学上的宏大而发现敬畏和崇敬以及虔诚的起源,这有点像那种

---

* 圣茨伯里(Saintsbury George Edward Bateman 1845—1933),英国文学史家、批评家。——译者

通过美国传教士的布道专门用来详细说明上帝比尼亚加拉瀑布更大这一命题的风格。扬格并非那种不希望在雷声和旋风之中,而希望在平静的、轻柔的声音之中发现上帝的人。他似乎相信他能引起一场他一直不断地呼唤的青年洛伦佐(Lorenzo)*的道德改革——他暗示洛伦佐的夜间工作既不是天文学的观察,也不是坟墓间的冥想——他通过以世界之巨大壮观而具压倒之势的他的想象力,以及通过由此使自己时而感到人的渺小,时而感到作为一个能够投身于思想的存在物的各种可能性是如此广阔地向他敞开,来做到这一点。他还发现了一种使人类理解力谦恭,因而使人类在思考空间的和物理的无限中,为接受基督教神学的"奥秘"而作出更好的准备的办法。在扬格那里,也有某种关于宇宙的特殊的"浪漫主义"情趣,它在那个有歧义的语词的意义中有所表现:

只有混淆的东西才能使人满意,
只有令人惊讶的东西才是真的。

虽然这些似乎是推动扬格接受无限论的宇宙学的某种动机,但是他也通过很早以前为布鲁诺所提倡,现在已经成为这个学说的主要论据的同一类理由来雄辩地为这种宇宙学辩护。

何处是这宏伟建筑的终点?

---

* 洛伦佐(Lorenzo Valla 1406—1457),意大利人文主义者、宗教改革的先驱。——译者

第四讲 充实性原则与新宇宙观

> 何处开始创世的边缘?
> 它的围墙存在于何处,
> 从城垛窥视那边
> 非存在的沟壑,虚无的陌生的住所!
> 说,在空间的哪一点上耶和华放下
> 他松弛了的测量线,把他的天平搁在一边,
> 不再掂量世界和测度无限?

138

扬格承认,这是一个很难回答的问题,然而承认创世在空间上有一个终结更为困难,相信它的无限则是一种较为"恰当的设想"。

> 如果这是一个错误,那么这个错误起源于
> 高贵的根基,起源于对最高者崇高的思想。
> 然而为什么会错,谁又能证明它错?——
> 谁能够为全能设立一个界限。
> 人能够超出上帝能做的事之外去想象么?……
> 有1 000个世界?有几百万之多的空间;
> 他的伟大的命令在何处会失效!

有内在的迹象表明,扬格以为自己在此提供了对弥尔顿用诗的形式表达的有限论的一个正好是诗的形式的猛烈反驳。

有无数的理智的居住者种族居住在别的天体之上,这对扬格来说似乎仍然是不容置疑的。对此的论证大多是从创世的充实性,以及不可设想自然的创造者会浪费物质而留下它的任何大

小的部分不让人类居住这种通常的假定中提出来的。(这里又有与《失乐园》的第八卷,第 100—106 行*有一种相当明显的辩论关系)

> 如此巨大的拱顶!多么宽广的穹窿!你这被如此设计的
> 是与神相称的公寓?
> 并非如此:你的堂皇富丽只会损伤那种思想,
> 你那高傲的巢穴,你那深奥的浅薄,
> 限制了你的扩散,阻碍了整体的发展,
> 使宇宙变成了一个太阳系仪⋯⋯
> 因为谁能看到
> 物质如此华丽,而想象和精神
> 非生命的东西仅仅为了它们才被做成,
> 难道却更舍不得被施与?⋯⋯
> 因而这是诸多的天空,
> 告诉我们无数的优越者,
> 比人类要卓越得多,

---

* "至于天空中偌大的广袤,但愿这说明造物主极恢宏博大,他造的这等辽阔,边界延伸得极遥远,使人了解他没住在自己的地方;天地大厦宽广得他无法充塞,他只偏居于一隅,其他的地方派定的用处只他的上帝最清楚。"

参看金发燊译:《失乐园》,湖南人民出版社 1987 年,第 248 页。——译者天球比地球要大得多。

因而，有这样一种对想象出来的观念的暗示，它表面上是各种文学影响的古怪结合的结果以及各种观念组合成的混合物，它要十年后才由康德作出详尽的发挥，这就是按照存在物离中心的距离——或者，无论如何，离地球的距离，有一个各种存在物种类的等级划分。诗人采用一种想象在空中航行的形式来加以描述，同时也把它设想为一种存在的等级序列上升的过程。

> 我醒来，而且一直醒着，爬上了夜的光辉的等级序列
> 从一个星体到另一个星体，迈着自然的脚步，
> 为了人的上升；同时诱惑和援助；
> 诱惑他的眼，援助他高飞的思想；
> 直到它到达万物的伟大目的。

即使在 18 世纪中后期，这些不能不提到的宇宙论学说仍被这个时期最卓越的伟才中的某些人所辩护。这种辩护根本不是基于观察，而是基于人们所熟知的柏拉图学派和布鲁诺学说的前提。例如 J. H. 兰伯特*，作为用光度学的方法确定恒星大小和距离的先驱，在科学的天文学史上占有很高的地位，但是当他十分确信地得出在别的世界中也必定有居住者的结论时（1761），也完全是从

---

* 兰伯特（Johann Lambert 1728—1777），德国数学家、物理学家、哲学家。——译者

充实原则出发的。

如果不是在被造物的每个部分中发现生命和活动,思想与愿望,又怎么能够说世界是一个无限能动的造物主的产物呢？我又怎能设想它的完满性在于相似物的某种连续的和取之不尽的多种多样性之中,但却又在客观存在里面留下那空的空间,即在其中不存在据说是无限完满的整体的任何部分的空间呢？我不能允许这样的空白存在;因此我毫不犹豫地用可以居住的星球去填满每一个太阳系,以至于给它们的进程以美妙的等级序列……那些仍然怀疑或全盘否定这一学说的人如此被限制在他们的理解力之中,因为他们确认,除了眼睛就无法确定证实,因此他们将不会听到来自普遍原则和具有道德确定性的证据。⑯

然而就是这些有限理智的存在,兰伯特指出,也是和宇宙的同样的总计划相一致的。它容纳各种类别的人,甚至是愚蠢的人,以使世界完满。对世界在空间上的无限性,兰伯特无论如何是不能同意的。在时间上,世界必定被看作无限($in\, infinitum$)连续的,但是世界在空间上的无限性在他看来似乎就包含着到了一种难以承认的现实化了的无限数量的概念。

大约在同一时期,康德也以通常的柏拉图主义为根据论证物理世界的无限广延和世界的无限复多性。由于我们必须"意识到创世是和一个无限存在的能力相当的事……它可能根本就没有界限……那种把神描述成仅仅让他的创造能力中无限小的一部分发生作用的说法是荒谬的——也就是说,那种认为自然和世界的真正巨大的蓄水池是不活动的和以永远废止的方式关闭起来的想法是荒谬的。把全部的创世描述成必定是为了可以证明那超出一切测度之外的力量,这难道不是更合理一些,或者说把它表达得更好一些吗,这难道说不是必要的吗?"⑦而且这位哲学家后来发现了——像在他之前的别的人已经做过的那样——一个在空间和时间的无限体与连续体的二律背反中的形而上学唯心论的被假定是确定的证据,不过现在他却以有点轻蔑意味的简洁方式来处理对充实原则之逻辑的这种诘难。"对那些由于把某种没有数量和界限的无限聚集体设想为不可能的,因而在这个观念中发现困难的绅士们",康德提出一个在他看来是结论性的问题。未来被公认为是一个变化的无限系列。对于神的理智而言,关于该系列的全体的概念必定是一下子就出现的。因此,这一概念在逻辑上不会是不可能的,也就是说,不会是自相矛盾的。但是,如果一个连续的无限性同时表现出来并非内在不可能的话——对一个具有充分理解力的理智来说——那么在一个同时发生的无限性概念中,也就是世界在空间上无限的概念中,又何以会有任何逻辑上的不可能性呢?因此,由于这个世界的无限性是可能的,所以它也是必然的。

康德在此注意到了一个逻辑上的两难推论,当他在《纯粹理性批判》(*Kritik der reinen Vernunft*)中提出那四个二律背反时,他似乎忘记了这个两难推论。哪怕未来的事件像所有别的东西一样,被一个唯心主义的哲学宣布为纯粹精神性的东西,但它们的数量必定要么有限的,要么是无限的。如果它是无限的,而且如果许多特殊物的一个无限总和不仅对人类的想象力而言是不能理解的,而且是"不可能表述出来的",是内在地不能为任何头脑共同思考的,那么这就说明那种洞察组成世界历史总体的所有事实的宇宙理智是没有的。即使是一个所谓的神的精神也不可能在全体上把握未来;时间对它来说是太大了。要选择康德后来关于数量上的无限是不可思议和荒谬的这一学说的这一结论,就将会产生达到未来某一时刻,在这一时刻,"时间将不再存在",也就是在某一天之后,事物发生于其中的宇宙的所有的变化、过程、延续、完结都停止了的想法。这将意味着要么是每个事物最终消失于纯粹的非存在,要么——这似乎是一个非常奇怪和困难的想法——是在某一天之后的一种没有时日或经验到的持续性的存在物的连续,是一个或多个永恒的心灵对一个永远不变的思想对象的沉思。康德在他的后期应该说已经意识到在他所面对的两者择一的意蕴之间这种麻烦的选择,因为他自己实际上就曾经指出过这一点,但是在他对这个二律背反的"解决"中,他似乎完全忘掉了这一点。

但是康德——回转到他在18世纪50年代的宇宙论沉思——不像他的前辈以及同时代人那样对这件事那么感兴趣,即他并没有在充实原则的约束下"去断言所有的行星都必定有居住者"——虽然他紧接着说:"就全体行星或它们之中的大多数而言,否认它们之上有居住者是荒谬的。"

自然中的那些世界和系统与整体相比较只不过是一些尘埃,在它的丰富性中,很可能有空无一物和无人居住的地区,它们严格地说还没有形成为对自然对象有用的东西,也就是对理性存在者的沉思有用的东西,[怀疑这一点]就好像一个

第四讲 充实性原则与新宇宙观

人要给上帝的智慧一个理由,以怀疑地球表面广阔的面积为沙漠所占领,以及在海中会有无人居住的岛屿这样的事实。因为一个行星在和整个创世相比时,比起一个沙漠或岛屿与地球表面相比,要小得多……如果她在空间的每一点上如此仔细地展示她的全部富有,那么难道不应该说,这与其说是自然的极其丰富的标记,不如说是自然的贫瘠的表示吗?⑱

进而,康德指出,自然法则显然是这样的,即生命仅仅只能存在于一定的自然条件之下;这种条件尚未得到发展的天体就很自然地没有人居住。"创世的卓越并未因此而失去什么,因为无限是一个不可能由于任何有限部分的减少而减少的量。"在此,人们将看到,那关于数量上的无限的思想的悖论正被反转过来,反对两个世纪以来曾经基于充实原则之上的论证。康德还坚持认为,宇宙必须是无限的,而且他还暗示,有人居住的世界的数量也必定是无限的,但他并未发现由此可以得出所有的行星或太阳系都必定是有生命的存在物之居所的结论,因为一个无限的集合体在一个有限的部分脱离它时并不会和现在不一样。

在西方思想中的宇宙观观念与道德感和宗教感的关系史中,曾经有过一个有点古怪的悖论。那种很自然地适合于有限的和以地球为中心的宇宙的思想习惯,当宇宙确实被这样设想的那个年代中它并不过多地表明自身,然而在这样一种观念因为科学和哲学而成为过时的东西之后,它却在很长时间中出头露面。这种不协调主要表现在两个方面:(1)空间和时间上的无限使人的理解力和想象力感到困惑,而且对于诸如帕斯卡尔这一类人物来说,这种无限使得人的自然的希望和抱负以及努力似乎成为微不足道的和毫无用处的东西,它有助于在他们自身之中培育出彼岸世界来;思想和意志,在寻求某种使他们自己安身立命的终极性,而在此却寻找不到时,就只好到别的地方去寻求它。大多数印度宗教哲学的深奥的来世观或许并不是和那个种族的想象力在算术上的辉煌无关,也不是和它所面对的一切前景——它们中的大多数都在时间之中——的沉闷渺茫无关。但是在欧洲人的思想中,我们发现某种反常情况,那就是一个形而上学的和实践的彼岸世界许多世纪以来都与一种宇宙论上的有限论相共存;而且另一方面,当这种有限论开始在理论上被放弃时,人类心灵中所具有的那种超感觉和超时间的实在的偏见也在不断地减少,而且宗教本身也变得越来越此岸化了;(2)除了这种中世纪的和近代的宇宙观之间在等级序列上的一般区别外,中世纪,无论它分派给在未改悔状态中的人的地位是何等低下,然而它还是把一个独一无二的意义赋予了人间历史。没有别的星球上演同样的戏剧,或者更为重要的戏剧,如果设想它们被上演的话。处在孤立状态中的每个进程,不会对另外的进程发生影响。宇宙至少不是一个被多层环绕的竞技场。再者,能期望从这样一种偏见中得到的倾向只具有相当少的中世纪思想特征。正是在地球丧失了它的特权之后,它的居住者才开始发现他们的最大兴趣在于人间事务的一般活动,并且马上就来谈论他们所拥有的实际的和潜在的种族成就了——虽然这些东西全体只不过公认为构成了一个在无止境的时间变迁中的瞬间的插曲,而且它们所具有的舞台不过是不可计量和广大无边的宇宙中的一个微小的孤岛——就好像宇宙的总的命运完全依赖于这个小岛，或者宇宙在其中将达到其完结一样，不是在 13 世纪而是在 19 世纪，人类（*homo sapiens*）在他的宇宙舞台的无限小的角落中忙于他的最大的妄自尊大和自我陶醉。当然这一悖论的理由可以在这个事实中找到，即就像在早先一样，在晚近，某些结合在一起的观念大多抵制已被接受的宇宙观预测所特有的倾向性。我们在此无须进一步探讨这些抵制因素的本性，只要提及某些结论就足够了，这些结论有可能自然地通过采用事物实际显示出来的新的时空系列和时空图式而缓慢地及部分地得到，虽然正如我们已经看到的，会有某种动摇，而且这些结论的充分的反响或许还在未来之中。

第五讲　莱布尼茨和斯宾诺莎的充实性和充足理由

在 17 世纪伟大的哲学体系中,特别是在莱布尼茨的哲学体系中,存在之链的概念才是最引人注目的、最具决定性的以及最遍布其中的。在他看来,宇宙的实质性特征是充实性、连续性以及线性等级性。存在之链由全部单子所构成,这些单子排列在按照从上帝到最低级的有感觉的生命的等级的连续之中,没有哪两个单子是完全一样的,每个单子都依据最小可能的差异而区别于在等级序列中恰好低于和高于它的那些单子。由于莱布尼茨的形而上学是一种唯心论的形式,或者更精确地说,是一种泛心论的形式,所以,等级是按照心理学的而不是形态学的术语来加以界定的。正是根据使它们分别特殊化的知觉的水平,它们"反映"或"表现"宇宙中其余单子的恰当性和清晰性的程度,单子才被区分开来。不过,作为具有良好根据的现象(*phenomenon bene fundatum*),作为在其中这些无形体的实体必然相互显示自身的方式,物质世界在莱布尼茨的事物图式中也具有某种派生的和有点含糊的,然而也是实质性的位置;他习惯于毫不犹豫地运用自然实在论的日常语言,而把自然科学的问题作为真正的,而非杜撰的问题来讨论。这同样的三个法则在物质世界中也很有效;这些原则也被自然的研究者在其经验性的探究中用作指导性原则:关于这一点,最好的表达是在莱布尼茨的一封信中,这封信通常在他的选集的版本中被遗漏,它特殊的重要性为莱布尼茨哲学的几个新近研究者所注意。① 在信中,他写道:

共同构成宇宙存在物的所有不同等级,在明白地知道它们的实际等级的上帝的观念中,只不过是如此紧密联结在一起的单曲线的如此之多的纵坐标,以致在它们之中的任意两个之间插进别的都是不可能的,因为那将意味着无序和不完满。因而人和动物连接在一起,动物和植物连接在一起,植物又和化石连接在一起,它们又依次和那些我们的感官和想象力向我们描述为绝对无生命的物体相融合。因为连续性法则要求:当一个存在物的实质性属性接近于另一个存在物的实质性属性时,这个存在物的所有的特性都必定同样地逐渐接近另一个存在物的特性,自然存在物的所有的序列都必然地形成为一个单一的链条,在其中各种各样的等级,就像如此之多的环节一样,被如此紧密地、一个一个地连接在一起。以致对感官或想象力来说,想要严格地确定哪一点是这一存在物的结束和下一个存在物的开始都是不可能的——这就是说,所有的物种都挨得很紧,或者存在于不明边界之上,而且还被赋予可能是同等地分派给相邻物种的两边的特征。因此,在植物形动物,或者像布迭尤斯(Budaeus)所称呼的那样,叫它们为植物/动物的存在中,不存在畸形之物;相反,它们之所以存在是因为其完全和自然的秩序相一致。我以为,连续性原则的力量如此之大,以致我听说这样一些存在物被发现不仅不会感到奇怪——有些被造物,根据它们的某些特性,诸如营养或繁殖这类特性,它们可以同等地被视为动物或植物。因而这些被造物推翻了那种以充满宇宙的、共存的存在物的不同种类是完全的和绝对的分离这一假设为基础的流行法则——我认为,听说它们被发现我不仅不会感到奇怪,而且实际上,我确信必定有这样的被造物存在,而且确信,随着自然史对藏匿在日常观察之后的,藏匿在地球内部和海洋深处的,无限多的很小的有生命之存在物的进一步研究,自然史或许将在某一天熟知它们。②

然而这些是莱布尼茨体系中为人们所熟知的一些观点。在本次讲座中,我们将关注某种更特殊,而且是更加有点困难的内在地联结在一起的一组问题,在研究莱布尼茨学说的学者中对这些问题产生过不同解释。这些问题是:第一,充实原则与他的哲学中称之为充足理由原则的基本原理的关系问题;第二,他因此而给予充实原则发挥作用的范围;第三,这是包含在上述两个问题之中的一个问题——他是否真的要逃避作为斯宾诺莎哲学之特征的绝对的逻辑上的决定论。

在莱布尼茨对充足理由原则的系统表达中,当他论及他赋予了在自然科学和形而上学中如此巨大重要性的一项主张时,他缺少一位哲学家所应有的精确和一致。有时,这个原则即使不被归结为,也似乎包括了自然中的因果一致性的普通科学的假设。更多的时候它被表述为一种似乎和终极的而非起作用的因果性相关

第五讲　莱布尼茨和斯宾诺莎的充实性和充足理由

的说法;它也曾被通俗地解释成为某种神学自然观的极端论断——解释为相当于这样的一个论题,即事物的存在、属性以及行为最终要由它们适合于实现的那个价值来说明,并且我们可以通过探寻出宇宙所表达的价值的基本图式的含意来发现实际的科学真理。因此,罗素在他的论莱布尼茨的著作中写道:"充足理由法则,在运用到实际存在中时,把它自身归结为终极因的论断,"因此"为了推断出实际存在是否来自另外的存在,或者仅仅来自概念,善的概念必须常常被使用"——就像罗素进一步指出的,这是一种授予"善"的概念以某种与真实存在相联系的理论,而这种联系是别的概念所不具有的。③虽然,给莱布尼茨的含意以这样一种概括的作法可以得到来自他的文本中的相当大量引文的支持,但是它仍然不能表达莱布尼茨关于这个主题的更为基本和具有特色的观点。而且它还倾向于对他的哲学中关于"善"的概念与"存在"概念之关系给出一种颠倒的看法。那种能够表明导致了他相信作为宇宙论的通则的充足理由原则的动机,主要并不是一种想要在自然中发现通常被目的论所指的那种东西的渴望——也就是那些巧妙地调节人或别的有意识存在物的诸如安慰、确信、快乐,或教诲之类的目的的东西。莱布尼茨不大想(我并非说他完全不想)主张这种看法,即在导致上帝或人或动物主观上得到满足这种通常意义上,一个事物的理由就是一种"善",他想主张的是事物无论如何总有某种理由,这种理由是被逻辑地植根于某种从逻辑上看是终极的别的东西之上的。

因为对于莱布尼茨来说,就像对他那个时代的其他人一样,认识到任何世界的存在以及实际存在的世界的一般构造究竟是否是比一大堆偶然性更多的某物,宇宙是否能够恰好像可以设想的那样从来就不曾存在过,或者曾经完全以别的方式存在,只不过由于某种幸运或不幸的机遇碰巧得到了自己的实在性和拥有了它所具有的特征——这些似乎仍然是非常重要的事,而且也并非必然地不可能的事。显然,现实不仅在它的微小的细节中,而且在它的更一般的面貌上都充满了纯粹的特异性质,对此,我们不能给出任何种类的解释。当我们考察宇宙的纯粹数量上和质量上的属性时,这一点就特别的明显。在算术系列中,一个数并不比另一个数更神圣,更明显地适于存在。然而,难道真的有某一个数、某一个完全任意的选择,会高于所有可能的数目,比如说原初的原子、行星、太阳、生殖细胞或心灵的数目而幸运地升入实际存在吗?再说,那些我们称之为自然法则的东西,难道其自身仅仅只是对物质的奇思怪想,它们恰好(至少有一次)无法解释地发生了具有某种方式的表面规律性的活动?超出千百万存在的事物之外,从逻辑上考虑,同样也能接受这一点吗?当然,在莱布尼茨和他那个时代的哲学传统中有一个人们熟悉的要素,这个要素立刻加剧了这种困难,而且决定了它在其中显现自身的特殊形式。这个要素就是17世纪和18世纪的大多数非唯物主义的哲学家仍然习惯于按照两个存在王国的方式思想。本质,或"本性"的世界,或者说柏拉图的理念的世界,对他们来说,就像个体的暂时存在物的世界、物理的或精神的世界一样不容置疑地和客观地得到重视。前者虽然并不"存在",其实它在两个世界中是更基本和更可靠的实在。[④] 的确,是概念论而不是柏拉图的严格的实在论,才是为人们普遍接受的关于理念的地位的学说。例如,莱布尼茨自己就坚持认为,本质的

第五讲　莱布尼茨和斯宾诺莎的充实性和充足理由

王国根本就不具有存在，如果它不是永恒地为上帝的心灵所沉思的话。"每个实在都必须以某种存在的东西为根据；如果上帝不存在，也就没有几何学的对象。"⑤当然，这也并不是说，在人类的心灵方面，本质是某种更少一些独立性和实体性的东西；而且根据虽非普遍的但也是流行的意见，即使是在上帝的心灵中，每个本质（包括上帝自身的本质）都对与之对应的某个存在或某些存在具有某种逻辑上的在先性。只有在这种永恒的秩序中，才能找到那与完满合理性相一致的必然性；这是一切终极理由的所在地，是能够找到唯一最终令人满意的对事实的解释的地方。那种把一个不透明的事实归因于另一个不透明的事实的"解释"——即使后者是某种在时间上在先的事件或存在，或者是一种我们称之为经验法则的一般化了的事实——是永远不会完结的；⑥断言这种情况不仅是我们有限的理解力经常发现的自身的状况，也是客观世界的状况，这就好像是宣称一切事物基本上都是偶然的一样。另一方面，如果一种存在物，或者它的属性或行为被认作是置根于"事物的本性"之中——也就是说，是蕴含在某种本质的结构之中，或蕴含在本质之间所具有的联系的永远不变的体系之中⑦——那么，一种对理由的进一步追问就会成为不仅是多余的，而且是不可能的了。明摆着的事实已经被追溯到某种必然性，对理解力而言就不再是不透明的了；一个看似偶然存在的事件按照它的永恒的方面去理解——也就是说，作为基于某种内在于理念之中的永恒真理的结果来理解，那么其反面就是一个逻辑上的谬论了。按一位18世纪的作家的典型用语来说，"当事物本性自身中的某种绝对必然性"，例如，几何图形中的必然性，"似乎是它们所是的存在物的原因和根据时，我们就必须在这种理由和根据面前止步，如果要问什么是这种事物之本性中的理由的理由，即所有理由的最后理由，那将是荒谬的"。⑧

一种哲学如果面前如此经常地有两个现实性的层面，只有在其中一个层面中人类追寻理由（reason—seeking）的理智才能够得到休息，那么对于这种哲学来说，那种希望以某种方式并于某个地方在理念王国中不仅发现那些能够"存在"或不能够"存在"的各种属性之间的必然联系，而且发现具体存在自身的规定性根据的要求，自然是强烈的。除非存在的事实在某一点上能作为本质世界中的必然存在物被展示出来，否则两个世界就保持着奇怪的相互分离；没有从一个世界过渡到另一个世界的桥梁；而且存在的整个王国似乎都抛给完全的非理性了。这就是17、18世纪哲学中的一个问题，而莱布尼茨的充足理由原则就是回答这一问题的诸答案之一。我们将发现这个原则实质上是在《蒂迈欧篇》中表述过的论点的发展和详尽发挥。莱布尼茨在他的1715年的一封信中有把自己的哲学描述成在某种程度上是对柏拉图主义加以系统化的哲学：

> 在我年轻的时候，我曾经非常满意于柏拉图的伦理学，也有点喜欢他的形而上学。和这两者一起，还有数学和物理学，如果有人把柏拉图归结为一个体系，他将帮了人类一个大忙。人们将会看到，我在这方面做了一点工作。⑨

无论如何，如果我们回忆一下他那个时代流行的别的学说的

第五讲 莱布尼茨和斯宾诺莎的充实性和充足理由

性质,我们就可以更好地理解莱布尼茨对这个问题的回答所具有的含意和历史意义了。为什么某物存在而不是不存在,必定有一个充足的理由——也就是说,某处的存在物可以解释为具有由本质的逻辑体系中产生出来的必然性——这种说法被许多人作为公理来接受,尽管他们拒绝由莱布尼茨系统表达的那种原则。因此,在18世纪的头三十年间被认为是在世的第一流英国哲学家的克拉克(Samuel Clarke)宣称,设想"在两件同等可能的事中,也就是说,在要么都会永远存在,要么都会永远不存在的两个事物中,确定其中的一个而不是另一个绝对不存在,这显然是矛盾的"。简言之,无论什么东西存在,都必须有某种"原因";并且由于"事物是被某种外在的原因所产生的这种说法不可能对每件事物都是真的",所以必定在某处有一个存在物,"它是依靠原本在该物自己的本性之内的某种绝对必然性而存在的"。而且,这种必然性或内在的存在理由

> 必定是在先的;对这种存在物自身的存在而言,它确实不在时间之中,因为它是永恒;但是在我们的观念的自然秩序中,它又必须先于我们对它的存在的假定;也就是说,这种必然性肯定不是仅仅因为我们设想这样一个存在物的存在的结果……但是它必定在先地使它自身作用于我们身上,不管我们愿意还是不愿意,甚至当我们竭力假设没有这样的存在物存在时……因为必然性……在其本性之中的这种绝对的必然性除了是其存在之外什么也不是,设想其反面是完全不可能的,或者说是意味着矛盾。[10]

那种其本性或本质是其存在所必需的——因而对我们的思想而言,是解释性的——根据的存在,当然就是上帝。"如果有人问,那种设想其不存在是一个明显的矛盾的存在物的观念属于哪种观念?我回答说:'它是我们有可能想象的首要的和最单纯的观念,更准确地说,(除非我们禁绝思维)是我们不可能从我们心中根除或拿走的观念,是有关一个最单纯的存在,有关绝对永恒的和无限的,本原的和独立的存在的观念。'"如果在这种情况下还没有一个决定存在的理由,那么一切谬论都将是可能的。第一因将正如很可能是无限的那样,很可能是有限的,它就会"像勿需任何理由而在自然现象证明它确实是存在的那些地方存在一样,在别的地方没有理由就不可能存在"。⑪不,或许更糟,像克拉克的一个门徒所论证的那样,除非在上帝的本质中有一个他存在的充足理由,否则我们不可能从理性上保证他不会在某一天陷入不存在之中。

很清楚和确定的是,存在物的存在的任何变化,也许有可能不受原因或理由的影响,就像这个存在物的存在要么可以被设想为没有任何原因或理由而能被原始地确定,要么没有任何原因或理由而继续存在一样。因此,如果第一因没有任何原因或理由而原始地存在的话,那么它可能天生就是易变的或易败坏的,并因而在它自身之中可能带有它停止存在的原因、根据或理由。⑫

这些都是以神学的方式说明:存在物勿需置根于必然性之中的那种宇宙状态,将会处于极度不确定之中——就像很久以后维克多·雨果用一个更恰当的措辞所描述的那样,"*La fin toujours imminente, aucune transition entre être et ne plus être, la rentrée au creuset, le glissement possible à toute minute, cest ceprécipiee-là qui est la création*[在那永远逼近的终点,在存在与不再存在之间没有任何过渡。回到虚空,那任何时候都有可能滑向的虚空,这就是被造物存在于其中的那个深渊]。"

至于说到唯一的存在(译按:指上帝),克拉克以及当时一大群别的哲学家和神学家,都和斯宾诺莎或莱布尼茨一样,不愿意承认那种存在是没有确定性原因的。上帝的存在,无论如何,不能被设想为某种偶然事件。确实,许多坚信这一点的人——以及他们之中的克拉克——同时又对安瑟伦的本体论证明提出有点吹毛求疵的异议,这种异议包含了同样的辩证法;但是在表面上,只有极少数的人⑬准备否认存在着某种 *ens necessarium*[本体],也就是说,一个实体,其本质如果连存在都没有的话,其本质就会什么也不是了。

但是仅仅认识到这样的一个例证就足够了吗,就足以保留那在理念世界中没有支撑点的存在物的世界中所有其余的东西了吗?——或者,什么是对在神的理性中的同一个概念的神学表达呢?对于这个问题,斯宾诺莎的哲学(像在他之前的阿伯拉尔和布鲁诺的哲学一样)已经给予了一个断然否定的回答。必须坚持认为:存在的每一个事实都在永恒的秩序之中,在从属于本质和它们的关系的必然性之中有它的根基;同样,每个本质都必须使自己在存在中开花。为斯宾诺莎所断言的一切可能之物必然现实化的看法对他的所有的解释者来说并非也是不证自明的。这看来与他的体系的某些逻辑含意相冲突,也和他有些明确的表述相冲突。假定他接受充实原则,这一点曾经提到过,就会引起所有连续的实体和事件都必须同时存在这一矛盾。因为它们存在的必然性应该是某种逻辑的必然性。因此,时间是和它不相干的。我们——或者斯宾诺莎那个时代的数学家们——并不仅仅认为:给定一个平面三角形,它的各内角之和某一天将必然会变得等于两个直角。因为那些主张逻辑上必然的宇宙包含所有可能存在之物的人,几乎不能允许某些个别的事物在别的事物之后进入存在;但是,个别事物的存在确实是一个接着一个进入存在的;我们不该没有明白正当的理由就把一个与这种自明之理不相一致的理论归之于斯宾诺莎。再者,他有时明确地说,我们可能具有"不存在的样式的观念"。也就是一些撇开想象的理智就不具有存在的特殊对象的观念。⑭* 进而,他声称"定义并不涉及或表明个体的任何特殊的量的或确定的数目"。也就是说,一个三角形的定义告诉我们的仅仅是三角形的"本性",至于说到存在的三角形的数量,则丝毫也没有暗示给我们。因此,有人论证说,对斯宾诺莎而言,在任何时刻构成宇宙的实际存在的特殊物都是从极为大量的可能存在之物中作出的一种并非必然因而是任意的选择。用这种方式去解释他,我认为是完全不可能的。充足理由的原则,正如他所写下的,既适用于存在的事物,也适用于不存在的事物;"凡物之存在或不存在必有其所以存在或不存在的原因或理由"。⑮ 而且正是"神的理智,就它

---

* 请参看贺麟先生译斯宾诺莎《伦理学》,商务印书馆1958年版,第7页。"所以我们对于不存在的分殊也有形成真观念的可能"。以下第15、16、17、18注分别见于该书第10、20、33、17页。——译者

第五讲 莱布尼茨和斯宾诺莎的充实性和充足理由

被理解为构成神圣的本质时,其实就是万物的原因",[16]有什么理由能够说明为什么在这个重要原因的本性之中某些可能存在的东西却并不存在?显然没有。没有什么理由能被想象出来,也就是说,没有什么东西不是自相矛盾的,但这种说法不属于"无限的理智"。由于上帝能够想象所有的本质,由于如果某些有限本质任意地得到存在而别的有限本质却没有得到,则无论是上帝还是宇宙都会是不合理性的,由于"我们理解到一切在上帝的力量以内的东西必然存在",[17]而且由于这种力量是不受限制的(除了被设想为自相矛盾或产生自相矛盾的那种不可能性所限制之外),那么由此得出结论:"从神的本性的必然性,无限多的事物在无限多的方式下(这就是说,一切能作为无限理智对象的事物)都必定推得出来。"[18]确实,在某段落中,斯宾诺莎直接从充足理由原则推论出每一种属性的所有可能的有限样式的必然存在,而没有求助于从作为原因的上帝存在出发的论证——实际上,上帝自身的存在也是从同样的原则中推导出来的。如果说本质的"三角形"个别地并没有自然而然地蕴含任何三角形的存在,那么这些三角形的存在就是"从作为整体的物质的宇宙的秩序中(*ex ordine universae naturae corporeae*)推导出来的。因为从这里,要么必须推导出一个三角形的必然存在,要么必须推导出它不可能现在会存在。这一点是不证自明的。由此推导出如果不能给出阻止其存在的原因或理由,一个事物就必然存在"。换句话说,这类"三角形"是物体的一个可能的物种(就形状而言),是一种具有"广延"的样式;而且无论是物种还是物种中的任何个体,都将有实际的存在,除非有某种使这种存在成为不可能的"理由";而且这样一种理由只在于这一事实,即它的存在以某种方式包含着自相矛盾。同样,上帝的必然存在只能从这样的事实中得到证明,这个事实就是:"没有任何理由或原因能阻止或否定其存在。"* 因为对于"绝对无限和无上圆满的存在"断言其存在包含着矛盾,这将是荒谬的。[19] 因此,在斯宾诺莎那里有两种不同的上帝存在的证明,第一种是本体论的证明,只不过是从把 causa sui[自因]定义为"其本质包含了存在"而引出的证明;这种证明只适用于上帝,因为(人们设想)只能有一个这样的本质。另一个证明是从任何事物,其存在不被某种逻辑上的不可能性所阻止,那么其存在就是必然的这一点出发的;这种证明能适用于一切本质,虽然"上帝"的本质对之有唯一独特的优越性,因为(斯宾诺莎假设)一个被界定为具有"绝对无限性"和"完满性"的属性的本质显然是不可能被任何内在的或外在的逻辑障碍阻止其存在的。而且推论出充实原则的两种方法和这两种论证相对应。前一种方法是间接的,是通过上帝的概念达到的,而上帝的存在已被本体论的证明独立地证实;第二种方法是直接地从同一个前提出发的,依据这个前提,在第二种证明中,上帝自身的存在被确立。

无论如何,至少有一个有学识的注释者指出:斯宾诺莎只是在所有可以想象的事物要么已经存在,要么以后将会存在的意义上承认充实原则。然而这种解释不仅和这次不存在、下一次同样也不会存在这种逻辑上必然的自明之理相冲突,而且也被斯宾诺莎在《短论》及《伦理学》中的表述所反驳。他声称,那些争论说"如果

---

* 参看《伦理学》,商务印书馆 1958 年版,第 10 页:"如果没有任何理由和原因以阻止或否定神的存在,便可以无条件地推知神的必然存在。"——译者

第五讲　莱布尼茨和斯宾诺莎的充实性和充足理由

上帝已经创造了在他的理智中的一切",以致现在没有什么更多的东西留给他去创造,那么他现在就不能被看作是全能的人是错误的。正相反,斯宾诺莎说:我们必须想象"上帝的万能永远是现实的,而且将永恒地保持其现实性"。[20] 想象在以前的某一时刻上帝创造了一个不同于他现在创造的世界的想法是荒谬的。因为这将意味着他的理智和意志曾经不同于他现在的理智与意志。如果他的创世在某一时刻曾经是不完全的或不圆满的,那么他也就在某一时刻是不完全或不圆满的——这将是一个语词矛盾。简言之,没有什么时候可能有任何"原因会激励他去创造这个东西而不创造那个东西,或者创造更多的东西"。因而"无限多的事物在无限多的方式下都自神的无上威力或无限本性中必然流出;这就是说一切事物从永恒到永恒都以同等的必然性自神而出,正如三内角之和等于二直角是从三角形的必然性而出的那样"。[21]* 任何时候,一切可能存在物的存在都为神的本性所包含。

因而,我们的充实性原则——就其被称为静止形式而言——是内在地存在于斯宾诺莎学说的真正主旨之中的。从无时间性的世界之根据(World-ground)的不变性出发,他直接论证了必然的"充实性",也论证了世俗世界的内容的必然不变性。但是关于这个原则的自相矛盾的话出现在他的哲学中比出现在别人那里更多;而且正是这一事实,在一定程度上导致某些解释者对我曾经论及的东西的误解,从永恒的逻辑必然性从属于某种本质出发,事实上,对时间中的任何有关存在的结论都没有确凿的证明。因为时

---

* 第20、21注皆参看《伦理学》,商务印书馆1958年版,第19页。——译者

间本身和那种必然性不合；它是自然的一种非逻辑的特征。任何本质上是真的东西同时在时间上也是真的，但是世俗世界为真的东西并不同时在本质上为真。生成和变化，诸如此类的东西，绝对不适合于永恒的理性秩序。打算从这种秩序过渡到在其中某些事物在此刻存在，另一些事物在后来的时刻存在的秩序，是一种不合理的推论(non-sequitur)，或者更糟的东西；但是，这却为充实原则所需要——当这种原则被视为充足理由原则的一种含义时，对这一切的需要最为明显。如果对于一个可以理解的世界来说，一切真正的可能之物的确实的现实化是实质性的话，那么每个事物和每个人都将永恒存在，而且每个事件都将在一个 totum simul〔同时的全体〕中永远发生。但是，自然不是一个 totum simul〔同时的全体〕。在斯宾诺莎那里，那种使这个矛盾变得更明显的是这样的事实，即物种的概念在他的体系中所起的作用，通常不同于在许多同样由这一原则来保证的别的体系中所起的作用。正如人们经常说的那样，如果每一个种类的存在都总是在时间的秩序中被举例证明的话，宇宙的"充实"就足以为人们所认识了。物种，而不是个体，是自然关注的单元。但是，斯宾诺莎通常是立即从神的属性或"无限的样式"跳跃到此一刻存在，彼一刻不存在，而且在不同的时间有不同的数量的个体之上。在这个意义上，自然就显然不是恒定不变的了，也不是恒定不变地充实的了。因此，在主张充实性原则时，斯宾诺莎在运用它的过程中被赶进不可避免的和明显的不一致之中。随着对这一困难的不断增长的认识，我们将会发现，在下一个世纪的著作家中，产生了对这一原则的彻底的重新解释。

斯宾诺莎曾以最强硬的方式表达充实性原则，而且把它表述为严格逻辑意义上的必然性。一切事物都分有同等完满充足的存在的理由,大多数哲学家认为神的存在也具有这种理由。但是斯宾诺莎(和布鲁诺不同)并没有过多讨论成为18世纪最丰富成果的充实性原则的诸方面;在他自己的学说中,他最感兴趣的,不是对一切逻辑上可能必不可少的和应该必不可少的东西的思考,而是对根据事物的永恒的逻辑本性确实是必不可少的,必定曾经存在过的,而且恰恰是它是其所是的东西的思考。他的论辩的这种结论,以及对人类生活的每一特性和每一变动的完全的不可避免性的(相当于其反面的最终的不可想象性)思考,最适合于他的道德气质,而且对他而言,似乎最适合于把人从感情痛苦之中解脱出来。这种必然性的普遍化使关于事物的目的论思想方法成为不能允许的方法。没有什么东西可以想象曾以别的方式存在,没有什么能被认为是表明了目的或偏爱,表明了在恶或较少的善或许真正是可能的地方对善的一种选择,因此,这些区别也就失去了它们的意义。

斯宾诺莎所选择的这一看法,即只在唯一的一点上能够在本质的王国中发现存在的理由,曾被他前后的一大批人的哲学的和神学的观点所表达。按照这种观点,当确实有一种 *ens necessarium*[必然性本体]时,这种必然实存的存在物自身就是一种纯粹的意志,一种不仅对于外在原因,而且对于理性动机进行独立选择的力量。使神的意志甚至从属于理性的强制力将会否定它的自由和它对一切较小事物的统治权。因此,上帝的存在并不包含由有限存在物所构成的世界应该存在的必然性。这种学说的更为极端和一致的形式声称:甚至连创造某物,以及和别的存在物分享存在之特权的一般倾向,都不能被认为属于神的本质。这种论点确实有双重的历史根源。它最初是一种不负责任的意志之神化的表现,这种意志构成基督教正统神学的一个方面,虽然只是一个方面。它也可能是从柏拉图关于神的两个冲突概念中的一个推导出来的,而这两个概念是那被称为基督教神学的传统的东西。如果神的本质和善的理念是同一个东西,如果关于绝对实在的产生差别的属性是自足的,那么,神即使确实创造了一个世界,他也可能没有这样做的理由;在他的实质性的本性之中,没有什么东西使由不完满的存在物构成的宇宙进入存在成为必然的和令人满意的。创世活动因而必须被设想为是完全没有根据的和本身就是任意的,而且,包含在创世之中的东西和排除在外的东西也是没有根据的和任意的。正如邓斯·司各脱,或者他的追随者所说的那样,"每个被造物与上帝的善之间都只有一种偶然的联系,因为从它们[被造物]之中并没有把什么东西加到上帝的善上去,像把点加到一条线上延长了这条线那样"。㉒

因此,自希腊哲学和中世纪哲学以来,这样一种说法就作为公理传了下来,这就是:除了容许在这样一个存在物的存在中的无论什么东西都依赖于某种被视为不同于它的存在的存在或活动,或在某种程度上受到这种存在和活动或好或坏的影响而外,没有什么东西是与神的真实概念更为对立的了。人类思想史上许多诸如此类的胜利中这一最卓越的战胜自相矛盾的胜利,或许就是使这种自我关注和自我包含的完满性的概念——也就是那个作为亚里士多德的神的永恒反思者的概念——同时融合于犹太教的时间中的创造者的概念和经由历史的骚动而促进正义的频繁插手的力量

第五讲 莱布尼茨和斯宾诺莎的充实性和充足理由

概念,并且融合于原始基督教的上帝的概念,这个上帝的本质是随时施与的爱,分担他的被造物的一切痛苦。㉓当在创世的概念——在此它是我们所关心的这种调和论的一个方面——上运用神的自足性学说时,正如我们已经看到的,这种学说就意味着从神的——也就是从最终的和绝对的——观点看来,一个被造的世界就是一个无根据的多余之物。正如奥古斯丁曾说过的,被造物的存在"是一个决非有利于上帝的善";因此,他进一步说,上帝为什么选择创世的问题是一个不敬的问题,也是一个自相矛盾的问题,因为它是在寻求那个作为一切别的事物之原因的绝对意志的本原活动——除了绝对意志的另外一些容许被造物的某些活动的活动之外。对于奥古斯丁和他的一长串后继者而言,柏拉图—亚里士多德关于自足性的概念因此而成为防止普遍必然性学说的一种实质性的防护物。如果创生世界的活动曾被任何推动者所决定,哪怕在神的本质中有任何根据,它就不会是自由的;但是由于已经自足的存在物的任何活动都必定是绝对不被推动的,所以它的自由是不容置疑的。从那种许多世纪以来在欧洲思想中超过重大作用的精巧的复合三段论中,奥古斯丁总结了这两种思想的联系: *ubinulla indigentia, nulla necessitas; ubi nullus defectus, nulla indigenlia; nullus autem defectus in Deo; ergo nulla necessitas* [哪里没有需求,哪里就没有必然性;哪里没有缺乏,哪里就没有需求;但在上帝中没有缺乏,因而也就没有必然性]。㉕

哲学传统中的两个强有力的要素——柏拉图和亚里士多德学说对自足性的神化,以及奥古斯丁学说坚持在构成现实时最高意志的第一性——这两者一样可以被解释为这样的含意,即那必然存在的存在物,虽然它实际创生过别的存在物,但是它在这样做时是由一个本质上无动机的,无法说明的,因而是偶然的——而且确实是自相矛盾的——自己的自由的行使所造成的。17世纪和18世纪的哲学家和神学家们翻来覆去地说明这一理论。笛卡尔特别强调它,他说:tout-à-fait indifférent à créer les choses qúil a créees[上帝必定是完全无动于衷地创造着他已创造过的事物的]。

　　因为,如果某种原因,或者某种善的迹象,先于上帝对事物的预先划分,那么,它将毫无疑义地决定上帝去创造最好的东西;但是,反过来,因为上帝决定创造世界上那些实际存在的事物,因为这个原因,像在《创世记》中所说的那样,这些事物也就是"非常之善的"了。也就是说,它们的善的原因在于他意愿创造它们这一事实之中。[26]

在笛卡尔看来,事物对绝对意志的这种依赖性,不仅扩展到它们的存在,而且扩展到它们的本质或"本性"之中。在"三角形"的本质之中没有什么使这样一种形状的各内角之和等于两直角成为内在必然性的东西,在数目的本性中也没有什么东西要求二加二等于四。对作为"永恒真理"出现在我们面前的东西,在现实中"仅仅被上帝的意志所决定,上帝作为最高立法者,已经万古千秋地规定和确立了它们"。[27]

　　就被论及的存在而言,至少在正统的英国圣公会的神学的主要经典中,这同一结论是从柏拉图的前提中推导出来的。皮尔逊

第五讲 莱布尼茨和斯宾诺莎的充实性和充足理由

主教（Bishop Pearson）在其《教义解说》（$Exposition\ of\ the\ Creed$ 1659 年）中认为：

> 神在一切外在活动方面都是绝对自由的，没有丝毫的必然性……那些被赋予理解力，以及必然地赋予意志的被造物，不仅可能在其行动中由一个更大的权力使之成为必然的，而且还可能被一个无限善的提议所必然地决定；因此，如果不设想一个全能之外和之上的权力，以及在圆满（all-sufficiency）之外和之上的真正幸福，这些必然性就没有一个能在上帝的活动中得到认可。如果上帝在创世的工作中确实是一个必然的动因，被造物也就会像他一样属于必然存在物。因而，存在物的必然性是第一因的无可怀疑的特权。㉘

这就等于说，避免像斯宾诺莎哲学——这种哲学后来还是公开发表了——这样一种哲学的唯一方法在于坚持主张上帝在其创世活动中是没有理由的，而且不可能期望从中得到任何满足。

这一论点在哲学的或宗教的诗歌中的表现，有时听起来像是阐述伊壁鸠鲁的"漫不经心的神"的概念的那些古典诗句的共鸣；例如，当龙沙*（Ronsard）在一个异教徒和基督教徒的意象的奇怪的混合物中为"永恒的女神"唱颂歌时，人们像记起亚里士多德那样记起了卢克莱修。

---

* 龙沙（Ronsard，Pierre de 1524—1582），法国文艺复兴时期最杰出的诗人。——译者

La premiere des Dieux, ou bien loin de souci
Et de l mumain trarail qui nous tourmente ici,
Par toi-meme contente et par toi bienheureuse,
Tu regnes immortelle en tout bien plantureuse. ㉙
[那原初的神,远离烦恼
而人类的劳作却在这里折磨我们,
通过你的自满自足,你的至福
你以全部丰富的善进行永恒的统治。]

但是,当德拉蒙德(Drummond of Hawthornden)* 用英语重写龙沙的赞美诗,而且把它改变成一种更好更一贯的基督教的柏拉图主义的诗句时,他保留了这一段,却通过把自满自足的概念与创世的概念的联合起来,而详尽地发挥了它并赋予它以进一步的用途:

对你来说,没有快乐,没有,也没有完满,
会由发明出这个伟大的世界结构而产生;
在太阳、月亮和星辰开始它们的无休止的竞赛之前,
在天空的圆脸被紫色的云彩装点之前,
在天上有云,云中降下愁惨的雨雪之前,
在海洋环绕着大地,大地上开满了鲜花之前,
你就幸福地生活着;世界没有给你提供什么
你对你自身中的一切自满自足。㉚

---

* 德拉蒙德(Drummond of Hawthornden 1585—1649),苏格兰英语诗人。——译者

第五讲 莱布尼茨和斯宾诺莎的充实性和充足理由

尽管为奥古斯丁所反对,但这样的思想仍然不断地产生的一个问题被 17 世纪末的一个柏拉图主义者约翰·诺里斯(John Norns)* 直截了当地表达出来了:因为上帝

……在他自身之中直接被赞美……
…………
……他是一个不动的自我中心的静止点,
那么,如果充满他从不会感到腻足的至福
为什么他还要更加享乐?
这样一个智慧的永恒的享乐主义者
为什么不沉迷在他的自足状态之中
在逍遥自在的平静无忧中过他孤独的生活?
为什么要六日工作,去设计
一个值得赞美和声名显赫的纪念碑,
给本已受到同样赞美的他?
为什么需要这大笔财富,
或为什么已被赞美的他要创造?㉜

在这件事上,就像在别的事情上一样,弥尔顿是被相互矛盾的思潮所困扰的才智者的一个有趣的例证。但是在主要方面,作为神学家的诗人倾向于作出神的行动是任意的这一断言;他不时地驳斥笛卡尔的极端唯名论的学说;事物的本质,以及与本质的内在

---

* 诺里斯(John Norris 1657—1711),英国圣公会牧师,哲学家。——译者

关系相关的真理,在逻辑上先于任何意志,以致连上帝都不能改变它们。因此,他在《论基督教的学说》中声称:"行动权的某种不可改变的和内在的必然性,独立于一切外部影响,可能和最完满的自由联结在一起而存在于上帝之中,这两项原则在神的本性之中倾向于同一目的。"但是弥尔顿显然感觉到,这样说过分倾向于决定论;因为稍后一点他实际上主张相反的看法:"上帝的行动本身是必然的说法是不能允许的,只能说他有一种必然的存在,因为圣经本身证明,上帝的法令,因而他的行动,无论它们是怎样的,都是完全自由的。"㉝对神的自足性的思考使得弥尔顿特别强调神的创造性威力在运用上的无动机性。上帝并非固有地是"善",在神学的意义上善在于把存在实际赋予别的存在物。上帝的"善是可以做也可以不做的自由"。㉞在《论基督教的学说》中,我们被告知:无疑

> 上帝的与其本质完满性相一致的威力,不在于生出其子,因为生育并不属于神的本质,神处于无需繁殖的状态之中。㉟

在《失乐园》中,他又重复了这种意见:

> 你无需
> 繁殖,因为你已经是无限的了,
> 各方面都完满无缺,虽然只是一。

这种说法的含意是,在事物的本性中似乎不仅没有不完满的

第五讲　莱布尼茨和斯宾诺莎的充实性和充足理由

被造物的任何世界将会存在的理由，而且也没有它会不存在的一切理由，这个意思当亚当对他的创造者简要陈述某些神学观点时几乎弄清楚了：

> 你自身是十全十美的，
> 在你身上找不到任何缺陷……
> 但你自己却是你最好的伴侣，
> 你无须寻求社交活动。㊲ *

虽然在这种环境下，亚当这样说可能有点奇怪，它证明在诗中有某种戏剧性的动机；虽然这种说法是提前从亚里士多德早期话语中引来的㊲，但它却使这位人类的对话者成为一个警示人类的文雅的开端者，他告诉人们：他自身不是自足的，因而，他在伊甸园中需要一个伴侣。但是，这段诗中最清楚的是，弥尔顿这样一个神学家，在他叙述这点的时候见到有一个机会就借以再次肯定：如果一个自顾自的和不生产东西的上帝是可能的，它也并不因此而具有更少的神性，而是有更多的神性，而且任何被造物的存在都没有必然性，也确实没有理由。弥尔顿对这个论题的热忱更为奇妙，因为他的神学在此似乎与他的伦理教义和道德气质不和。㊳ 正如一些现代著作家所指出的，他不是严格主义的清教徒，他在许多方面是一个典型的文艺复兴人文主义式的人物，喜欢可感世界的光彩和多样性；对他而言，人类的优点不在于从神的最具特色的属性方

---

* 以上所引诗句均参见《失乐园》中译本第260—261页。——译者

面摹仿神。人类不是要通过禁欲主义的自律,靠轻蔑俗世(contemptus mundi)的修养,或者从那些

> 父亲、儿子和兄弟的
> 亲密关系和博爱

中退缩出来的方式,去试图接近,或者越来越专注于神的满足,以获得他的善。"繁殖"确实是神强加在人身上的第一项责任,而神自身却声称这只不过是不情愿的,非本质的,以及(相对于他的可能性而言)贫乏的繁殖:

> 造物主要我们繁殖,谁要我们断绝生育
> 除非我们的破坏者,上帝和人类的敌人?
> ……但人在数目上将显示出
> 他的不完满正在于单一,他生殖
> 跟他一样的同类,他形象的成倍增加
> 只要单一就总有缺陷,
> 这需要比翼的情爱以及最宝贵的亲和力。㊴*

因此,在弥尔顿的思想中,有某些重要的和有益的内在倾向和特征,它们不仅属于人的,而且属于他生活于其中的历史机遇的。

---

* 译文参考了中译本《失乐园》,湖南人民出版社 1987 年,第 135、260 页。——译者

第五讲 莱布尼茨和斯宾诺莎的充实性和充足理由

但是现在与我们相关的只是相互对抗的观念的复合物中的一个要素。

后来的费奈隆(Fénelon)*这一代人,以同样的热忱详细论述了这同一个古代论题——现在他们在心中把斯宾诺莎明白地作为错误的主要代表人物来加以攻击。无疑,这个坎伯雷(Cambrai)的大主教认为,人们可能认为 plus parfait à un être d'être fécond que de ne lêtre pas[在一个由生殖而来的存在中更完满的是那出自非存在的东西];但是,这并不得出神的完满性不需要一个"实际的生育力"。拥有一种力量而不使用它就足够了——这是一个奇怪的命题,但这是费奈隆被迫唯一用来逃避斯宾诺莎这样一个论断的命题。斯宾诺莎证明,一个全能的存在必定具有创造万物的必然性。对于费奈隆来说,这种神学的悖论被这样一个不可否认的真理弄得似乎更加有道理了,这个真理是:虽然言语的天赋可能使人类的存在"更加完满",但是他们的完满性并不一定与他们对这种功能的运用成比例 il arrive même souvent que je sois pas parfait de me taire que de parler[我常常觉得我沉默时比言语时更完美]。因此,在神的本质这方面并没有什么东西使他生育万物或者生育任何一个东西成为必然:"没有什么比说上帝被属于他自身的秩序所迫去产生他能产生的一切才是最完满的这话更错误的了。"因为几乎没人认为在有限本质这方面有什么东西能构成它们存在的理由:

---

* 费奈隆(Fenelon Francois de Salignac de la Mothe 1651—1715),法国天主教大主教、神学家、文学家。——译者

> 如果神考虑到事物的本质,他就会发现其中没有决定事物存在的东西。他只会发现,对他的权力而言,它们并非是不可能存在的……因此,正是在他的肯定的意志之中,他发现它们的存在,因为就它们的本质而言,其自身并不包含存在的理由或原因,相反,却必然地自身包含着非存在。㊵

除这种观点外,任何别的观点都会把"被造物说成为造物主所必需",视为他的存在的一个不可缺少的部分或方面。他应该"无始无终地创造,而且具有必然性"。这样也就没有自由——也不会有创世之前的漫长的安息;而且 ens perfectissimum[完满的本体]将不是在永恒和绝对的自足性上高于世界的上帝,而是被设想为这种重要的生育必然性之表现的有限存在物的总体之集合。㊶

这些先验神学的推理,甚至对于 17 世纪和 18 世纪早期的许多有才智者来说,都无疑是有点不可捉摸的。但同样的结论可以依照更具经验性的理由得到辩护。这种辩护认为——在神的本质之中无论有无任何创世的内在安排——无论如何,被创世界的实际范围和特殊内容给予它的创造者选择的任意性以证据。例如,克拉克就相当详尽地提出了这样一种主张:宇宙中充满与斯宾诺莎学说不相一致的事实,也就是说那些其必然不是按照非如此不可的意义来理解的事实。

> 世上万物通常表现出可以想象的最大的任意性……运动本身,它的一切量和方向以及引力法则,全都是任意的,而且有可能和它们现在的样子完全不同,天体的数目和运

第五讲 莱布尼茨和斯宾诺莎的充实性和充足理由

动在事物自身的本性中毫无必然性……地球上的一切更显然是任意的,而且显然不是必然性的产物,而是意志的产物。例如,难道说动物和植物物种的数量有什么绝对的必然性吗?[42]

在这种学说中,充实原则显然没有合适的立足之处(虽然有时候也像大主教金那样把这两者不协调地合并到一起)。这个原则诡称给人们某种关于存在物的世界之结构的重要的先验的知识,虽然它被设想为能够具有经验的确证。但是,那种坚决主张神的天意之任意性的反理性主义的神学反而和科学的经验主义有某种亲缘关系。因为像物种的数目,在物种之间区别的连续性与非连续性,物质的量和原始配置,虚空的存在与不存在,这些事纯粹是任意的,关于它们的事实必须通过经验来弄清,或者保持无知状态。

那些带有偏好而强调神的绝对性,且乃至要免除理性的强制性的哲学诗人,自然会拒绝充实原则和它的含意。例如,霍桑登的德拉蒙德就曾努力明白地宣称:有无数理念从来就没有被实现过,因为上帝并没有选择实现它们;因此在《赞颂最公正的公正》(*Hymn to the Fairest Fair*)中,真理被描绘成举着一面镜子站在天堂的宝座前,

> 凡是光亮所在之处,
> 就有存在,或将存在,在这里,在应被创造出来之前,
> 你知道随着时间你的力量所带来的一切,

> 你能创造更多的,无数的事物,
> 而那些事物实际上将永远不会获得存在。

弥尔顿也似乎像天生厌恶充足理由原则那样厌恶充实原则,他没有把它用于他的神正论,也没有用于《失乐园》或《论基督教的学说》之中。确实,不需要自然的等级序列的概念,连续性法则就清楚地被表达出来了。万物

> 全都由太一原初物质构成,
> 实体被赋予各种不同形式,不同等级,
> 在活的东西中,还赋有生命。
> 被放置在越接近和越趋于神的地方的东西,
> 就越加灵巧,越加高尚和纯净,
> 又分别指定了各自活动的领域,
> 直到由形体上升到精神,
> 按其类别在其限界中活动……㊸
> 花朵及其果实,
> 成了人类的养料,便逐渐升华,
> 升华到具有生机,升华到成为血气,
> 升华到成为理智,都赋予生命和感觉,
> 想象和理解。因此灵魂,
> 接受了理性。㊹*

---

* 译文参考了中译本《失乐园》,湖南人民出版社1987年版,第165页。——译者

第五讲 莱布尼茨和斯宾诺莎的充实性和充足理由

在有些段落中,诗人对可感世界的巨大和多样性作了详述,而且在这枯燥无味的文字中,他无限制地重复那重要的经院哲学的格言:"存在是善,非存在是不善。"㊺但是他所采纳的一般观点却禁止他去设想一切可能的形式必然存在或者甚至是倾向于存在。相反,原初的创世活动不仅是过时了的,而且是极端有限的。充实观念的辩证法在何等少的程度上决定了弥尔顿关于事物的图式这一点,通过他对哲罗姆和奥利金学说——对此托马斯·阿奎那和但丁曾明确地加以拒绝㊻——的采纳最清楚地表现出来了。根据这一点,创世首先被限制在"超凡的本质"中,精神的或以太的本性之中。只是在这个最高等级的可能被造物中的许多成员的令人失望的行为之后,上帝(他的自足性在此似乎完全被忘掉了)才根据第二步打算,想起通过创造"包括地球和人类以及其他居住者"的"另一个世界"——换句话说,他是通过创造一定数量的较低序列的可能物来弥补那种损害的可能性。

在下一代人中,布莱克默在他的《创世》(1712)中用枯燥的诗句更明确地攻击了充实性原则:

> 难道不可能有不同形态和不同大小
> 的别的动物产生吗?
> 在如此广大的可能性的内部
> 存在着许多从来不会实际存在的东西,
> 而且各种各样的更多的产物
> 将不会在心中产生矛盾……
> 这些变更的场景,这些快速的轮流交替,展示了

从必然性中永远不能得出的事物,
但必须把不确定的存在物归之于心灵和选择。㊽

主要是在和莱布尼茨的前辈和同时代人的这些偏见的结合中,在与他们那些相互冲突的学说——这些学说关系到有限存在物的世界与构成神的理智之原始对象的本质的逻辑秩序之间的联系——的结合中,莱布尼茨的充足理由的原则才能历史地得以理解。这个原则首先是对这样一个基本命题的确信,这个命题为斯宾诺莎以及那些几乎在所有别的方面都与这个哲学家完全不一致的人中的大多数所共同主张,这个命题就是:至少有一个存在物,其本质必然地和直接地蕴含着存在。简言之,对于莱布尼茨而言,本体论的证明是充足理由律的一个部分——这是在18世纪被充分认识到的一个事实。正是因为这个法则是有确实根据的,我们才有资格提出这样的问题作为形而上学(在不同于自然科学的意义上)中的第一个问题,即"为什么宁可某物存在而不是无? 既然'无'比起某物来简单一些,容易一些"。

这个宇宙存在的充足理由不可能在偶然真理的系列中发现……无需任何别的理由的充足理由必定在偶然事物的序列之外,而且必定是一个必然的存在,否则我们将没有一个我们可以在此打住的充足理由。㊾

因此,"充足理由"完全是一种确信内在地存在于本质之中的逻辑必然性;特别是在这种意义上,莱布尼茨把上帝说成是 *ulti-*

maratio rerum[事物的原始理由]。

对莱布尼茨而言,这个原则进而意味着一切有限事物的存在同样必须以某种方式置根于理念的理性秩序和它们的含意之中——在可能之物的世界中,就像通常用短语描述的,上帝“创世之前”曾经把这个世界呈现在他的面前。在此莱布尼茨仍然与斯宾诺莎站在同一立场上,他认为,斯宾诺莎在反对那些宣称“上帝是不偏袒的,他通过意志的绝对活动来决定事物的命运”的哲学家这件事上是完全正确的。(50)如果在自然中有如此之多的单个事实,这种事实在某个命令中就有它的原因而不完全由理性根据所决定的话,那么世界就 *eo ipso*[因此]成为一件“纯粹偶然”的事情了。(51)而且或然性作为一种依靠被虔诚地称为上帝的存在物来描述现实之最终结构的范畴,就不再使哲学家满意了。那种在如此之多的莱布尼茨的同时代人中得到证明的假设,即一般存在物的数量,或者任何有关它们种类的给定的数量——也就是原子、单子或上帝的选民(这是同一困难的纯粹神学的形式)的数量——构成一个从可能的东西中挑选出来的少数的选择物,对莱布尼茨来说,这种假设并没有因为是拣选者的假设就不惹人厌恶,如果这个拣选者由于性格上的弱点而自身偶然地假定了那个特殊数字的话,那么这种假设就是全能者的一种没有道理的偏心的举动。

如果上帝的意志中并不包含通常的最好者的原则,那么这种意志就会要么倾向于恶,这将是一切之中最坏的了;要么它处于对善恶都漠不关心的状态之中,为机遇所引导。那么,一个总是让自己随机遇而行事的意志对于宇宙的统治,和根本没有上帝的原子的偶然集合相比并不更有价值一些。即使上帝只是在某些情况下和某些方面沉迷于机遇……他也就会和他所拣选的对象一样,是不完满的;他也就是不值得完全信赖的。他会在某些情况中没有道理地行动,而对宇宙的统治就会像一些儿戏,一半靠机遇,一半有理由。㊷

在所有这些方面,莱布尼茨一直继承了神学中的柏拉图主义者的理性主义的传统,而这一理性主义的传统则在前半个世纪期间被剑桥的柏拉图主义者更好地表达出来。莱布尼茨自己在许多别的观点上也和他们的学说非常相似,例如,亨利·莫尔在1647年时写道:

> 如果上帝只是在他高兴的时候创造了万物,
> 只是因为他愿意,而不是因为这是善的,
> 这样他的行动就将是没有固定的尺度的,
> 要想知道什么是他愿意的,
> 这可能吗?……
> 我们可怜的灵魂,如果它是自由的,
> 当它们由此离去时,
> 也不能保证它们是好的存在物和实体。
> 我们提出这样一些奇怪的思想,以致因此而
> 颠倒了上帝的法则,而且匆忙作出论断,
> 这种意志支配着上帝,而善却没有支配上帝的意志。㊸

第五讲　莱布尼茨和斯宾诺莎的充实性和充足理由

人们为什么会认为这是对那种没有确定的理由而活动的,或者甚至只是具有某种活动能力的上帝或人类的尊严的提升,这对于莱布尼茨来说,就像对于他的柏拉图主义的前辈来说一样,是完全不可理解的。"把整个世界中最不可理解的东西说成是一个最完满的东西,这是一种怪论,而它的有利之处则在于给反对理性以特权。"这样一种像克拉克和金曾经归之于第一因的特征,可能被一个诗人归之于"某个想象中的唐璜",或者可以这样想象,某个"幻想家(homme romanesque)可能假装具有这种特性,而且甚至迫使他自己去实际地拥有它。但是在自然中永远不会发现一种选择不是由先前的善恶之想象,由各种倾向或理由所引起的"。[59]简言之,"毫无偏向的自由是不可能的,而如果真有这样的自由,它将是有害的"。

如果我们在莱布尼茨关于充足理由原则的这方面的含意的问题上暂留片刻,并考察一下他相信它的根据,那么正如在后面引证的段落中所表现的,这种根据主要有两个:部分的原因是,他是把它作为一种心理学中自明的命题提出来的;正如一切物理事件都必定有一个起作用的原因一样,所有有意识的选择也必定有作为动机的理由;而且这些理由还必须内在地存在于被选择对象的显而易见的价值之中;因而,这个命题对于莱布尼茨来说就是一个"永恒真理";"一种无任何原因,或任何决定性的根源的、自我决定的权力意味着矛盾……有一个这样的原因,这从形而上学上看是必然的。"[60]说到底,莱布尼茨像莫尔一样,明显采纳了这个原则,这是由于在一个相当含混的语词意义上可能被称为实用主义的理由。如果我们生活于其中的世界的概念将不是从这个原则中推导出来,这将使像他这样的人感到难受。这意味着把任性放在了宇宙的王位上——无论以多么可尊敬的名目。它意味着自然如果没有决定性理由于其中,就会藐视人的理性和使它感到迷惑。一个有着如此之多的偶然事件的世界作为立足点,将没有稳定性或可靠性;不确定性将影响到整体。任何事物(也许除了自相矛盾之外)都可能存在,而且任何事情都可能发生,没有一种事物本身比别的事物有更多的可能性。如果任何选择都是有效的,那么这样的一个假说就不是莱布尼茨可以接受的假说;而且如果他不相信充足理由原则是一个逻辑上必然的真理的话,那么充足理由原则看来对他而言无疑看起来是一个实践上不可缺少的假设。⑤

然而,可以顺便提到,有一个关于神没有理由不能做任何事情的命题的相当棘手的推论。克拉克在与莱布尼茨的论战中有效地切入了这个正中要害的难题。根据假说,著名的布里丹的驴子作为一个有完满理性的驴子,是不能在两捆同样多、同样美味、离他鼻子同等距离的干草之间作出选择的。因为没有使他偏爱这捆草而不爱那捆草的充足理由。这个聪明的动物将在大量的食物面前饿死。克拉克指出,从本质上看,莱布尼茨恰恰就是把这样一个不合理的过分的合理性归之于他的创造者。克拉克暗示说,可以假设哪怕全能者也会面临这样一些境遇,在其中无论是选择两者中的这个还是那个都是称心如意的,然而却没有说明为什么选择这个而不选择那个的理由。在这些境遇中,像莱布尼茨所主张的这样一个神将永远不可能有所行动。莱布尼茨不能否认,如果有任何上述境遇,从他的前提中肯定会得出这种结论来。

第五讲　莱布尼茨和斯宾诺莎的充实性和充足理由

这是一个无偏袒地处置的三个无论在何种序列中都是同等的和一样完满的物体的问题；而其结果是它们永远也不会被没有智慧就不能做任何事的上帝放在任何一个等级序列之中。

但是莱布尼茨进一步说，在任何可能的世界中，在两个可供选择物之间不可能有这样一个完满均衡的等值状态。[57]这个断言显然是难以证明的，一看就知道是非常不可能的。莱布尼茨陷入到这种过于简单和有点机械论的意志概念的困惑之中，正如我们已经看到的，对莱布尼茨来说，这就是充足理由原则所具有的意味之一。在被沉思的这个对象或者那个对象都没有价值优势的地方，一个理智的行为者就像一块处在力量均衡状态中的物质一样，没有运动的能力。但是，这不是这个原则的意味深长的本质。莱布尼茨可能有效地把这个原则限制在这样一个命题中，即凡在可能事物之间都存在着实际差别之处，那种根据它们自己的本性而具有更大的存在理由的可能事物，一定会必然地为上帝所创造。

就他反对那个哲学家的批评而言，莱布尼茨的论证似乎是使他自己站在斯宾诺莎一边的。原初存在物依据某种逻辑必然性而存在；同样必然的是，由它派生出的事物将全都有其存在的"理由"，这种理由存在于这些必然性的本性之中和在事物自身之中。而且这可能意味着万物都出自于神的本性的必然性（*ex necessitate divinae naturae*），而且存在着的宇宙恰好是像斯宾诺莎描述过的那样一个系统——在它的最小的细节上都是逻辑地不可避免的，因而永远不可能有像无限理智所想象的那么多的选择存在。然而从这个结论出发，莱布尼茨声称发现了一条逃路。他像许多别的哲学家一样生性渴望得到两全,因此他认为,他的观点是有效地区别于斯宾诺莎的宇宙论的决定论,就像区别于一种偶然世界的理论一样——无论这种理论以它的神学的形式,还是以它的自然主义的或伊壁鸠鲁主义的形式表现出来。而且在他对充足理由原则的系统论述中,对他而言,一个独创性的和有特色的东西似乎恰恰在于它表明有与两种极端看法相反的第三种可能的观点存在的迹象。

他意欲根据以下两点把自己的观点和斯宾诺莎的观点区别开来:(1)在斯宾诺莎那里,神的理性不允许神的意志有所选择,而且在它们之间没有区别。这样的观点在莱布尼茨看来是要不得的。部分的理由和那些已经从别的著作家中引证的段落中所表明的一样。他至少有时也希望上帝能够被看成有意志的,而不只是一个存在于自动地自我实现的本质之无限性中的理智。而且他还认为,斯宾诺莎的形而上学看起来具有排斥任何道德哲学的可能。但是,他也有属于他自己的拒绝斯宾诺莎主义特征的特殊理由——这是一种他认为同时展示出那一难题的解决办法的理由。莱布尼茨认为斯宾诺莎未能看到:在逻辑的意义上,存在不仅必须被限制在可能物的范围内,而且也被限制在共可能的范围内;也就是说,任何实际世界都必须由实体所构成,而实体除了与它们自身相一致外,也要彼此相容。当然,当具体存在物的世界被看作并非所有的组合都是可能的时候,在本质世界中,所有单纯的、肯定的"本性"却都找到了一个毫无冲突的位置。本质因此被设想为转化成存在所需的材料,它们进入到许多组合之中,每个组合都排斥某些本质,但又包含形成一个共可能群体的所有本质。莱布尼茨论证说,当这个群体在心中产生时,变得显而易见的是,不仅可能而且必定有一个选择,也就是诸多组合中的一种组合,而且与此同时,在任何具体存在物的世界能够完全产生之前,排除一切不属于它的东西;用神学的话语来说,也就是在创世之前,神的理性面对着大量——实际上,正如莱布尼茨告诉我们的,是面对无限多的——世界的模型,这其中的任何一个,但只能是一个,可以想象会被创造出来。这个选择的行为因而被视为一个存在着的世界之理念中的逻辑上的必然包含物。这似乎得出这样一个结论:在莱布尼茨看来,就像斯宾诺莎认为的那样,在同样绝对的意义上,充实原则并不主张"对 utrum detur vacuum formarum[是否去掉空闲的模型]的问题,也就是说,对是否有一些是可能的却从不存在的物种的问题"必须作出肯定的回答(这要以我们马上要提及的大量的限定条件为前提);"必定有一些物种从来没有存在过,而且永远也不会存在,因为它们和上帝选定的被造物的系列是不相容的。"⑱

莱布尼茨对发现共可能性概念这事感到非常得意,但是直到我们弄清楚共可能性的标准被假定为什么之前,它还没有确切的含意。关于这一点,莱布尼茨几乎不提,仅仅提到的一点也决非是清楚的。至少有一次他承认他拿不出确定的标准来:

> 不同事物的不共可能性是从哪里产生的,或者不同本质之间的相互对立是如何发生,对此人们并不知道,因为所有纯粹肯定的语词看起来都是 *inter se*[其自身]相容的。⑲

在别的地方还可以发现少许解释;罗素的看法虽说不是毫无

争论余地的,但它是有某种原文文本作为证明的。罗素认为:莱布尼茨的共可能性(compossibility)的标准在于某种假设的必然性,即任何可能的世界都将从属于一致性法则。例如,如果一个世界将包含运动,那么对它来说也就必定有不可改变的运动法则。在某个可能世界中,平方的反比的法则将是这些法则中的一个;对那个世界来说,尽管对于别的可能世界不见得如此,物质运动的任何安排不按照牛顿的公式就会是不共可能的。因此,按照罗素的说法:"在莱布尼茨的哲学中,那种被称为'规律的支配'的东西就是形而上学的必然性。"[50]但是如果这是莱布尼茨的意思,那么他既没有明确地陈述它,也没有给它以任何详细地运用或说明。然而,似乎很平常的是,在可能性这个词的传统哲学意义上,共可能性并非原则上不同于可能性:它仅仅是可能性的一种特殊情况。有关共可能性的真理不是偶然的,而是全都内在地存在于相关本质的逻辑本性之中。简略地说,每个世界的结构,以及对它们中的某个世界来说,现实化的可能性之界限,都处于必然性之中,而这些必然性则永远存在于理念王国之中,它们先于对诸世界中的一个特殊世界的选择而作为存在之特权的接受者。

(2)当然,莱布尼茨对共可能性概念的引进并非是自然而然的。因为他有时设想,他的充足理由原则在本质上是不同于斯宾诺莎的普遍必然性的。共可能性概念只不过是斯宾诺莎能够毫无自相矛盾地接受的、为人们所熟悉的"可能性"概念的精炼和详细论述。[51]原来的问题仍然存在,这个问题是:是否有什么东西,如果有什么东西,它又是什么东西,使得从诸多可能世界之中选择出一个实际存在的世界成为必需。在此,莱布尼茨提出一个进一步的

第五讲 莱布尼茨和斯宾诺莎的充实性和充足理由

区分来,他声称,通过这个区分可以断然地从对斯宾诺莎主义的致命的谴责中逃脱出来。在坚决主张神的意志必定必然地为最充足的理由所决定,因而必定确实可靠地从许多可能世界中选择出一个最好的世界来的说法时,他解释说,他并不是主张斯宾诺莎式的"粗暴的、形而上学的必然性",而是主张某种道德的"必然性";因为其反面,也就是说选择别的世界中的一个世界,在形而上学的意义上并不是不可能的;它并不意味着矛盾:根据充足理由原则,意志"总是更倾向于它所选择的选择物,但是意志选择它不是在必须选择它的意义下这样做的。确实,它将在没有让它这样做的必然性的情况下选择该物"。因此,一个偶然性的残余物被设想留在了宇宙之中,于是人们发现这为第一因的意志自由留下了余地。⑫

莱布尼茨在此试图设立的区别显然是没有逻辑实体的;这一事实如此明显,以致不能相信一个思考其能力的思想者自身会完全没有意识到这一点。不放弃充足理由原则中一切最本质的东西,他是不可能承认一个充足理由会使意志"偏向于"不使其选择成为必然的选择的,至少是在一个意志被设想为被无限理智所开导的情况下。根据莱布尼茨经常且明白主张的命题,选择任何世界而不选择最好的世界,就像非存在将存在一样,是与神的本质不相一致的。正如莱布尼茨曾经在某段文字中承认的,他一直在努力劝导他的读者说,他的宇宙包含了偶然性的一种真实的界限。chez le sage nécessaire et dû sont des choses éqaivalentes[在哲人那里必然性与事物的存在是等价的]。⑬"世界的创造者是自由的",但这种说法只是就它与上帝"决定万物"的说法完全一致的意义而言的。当莱布尼茨说,根据他的原则,那种与实际选择相反的东西不会包含自相矛盾时,他混淆了两件事。按照这一假设,关于任何一个较差的和非存在的世界之存在的纯粹概念,如果它是就其本身来理解,而与充足理由原则脱离开来,它就是不矛盾的;但是,如果说它将为了存在而被选择,这就是绝对不可能的了,因为这将与上帝的完满性以及有意选择的绝对概念相矛盾,而充足理由原则正是这概念的一种表达形式。

当然,莱布尼茨也不可能一贯坚持这样的观点,认为虽然神的意志不得不选择最好的世界,但是这个世界的最好特性是由选择者本身的某种天生的偏爱,某种自由的评价活动所赋予的。没有哪种说法比这种说法更厉害地受到莱布尼茨的反对了。对他来说,价值是纯客观的,而评价活动是一种严格的逻辑过程。那种可能是任何本质或本质之集合的属性的、证明存在为正当的善,是它的内在属性之一,它为神的理性所知晓,然而却属于本质或形而上学必然性的王国,这个王国是先于意志和对意志的规范的。一个对象的价值恰好是以与下述方式相同的方式包括在它的理念之中的,在这种方式中,能够被别的整数整除而没有余数的整除性是包含在某些整数的理念之中的。[64]因此,如果上帝曾宣告有任何别的更好的世界,那么就像他曾断言四不是二的倍数一样,是绝对自相矛盾的。换句话说,这两种情况对他来说是同等不可能的。因此除了这个实际存在的事物而外的事物的任何别的图形的存在,都是永远不可能的。

因而,一种绝对的逻辑上的决定论就像是斯宾诺莎的形而上学的特征一样,也是莱布尼茨的形而上学的特征,尽管之所以如此

第五讲 莱布尼茨和斯宾诺莎的充实性和充足理由

的原因在莱布尼茨的情况中有点更为复杂,尽管莱布尼茨缺乏坦率和勇气表达他的推理的确定的且几乎是明显的结论,但是,在他较流俗的著作中,他并没有通过以启发性的措辞上的误导来掩盖这一结论——特别是通过在"使成为必需"和"确实可靠地倾向于"这两种理由之间的用词上的区分来掩盖这一结论,根据他的其他学说来看,这种区分是绝对无意义的。因此在他的体系中,充足理由原则的真实含意把它自身分解为这样的命题:每一确实存在事物之存在,以及它的属性、行为和联系,都被一种必然真理或这类真理的体系所决定。为这种公式所证明的宇宙的合理性,就像斯宾诺莎所认为的,和几何学体系的合理性属于同一个类型——就像17世纪被逻辑学所设想的几何学体系一样。关于这一点几乎不可能比莱布尼茨自己在他的一篇最重要的短文《论事物的原始根源》(*De rerum originatione radicali*,1697)中表达得更清楚更明白的了。

> 在现实中,我们发现:世间万物不仅按照几何学的,而且按照形而上学的永恒真理的法则而产生(fieri),也就是说,不仅按照质料的而且按照形式的必然性而产生;就理由而言,这确实已经不仅一般地解释了为什么世界存在而不是不存在,以及为什么它如此存在而不是别样存在;而且即使当我们涉及具体细节时,我们也会看到,形而上学的法则在整个宇宙中以美妙的方式拥有善……因此,我们有关于一个存在物的本质和存在这两个方面的现实性的终极的理由,这个理由必然比世界本身更大,而且比它更高级、更在先。[65]

同样的宇宙论的决定论在莱布尼茨的某种逻辑学的论点之中表现出来,这一逻辑学的论点最清楚地表达在他的某些只是在 50 年后才发表出来的论著中。这一论点是:所有偶然真理最终都可以归结为先验的或必然的真理。无疑,由于我们人类的理解力的有限性,在许多情况下,我们不能完成这种归结。在必然性与偶然性之间的区别表现为某些特殊真理把自己呈现给我们心灵的各种方式之间的一种真正的和持久不变的区别。一个在我们看来似乎是偶然的判断,如果独立地看,它有可能表现为必然的——也就是说,这只不过是包含在它之中的概念的实质性意义或本性的表现——但这只有通过对那些概念所作的无限(*in infinitum*)的分析中才可能做到,因而对有限心灵而言,这是不可能的。然而,虽然我们不可能获得对这种必然性的直觉领悟,但是在特殊的情况下,我们仍然能够确信:在那里存在着必然性,而且为上帝的心灵所认识,上帝以其独一无二的完满直觉或知识洞见(*scientia visionis*)完完全全地看到所有的本性以及他们的关系。根据莱布尼茨的看法,除非最终能够归结为必然的,否则没有命题可以完全为真;因为一个命题的为真只能是指"其谓词直接地或间接地包含在其主词之中",所以,不包含那种谓词,主词就不成其为主词。⑯换句话说,除非其反面——对一个有充分的分析能力和有足够的理解能力的理智来说——是自相矛盾的,否则没有判断为真。这个命题与充足理由原则的等价性被明白地阐释为:*vérité primitive que rien nest sans raison*〔原初的真理并非是毫无根据的〕被看成是这样一个命题的同义语,即"每个真理都有一个从它的词语的概念中引申出的先天证据,

第五讲 莱布尼茨和斯宾诺莎的充实性和充足理由 235

虽然进行这种分析并不总是在我们的能力范围之内"。⑰不仅根据它清楚明白的含意,而且依据对它的某些正式的界定,莱布尼茨的充足理由原则相当于斯宾诺莎的关于万物的永恒的、类似几何学必然性的学说。⑱

莱布尼茨在他的"充足理由"和斯宾诺莎的"必然性"之间未能确立任何实质性的区别的这一事实,在18世纪时,并没有为人们所认识。这一事实最终是由哈勒(Halle)的神学家朗格(Joachim Lange)在他的1723年出版的《谦虚的寻求》(Modesta disquisitio)中,以及大量的反对沃尔夫的哲学——它是莱布尼茨哲学的体系化和通俗化——的别的著作中,以完全确实的证据所指出。朗格认为,沃尔夫和莱布尼茨"像从太阳中派生出光来一样从上帝的本性中派生出创世来,而且使它对于上帝来说是严格本质性的,而且是他的本性或必然性的组成部分。"做到这一点的唯一方法是:根据莱布尼茨的原则,任何事物除它所是的东西而外都能够毫无矛盾地是别的东西。这种方法在某个别的并不存在的世界中将作为一种可能性而存在;在现实的世界——根据这个假说,也是上帝能够想象地意愿的唯一的世界——中,一切事物都是由与犹太哲学家的学说中同样的"命中注定的必然性"所决定的。⑲类似的评述——不,或许在这种情况下,意味着实际上的非难——后来在《百科全书》(Encyclopédie)的更少正统性的那些页码中找到了一个位置。对于莱布尼茨在这个世纪中叶所具有的巨大名望而言,该书承担着结论性的证言。它评论道:他单独一个人给德国人带来的荣耀,和柏拉图、亚里士多德以及阿基米德一起带给希腊人的荣誉一样多。⑳然而它问道:

莱布尼茨和沃尔夫先生何以能使他们的充足理由原则和宇宙的偶然性取得一致？偶然性意味着各种可能性的势均力敌。然而有什么比充足理由原则与这样一种均衡更加相反呢？因此，这就必然要说世界的存在不是偶然的，而是根据一个充足理由而存在；而且这有可能把我们引向斯宾诺莎主义的边缘。这两位哲学家确实想逃避这一结果……但是仍然确实的是：充足理由并未使偶然性不受伤害，一个计划越是有要求它存在的理由，可供选择的可能的计划就越少——也就是说，能够提出存在要求的计划也就越少……上帝是所有被创单子的源泉，通过他的连续闪耀，单子从中发射出来……事物除了是它们所是之外不可能是别样的。⑪

这段话明确地表示：莱布尼茨强调他的充足理由原则——这一原则在18世纪被普遍评价为哲学中最伟大的成就之一——的一种意向，而且可能是首要的意向，是要宣传普遍必然性的学说，而且是想减少对斯宾诺莎的形而上学这样一个连莱布尼茨自己都如此恐惧的怪物的害怕。

有人可能指出，即使逻辑必然性在莱布尼茨的宇宙中和在斯宾诺莎的宇宙中一样，是绝对的和普遍的，但是他们两人之间也还是有实质性的区别的。在莱布尼茨的宇宙中，必然的事物是价值的现实化；换句话说，充足理由原则，虽然它宣称只有一个世界能够被设想为存在，然而它还加上了一句话，那就是这一个世界必须是可以想到的最好的世界——这句附加的话在斯宾诺莎那里找不到。然而，如果我们认为"善"所是的东西被莱布尼茨视为特殊事

第五讲 莱布尼茨和斯宾诺莎的充实性和充足理由　237

物存在之根据,或者作为整体的现实世界之根据的话,我们将看到,上述区别也是很小的,而且只是在它猛的一眼看上去时似乎是如此而已。同时我们看到,充足理由原则明显地正在让位给充实原则。莱布尼茨常常十分明确地说,只能有一个说明事物为什么存在的最终理由,也就是说,只有一个说明这个事物的本质要求存在,而且除非与由某种别的本质所提出的相同要求相冲突,该事物将不可避免地获得它的存在的终极理由。现实世界对所有别的在观念上可以想到的世界的优越之处在于这样的事实:在它之中这种存在的本质倾向比起在别的任何世界中的倾向来,有更大的份额得到实现。存在的渴求(*exigentia existentiae*)⑫内在于每个本质之中;*nisi in ipsa essentiae natura quaedam ad existendum inclinatio esset , nihil existeret*[如果不是在自己的本质自然中存在有某种倾向于存在的东西,那就没有存在]。一个纯粹的"可能之物"是一个受挫的,没有完成的事物;因此"每一个可能之物都突出地表现为一种趋向存在的努力(*conatus*)"。而且"它可能被认为注定要存在,被证明要存在,也就是说,它是置根于一个现实存在的必然存在物之中的"。确实,正如我们已经看到的,并非所有的可能物都获得存在,因为共可能性的要求排除了它们中的某些东西。由于这种限制,莱布尼茨几乎要把本体论证明的原则运用到每一个本质之上。他甚至比斯宾诺莎更接近于这样去做。斯宾诺莎基本的(虽然不是他唯一的)论证,请回想一下是这样进行的:给定作为一个直接的必然存在物的观念作为一个支点(*point d'appui*),与所有别的观念(在可能的限度内)相应的存在物的存在就都是同等必然的。⑬对于莱布尼茨来说,这个支点似乎是多余的。当他通常十分小心地把别的存在说成是在逻辑上依靠上帝的存在时,他把重点放在每个本质之中的存在倾向(*propensio ad existendum*)的内在性上,这些本质常常是个别的如此无限制地各自分离,以至于要看出这种依靠是在哪一点上都变得困难了。上帝得以存在的必然性似乎是这类本质属性中的唯一例证——虽然这是一个极端的例证。在神的本质的情况下,使倾向(propension)实现出这种确定性,或许是仅仅归之于它免除了共可能性的要求。这可以说是一种不参加竞争就获胜(*hors concours*)的本质,它无须为在真实世界中争得一席之地而战斗。[74] 在别的本质的情况中,战斗的结局似乎完全取决于它们的属性,而不是取决于上帝的性质。莱布尼茨毫不犹豫地把现实之物从可能世界中的产生描述成准机械论的过程的结果,在这个过程中,带有潜在存在之最大力量的世界不可避免地冲向现实:[75]

> 从所有要求存在的可能之物的冲突中,马上可以得出这样的结果:有事物之系列存在,通过这个系列,尽可能多的事物得以存在;换句话说,最大的可能之物的系列存在……正如我们看到的,液体自发地和依靠它们自己的本性聚集成球形的水滴,因此在宇宙的本性之中那种有着最大能力(*maxime-capax*)的系列存在。[76]

确实,莱布尼茨在说明这种"最大能力"概念的两种可能方法之间摇摆不定。他必须承认本质中间有等级之分,单子的分了级的等级序列,以及处在这个等级序列的最高处的上帝,是这种分级

第五讲 莱布尼茨和斯宾诺莎的充实性和充足理由

的一种表现。而且他似乎常常暗示：由于它们不同的"完满性程度"，某些本质比起别的来有一种更多的存在权利，或更有力的存在倾向。因而现实存在的世界的充实性应该是内涵的而不是外延的；应该按照它的构成成分的等级或卓越的程度，而不只是依据它们的数量来评判。以下的一段话就说明了解释这个概念的方法。

> 上帝进行选择的充足理由只能在各不相同的世界所具有的适应性(convenance)或完满性的程度中找到，因为每个可能事物都有权按照包含在它的胚芽中的完满性的量来获得存在。⑰

虽然莱布尼茨无可否认地在其为 18 世纪的读者最熟悉的流行著作中常常倾向于这种说法，但是，这种说法所提出的观点并没有在逻辑上被他所理解，而且在他对世界实际构成的说明中它也没有得到实际的贯彻。如果人们假设，包含在胚芽中的人的本质的"完满的量"是附属于鳄鱼的本质之上的"完满的量"的很多倍，而且如果人们进一步假设，(像莱布尼茨所假设的)共可能性法则禁止两个物体占住同一个空间，那么根据最后引用的这段话，事情似乎是：一个仅仅包括人而不包括鳄鱼的世界要比包括这两者的世界更好，因为鳄鱼肯定需要质料，占有可能专供人类之用的空间。但是，这恰恰是莱布尼茨没有得出的结论。作为一个神正论的作者，他打算为鳄鱼辩护；他必须表明：充足理由原则要求——在共可能性的限度内再次要求——这些被造物以及存在之链上的所有别的可能环节，下至最低者，都将真实存在。因此，在这个主题上能够被他称作他的实际起作用的理论的东西,是作为提出存在要求者的本质之间的平等权利的理论。"说某些本质有存在的倾向而别的没有,也就是说某些事物没有理由存在,然而,存在似乎是以同样的方式与每个本质普遍联系着的。"[78] 现实存在的世界的优越之处,在于在它之中被现实化的不同本质的数目——换句话说,在于类别的多样性,而不在于它们的形而上学的地位或品质的优秀。"完满性将被置于形式之中[也就是说,像上下文所表明的,被置于形式的量之中],或者多样性之中。由此得出的结论是:物质并非到处一样的,它们由于采取不同的形式而是多种多样的;否则尽可能多的多样性就不能实现……人们同样得出结论:那种可以由之产生出把事物作为各不相同的(*distincta cogitabilitas*)来设想的最大可能性的系列将得以流行。"[79] "现实存在的宇宙是诸可能事物的集合物,它们形成更为丰富的复合物(*qui forment le plus riche composé*)。"[80] "我们必须说,"莱布尼茨在写给马勒伯朗士的信中写道:"上帝创造了他所能创造的最大量的事物。"而且恰恰是因为这个原因,自然法则应尽可能地简单;依据这些法则,上帝能够"找到把尽可能多的事物放在一起的地方。如果上帝使用了别的法则,那就好像一个人用圆石建了一座房子,会余下许多地方不能占满一样"。[81] 因此,即使是像最简单的解释性假说总是为人们所偏爱一样的知识性假设,莱布尼茨也觉得它是充实原则的必然结论——虽然这种联系是很难得出的。

因此,事物为了"善"才存在,而且因为善而存在,而善则只不过是存在自身——即本质的现实化;在事物的永恒本性之中不得不存在的世界是那种在其中"存在的数量尽可能多的世界"。[82] 这样，在莱布尼茨名下的主张与斯宾诺莎对最终原因的否定之间的区别已经接近于快消失的最后的一点了。当然，在莱布尼茨那里，有大量的段落以平常的方式详述了现有设计的例证，详述了每一事物对其余的每一事物的"适应性"，以及特别是对人类利益的"适应性"。[⑧]但是他在其最有条理和最全面的有关其学说的概要中所表达的基本观点是：每个事物的存在，首先不是为了别的事物的缘故，也不是作为达到隐秘的善的工具，而是由于它的本质，像每个本质一样，它的本质具有自己的非派生的存在权利。尽管这一点被逻辑的必然性所实现（就它是可能的而言），尽管它的现实化不同于斯宾诺莎所描述的东西，即仅仅依据内在于不共可能性法则中的界限而从神的本性的必然性中（*ex necessitate divinae naturae*）得出的东西，但是这两种论证的形而上学结论在本质上仍然是相同的。

不过，在莱布尼茨学说和斯宾诺莎主义用以说明在逻辑实体中什么是同一个基本的形而上学的方法之间的区别，从历史的角度上看是重要的。当斯宾诺莎（显然）主张充实原则的现实化是必然的，不可能恰当地被称之为善或者恶时，莱布尼茨则宣称，即使它是必然的时，它也是最高的善；他因而（无条件地）给了这种原则以价值学说的地位，也（有条件地）给它以现实之结构学说的地位。正如我们已经看到的，比起对宇宙的充实性的思想来，斯宾诺莎似乎对宇宙必然性的思想更感兴趣。而莱布尼茨确实对这种论证的两个方面都感兴趣；但是，当他注意到宇宙的"充实性"这个概念，以及想给他的读者一个鲜活的想象力和情感的满足时，他也有点害怕这会使他走向宇宙决定论。

充实原则被作为有关现实的通则而受到的限制,在莱布尼茨的形而上学具体运用于自然科学范围内的问题的过程中,并不证明具有多大的影响。虽然他曾坚信一个 *vacuum formarum*[空间模型]的实在性,也就是说:某些可能之物非存在的实在性,这是一种完全处于形式的特殊系列之外的空白之处,而这种形式的特殊系列则界定了实际存在的世界。在这个世界之中,不允许任何类型的空隙;莱布尼茨有一个他确信为自然所分有的可怕的真空(*horror vacui*)。宇宙在其内在结构上是一个充满物质的空间,而且连续性法则,即那种"自然不作飞跃"的假设能够以绝对的把握运用到一切科学之中,从几何学到生物学到心理学。"如果有人否定它,世界就将包含间断,而且这将推翻伟大的充足理由原则,并迫使我们在解释现象时依赖奇迹和纯粹机遇。"当然,这意味着:由于在世界中实际发现的一般类型的实体显然必定是可能的和共可能的,以及由于(像莱布尼茨有点非批判地假设的那样)那些类型的所有物种必定是同等可能的,那么,离开了任何这样的物种的现实性都将成为一种任性,也就是说是一种偶然的事,它把一种可能性从存在之中排除出去——对莱布尼茨而言,这种情况的不可思议是无需进一步说明的。[64]

当他开始考虑关于物质的存在和物理真空的可能性这两个问题时,充实原则,以及作为它的一种特殊形式的连续性原则,使他陷入某种困惑之中。而后一个问题在他有生之年仍是在物理学家中争论较多的话题 在某些段落中,他几乎像大主教金曾经做过的那样,从这些原则中推导出自然实在论的证据来。[65]上帝必定创造了真正的物质,因为他如果不这样做,就会不仅有一个存在的未被

第五讲　莱布尼茨和斯宾诺莎的充实性和充足理由　　243

现实化的可能性,而且在事物中还缺乏一种首尾一贯性:"如果只有心灵,它们相互间就没有必然联系(liaison),就没有时间和空间的秩序。"这种秩序"需要物质、运动以及运动的法则"。如果有任何物质存在,那么它就必定是连续的;不可能有那种物质本可以存在但却并未存在于其中的空的空间。莱布尼茨因此而猛烈地攻击在物理学上主张真空的人(vacuists)。但是,另一方面,他发现得出空间仅仅是"共存的秩序",是一种在其中实体尚未扩展到相互之间、感性地显现出来的形式这一推断的理由,在此对这种理由无须加以说明。⑥因此,物质世界,正如通常的自然实在论所想象的那样,被抛弃了,而且物体被归结为已经提及过的模糊状态。简言之,充实原则在此和某些别的辩证动机发生了冲突,而这些动机在莱布尼茨的思想中起着重要作用。而且,在这种特殊状态下,充实原则已经被击败。⑥从这种观点出发,当他仍然继续批评相信真空的人们的时候,已经不是因为他们坚持认为空的空间在某处存在,而是因为他们主张实在空间的根本存在了。⑥同时,由于物质是实在的显现,对任何虚空的可能性的否定的的确确包含了善;自然无处不充满了生命,它们全都带有某种程度的知觉。莱布尼茨在《单子论》中写道:"在宇宙中无物荒芜,无物不毛,无物死亡。"在别的地方他又说:"如果有一个虚空,那显然就会留下不毛和荒芜之处,不过在其中,如果对任何别的事物不带偏见,某些事物想必也会产生出来,但是留下任何这样的地方都将会是和智慧不相一致的。"⑧"一个由无数被造物所组成的世界被包含在宇宙的每个微粒中。"⑩

　　但是,正如形而上学的论证已经大致暗示的,并非由于纯粹的量和数,自然才会是不知足地贪婪的。本质上正是最大限度地使多样性增加的做法,才是自然所渴求的,即把物种和亚种以及不同的个体增加到逻辑上可能的限度。"正如在物质世界的种类之间没有一个空隙一样,有理智的被造物之间的种类也不会少些。"[91] 在 18 世纪,从充实原则的这一方面得出的某些著名结论,我们将在以后的讲座中考察。

第六讲　18世纪思想中的存在之链，及人在自然中的地位和作用

宇宙作为一个存在之链的观念，以及支撑这种观念的原则——充实性、连续性、等级性，正是在18世纪获得了最广泛的传播与认同。这初看起来有些奇怪，一组起源于柏拉图和亚里士多德并被新柏拉图主义者系统化了的观念，原本是如此过时的思想，看起来却令人惊奇——特别是在18世纪大部分时间（粗略估计）的理智风尚中存在着大量对这些假设不利的东西的情况下。亚里士多德的权威当然是丧失已久，经院哲学及其方法在自诩其"启蒙"精神的人中，常常是轻蔑和嘲笑的对象，对思辨的先验形而上学的信仰在不断减弱，培根式的气质（如果不确切地叫作培根式的方法的话），即那种孜孜不倦的经验探索的精神在科学中继续高奏凯歌，并且在相当多受过一般教育的公众中成为狂热的崇拜对象。而存在之链的观念，以及以它为基础的假设，很明显不是来自于经验的概括，实际上，它也是难以与自然界中为人熟知的事实相一致的。

然而从来没有任何一个时期各种学者——科学家和哲学家、诗人和散文作家、自然神论者和正统神学家——如此大量地讨论存在之链或更含蓄地接受与存在之链相关联的观念的一般图式，

或更大胆地从中引申出其潜在的或明显的含意。艾迪生、金、勃林布鲁克*(Bolingbroke)、蒲伯、哈勒、汤姆森(Thomson)、埃肯塞德(Akenside)、布封(Buffon)、邦尼特、戈德史密斯(Goldsmith)、狄德罗、康德、兰伯特、赫尔德、席勒——所有这些人和一群名气稍小的学者不仅详述了这个论题,并且从中得出了新的或先前回避的结论;而伏尔泰和约翰逊博士,这一对剑拔弩张的伙伴(companions in arms),发动了对这整个观念的攻击。紧随"自然"这个词之后,"存在巨链"这个词成为18世纪神圣的词汇,它在某种意义上扮演了有点类似于19世纪末"进化论"这个神圣名词的角色。

这种观念在18世纪的流行或许并不主要归因于希腊和中世纪哲学的任何直接影响。因为两位名声和影响在其后半个世纪无人能匹敌的17世纪末的哲学家都坚持这种观念。洛克和莱布尼茨一样明确地重复着这个古老的论题,尽管他在措辞上不如后者华丽:

> 在所有可见的有形世界里我们看不到断裂和缝隙。从我们向低等生物的下降是通过平缓的阶梯,在一个连续的系列中每一个变更都彼此相异甚微。存在着有翅膀的能飞的鱼,也存在一些生活在水中的鸟,它们的血像鱼一样是冷的……存在着既同鸟类又同兽类都有亲缘关系而介乎于鸟兽之间的动物。水陆两栖动物把陆生动物和水生动物联系起来……更

---

* 勃林布鲁克(Bolingbroke 1678—1751),英国安妮女王时代杰出的政治家,博学多才,能言善辩。——译者

第六讲 18世纪思想中的存在……地位和作用

不用说关于人鱼和海底人(sea-men)的可信报道了。存在着一些似乎和某些我们称做人的东西具有同样多的理性和知识的野兽,而且动物王国和植物王国是如此密切地相联结,以致你把动物王国中的最低劣者与植物王国中的最卓越者相比较,几乎难以感觉到它们之间有任何大的差别。如此类推,直到物质的最低级的和无机的部分,我们将处处发现几个物种联系在一起,其区别仅仅是几乎到了无法察觉的程度。当我们考虑到造物主无限的威力和智慧时,我们有理由认为,这与宇宙惊人的和谐,造物主宏伟的计划和无穷的善是相适合的。被造物的种类也应该通过平缓的级差,从我们开始,向着上帝那无限的完美上升,就像我们所看见的从我们向下的逐渐下降一样。①

艾迪生通过反复在《旁观者》杂志中参照这种观点而使这种柏拉图的形而上学观点为从未阅读哲学家和神学家作品的公众所熟知。例如在《旁观者》第519期中:

至善者具有一个如此爱传播的本性,它似乎乐意把存在授予不同等级的可感知的存在物。由于这是我常常乐而不倦地追求的一种沉思,我将通过思考来源于我们知识之内的存在者的等级序列的部分来进一步展开这个问题。存在着许多其他被造物……它们除了触觉和味觉之外没有其他官能。我们可以惊奇地看到,某种被造物在形成——也就是其所有官能完善——之前,生命世界通过一种如此渐进的过程,以一种无限多样化的物种形式而发展……如果我们随后考察灵巧和机智,或我们通常叫作本能的东西的几种内在完善性,我们会发现它们以同样的方式上升,一者以一种难以察觉的方式超出另一者,并接其所属的物种而获得补充改进。这种自然的进步是如此的平缓,以至于一个低等物种中的最完善与紧挨其上的物种中的最不完善者非常接近……[最高存在]的善在多样性方面并不比在众多的有生命的被造物中少。倘若造物主只造了一种动物,任何其他物种就没有可能享受存在的乐趣……因而上帝在创世中规定了生命的每个等级,和存在的每种能力。自然的全部断层,从植物到人,都被杂多的被造物的种类所填满,通过这样一种渐进和平缓的上升,一者超出另一者,以至于从一个物种到另一个物种的极小的变迁和超出,几乎是难以察觉到的。这种居间的空隙被如此奇妙的使用和安排,以至于几乎所有知觉的等级无不在生命世界的某一部分中呈现。②

另一位学者,英国圣公会的神学家埃德蒙·劳(Edmund law)不满意于这种创世的"充实性"图景,但在引述了艾迪生的话以后,补充说,在每个物种中,正如许多个体具有共存的能力一样,肯定也能产生这种能力。

根据观察,不存在任何形式的断层和虚空,不存在这种存在巨链中的联系环节的短缺及其理由,似乎尤其可能的是:每一种特殊的秩序,及它们的每一个等级和物种,如同其本性所许可或上帝认为妥当的那样充实。可能在每一个等级中存在着相互间没有某种不方便和不适宜而能共同存在的如此多的东西。我们相信,除了事物本性中的一种不可能性,或某种更大的(原文如此)不适宜性,没有什么能限制上帝能力的发挥,或妨碍他创生出越来越多的巧妙得体的存在物……我们有充足的理由推导出所有事物在其自身的种属之内是尽可能完善的,每一个体系自身是充实的和完满的。③

撇开诸多对这些一般观念的特殊看法,我们将在这次讲演中思考某些从这些观念中推导出的关于人的结论——人在等级序列中的位置、人的本性以及由此得出的伦理学结论。

第一,存在之链和人在自然中的地位。我们已经思考过对世界的无限性及有生物居住的星球的众多性的信仰——其思想主要是从充实性原则所得出的结论——对人在宇宙体系中的地位和作用的观念所造成的影响。我们已看到,这种信仰并不像人们原来所预料和通常设想的那样减少了我们人类的自我尊严。但是关于充实的和无限细微地渐进的存在的等级序列的观念,还有四种其它隐藏的含意,这些含意确实有可能降低人对其自身在宇宙中的重要性和唯一性的评价,而这些关于人类的唯一至尊地位的观念曾被18世纪哲学家和哲学思想的普及者仔细考究过。

1. 充实性原则包含了这样的含意,即存在之链的每个环节的存在,不仅仅是,也不主要是出于任何其他环节的利益,而是为其自身的缘故,或更准确地说,为了形式系列的完满性的缘故,而实施这种完满性是上帝创世的主要目的。我们已看到,尽管诸多实体在地位上被认为是不平等的,但它们都在理性可能性的限度之内有要求存在的平等权利。因此一种存在物的 raison d'être［真正存在的理由］,永远不能在其对其他物的有用性中寻找。但是这种含意与一种古老的设定相违背,这种古老的设定高度地美化了人,并在17世纪和18世纪里继续存在。自然神论的和正教的启蒙读物的作者们如此钟情的"物理神学"(physico-theology),有意成为一种上帝存在的证明;但它实际上却是一种对人的褒扬。因为它在很大程度上立论于所有别的被造物以人为目的而存在这种假设之上。Tout est créé pour l'homme［一切都是为人而创造］立即成为被默认的前提,也是构成18世纪"哲学"成果的一个如此重要组成部分的长期有关目的论争论的成功结论——也是人类愚行(imbecility)的最令人惊奇的标志之一。这样一个接近今天的时代,在这点上却反复回旋着一个中世纪陈腐的老调。经院哲学的主要教科书曾声称:

　　正如人是因上帝的缘故而被造的,以便人能服务于上帝一样,世界也是为人的缘故而被造的,以便世界能服务于人。④

培根对这个主题作了详尽阐述:

　　如果我们从目的上看,人可以被认为是世界的中心。如果人被从世界中排除,余下的世界就似乎成了没有目的和目标的一盘散沙……而走向虚无,因为整个世界的协调劳作都是为人服务的,万物皆为人提供用途和营养……以致到了万

第六讲 18世纪思想中的存在……地位和作用 251

物似乎不是为它们自己而是为了人而奔忙的程度。⑤

在一本18世纪倍受人们推崇的17世纪末的新教神学著作中有这样的话：

> 如果我们仔细地思考那构成宇宙的最好的部分的优点的东西，我们将发现它们唯有在与我们的相互关联中才有价值，而且仅仅是就我们的灵魂赋予其价值而言才是如此。人的评价构成了岩石和金属的主要价值，人的使用和人的愉悦赋予植物、树和水果以价值。⑥

费奈隆(Fenelon)说："在自然之中不仅植物而且动物都是为了为我们所用才被创造的，"食肉猛兽看起来好像是例外的，但"如果所有的国家按其应是的那样被居住(were peopled)并服从于法律和秩序，那也就没有袭击人的动物了。"野兽也服务于人，这部分是作为培养身体灵巧和勇气的方式，部分是为了保护国际和平的目的。因为费奈隆也懂得人类需要某种取代战争的道德代用品。费奈隆设想通过在偏远地方保存"猛兽"，而使那些有战争嗜好而需要发泄的人有一个可以常去的去处。自然的善行往往通过提供其他种类的好战的生物以供杀戮的方式表现出来，以便人类有可能免除彼此残杀的必要性。⑦贝尔纳丹(Bernardin de St. Pierre)*

---

* 贝尔纳丹·德·圣皮埃尔(Bernardinde St Pierre 1731—1814)，法国作家，最早颂扬文化原始主义的人。——译者

在其 1784 年被认为是同类作品中杰出著作的《自然研究》(Êtudes de la Nature)中说:"造物主的目的仅仅在于人类的幸福,所有自然法则都是为服务于我们的需要而设计的。"⑧

存在之链观念的逻辑有效地从事着不仅反对认为其他所有被造物都是人类利益的工具的假说,而且——尽管不是很明显地——反对一般的目的论论辩的前提的工作,尽管反对这种形式的人类虚荣心的主张也曾被其他考虑所激起。伽利略曾写道:"如果我们设想上帝的恰当的工作就是对我们的关怀,神的智慧和能力并没有超越这个目的之外,那我们就不当地把太多的东西归于我们自身了。"⑨亨利·摩尔(Herry More)*明显受到充实性原则的影响,他宣称:

> 我们不必因为存在着为那些在我们看来是如此卑贱的、是低等动物的害虫而做的细心的准备而感到震惊。因为这种震惊只是出于傲慢和无知,或某种骄傲和自大,只是因为我们被鼓励去相信在某种意义上万物皆因人而被造,因而万物完全不是为了它们自己而降生。但作此种断言的人是对上帝本性的无知,以及对事物知识的贫乏。如果一个善良的人类能够仁慈对待受其统辖的兽类,那么一个善良的上帝必然宽厚仁慈,并乐意使他的所有的被造物享有其生命和感觉,并能享受任何快乐。⑩

---

* 亨利·摩尔(Herry More 1641—1684),英国诗人,宗教哲学家。——译者

第六讲 18世纪思想中的存在……地位和作用

笛卡尔是17世纪中不仅反对人类中心主义目的论,而且反对科学中所有形式的目的论推理的主要人物。除了其他的反对意见外,他发现了这样一种与明显的事实相冲突的理论:

> 万物完全没有可能以这种方式为我们而被造,以致上帝在创造万物时没有任何其他目的……如此这样的假定,我认为在关于自然的问题的推论中会显得非常愚昧无知。我们不能怀疑有无限多的事物存在,或尽管它们现在不存在但过去确实存在过,这些东西人类从来见过它们,也不理解它们,当然也从未使用过它们。⑪

17世纪大多数伟大的哲人都重复着同样的观点,莱布尼茨在其 non omnia hominum causa fieri [万物并不是为人而产生]这一原理中与斯宾诺莎观点相一致。⑫他陈述说:"我们发现在世界上有并不使我们愉悦的事物。"这并不奇怪,因为"我们知道世界并不是单单为我们而被造的"。大主教金(King)说:臆想"地球是为人类的缘故而不是为宇宙的缘故而被造",这在事实上是"荒谬的",任何一个"没有被傲慢和无知蒙蔽住眼睛的人"都能看清这一点。同样的命题是勃林布鲁克在其《片语》(Fragments)或《散文选》(Minutes of Essays)中与除金以外的所有圣者论战的主旨,蒲伯或许从该书中获取了《论人》(Essay on Man)这第一部书信体诗文的大部分观点,自然神论者在此和正统护教者的看法完全一致。勃林布鲁克声言,嘲笑所有的通神论(theosophic)推论,以及所有神学家自认为熟识至高上帝的隐秘理想的自负,都是真的。对柏拉图及其古代的或现代的后继者,他都特别轻视。但他最终也平静地假设他没有完全忽视"整个自然创造者的设计"。勃林布鲁克坚信,作为一个整体的宇宙图景的完满性,是宇宙存在的 raison d'être[存在理由]。我们没有理由认为"造物主的无限智慧在创造人时没有其他目的"。——或者,也没有自然之链中任何其他的环节——"而仅仅是创造一个幸福的被造物"。⑬

在我们星球上有感觉的居民,就像剧中登场的人物,不同的角色用以适应每一幕中表演的不同目的。物质世界中的某些部分,就像剧院里的机器,不是为演员,而是为表演而设计的。如果任意一者出现变动,戏剧的整个秩序和系统将会被打乱和破坏。⑭

简言之,宇宙被造是为了让所有可能形式的存在都能按其类别而展现自身。因此我们这个时代的一个作家称之为 point de vue spectaculaire[戏剧性的观点]——那种并不产生于相信宇宙适合于人的需求和欲望,而是产生于作为奇观的宇宙的无限丰富性和多样性的宇宙论的虔敬和世界中浪漫的喜悦,那种展示为复杂的和常常是悲剧的宏大视野——在18世纪早期一点也不为人所陌生。⑮为这么多18世纪学者们所津津乐道的这一主题被歌德在其诗作《聚会》(Athroismos,1819)中最简洁地概括为"Zweck sein selbst ist jegliches Tier[每一个动物皆是其自身的目的]"。

第六讲　18世纪思想中的存在……地位和作用

2. 另一种同样的结论来源于被人们所接受的人在存在之链中的相对位置的观点。我们知道,通常对此的说法是,人是存在之链的"中间环节"。这并不必然意味着,(我想)也不是通常意味着在人之上的存在种类和在人之下的存在种类在数目上刚好相等。正好相反,洛克认为"我们有理由认为高于我们的创造物的物种比低于我们的创造物的物种要多得多。我们存在的完善化程度和无限上帝的存在的完善化程度的距离,比我们离其存在状态接近虚无的最低状态的存在的距离要远得多"。[16]艾迪生将这个问题说得更尖锐,"空间与场所"上至无穷,而且一定是被充满的,但在下的等级数却是有限的。[17]因此人不是这个系列之中的居中者,而是处于接近底端的位置,人是"中间环节"是在人是从仅有感觉者到理智存在物的转折点的意义上讲的。这意味着是对人的褒扬还是贬低呢?对于诗人扬格来说,这似乎是允许人对其自身持一种较高的评价,扬格以一种文学的浪漫方式来定义中间位置的概念,他认为人是一个:

无限的存在之链中的卓越环节
他是从虚无到上帝之间的中途站

但对绝大部分反思该理论指定给人在宇宙中的位置的人来说,这是使他们恭谦的又一个理由。尽管人只是被造得略低于天使,但他是比最低的天使还低,或者是低于其他精神性的存在。人之上的连续等级系列是如此庞大以致当人仔细思考这些连续系列时,一种极度的种族自卑感油然而生。威廉·配第(William Petty)

爵士1677年说:"思考这些被造物的等级序列的主要用途是让人看清在上帝之下可能存在着数以百万计的优越于人的被造物,而人却常以为自己是仅次于上帝的万物之灵。"这表明"……在某些恒星的轨道上……存在着在尊严和懦弱的感受上[更加]无可比拟地超过人的存在,因而人也是这样超过微不足道的昆虫。"[18] 当一位卓越的女士在1710年写到——该文的作者表明当时这种思维方式是何等的平庸之见——

> 如果……我们进一步考虑,存在着从第一推动力(the first Cause)到最难感知的效用,从无限的造物主到受造物中最微小物的存在的等级序列,我们有理由相信,正如我们看到的无数低于我们的存在伙伴,每一物种在其种类中都是不完善的,直到它们终止在某一点、一个不可分的实体上。同样,在我们之上几乎存在无数的存在物,它们如此之多地优越于我们,如同我们优越于最小的昆虫或最小的植物一样。与这些优越于我们的存在相比,最杰出的天才,最伟大的理性大师,最有睿智的和不倦的知识的探索者,都仅仅是孩童,几乎不配被称为智慧王国里的最低的种类。想到我们自己,我们只能感到自卑,只能为我们自身的狂傲而脸红,并羞愧地回顾我们那些愚蠢的作为。
>
> 在我看来那些卓越的理智之物……通过其自身本性的高贵而上升到一个至上的地位,达到被造的心灵所具有的和最高的善的最内在的合一。它们以一种蔑视的微笑观察我们,而这种蔑视中掺杂怜悯的情绪。[19]

艾迪生几年以后才仔细思考这个问题:"如果存在物从最平庸者(the meanest)到至高者的逐渐上升的观念不是一个无用的幻想,那么一个天使轻视人,犹如人轻视那最接近于合理自然的被造物一样,就并非是不可能的。"[20]哲学家福梅(Formey)在最初接触到存在的等级序列的观念时记下了他所产生的相似的印象:

> 我几乎没有理由把我自己抬高到别的事物之上,从何处我能找到骄傲的理由?以前我总是把自己想象成上帝的被造物中的最优秀者,而我现在感觉到这想法是何等的荒谬。我发现我自己接近存在之链的最低部分,我唯一所能夸口的是,我居于一个稍稍优越于无理性被造物的位置。而且情况也不总是如此,许多事物所拥有的优越性我们都不拥有。而相反,我很清楚在我之上有无限多的智慧者优越于我。[21]

当然,这种关于许多级别的"天使"优越于人的信念并不新鲜。引用以上这几段话仅仅是想证明此信仰的持久性,其被认识到了的在存在之链的一般图式中的哲学基础,以及它对人自身观念的影响。但在18世纪这种信念开始采用了一种更为自然主义的形式。这在勃林布鲁克的一些文章中表现出来,存在着不间断的"几乎从非存在到人"的存在之链,他设想这是通过观察而确立起来的。就像他所嘲笑的经院哲学家一样,他发现尽管经验证据在此无助于我们,但是"我们有最大可能性的理由去相信,从人继续向上有无数类别,它们在神之下,然而远远在人类之上,但是这些优越的类别对人来说不是天使的等级系列,而仅仅是某些在这个太阳系或别的太阳系中的其他星球上的居民"。他为这种对存在之链中更高环节的存在的信念给出了一个有益的理由,作为对一般充实假定的补充:人的理智能力相对于哪怕是有限的智慧生物的最大可能性也显得如此的短缺和不足的事实。

我们不能怀疑数不清的世界和世界的系统构成这令人惊奇的宇宙的整体。我很少想,那些围绕太阳旋转的行星,或那些围绕其他众多恒星旋转的行星,都被有生命的被造物居住,且适宜于他们居住。当我们使这种图景展示在我们眼前时,我们能愚蠢、自负和鲁莽到了想象我们是单独存在或在被造的理性存在物中最卓越者的程度吗?除非我们疯了,因而丧失了使用我们理性的能力,我们必须意识到我们理性的非完善性。难道我们不应该宁可相信,就像从那些微小得我们不借助于显微镜就无法感知或者甚至借助于显微镜也无法感知到的生物进展到人类——在人类中尽管这是其最高阶段,但他们仍保留着明显的不完善性——存在着从感觉到理智的渐进性的过程一样,在从人,经过各种形式的感觉、理智和理性,上升到因其远离我们而不能为我们所知的存在——它们在理智的系统中的级别甚至在我们的理解力之上——的过程中,同样存在一种等级性。这个系统和这个有形的世界……在神圣的精神赋予它们存在之前,一定已同样呈现在神的精神之前。㉒

简言之,尽管勃林布鲁克在卖弄他的不可知论,他也想拥有对宇宙的信仰。对他来说，不假定自然已在某处产生出比 *home sapiens*[人类]更好的理性样本是不可能的。但人类抱怨其理智的缺陷是没有道理的。在这个行星上只有等级序列的一部分存在，而在这个系列中占据了某个点的人碰巧并非是完全无理性的，但从总体上看，却是非常愚蠢的被造物。——当然，人略高于他所居住的星球上的其他生物，但和至善者相比他望尘莫及。如果具有局限性的人是有缺陷的(wanting)，那么世界的图式也是非完满的和非完善的。蒲伯用四行尖刻的诗文来表达对人同样的轻蔑：

> 卓越的存在者当他们近来看到
> 一个有限的人在阐释所有的自然法则，
> 就欣赏这样一种世俗形态的智慧
> 展示一个牛顿如同我们展示一个猿人。㉓

同样的看法后来被康德更加兴致勃勃地加以详细阐述：

> 人的本性似乎占据了存在的等级序列的居中环节……它与序列两端的距离相等。如果居住在木星或土星上的最卓越的理性生物的凝视引起了人的嫉妒和对其自身劣等性的羞愧，人也能通过转而注视那些居住在金星或水星上的其完善性远不如人的低等生物而感自足和满意。㉔

但康德已发现，如其所设想的一样，在这些行星之中理性等级分配不均衡的物理原因。在其哲学思想发展的早期阶段，他并不怀疑理智的功能被与之相联系的物质身体的结构所限定。"人确实是通过其身体而从宇宙万物作用于他的印象中获取其所有的概念和表象的。"甚至"比较和联结"这些印象的能力,"它们可以被称作思想的能力,完全依赖于造物主把他与之联结在一起的事物的结构"。㉕一个行星离太阳越远,它所得到的太阳的热量和能量就越少,为了使生命和理智能在更偏远的行星上存活,构造生命体的物质一定是"更轻巧更精致",无论是动物还是植物有机体的生理学构造,也一定更加精巧和组织得更加复杂。因此,康德得出结论说,存在着一个"其可能性程度一点也不缺乏完满确定性的"规律。

> 思维本性的优越性,其理解的快捷性,其概念的明晰性与生动性,这些都来源于关于外部世界的印象,它们联结这些概念的能力,及它们实践的效力。简言之,其所有无满性的程度,都按其所居住的星球与太阳的遥远程度而变得更高级和更完满。㉖

因此"人类才智的愚钝",其观念的混乱(Verwirrung),易于陷入错误的倾向,其道德本性的堕落——对所有这一切康德不比勃林布鲁克感受得少——这些是其思想依赖于"粗俗和惰性的物质"的必然结果。但那些更幸运的遥远行星上的居民们则相当程度地摆脱了这些物理障碍对思维活动的制约。

> 相对于那些更高天体上幸运的存在者的洞见力说,有什

么幽深的知识不能被其把握！这种理解力的澄清透明怎能不会对其道德行为产生良好的效应！……其本质的高尚特性定会使其神圣……在这样的思想本性中的形式，就像不受情绪风浪干扰的平静的大海，接收和映现它的形象！[20]

没有必要去评论这种狂热但令人愉悦的臆想。但极难找到一个对这种柏拉图传统原则信念的更好的解说，我们正在考察的这种信念的历史甚至对18世纪最优秀的思想家都影响尤深。这种解说值得进一步关注，因为我们知道，康德不准备坚持所有的星球上都一定居住着有意识的居民。但他非常确信，在一个合理安排的宇宙里，大部分星球上一定存在精神生命。生命和理智不可能仅仅被局限在一个小行星上，因此存的等级序列一定远远地延伸到人类之上。康德也从像人这样可怜的被造物远非自然所产生的最佳物的思想中寻求安慰。木星人或土星人都能仅仅带着一种恩赐态度的怜悯之心蔑视我们人类最为沾沾自喜的成就，蔑视这相当劣等的星球。康德引述蒲伯的话来作为结论：其他星球上的更高等的存在物看牛顿一定像我们看南非的霍屯督人（Hottentot）或者猿人一样。

邦尼特（Bonnet）在1764年同样从存在之链的完满性的假定中得出了对其他星球居民的解释。由于没有两片叶子，或者两个动物，两个人是完全相同的，这是一条自然法则，所以它对行星和太阳系也是同样适用的。

作为我们世界的特点的存在物的分类可能在其他世界中

难以找到。每一个星球拥有其特殊的经济、法律和物产(products)。或许存在着与我们世界相比如此不完善的世界，以致在其中仅能找到……无生命的存在物。与此相反，另外一些世界可能如此完善，在其中只存在高等级的存在物。在这些完善的世界里岩石是有机体，植物有感觉，动物能运用理性，人是天使。㉘

3. 但这仅仅是传统神学久已持有的谦逊的动因，教会一直吩咐个人卑谦地跟随上帝并意识到自己相对于宇宙等级系列中无数高于他的被造物而言的卑贱地位。但这也常常激励人在存在的等级序列中的低于他的生物群中趾高气扬。他不是因为沐浴了神圣理性的智慧之光才在尊严上远远超出哪怕是最高等的动物吗？但当人开始严肃地思考连续性原则的含义时——教会的大神学家们一直在谆谆教导这一原则——似乎可以推导出人在心理上和生理上只能被设想为极微弱地区别于与这最接近的所谓非人类的物种的结论。而奇怪的是，这个结论的大部分是如此迟缓地得出。艾迪生，当他发现物质因为处在人的作为 *nexus utriusque mundi* [宇宙双方的纽带]，即动物和理智生命之间的环节的位置上而骄傲时，却对此主题做出了他反思的结论：

> 因而，从一个方面看，人与天使和天使长(archagels)相联系，可以把无限完善的存在尊为他的天父，把最高等级的天使尊为天兄。但另一方面，人可以对堕落天使说，你是我父亲，对虫子说，你是我的姐妹。

第六讲 18世纪思想中的存在……地位和作用

勃林布鲁克重点立论于连续性原则,他也努力降低人类对自身的太高的自负——尽管他认为有些人在种族自我诽谤上有些过分。人当然是"这个星球上主要的居民,一种优越于所有其它物的存在"。但这仅仅是程度上的优越性,而且这种程度上的差异是很微弱的。

> 所有有神论的哲学家和神学家都异口同声地声称它[理性]是上帝赋予人的特别的礼物,它给人一种超群的地位和统治其生物伙伴的权利……有人曾经想过,人是神圣灵魂的一部分。另一些人更谨慎,承认人是一种被造的存在……但是一种如此高等级的存在,除了至上存在者外,没有比其更优越者……
>
> 在这两种极端之间存在着一个中间点,真理便在此处,寻找它的人就能找到它……人们将发现……在人类的理智和各种动物的理智之间有许多这样的比较等级,人可能被诱导而认为,同种类的或不同种类的理智的能力和肉体的感觉,按照某种比率或别的东西而传递到整个动物的族系之中。㉙
>
> 人以其本性,并通过万有的创造者的设计而与整个动物家族相联系,并与某些动物如此紧密相连,以致人与动物在理智能力上的差异,这些差异尽管不像外形那样明显,确实构成了物种的差异,但这些差异在许多实例中显得那么微小。如果我们有办法知道动物的动机,就像我们能够观察到它们的行为一样,这些差异就会显得更加微小。㉚

当蒲伯把这些反思写成诗文时,他特别强调了勃林布鲁克的中道思想(*via media*)的训导意义：

> 如同创世的威力延伸到无边无际，
> 感性和智能的等级序列也一样向上升腾，
> 表明它那荣登王位的人类种族，
> 如何出自一片绿色的芳草萋萋……
> 本能如此多变，在卑贱的猪里，
> 在拥有朦胧理性的大象身上，与你相比，
> 在这两者与理性之间，有多么遥远的隔绝！
> 永远邻近，又永远隔离！
> 记忆和反省何等类似！
> 感觉与思想的分离是多么贴近！
> 有多少中介的性质，夹杂其中，
> 但它们之间的界线永不能越过！
> 没有这些必要的等级，
> 难道这些会从属于那些，一切会从属于你！
> 所有的力量都被你一起征服，
> 难道不是你的理性使所有这些力量统为一体？㉛

尽管蒲伯在最后几行诗中对更传统的倾向加以颠倒，但他在其他地方却把人类从作为"上帝的安排"的"自然的状态"堕落的原因归之于傲慢之罪——不是由于《圣经》中叙述的引起人类堕落的原因，而是一种导致人不适当地与其他动物相疏离的傲慢。

第六讲 18世纪思想中的存在……地位和作用

> 不要有傲慢,也不要有基于傲慢的诡计,
> 人与兽同行,共借树阴而栖,
> 同桌而食,同床而眠,
> 屠杀得不到衣物,屠杀也得不到食物,
> 在同样的神殿中,林木沙沙作响。
> 所有能出声的存在物,
> 同声赞美那公平的天主![32]

苏姆·杰宁斯(Soame Jenyns)努力通过仔细考察在人种中发现的诸多等级的理智来缓和这种连续性原则的结论。最高级的动物和最低级的人之间的心理差异是很难区别的,而这两者中的任何一个与文明人类的最高天赋之间的等级是悬殊甚大而其距离甚遥远的。

我们越是深研我们伟大造物主的杰作,我们将越多地发现造物主的无限智慧和能力的明显证据。而最引人注目的,或许就要数奇妙的存在之链了,地球正提供了这种存在之链。从无感觉的土块到极具天才的人类,一级一级地相互超越,在这种上升过程中,尽管存在之链本身是明显可见的,但构成这个链条的环节,却是如此地微小,它们被构造得如此精细,以至于我们肉眼无法感知它们。我们能毫不费力地感知到这些千奇百怪的存在被赋予的性质,但这些构成这种存在之链中的从属关系的性质的边界,却是如此地相互混淆,一种性质结束之处和下一种性质开始之处,我们无法鉴别……神圣的设

计者的至上智慧借以构造这种存在等级的方式,在总体上是如此广博,而在细节上却是如此难以被感知。这种方式是:造物主总是把每一低等等级中最高级的性质与属于稍高于它的下一等级中的同等性质的最低级形式相联系。通过这种形式就像熟练的画家使用的色彩,如此融洽地调和在一起,相互渗透,以致在其中看不出任何明显不同的分界线……动物的生命从极低级的甲壳类开始,经过无数种类的昆虫、鱼类、鸟类和兽类,上升到理性的邻界,其中在狗、猴子、猩猩身上,与人的性质的最低级别紧密联系,以至于它们彼此之间难以明确分辨。从这种最低等级的野蛮的南非霍屯督人开始,理性借助于学术和科学,通过人类理解力的多种多样的阶段,相互超越,直到培根或牛顿才达到顶峰。㉝

但杰宁斯接着说:

人相对于地球上其他动物的优越性与宇宙存在的庞大的计划相比,如同我们现在写字的纸的上端和下端之间相比一样,由于与太阳的距离和所受热量的不同而引起的气温变化非常微小。㉞

对其作者和同时代读者来说,在 18 世纪前半个世纪,这种说法通常并没有包含在存在的等级序列之中人与其下的动物有亲缘关系的意思。就它只是在最大限度地减少人的本性的独特性以及否认人与地球所有其他被造物之间存在巨大裂缝这点而言,对这种亲缘关系的信仰才对人关于自身的评价有意义。对许多并未接受当时已开始形成的物种变化的假说的思想家来说,这个裂缝已被连续性原则所填补。因此常常归因于生物进化论的影响的某种东西,事实上远在进化论思想正式确立和广泛传播之前就已出现了,并且这种东西完全与生物进化论无关。

4. 但这并非仅仅是人与低等生物的分离因此而被减弱到一个几乎不可感觉的区别程度。把人定义为"中间环节",正是在通常其被认为的这种意义上,特别强调了其结构的特殊的二元性以及由此所引起的忧喜参半的(tragi-comic)内在无序性。认识到人并不是一个与自身和谐的被创物的事实,当然并不主要因为存在之链观念的影响。柏拉图主义的其他因素,以及基督教中激进的保罗式的(Pauline)"灵"与"肉"的对峙,使这种人性的二元化理论成为西方思想中占统治地位的观念之一,无数代人在其中被灌输的道德经验似乎坚固的证实了这种二元论。而在这种构成宇宙的渐进的等级序列中所分派给人的地位给了这种二元论观念更为尖锐的形式和一种形而上学必然性的样子。在这种等级序列的某处一定存在着某种被造物,在这种被造物上,纯粹的动物系列终止了,而同时"理智"系列不明显和不完善地开始了,而人就是这种被造物。因此人不是某种天真无邪偶然堕落的结果,也不是邪神可恶奸计的结果,而是因为宇宙万物的图式的需要——人被相互冲突的欲望和嗜好所分裂。同时作为两种存在序列中的一员,人在两者之间摇摆不定,将其归属于任何一方都不合适。因此人在自然中毕竟有一种独特性,却是一种不愉快的独特性。人在其与存在之链任何其他环节都不相同的意义上,是一个奇怪的混血儿的怪物。如果这给了他某种可悲的崇高性,也导致了人情感的不协调,行为的不一致,以及其抱负与能力不相称,这些都致使人成为荒谬可笑的。正是蒲伯所展示的人作为联结存在的等级序列中两个相分裂部分的环节的地位的这种观点,在诗文中几乎为人熟知得不必再引用,然而由于它太完满地说明了这种观点——加之它还是蒲伯诗文风格华美的最好例证——以至于我们不能不引用:

> 被置于这种中间状态的夹缝中,
> 一个智慧蒙昧而蛮性巨大的存在,
> 对于怀疑派来说拥有的知识太多,
> 对于斯多葛派的骄傲来说又过分的脆弱,
> 他在动还是静之间,悬而不决;
> 不知道该将自己认定为神还是禽兽,
> 不知道该倾向于心灵还是肉体;
> 出生了却要死,推理却出错……
> 思想和情感的混杂扰乱了一切,
> 滥用还是纠错,仍然靠自我;
> 生来就一半趋向神,另一半倾向堕落。
> 他是万物之灵长,却又掠夺万物,
> 唯有他辨别真理,却没完没了,错得太过;
> 他是世界的荣耀、笑柄和困惑。[65]

哈勒,用他简略的"unselig Mittel-Ding von Engeln und von

第六讲　18世纪思想中的存在……地位和作用　269

Vieh"["一半是天使一半是野兽的不幸的中间物"]的表达来展示人作为宇宙中的矛盾物的同样思想。

> Du pralst mit der Vernunft, und du gebrauchst sie nie.
> Was helfen dir zuletzt der Weisheit hohe Lehren?
> Zu schwach sie zu verstwhn, zu stolz sie zu entbehren.
> Dein schwindelnder Verstand, zum irren abgericht,
> Sieht oft die Wahrheit ein, und wahlt sie dennoch, nicht...
> Du urteilst uberall, und weist doch nie warum;
> Der Irrthum ist dein Rath, und du sien Eigenthum.
> [你带着理性的冲动，却从来不运用它，
> 最终是什么高深的学问帮助你的智慧？
> 要理解它太软弱，要撇开它太傲慢，
> 你的骗术被引向迷误的知性，
> 往往看出了真理，却不选择它……
> 你处处下判断，却永不知为何，
> 这错误是你的迷宫，而你是它的玩物。]㊳

但这位瑞士诗人补充了具有安慰性的两点反思。我们在18世纪其他思想家的作品中已看到过对这种反思的详论。在我们的星球之外存在另外一些星球，其上的居民远比我们幸福，但无论如何人的不完善性对于存在等级序列的充实来说是不可或缺的。

> 或许我们这个世界，小如一粒沙尘，

> 漂浮在无垠的太空，是邪恶者的家园；
> 或许在恒星上居住着美好得多的精神，
> 在这里邪恶当道，而在那边却是美德盛行。
> 但是看起来如此卑贱渺小的世界，
> 却在其位置上用来完满显示万物的浩瀚。㊿

在 18 世纪，特别是在 18 世纪下半叶的这种思想中，存在着其他一些与我们目前论题无关的别的倾向，这些倾向反对人类自我贬低的风气，并为下个世纪如此独特的人类对自身的灾难性的幻觉埋下了伏笔，也为我们今天的时代同样灾难性地反叛这种幻觉埋下了伏笔。这种在存在之链的宇宙观中被总结出来的观念的复合体的巨大影响，在我们现在所关注的时代里，主要是想使人不要不适当地感觉到自身在万物的图景中的渺小，并发展出一种并非完全无益的谦逊和自我怀疑。

第二，一些伦理和政治的结论。从存在之链的观念的这个或那个方面可以演绎出各种不同的实践伦理观。或无论如何，在 18 世纪已经演绎出了这些伦理观。

1.在 18 世纪早期，这些最有意义和特征的伦理观可以被描述为对不完善性的忠告———一种谨慎的平庸者的伦理学。既然等级序列中的每一个地方都必须被充满，既然因将其与任何别的东西区分开来的特殊限定而使每个事物是其所是，那么，人的职责就是安于天命，而不是试图去超越它——而这后者恰恰是人所特别乐意去做的。某个特定等级的存在的善，似乎必定存在于与其类型相符合，在系列中限定它的位置或它的种的理念的表现之中。因此必定存在某种特殊的人的优越性,而这正是人类适合于去获得的优越性——这种优越性不能混同于上帝的或天使的优越性,也不能混同于禽兽的优越性,觊觎或摹仿宇宙序列中高一级存在的属性和特有活动就如同降到存在序列的低一个等级一样是不道德的。这样的一种伦理学方法在于审察人的实际构成——人的特殊的本能、欲望和自然能力——以及按照对这些东西均衡和现实的实现来系统陈述人的善。既然人的地位并不是很高,既然他是动物因素和理智因素的混合物,而理智因素在人之中仅仅以一种不充分的程度和以其最低形态,或几乎是最低形态而显现,因此,对人来说智慧的开端是牢记和不忘其自身的有限性。

蒲伯也是这种中间环节的伦理学的主要鼓吹者,尽管不是第一个鼓吹者。

> 人的天福(能为受赐福而骄傲),
> 不是超出人类的限度去行动或思维:
> 没有身体或心灵的力量能去分享,
> 只有他的本性和状态所能承受的东西。⑱

卢梭在其《爱弥儿》中重复了蒲伯的主张:

> 啊,人!在你自身内限定你自己的存在,你就不会再出错,满足于自然在存在之链中安排给你的位置,没有什么能强迫你与之分离……人若满足于其所是的存在,他就是有力的;如果他欲求将自己抬高得超出人性,他就必虚弱。

这种道德倾向最频繁地在痛骂"傲慢"声中表现出来,这是那个时代蒲伯和许多其他作家的特征。㊴骄傲是"违背秩序法则"也就是违背等级法则的罪恶,它试图对抗造物主(the Universal Cause),扰乱宇宙系统。

> 我们的错误在于骄傲,在于理性的骄傲,
> 放弃自身的位置而冲上天空。
> 骄傲一直觊觎着天赐的居所,
> 人要成为天使,天使要成为上帝。

人相应地应该回避其心智中一切过分的企图,人没有被设计和装备得适合于这些企图。"你的准则是谦逊地去探索科学。"当所有学识的虚荣、错误和烦琐都被清除掉后,

> 再看看所剩者多么的少,
> 它在过去有益,也必在未来合宜!

在此,这种存在之链的概念——和人作为其"中间环节"的概念——导致了一种理性主义的反理智主义(rationalistic anti-intellectnalism)。但当它作为一种伦理学的基础时,同样导向一种对所有自负的和严格的道德理想的轻蔑——例如,对斯多葛主义的伦理观的轻蔑。最重要的是:同样的观念导致公开的和不适当的拒绝一直是基督教和柏拉图传统特征的来世观。"去吧,奇妙的被造物",蒲伯轻蔑地写道:

随柏拉图高飞到九天之上，
去到那最好、最完善、最美妙的地方，
或是重蹈他的追随者走过的魔圈，
放弃效仿上帝的意义；
如同东方术士转着头晕的圆圈，
转过他们的头去效仿太阳。

这是我们在这些讲演开头就辨析过的柏拉图主义的两种倾向，它们被完全分裂了，并且其中的一种倾向战胜了另一种倾向，那种 *ascensio mentis ad Deum per scalas creaturarum*［在幻想中沿着被造物的阶梯上升到上帝］的"上升之路"（way up）的观念已被抛弃了。但主要的哲学理性，如果不被抛弃，或许是充实性原则中最强有力的动因，因为对它的放弃也暗藏在充实原则之中，充实原则同样是柏拉图传统所特有的东西。而以这种原则所进行的推论，如我们已详述的，至少是一个能首尾一贯和能自圆其说的东西。如果存在之链中的所有可能性环节在宇宙中都必须是永恒存在的，而且这种思想要从宇宙论概括转化成道德律令，似乎就会自然随之推论出，*imitio dei*［效仿神］不是人的事务的结论，也推论出任何试图提高其在存在的等级序列中的地位的努力都一定是对抗神意的行为——一种对抗自然的罪行的结论。对那些以这种方式思维的人来说，这种很可能产生——但显然没有产生——的怀疑是：世界的完满性是否可能不被认为是由于永恒上帝而信心十足地确信的——如果在自然万物中，世界应该是一个不间断的存在之链这一点是必然的，是否在存在之链中的任何环节都有脱离

其所在的位置的可能,因此,

> 在充实的被造物中留下一个空隙
> 在此一个阶梯断裂了,存在巨链也就被摧毁了。

2. 对人在宇宙中平凡地位的假定,当其被应用到人的思维天赋时,包含着,或煞似有理地被解释为包含着,一些忧虑者或那个时代思想更坚定的思想家所成功看见的更深一层的含义:一种如此有限和如此接近于其它动物的被造物,即使不是在家族中而是在种族中,也一定必然无能力获得任何很高的政治智慧和美德,其结果不能希望在人的政治行为中或在其社会组织中取得任何重大改进。苏姆·杰宁斯说:"在所有人类的政府行为中存在着生而固有的无数的缺陷。"而这些"只能归罪于人在宇宙中卑微的身份,而这一定要使人遭受到自然的和道德上的恶,并因同样的原因,而必然遭受政治和宗教上的恶,这确实也是别的原因必然产生的后果。高级存在者极可能自我构成,或从其造物主那里获得,从没有专制和腐败的政府那里获得……但人却不能,上帝可能让人进入一个如此高尚的社会,但人依然继续是人,他必定屈从于无穷的恶"——诸如"那些专制和压迫、暴力和腐败、战争和荒凉的沉重负担,在这样沉重的负担下所有的民族因为政府而呻吟……但这些已构成起源于人类堕落本性的一切政府的本质,没有这些恶,政府无法建立、维护和施政。不把人性的堕落改变为完善,也就是,不彻底改变人的本性,这些政府恶的行为就无法被阻止。"⑪因此,杰宁斯总结道,从来没有过,也从来不会有任何善良的政府形式。某些政府，无疑并不比其他更坏，但那些强烈反对现存秩序并梦想从根本上改变它的人忘记了这个最根本的真理——"所有这些恶都起源于事物的本性和人的本性，而不是起源于特殊人物的弱点和邪恶，或他们在某个政府中偶然的权势：恶的程度当然可以归因于这些因素，但恶的存在却是永远不变的。"㊶

同一个作者能够从存在之链的概念以及人在其中的位置中引申出一种关于宗教的类似结论。人既不能通过自然之光，也不能通过天启示而期望获得清晰确定的宗教知识：

> 上帝不能把知识赐给被造物，上帝自己使这些被造物在本性和构造上无能：他不能教授鼹鼠天文学或教授牡蛎音乐，因为上帝没有给它们掌握这些学科所必需的器官或技能……一种来自上帝的宗教永远不会像我们所希望的来自全能，全智和全善的宗教，而必定是适合于人的无知和弱点的宗教。世界上最高明的立法者为幼儿园制订的法律也一定是带有稚气的法律。因此上帝向人类启示的宗教，尽管启示者是神圣的，但宗教一定是人类的……因而带有无数的不完满性。㊷

充实性和等级性原则能够以这种方式，在它们的大量应用中，被弄得有助于悲观地和间接地为某种 *status quo*［政治现状］和现行宗教辩护的目的。它抑制了改革者的热情，既然人现在和过去都没有打算成为天使，我们就不要希望他们像天使一样地行事。我们要避免通过改变政府的形式和结构来改变根本不能改变的人类本性的有限性的幻想的错误，因为这些东西是生而固有地存在于宇宙图之中的,而这种宇宙图式需要这样的被造物和所有其他物种,来使其自身"完善"。

但杰宁斯的批评之一,却没有否定这个前提,在他看来,这种批评发现了这一推论中的某种 *non sequitur*[不合逻辑]。他宣称,这种争论"仅仅是语词上的诡辩",无疑人类不能指望"一个政府或宗教是为被造物的第一等级而设计的",因而在这种意义上任何人类政府和宗教都必定是不完善的。但是没有理由认为人不应该在这些方面获取一种相对的完善性——"这样一个政府和宗教,将是最适宜于这个存在系列的目的,它们的设立正是为这个存在系列所用。"㊸

这种批评在此无意中揭示了这个原则在这种或某些其他应用中重要的未明白说出的假设。这些辩论意味着,当人的能力和成就被他在存在的等级序列中所处的位置所限制时,是人的特殊性使其能看到他们之外的东西——无论是更好还是更坏——同时感受到对它们及对其自身的不满。人生来就对其自身本性及其在宇宙自然中的位置感到不满,在这点上,圣徒、神秘主义者、柏拉图主义者和斯多葛伦理学家以及革新者,以不同的方式提出了证据。而在此,充实性原则再次与其自身微妙地相矛盾。人的这种对其眼下的自身构造和地位的一直不满肯定是其物种的特异性之一,是与其在存在的等级序列中的位置相适合的特征。如果这个位置不需要人,人如何可能最终去占有这个位置?而倘若这个位置需要他,就不可能毫无矛盾地指责人。人恰好存在于最好的可能世界中的这个点上,这甚至可以被看作一种征兆,它暗示了人至少不想永远占据同样的位置,存在的等级序列确实是一个上升的阶梯,不仅是想象的而且是事实上的。我们马上就将讨论这个问题。但对充实性原则不太乐观的解释者，无疑可能回答说，人的特殊的确定的弱点恰恰在于他是一种其命中注定梦想完美，却不能拥有完美，注定没有能力获得美德的被造物。因为这也可能是被造物的一种可能的种类。一个丰富多彩的被造物的宇宙一定不能容纳这种伊卡罗斯（Icarus）*式的悲剧物种吗？难道这不是传统地指定给人——一种同时是肉体又是精神的存在，一种介乎于纯动物和理性物种之间的居中物种的中间位置所产生的自然的和必然的后果吗？

（3）但是有不止一种方式，使在存在之链的宇宙论概念中表现出来的原则能够被用来作为反对对社会的不满，特别是反对所有平等主义运动的武器。宇宙被设想为最好的体系；任何其他的体系，只有在其按同样原则被建构的意义上才是好的。无限智慧所形成的目标就是通过不平等的方式获得最大的多样性。很明显，人类社会只有在其自身限度内，并趋向于实现同样的迫切要求时，才能很好地被建构。这当然是著名的蒲伯格言的要点，这格言时常被误用于少男少女们的烦恼：

> 天国最高的律令是秩序，这表明，
> 一些必定比另外一些更伟大，
> 越丰富的，就越智慧。㊹

---

* 伊卡罗斯（Icarus），希腊神话中蜡做的飞人，飞近太阳时翅膀融化而摔死。——译者

这并不是保守主义在蒲伯思想中的随意表露。那种"秩序"就是等级制度的等级,它处处被神的理性所要求,它是《论人》中的乐观主义论点的基本前提。存在之链的学说因此给英国圣公会的教义问答集(Anglican catechism)中的禁令一种形而上学的约束力。每个人都应该诚心劳作,"在其生命状态中尽职"——无论是在宇宙的还是在社会的等级序列中——"上帝会因此而乐于召唤他",试图超越某人在社会中的地位也就是"颠倒秩序的法则","终止,也并不代表秩序的不完善"。简言之,任何对平等的要求,都是"违背自然"。

蒲伯完全不是最早提出这种政治——社会道德的人。莱布尼茨同样已指出过在最好的可能世界和最好的可能社会之间的对称性。

在 désordres[恶]之中不会计较其状态的不平等,M. 杰雅克罗(M. Jacquelot)正确地向那些想让所有事物都同等完善的人提问,为什么石头不冠以树叶,为什么蚂蚁不是孔雀。如果到处要求平等,穷人就会提出要求反对富有者,仆人也会反对其主人。[45]

确实,这种论辩从两个方面讲都可以有效,对那些无须劝导就相信在社会中一定存在高低等级之分的人来说,能借助于这个前提来向人证明上帝创世计划的圣明。正是在这后一种方式上,埃德蒙·劳推理道:

所有人都是君主而没有臣仆是不可能的事。从这个例子

第六讲 18世纪思想中的存在……地位和作用

我们看出被造物之间彼此所拥有的关系,如何能甚至对无限的大能者产生约束力,以至于对它们而言这是一个矛盾,一方面它们保持着它们目前的所拥有的本性,而在另外一些方面它们被安排得与它们的现状不一样,不能用同样的便利条件使相同秩序中的所有东西感到满意。⑯

大宇宙和社会小宇宙之间的相似性被苏姆·杰宁斯描述得更加丰富和自然:

> 宇宙类似于一个大的有良好规则的家庭。在这个家庭里所有的官员和仆人,甚至包括家畜,在适当的附属关系里彼此相互为用,各自享受着其所处地位而特殊享有的权利和报酬,同时通过服从面对整体的宏大与幸福而作出贡献。⑰

这种类似性适合于证明那些认为社会存在的秩序是非常适宜的人的自足感的合理性,无疑,在18世纪的政治思想中这种观点是一种相对微弱的要素。需要记住的是存在着另一种适当的被认可的关于宇宙图式的含义,但这种含义缓和了,尽管这并不矛盾,那种保守的护教学的方式(mode of conservative apologetics)。从属当然是基本的,但它却是没有奴颜婢膝的从属。正如我们已经看到的,没有一种被造物的存在仅仅是作为比它在存在的等级序列中更高级的更完善存在物的工具。每一种存在都有其自身存在的独立的理由。最终而言,没有哪一种存在比另一种存在更重要,每种存在都有权要求得到比其更优越存在者的尊重和关怀,都有权过它自己的生活,有权拥有一切使之能完成其自身功能,能享受在自身状态下的"特权和报酬"的东西。这种观念的两个方面,必须承认,仍然保持对高等存在者的满足多于对低级存在者的抚慰的状况——这在一首相当不错的诗中表现出来:

> 英明的神啊!
> 你把不同的部分分派给不同的人,
> 围篱挖沟的最卑贱的奴隶,
> 也是有用的,用他们的汗水来养活富人。
> 富人反过来给奴隶以必需品,
> 使劳作的穷人舒适地吃喝。
> 富有者不可轻视最低贱的奴隶,
> 他同样是存在之链中的一个环节。
> 劳作到生命的同样尽头,为同样的目的而合作,
> 两者同样追随神圣的意志。[48]

第七讲　充实性原则和18世纪的乐观主义

众所周知，18世纪乐观主义者的共同主题是：我们的世界是可能世界中最好的世界。这个事实，连同大众对"乐观主义"一词的流行用法中所假定的含义，使人们相信坚持这种学说的人一定是非常愉快的人，是对人类经验和人类本性的现实愚蠢视而不见，或对通过人类全部情感生活所表现出来的痛苦、挫折和矛盾茫然不觉的人。但是，在乐观主义者的信条中，实际上并不存在逻辑地要求人们无视或小视我们通常叫作恶的事实的东西。18世纪哲学的乐观主义者远没有断言恶的非实在性，而是主要致力于表明恶的必然性。断言我们的世界是最好的可能世界并不意味有什么关于这个世界的绝对的善的东西，它仅仅意味着其它在形而上学意义上可能存在的世界或许会更糟。乐观主义者的推论很少趋向于表明人们通常认为善的东西在现实世界里有多么多，而是更多地趋向于表明人们的善在一个可能世界里有多么少——在一种包含着全部可能的和共存的(compossible)事物的理念的永恒的逻辑秩序里，这是一种人们设想上帝的心灵在"创世之前"细想过的秩序，上帝的创造力被这种秩序的必然性限定，甚至不可避免地被全知所限定。

当然从本质上讲,乐观主义与摩尼教的二无论有诸多相似之处,而与贝尔(Bayle)对如此多的神正论思想的辩护相对立。如同莱布尼茨所认为的,乐观主义也有其自相矛盾的两个"原则"。"恶的原则"的作用被简单地分派给神的理性,这就把奇特的阻碍物强加在了神的意志的善良意图上。贝尔所论证过的那些罪恶一定要归因于一种外来的反上帝(Anti-God)的干预,由于对这种干预的存在及其对善的敌意不能做出任何理性的解释,乐观主义者就将这些罪恶解释为事物本性所固有的必然性,而这是否是两种观点中更悲哀一些的观点亦未可知。因为有可能希望在无限的时间中魔鬼会被制服,而且天启宗教的信徒坚信上帝能做到这点;但逻辑的必然性是永恒的,因此从它们之中产生的恶也将必定是永恒的。因此 18 世纪乐观主义者不仅与被认为是其对头的二元论有相似之处,而且有时其鼓吹者的论点听起来令人奇怪地像是悲观主义的论点——悲观主义在当时决非不为人所知。①当然它们的道德观是不同的,但关于具体经验事实的观点有时候却非常相似。正是由于乐观主义者关于恶——而且是大量的恶——包含在事物的一般结构中的争论,乐观主义者发现他偶尔切中要害地详述了大量进入生活中的恶及其深度和广度。正因为如此,苏姆·杰宁斯在 18 世纪中叶的一篇典型的神正论作品中,努力使我们相信宇宙规划的令人赞叹的合理性:

> 我确信在痛苦的抽象本质中存在着某些使人快乐的东西,个体的痛苦对于普遍的幸福是完全必要的……我相信,几乎没有哪个例证可以证明任何一个被造物的快乐与便利的获

得不是通过它们自己和其他被造物先前和随后的痛苦而得到的。每一个强大的帝国都需要通过无数尸体堆积如山的屠杀才能达到其繁荣兴盛的顶峰,而它崩溃时又是何等凄凉的景象?人与其他动物,需要多少无穷尽的劳动才能换得繁荣城市所有生活的便利和享乐?那些供使用的每一器具造成了多少残缺和悲伤?……我们附加在自我保存上的快乐,也都为在先和在后的无数痛苦所伴随。为了准备一个宴会,有各种动物事先被屠杀和折磨,在宴会完了之后,有无数躺在每个盘碟中的病菌等待传播开来以报复它们的屠杀者。②

这种悲痛的语调在原则上与乐观主义保持着完全的一致性,它至少表现出了持有那种学说的人的一种自然倾向,把恶解释得越多和越可怕,神正论思想家解释它们时所取得的胜利就越大。

当然,这种以一些更朴素的方式表达的论辩易于在读者心中引起对一个尴尬的造物主的某种怜悯心。这个造物主在他努力创造一个好的世界时,有无限善良的意图,但却不幸被"事物本性的必然性"所妨碍。就像苏姆·杰宁斯令人信服地告诉我们的,当全能的上帝沉思人类的创造时,他此时会觉得有什么比处在这种处境中更悲伤的呢?

> 我们的困境起源于我们忘记了全能的上帝不得不与多少困难抗争,在目前的境况下,他被迫要么为其纯洁而苦恼,要么成为恶的根源,很明显他别无选择。③

简言之，乐观主义的作品为伏尔泰的感叹提供了大量的借口：

Vous criez "Tout est bien" d'une voix lamentable!
［你们用一种悲惨的嗓音喊出"每一样东西都是好的"！］

伏尔泰在《里斯本灾难挽歌》(*Poem on the Lisbon Disaster*)中对这些哲学家的主要抱怨，不像人们通常所认为的那样是他们不体面的过度快乐，以及他们对恶的现实的看法是肤浅的，而是抱怨他们太抑郁了，以致他们通过把恶表现为内在于宇宙的永恒结构之中的、不可避免的和本质的东西，而将我们所经验到的实际的恶显得更糟。

Non, ne présentez plus à mon coeur agité
Ces immuables lois de la nécessité!
［不，再也没有什么现买的东西在我心中能动摇这一永恒不变的必然法则！］

当对恶的解释在于表明永远废止那曾经是恶的正义，并永远废止类似的别的东西，在逻辑上是不可想象的时候，④伏尔泰似乎认为一种未得到解释的恶比得到解释了的同样的恶更可忍受。在此他自己的情感，以及他假设的其他人的情感心理，与斯宾诺莎的情感心理恰好相对立。斯宾诺莎相信一旦我们看清某个事物永远不能成为其他样子时，此物就对我们成为可以忍受的东西：*quatenus mens res omnes ut necessarias intelligit , eatenus*

第七讲　充实性原则和 18 世纪的乐观主义

mines ab affectibus patitur[一旦智慧的存在者理解到万物都是由于必然时,那时情欲就是可以忍受的了]。"⑤尽管大部分 18 世纪乐观主义思想家在宇宙决定论方面不如斯宾诺莎那样彻底和明确,但他们所提供的哲学的安慰从根本上说与斯宾诺莎是相同的。这在根本上是一种理智的安慰。人们通常预计会产生的心情,是对不可避免的东西的经过推究而不情愿地默许的心情,这种心情是基于确信其不可避免性是绝对的和并非归因于任意的空想的基础之上的,或者,在更高程度上,是基于某种该诅咒的——也就是像任何人曾被诅咒的那样厉害地被诅咒的——意愿,以便更好地展示出事物的总体图式的合理性。尽管遭遇到肉身的或道德上的恶,蒲伯写道:"良好地推理就是服从。"他再次写道:

　　了解你自己的地位；你的种类,你的等级,
　　盲目而软弱,这是上天赋予你的
　　服从吧!

当然,乐观主义思想家确实迫切地表明善产生于恶,但他们所必须确立的东西是善不可能以其他方式产生的。当达到他们论辩的高潮时,他们也确实习惯于用雄辩来讨论作为一个整体的宇宙的完美性问题。但这种完美性一点也不意味着这个体系的有限部分的幸福与优越。相反,乐观主义者通常的论据的基本的和特有的前提恰恰是:整体的完善性依赖于,当然也存在于其部分中存在着的各种可能程度的非完善性。伏尔泰再一次不无道理地概括了这种论点。他写道：

> Vous composerez dans ce chaos fatal
> Des malheurs de chaque être un bonheur général.
> ［你们结合在这一片注定的混乱之中
> 通过每个人的不幸而有一个幸福的全体。］

乐观主义者事业的实质是要发现宇宙"善"的证据不是存在于缺乏之中，而是大量地存在于无哲学头脑的人看来似乎是恶的东西之中。

所有这些都能通过按其逻辑关联来分析这一论证的方式最好地表现出来，正如它们在最初所表现的，或许考虑到它们的直接或间接的影响，18 世纪最有影响的神正论学说应该是威廉·金的《论恶的起源》(*De origine mali*, 1702)，金当时是德里(Derry)的主教，随后是都柏林(Dublin)的大主教。——《论恶的起源》的拉丁文原著似乎并未广泛流行。但 1731 年增加了长长的附录的英文译本出版了，⑥其附录部分选自金死后出版的论文，部分选自原著中的注释，这些注释"倾向于辩护作者的原则而反对贝尔、莱布尼茨——这个关注人类自由的哲学探索的思想家——以及别的人的异议"。此书曾为后来当卡里斯尔(Carlisle)主教的埃德蒙·劳所翻译，这个译本在劳的有生之年出了五版，⑦似乎被广泛地阅读和讨论。劳在他那个时代是一个重要人物，他是当时圣公教神学的"最自由主义立场"(the most latitudinarian position)的代言人，他作为彼得豪斯学院院长(Master of Peterhouse)和 18 世纪五六十年代剑桥大学道德哲学教授的高贵的学术地位,毫无疑问地扩大了其影响的范围。⑧蒲伯无疑直接地或通过勃林布鲁克大量吸取了金的原著的观念,这些观念被极不连贯地重新组合,用于在其第一部书信体诗文《论人》中为乐观主义而辩护。⑨蒲伯不像是从这些观念的源头,即普罗提诺的《九章集》中吸取这些思想的。

决不能说金是戴着玫瑰色的眼镜来开始反思这个问题的。他一开始就辨析出所有似乎与一种乐观主义观点最不相容的事实:"在元素之间,在动物之间,在人之间存在的永恒的战争","从婴儿时开始就与人类生活终生相伴的错误,悲惨和恶行",恶人当道,好人遭殃。"痛苦在人生中接踵而至"。金不像弥尔顿在其神正论中表现出来的那样惊人的肤浅,他在假定意志自由时,同时也清楚地看到这种假定只触及到问题的一部分。并不是所有的恶都是"外在的,或者由我们的选择而获得。许多恶由自然的自身结构而产生。"⑩贝尔的二元论学说,当其具有"开释上帝的所有罪责"的优点时,其在哲学上是一个"荒谬的假设"。简言之,金既没有将恶归因于——至少没有根本和主要地归因于——人的意志的奇特的奸险,也没有将其归因于魔鬼的阴谋。他要表明从神自身的本性考虑恶是有必然性的。他的断言不外乎是直面所有存在的恶并表明它们"不仅与无限的智慧、善和大能相一致,并且必然从它们之中产生"。⑪

传统上把恶划分为三类——有限的和不完善的恶、"自然"的恶以及道德的恶——这种划分构成其论点的总体图式。简言之,不能想象任何被造物会完全没有第一种恶而存在;而所有第二类的恶至少是通过严格的逻辑必然性而从第一类的恶中推导出来。

甚至全能的上帝也不能创造出跟自己一模一样的相似者,如果除上帝之外任何其他存在要想存在,它们当然必须通过"缺陷之恶"而与上帝相区别——并如所假定的那样,通过其缺陷的多样性而彼此相区别。简言之,恶主要是缺乏,而缺乏被包含在除一个存在之外的所有存在物的概念之中。劳在他对金的"图式"的简述中将这种观念按亚里士多德和经院哲学的用语加以论述:

> 所有被造物都必然是不完善的,并与神的完善性有着无限的距离,如果承认否定的原则,比如逍遥派的缺乏(privation of the peripatetics),人们可能会说每种被造的存在都包含着存在和非存在。相对于那些它所希望的完善性和相对于那些别的东西所拥有的完善性,它是无。而这种……被造物的构造中的非本质的混杂是所有自然恶的必要原则,也是道德恶的可能性的必要原则。⑫

换一种方式说,也就是用金自己的话说:"每一个被造物都是上帝这个最完善的天父的后裔,同时也是作为其母的无,也就是不完善性的后裔。"实际上这种观念的二元论特征通过这样的事实表现出来,即低劣的母亲,不说其名称似乎所暗含的纯粹否定的作用,就是对子孙的许多看似非常肯定的特性,她也被认为应该负责。但这却被认为是一种无可非议的二元论,部分原因是因为第二个或恶的原则被称作"无",部分原因是因为其存在作为世界中的一个因素,而其影响能够被认为是逻辑必然性而不是作为一个不可思议的偶发事件。

但有意义的问题并不在于这种简单的、几乎是重言式的推论中。无疑,如果绝对存在不永远停留在孤芳自赏的自我完善之中,有限和不完善的原初的恶一定会成为其所产生的任何其他存在物的特性。但除非表明,或假定这种对必然有缺陷的他物的创造其本身是善的,否则恶不能因此被证明是正当的。金毫不犹豫地做出这种决定性的普罗提诺式的假设,以及一个似乎远非自明的进一步假定。即使承认一些不同于上帝的存在物是善的,承认一些有限的不完善的自然物应该存在,有人也会问,只产生出一些最高等级的不完善之物,——如同根据为基督教神学传统中颇有影响的权威所支持,并在最近相当程度地被弥尔顿所复兴的对创世的原初状况的叙述那样,难道不会更合理一些吗?⑬如果上帝能够被设想为需要伴侣——这似乎是一种哲学上的悖论和神学上的异端邪说——难道这个伴侣不应该至少是一个好伴侣,一个由纯粹精神构成的 *civitas dei*［文明的神］吗? 金认识到无法得到一种令人满意的神正论,除非后一个问题被否定地回答(和许多古代和中世纪的思想家所主张的相反)。有必要表明不仅是一般的不完善性,而且现实世界中每一个可观察到具体的不完善性,都应该被创造出来,除非把这样的断言作为前提,即每种事物(无论它的位置在可能性的等级序列中是多么低)在其存在作为逻辑地可想象的范围之内,也就是说,在不涉及任何矛盾的范围内,都应该现实存在本来和绝对的善,否则以上的论点是不能得到说明的。

这种命题——用神学术语表达——是金和劳所提议的乐观主义的论点中的基本主题。在神的本质中,作为上帝完满性中的一个要素内在地存在着一种"善"的特殊属性,这使得所有他者和非常低贱的不够优秀的本质——在各自和共同的可能范围之内——都将按照其种属必然地获得现实存在。

确实,上帝有可能不创世而独自延续到永恒,自足而完善。但是他的无限的善却不允许他这样做,这迫使他创造出外在的事物,因为这些外在之物不可能是完善的,神的善宁愿要一些不完善者而不愿什么都没有。因此,不完善性来源于神的善的无限性。⑭

因此上帝自身的本性所要做的是赋予现实存在物一些不完善的本质,他不能拒绝把存在赐福给任何东西。

如果你说,上帝可能丢弃了更不完善的存在物,如果这样做是最好的,那我也承认这一点,而且上帝肯定已经这样做了。但选择最好的这是无限的善的一部分;因而,由此得出较不完善的存在也获得了存在的结论;不丢弃所能产生的最小的善,也就是依照上述说法的结果。有限的善可能在创造更大的存在物的工作中耗尽自身,但它却无限扩展到所有存在物之中……在神圣的被造物中一定存在许多,或许是无限多等级的完善性……不给予一些存在物如其本性所能接受的巨大程度的幸福,比起世界上将缺少存在物的整个物种要好。⑮

不仅所有可能的物种必须享有存在,金的编者进而说,而且"从观察中可知,根本不存在间隙和虚空,在这个巨大的存在之链中也不存在缺环及其理由,似乎特别有可能的是:每一种特殊的秩序,每一个级别和物种,都像其本性所允许那样是充满的,[劳诚挚地基于他自己的原则反复说,]就像上帝认为这是适宜的那样"。

通常18世纪关于乐观主义论证的基础是充实性原则。因为这个原则已经在金之前的数百名思想家那里得到表述,并曾是新柏拉图主义和经院哲学神正论的基石,没有证据说明后世的乐观主义者对这一原则的运用是从金那里获得的。然而,由于推论表明,仍然存在这样一种可能性,即正是因为在《论恶的起源》中对此原则的不断重复和详细论述,蒲伯在其关于任何存在都有理由的主题的论辩中给了这个前提以重要地位,该前提是,"在各种可能体系之中的那个最好的体系中",

> 一切都必定是被充满,否则就不合情理,
> 凡产生的一切,都产生在预定的等级中。

为了神正论的目的,充实性原则最直接和最明显地用于对"缺乏的恶"的"解释"上。每一种被造物种的有限性,规定了它在存在的等级序列中的位置,对事物的无限划分是必不可少的,而宇宙的"充实性"正是存在于这种无限划分之中,而且这种划分对于最高的善的实现也不可或缺。人类因此不能因为缺乏想象中可能赐予他的诸多天资和享乐的方法,而合乎情理地抱怨。用劳的话说就是:

> 根据存在之物的等级序列的假定,从完善者逐渐下降到非存在,并在每种居间的等级和程度上完成,我们将很快看到

这样一类问题的荒谬性,即为什么人不能被创造得更完善?为什么人的才能不和天使的才能相等同?因为这只不过是问:在所有的其他等级都被设想为是充满的同时,为什么人不被安置在存在物的另一个级别中。⑯

简言之,"被造物应该占据其所在的位置是必要的,要么就干脆不存在"。如果人处在其他任何位置,他将不是同一个实体。如果他根本不存在,存在系列中就会出现裂缝,创世的完满性因此就会被破坏。不可否认这些明显的不足"会给人们带来诸多不便,而这些人的命运就是去充实宇宙中的那个需要这样一个具有不完善本性的被造物占住的地方"。例如,一个人没有翅膀,就没有被赋予鸟的这种完善性。

很明显人在目前的状态下不能拥有它们*,它们的用途对社会将是非常有害的。而缺少它们必然给我们带来许多不便……可以举出大量的例子,不完善的恶必然使我们的欲求常常得不到满足。一些其他自然的恶,对于共同的善来说也都是必要的。⑰

所以蒲伯反复不断地求助于这种非常明显地依赖于金的理论的、特殊形式的纯粹逻辑的慰藉。在一个"充实"的体系中,"在某处一定存在一个像人这样的级别"。这个级别的占据者在理性上

---

* 指人们不具有的完善性。——译者

第七讲 充实性原则和18世纪的乐观主义

不能欲求具有在存在的等级序列中比他高或比他低的其他物的特殊属性。[18]

> 为什么人没有显微镜式的眼睛？
> 因为人不是苍蝇这个明显的原因。

并且，（重复上面已经引用过的句子）

> 在那些卓越的能力之上
> 我们不得不在我们身上加上劣等的能力，
> 不然就会在充实的创造中留下一个空白，
> 一个环节断裂，巨大的等级序列也就被摧毁。[19]

但如果充实性原则仅能适用于解释有限性和特殊性这种"形而上学"之恶，它就不会如此地把乐观主义者带向其目标。大部分我们称之为恶的东西几乎并不显现为能够合适地仅仅描述为缺乏的东西。即使是一个有牙痛病的柏拉图主义哲学家也将发现很难使他自己相信他的疼痛完全是一种否定性的东西，是某种仅仅存在于能够想象得到的肯定的善的缺乏之中的形而上学的虚空。为了把大量的"自然"之恶的链条展示为同一基本原则的同等必要的结论，金因此被迫使用一些机巧——毋宁说利用其许多先驱者的机巧。他试图根据在一个真正"充实"的宇宙中一定存在着对立的思想来做到这一点。被造物必然相互拥挤、限制，并因此产生相互对抗。这种必然性在物质运动的原初形式中表现出来。在理论上上帝完全可能让物质如此排列以使之"沿着直线或者沿着圆圈一致地和整齐地运转,并以这种方式来禁止相互矛盾的运动"。但一个如此简单而和谐的物质系统,我们确信,它肯定是单调乏味和毫无用处的。

因此在它之中,这样的运动将被激活,诸如将其分成不同部分,使其流动起来,使它作为动物的聚居地。但这不可能没有运动的对立,这一点任何思考它的人都能理解。如果一旦在事实上(in matter)承认这点,必然随之产生部分之间的分离和不平衡,产生冲突和对立,磨损、凝固以及拒斥,还有所有那些我们在产生和灭亡中所看到的恶……因此这些凝结物的相互冲突不可避免,其部分之间相互发生的冲突必然导致彼此之间分离的产生……[也就是]堕落(corroption)。[20]

因为人在存在的等级序列中是处在那种部分是物质,部分是精神的被造物的地位上,他必然地陷入这些物质的冲突之中,并且不幸地受到这些冲突的影响。乐观主义者关注有机世界的"充实性"的思想的成见,(由于观念的自然混淆)有时导致他们得出一个几乎是达尔文或马尔萨斯式的自然界的图景,这个自然界的图景为求生欲望所充斥,并必然沉溺于无处不在的生存斗争之中。金使我们确信,即使在天国里也存在类似住房问题的事情。

如果你问:既然很明显人有能力享受那种更幸福的生活,为什么上帝不马上将人迁移到天国中去,或问为什么上帝这

第七讲　充实性原则和 18 世纪的乐观主义

么长时间把人限制在如同一个黑暗地狱似的地球上……我会回答说，天国里已充满了居住者，不方便接收新来者，除非其目前的居住者迁往更好的地方，或以某种其他方式让出空间给这些想改变他们状况的人。[21]

金试图通过进一步的天真推理来推论出"痛苦、忧虑和畏死"的起源，以及其他一些折磨人的情感的间接的起源，对这些我们不必深入探讨。引证一下金关于悲哀的简明的系谱就足够了，在其中他概括了他主张这个世界是可能世界中最好世界的理由：

请注意当无限的善仍在敦促全能的上帝做出最大努力时，恶却是如何彼此产生并成倍增加的。这使他给被造物以存在，而没有不完善性和不平等性这些被造物就不能存在。这激发他去创造物质，并使物质运动，这必然伴随着分离与解体，产生与绝灭。这使他把灵魂与肉体拴在一起，并让它们相互作用，因此从那里产生痛苦和悲伤、仇恨和恐惧，以及其他情感，但所有这一切……都是必然的。[22]

这样的一个对乐观主义的论证非常类似于原始佛教用来概括悲观主义信念的某些形式，而且可能相当容易被它所取代。

正如每个人都记得的，19 世纪中期最有名气的英国神正论思想家发现了在"血腥对抗和爪牙相向的自然"的悲惨景观中的特殊困境——在无处不在的冲突之中，在每日每时的残酷和隐藏在一片田野和丛林的表面美丽之后的极小的和无声的悲剧之中的困境。但对于一个典型的18世纪神正论的思想家来说,即使这些自然的困境也几乎算不上多大麻烦。金和丁尼生一样对此有明确的认识;但他通常的解释方法,也就是像在其他地方一样,用充实性原则来为他服务。无疑,金认为上帝只要不创造食肉动物和捕猎动物就可以创造一个没有这些可恶事件的世界了。但这又再次意味着一个缺乏生命的世界。

> 一个有生命的存在(caeteris paribus[其余也一样])要优于一个无生命的存在。因此,上帝赋予那种机器以生命,让它们成为更完善的动物而完备其装备;这一切都是如此仁慈和深谋远虑地进行:因为通过这种手段上帝为世界获取了如此之多的生命,以便有作为其他动物食物的动物存在。通过这种手段它们自己享有某一种类的生命,同时对其他动物有用。……适合于给人类提供营养的物体,也能够拥有生命;如果上帝没有给它生命,他就会忽略某种等级的善,这种善原本可以按照他的基本设计而毫无障碍地产生出来的,这似乎是和无限的善不相一致的。它应该在某一时刻被赋予生命,即使它随后就被吞食掉了,也比持续完全感觉迟钝和不能活动要好……我们对在动物中实际存在的无处不有的战争,或是弱肉强食不必感到惊异。㉓

这种观点被应用到为宰杀而养育的家禽的特例上,这给蒲伯的一些有特征和为人常见的短诗提供了主题。金也做过这样的诗:人,

第七讲　充实性原则和18世纪的乐观主义

宴乐享用他注定要享用的动物,

直到他结束它的生命,使它得蒙赐福。

不可否认,食肉动物属于被造物在先的可能的物种;如果自然或它的创造者的卓越性纯粹仅仅在于拥有尽可能多的物种的话,那么证明这些动物存在的正当性就不必多说了。劳以惊叹的语气引证另一个同时代的神学家的话说:"对于被造物的整个种类来说,显然通过这种方式比起通过别的方式会有更多的空间,创世的多样性因此而得到大幅度地增加,其创造者的善也得以显现。"[24]神正论的旨趣在于增进对数量无穷众多的幸福的信仰,增加对在世界上要不惜任何代价拥有"不同本质"的丰富性这一至关重要性的信仰,这种旨趣不可能得到更好的阐释了。

但是,即使假定评判宇宙善的标准不仅仅在于被造物的多样性,而且也在于其所包含的 *joie de vivre*［生活的乐趣］的多少,按照金的更深一层的论证,创造食肉动物仍然可以被证明是合理的。"动物有如此的天性,即在行动之中,在运用其技能中得到快乐,我们不能拥有其他快乐观念,即使在上帝身上。"与食肉动物获取食物相伴随的快乐是在创世之前就可想象的快乐活动之一。但是为什么要使这些强烈的和积极的欢乐成为匮乏的,而只是为了一些弱小的种类能够免遭被追逐和被吞食的暂时痛苦呢? 显然由于"上帝的无限大能能够产生出有如此技能的动物",他的"无限的善"可以"想象为几乎已迫使他不去拒绝或妒忌(它们)生命的权利",针对一种假设的批评,主教金温和地说:"如果你坚持狮子可以被造成没有牙齿或爪子,毒蛇没有毒液,我认为,这就如同刀没有刃。那么,它们想必应该属于另外一个物种〔也就是说,在存在之链中将有一个缺环〕,而且不能拥有它们现在所享有的本性、用途和天赋。"对狮子的牺牲品来说,如果它是一个有理性的动物,它无疑会,或者无论如何会感到高兴,如同其创造者在想到把它提供给狮子作为其"天赋"的合适的锻炼时感到高兴一样。如果牺牲品没有被赋予理性,或者太卑贱以致不能对事情抱有一种心胸宽广的哲学态度,那么,根据事物快乐的顺序(happy ordering of things)而对牺牲品的痛苦的更高意义的安慰性洞察,就要留给乐观主义的主教们通过想象别人的苦乐而产生同感的方式来加以感受了。㊆

显然,这个和蔼、虔诚的牧师,在其努力证明上帝对待人的方式的合理性的过程中,不仅已被推向上帝的观念,而且被推向终极价值的观念,这种观念来自于一个基督教教师是有些奇怪的。尽管金应该说,他的上帝是具有爱心的上帝,爱这个词对上帝来说必然拥有独特的意义。《论恶的起源》中的上帝热爱生活的丰富性和多样性,甚于热爱他所创造的被造物之间的和平与和谐,也甚于他希望解脱它们的痛苦。简言之,他爱狮子,也爱羔羊。他爱狮子,是希望狮子按其"本性",或柏拉图式的狮子的理念行事,这意味着吞食羔羊而不是和它们躺在一起。在这些偏爱中,上帝的善被认为是最清楚地表明了——"善"主要意味着在有限存在物的多样性和丰富性中的愉快,而不是在和谐和幸福中的愉快。金和他的编者似乎只是偶然和模糊地意识到他们的论点使其多么深地陷入了一个如此极端化的价值转换之中。他们在这种观点和关于"神的善"的更传统的概念之间动摇,绝大部分讨论只是稍稍地触及到了他们的根据中的更矛盾的含义。但有时他们也流露出一些对这些根据和一些传统的基督教信仰的要素之间不一致的不安情绪。例如那些神学家一直急于证明其为"必然的"大部分的恶,是对堕落前人间乐园的信仰,以及对等待着选民的天国乐园的信仰的一部分,因为它们是为"神的善"所需要的,然而在实际上在他们对堕落前人间乐园和天国的信仰中却没有这些恶。因此似乎很难避免这样一种尴尬的两难,即要么是这种极乐状态不是善,要么一个善的"体系"根本就不需要像神正论思想家设想的那么多的恶和那么的不完善的等级。金解释了这些难题但是其论据是站不住脚的。实际上,他被迫暗示我们伊甸园中始祖的幸福可能在某种程度上被夸大了,"伊甸园中的亚当似乎并不是完全没有疼痛或情感的",不如说"他仅仅是没有可能导致其死亡的这种痛苦的危险,而且是在他迁移到一个更好的地方之前的一段时间内"。㉕

金的推理的结果(就其被一致贯彻下去而言),当然并不会令人感到惊奇。那个并非第一个无视大量经验事实而想完成神正论的人,一定必然将其虔敬的对象误当作事实上的万物之神。由于事实上物包含了所有数不尽的成群结队的本性之恶,改变善的概念就成为必要的了,以便使证明这些恶是善——不,实际上是被他们自己看作善的论证成为可能,而在对某种至善的含意的真正认识中,神的本性才最真实地体现出来。充实性原则,之所以被认为是一种价值理论,是这种善的概念被迫修正的即使不是必然的也是自然的结果。当然,自然的创造者实际上重视的东西,基于经验的根据,不能被假设为与那些人们通常期望的和在其伊甸园之梦中曾对他们自己描绘过的东西相等同。用最一般的字眼来陈述,基于乐观主义者推论中的所有这些独特含意上的悖论就是一种具有充实性原则之本质的假设——这个假设是：一个事物存在的合意性(desirability)与其卓越性(excellence)无关。

金对恶的问题的进一步反思与我们在此的讨论关系不大，因为在其中存在之链的概念没有突出来。当然，如果更具有逻辑的一贯性，它应该被突出来。因为金没有根据已经陈述过的原则来论述的这种恶，也就是说道德上的恶，也可能自然地被他看作"缺陷的恶"的一种特殊情况。作为一种具有特殊程度的无知和软弱的被造物，这与人在存在的等级序列中的地位是相适合的，这种被造物还同时屈从于那种金将其描述为与我们的心理生理结构必不可分的情感，这种被造物似乎无法避免不断地作出"错误的选择"。所有这些金都不得不承认：有许多归因于我们的愚昧和必然的不完善性的行为错误。这些被列在"自然之恶"这一类之中，并与这个类别中的其他恶同样加以解释。但是仍然剩下一些"道德的恶"不能如此解释，只能归因于"堕落的意志"。关于这个话题金在很大程度上重复了那些为人熟知的论证。勃林布鲁克在这方面没有附和主教，而是直接从充实性原则推论出道德恶的必然性。如果人被构造成永远遵循伦理学的"自然法则，……人类的道德状态可能是和天堂里一样了，但那将不会是人。我们将不是被设计的那种被造物，而且在被造的理智之物的秩序之中将会出现一个空隙"。㉗在对充实性原则的这种应用中，其主张单纯依靠信仰而不必遵从道德律的含义已够明显了，勃林布鲁克早已被像斯宾诺莎一样道德崇高的哲学家所预先估计到：

第七讲　充实性原则和18世纪的乐观主义

对那些问为什么上帝没有把所有的人创造成完全由理性原则所支配的人，我只回答这是因为他丝毫不缺乏用来创造从最高级的完善性到最低级的完善性的所有事物的质料，或者更确切地说，因为他的自然法则是如此丰富而足以产生无限智慧可以想象的每一种东西。[28]

这是对蒲伯用诗所表现出来的论点的更深一层的探讨：因为最好的体系就是尽可能丰富的体系，

于是在理性生命的等级序列中，很明显，
在某处一定存在这样的一个等级，就像——
不仅仅像人，而且还像人之中的傻瓜和作恶者。

莱布尼茨的神正论在大多数基本问题上是与其英国先驱者一致的，[29]在赞赏地概括大主教 bel ouvrage, plein de savoir et d'élégance[美好的工作、丰富的知识和文雅的风度]这一主要论点时，莱布尼茨意味深长地强调其中所包含的神学矛盾：

有人问，上帝为什么没有抑制自己不去创造所有这些东西？笔者会很好地回答说，理由在于上帝的善的丰富性。他希望与他自己交通，当我们假定不完善的东西使他震惊时，他甚至不惜牺牲我们的想象力从他那里得到的微妙，因此，与其什么都不存在，他宁可让不完善的东西存在。[30]

在强调现实世界的创造者不能被设想为一个只关心完善性的、"敏感的"或"神经质"的上帝这一含意中——实际上,如果他在创世活动中更合适地选择,他将把自己表现得不那么神圣——充实性原则中的潜在结论从一开始就得到非凡的生动和公正的说明。总之,这位德国哲学家在发展隐含在乐观主义中的价值理论时,比英国圣公会神学家更坦白,更热心和更愉快。相对于乐观主义者在解释上帝创世的设定目的时所应用的价值评判的标准,人类生命中的某些相似性被莱布尼茨明确地暗示:

> 智慧需要多样性(la sagesse doit varier),单纯成倍地增加同样的东西,无论这种东西多么高尚,都是多余的,它将成为一种贫乏。在书房中拥有 1000 册装帧精良的维吉尔(Vergil)的书,只咏唱卡德摩斯(Cadmus)和赫米欧勒(Hermione)*歌剧中的咏叹调,打碎所有的瓷器而只想拥有金杯,让你们所有的纽扣全用纯金制造,只吃鹧鸪肉和只喝匈牙利或设拉子**的酒——人们能说这是合理的吗?㉚

新古典主义美学理论家和许多有影响的道德学家实际上认为某些与此非常相似的东西,是合乎理性的实质的。对新古典主义美学理论家来说,两本维吉尔的书比一本维吉尔的书加上一本最糟的史诗的价值要小;这似乎是没有明证性的——人们宁愿读了

---

* 卡德摩斯(Cadmus)和赫米欧勒(Hermione),前者是古希腊的屠龙勇士,后者是希腊神话中斯巴达王墨涅拉俄斯和海伦的女儿。——译者

** 设拉子(Shirag):伊朗的一个城市。——译者

第七讲 充实性原则和18世纪的乐观主义

第一本紧接着再读第二本也不愿读两遍维吉尔的书,这就更没有明证性了。大部分伦理教训所努力的明确目标就在于产生一种密切接近人类特性与其行为中的一致性以及人的政治和社会结构中的一致性的方法。对于多样性——或者对于变化,即多样性的时间形式——的渴望,毋宁通常被设想为人类被造物的一种非理性的,也确实是一种病理学的特质。但莱布尼茨通过将这种渴望归因于上帝本身,也就不仅赋予其宇宙论的尊严,而且将其表现为合理性的顶峰。

莱布尼茨由此最明确地得出的伦理学的重要结论是:无论一般被称作道德的善,还是称作愉快的东西,都不是世界上最重要的东西。简言之,享乐主义和抽象的道德主义(例如,像康德和费希特后来所表述的那样)都同样是与充实性原则所包含价值理论相对立的。当然,美德和幸福两者在价值的等级序列中都具有其地位,但如果这种地位是最高地位,上帝应该创造他已创造的那种世界就成为不可想象的了。

> 理性被造物的道德或其物理的善或恶并非无限地超越于纯粹形而上学的善恶之上的,也就是说,并非无限超越于那种包含在其他被造物的完善性中的善的……在上帝眼中,没有什么实体是绝对高贵的,或是绝对低贱的。上帝确实使人比狮子更具重要性,但我不知道我们能否确信上帝会宁愿要一个人而不要整个狮子的物种。㉒

莱布尼茨在其《神正论》(*Theodicee*)中一次又一次地回顾这个主题:

理性被造物的幸福是上帝的唯一目的[这是]一个错误的格言。如果真是这样,则可能既不存在罪恶也不存在不幸,它们甚至不能作为伴生物而存在。上帝或许会选择一组排除了恶的可能物。但在这种情况下他将缺少归之于宇宙的东西,也就是说,缺少归之于他自己的东西……确实人能够想象一些没有罪恶和痛苦的可能性世界,就像人们能够发明关于乌托邦和色洼伦坡(Sevarambes)的浪漫世界一样;但这些世界可能比我们的世界要糟得多。我不能详尽地说明这一点;但你们一定能像我一样 *ab effectu*[从实际上]推论出这个结果,因为这个实际存在的世界,是上帝所选择的世界……美德是被造物最高贵的品质,但它不是被造物唯一的好品质。存在着无限多的吸引上帝去喜爱的别的东西;正是从所有这些共同被选中的喜爱之物中得到了善的最大可能的总量。如果除了美德以外什么都没有,如果只有理性被造物存在,那么善就一定比现在少。……弥达斯(Midas)*只拥有黄金时,他一点也不富有。[33]

莱布尼茨为艺术作品中美的创造和纯肉体的味觉愉快中相反的东西的不可或缺性增加了老生常谈的美学论点:

> 如果我除了甜味之外别的什么味也不尝,甜东西就会变得无味;辣、酸甚至苦的东西必须与它们掺和以便刺激味觉。

---

* 弥达斯(Midas),触物成金的希腊王。——译者

第七讲 充实性原则和18世纪的乐观主义

那没有尝过苦味者不配享用甜,当然,也不能鉴别甜。

这些睿智的哲人和谨慎的神学家,以及像蒲伯和哈勒这样使其推理通俗化的诗人,将他们关于宇宙的善的断言完全立论于像史蒂文森(Stevenson)育儿室中孩子一样的基础上:

这世界充满如此大量的东西。

的确,这并没有必然使他们"像国王一样幸福"。这是一个个人性情问题。事实上大部分人并没有小孩似的对事物纯粹的复杂性和多样性抱有强烈兴趣。他们通常是这样一些人,他们的自然情趣和教养常常使他们更倾向于选择一个东西稀少的、简单明了和排他性的宇宙。简言之,乐观主义哲学家们并不是一般的浪漫性情,他们想要证明现实彻头彻尾是理性的,存在中的每一个事实,无论多么不宜人,都是基于某些如同数学公理一样清楚明白的理性。但在他们要得出雄心勃勃的论点的紧要关头,他们发现他们自己勉强把一种与在大众中,也常常在哲学家中流行的,极端不同的善的概念归因于神的理性。因此,和他们最初的气质和意图相反,他们常常被导向在他们同一时代的精英身上打上一种评判一切价值的革命性的和自相矛盾的标准理论的印记,这种理论可以用一个非常浪漫的,我们这个时代乐观主义的矛盾爱好者的话来概括:

只有一个东西是必要的:那就是所有的东西,

此外的一切都是虚无者的虚无。

直到 18 世纪最后十年,结果才充分地表现出来。㉞在我们转向这些结果之前,我们必须注意到某些别的新发展,这十年间,这些新发展发生在我们的这三个原则的变化过程之中。

第八讲　存在之链和18世纪的一些生物学观点

18世纪生物科学史足以使整个18世纪的大部分科学家记住这样一个事实:在包含在存在之链概念中的原理继续成为构架科学假说的实质性前提。但在这些科学中,正如在别的思想领域中一样,那些一直隐藏在这些古老假设中的含意现在被更清楚地认识和被更精确地应用。在这一讲里我们将主要论述18世纪生物学理论的三个方面,在这三个方面中,生物学理论既受到在总体上接受的连续性原则和充实性原则的影响,又反过来倾向于对这些原则做出一种新的解释,两者之间的一个更重要的联系将在以下的讲演中先行讨论。①

(1)我们已看到,在亚里士多德以及随后的中世纪的逻辑和自然史中,存在两种对立的思维模式。第一种思维模式倾向于在自然对象特别是生物之中进行明确的划分和作出清晰的区别。为了把动物和植物安排到划分明确的物种里,(因为柏拉图式的存在王国的二元论仍然还在影响人们的思想,)假定这些明确分类的物种与永恒理念的区分相一致,是研究有机世界的学者所要做的第一件事。另一种思维模式倾向于使整个物种的概念显得方便,然而那种人为建构的划界在自然界中没有其对应物。总的说来,前一种思维倾向在近代早期的生物学中盛行。无视文艺复兴时期的天文学、物理学和形而上学对亚里士多德影响的强烈反对,在生物学中,那种自然物种的学说仍然有很大影响——无疑,这多半是因为它似乎得到经验观察的支持的结果。多丹(Daudin)认为:"自然史从文艺复兴开始应用的这种传统观念,主要来自亚里士多德。因此正是从 16 世纪末到 18 世纪末,把所有的生命存在物,动物或植物,分布进一种一个包含在另一个之中的集合单元的等级制中的想法,赢得了博物学家们的赞同,它最终似乎成了他们科学事业的系统表达。"第一位近代伟大的系统论者,切萨皮诺(Cesalpino)* 是亚里士多德学派的 16 世纪的热心支持者,似乎正是他对亚里士多德的逻辑和科学著作的全新研究使他开始他在《植物学》(*De Plantis*,1583)中的研究。确实大部分作为 17 世纪和 18 世纪早期生物科学标志性成果的精致的"体系"(就像人们称呼它的那样),在很大程度上公开宣称是"人为"的分类。但是人们在总体上仍然继续保留着那种认为存在着"被自然的创造者所建构的自然物种"的假说。自然物种当然是确定的物种。为了激励把有机体以及其它自然物体看作是分成差异明显的各个等级,而不是作为某种质的连续体的诸成员的思维习惯,即使是人为的体系也倾向于给物种的概念在科学思想中一个特殊的地位。

但是在这两个世纪的思想中有两种观念在发挥作用,这两种观念对整个物种概念的不信任在不断增强。第一种观念与我们的一般主题关系不甚密切,它是在洛克哲学中的半唯名论倾向。在

---

* 切萨皮诺(Cesalpino 1519—1603),意大利医生、哲学家、植物学家。——译者

第八讲 存在之链和 18 世纪的一些生物学观点

《人类理解论》第 3 卷第 6 章中,洛克承认存在着"实在本质"——这种本质主要是指这样的一种本性(nature)或属性,这种本性的"观念"必然地和先天地包含有其它属性的观念,以至于一个这样的"本性"在本质上不能和其它"本性"相分离。在这种情形下,就出现了类概念,这些类概念的界定是事物本性所固有的,而不是任意的和偶然的。② 有了这些实在本质,洛克相信造物主一定可以被认识,天使也可以被认识,但关于造物主和天使的知识(除了数学的图形和道德属性的本质之外),并没有给予我们凡人。因而我们关于物种的概念,仅仅是"名义本质",思想将属性的观念组合在一起,与自然物之间任何确定的客观性和本质划界都不相对应,"我们通过名称把物质区分为一些物种,完全不是基于实在本质,我们也不能假装是按照其本质的内在的区别而精确地在物种之中排列和确定它们"。③"我不否认",洛克说:"自然在不断地产生特殊存在物的时候,并非总是使它们全新和多样化,而是非常相似和具有同类性。而我却认为物种界限确实是由人划定的,是人使它们分类的。"因此生物学的分类仅仅是语词的分类,并与语言使用的多样性的方便考虑有关。洛克搞不清"为什么一只夏克(一种狮毛狗)与一只猎狗不像一只长耳狗和一头大象那样是不同物种的东西"……"动物物种的区别在我们看来是如此的不确定"。④ 即使作为名义本质的"人"也是一个含糊和歧义的字眼,不能认为它符合于"由自然所产生的精确的和固定的界限"。事实上"很显然,自然没有产生这种东西,人也没有建构它"。⑤ 因此,仅仅是靠我们的任意界定,"我们能说,这是一个人,这是一只非洲狒狒(drill),"⑥ 也就是狒狒(baboon)。"我认为在这里包含着所有类属和物种的问题。"

从以上的详细论述中已能明确看出,从连续性原则也可以直接得到同样的结论。当从连续性原则得出这个结论时甚至更有说服力,因为它背后有一个更大的传统本体,而且因为莱布尼茨和洛克这两个18世纪早期和中期发挥了最大影响的哲学家,是这种理论的主要建构者。结果是那个时代一些最伟大的博物学家拒绝物种的观念。布封(Buffon)在其《自然史》(*Histoire Naturelle*)的公开讲演中抨击了整个系统论者的学说。他宣称,在试图发现物种的"自然"界定因而达到一种分类的自然体系的努力之中存在着"形而上学的谬误"。"这种谬误在于没有理解自然的进程(marche),这种自然进程总是通过划分等级(nuances)的形式而发生……可以通过以几乎难以感觉的程度差别从最完善的被造物下降到最无定形的质料……这些不可感的程度变化是自然的伟大作品,我们不仅能在规模和形式上,而且能在运动中,在每一物种的产生和连续性中发现它们……[于是]自然通过我们不知晓的等级进展,不可能完全将其自身在属和种中进行划分……我们将发现大量的居间的物种,以及一半属于一个级别,一半属于另一个级别的物体,我们不能给这类物体指定一个位置,这必然使建构一个宇宙体系的努力以徒劳告终。"因此,布封得出结论,物种概念是人为的并对生物学家有害的概念。

> 总之,谁将自然的作品划分得越是精细,谁就最接近真理,因为实际上在自然中唯有个体存在。⑦

确实,布封不久就放弃了这种立场,他想象他已在杂交种的不育中发现了一个证据,证明物种是客观的和基本的现实之物——物种确实是 les seuls êtres de la Nature[自然界唯有的存在],它像自然本身一样古老和久远,而"一个个体,无论它属于哪种物种,在宇宙中只不过是无。"一个物种是"一个独立于数,独立于时间的整体,一个永远生存,永远同一的整体,一个被认作是创世作品之一的整体,因而在被造物中构成了一个单一的单元"。⑧尽管他随后在这个问题上有些动摇,他所设想的对"真实"物种的差异的科学检验的发现确实在一段时期内抵消了他开始曾全力支持的那种倾向。⑨但是邦尼特却接受了布封已放弃的那种理论倾向。邦尼特重复关于存在之链的连续性的惯用措辞。他明确地得出不存在像物种这类东西的结论:

> 如果在自然中不存在分裂,显然我们的分类就不是自然本身的。我们所构成的那些东西就纯粹是名义上的东西,我们应该将其看作与我们的需要和与我们的知识的局限性有关的手段。高于我们的理智之物可能认识到:在我们置于同一个物种中的两个个体之间差异性,比起我们在两个相异甚远的物种个体之间所发现的差异性来,要多得多。因此这些理智之物在我们世界的等级序列中看到了如同存在的个体一样多的级差。⑩

戈德史密斯(Glodsmith)作为自然史的一个普及性纲要的作者而为人所熟知,他接受并大力宣传这种难以科学地承认的物种观念的学说:所有自然物的"分类完全是任意的,从一个存在序列到另一个存在序列的等级是如此地难以感知,以至于不可能划定一条明确表示每个物种边界的界线。所有的这些分类都是这个星球上的人所制定的,就像天文学家在这个星球表面所绘的经纬线一样,不是自然的作品,而是我们自己的作品"。⑪还可以列举无数其它的说明,然而再去增加这些说明将是无聊的。

因此,那种根据物种,以及把人从其它被造的动物之中分离出来的意识进行思维的一般习惯,在18世纪开始衰亡。在一个连续性原则与随后任何时期相比都更被认作是首要的和最基本的真理的时期里,不可能出现另外的情况。这个变化是科学和其它思想领域中的一个意义深远的成果。

(2)即使那些没有明确反对自然物种信念的人,连续性原则对他们也并不是没有重大影响的。连续性原则使博物学家们寻求那些能填充存在之链中的明显"缺环"的物种形式。对这种生物形式假定的批评主要是攻击这一假说所需要的许多环节一直未能被发现。但是更广泛被认可的观点是:这些存在之链中的间隙是表面的,而这些间隙如莱布尼茨所宣称的,只能归因于当时所获得的关于自然界知识的不完善,或者归因于——被推测为低等的——存在系列中的许多成员的极小规模。这种形而上学的假定因此而为科学研究提供了一个程序表。因此在18世纪,这个程序表对动物学家和植物学家的工作,特别是对用显微镜从事工作的科学家的工作,具有极大的鼓舞性。每一种新的形式的发现,都被认为不是自然界中一个额外的无关事实的暴露,而是迈向其总体计划已被预先知晓的系统结构的完善性的一个步骤,是补充了一点被总体上认可的真理和期待的事物图式的经验证据。因此,存在之链的理论,尽管是纯思辨的和传统的,但对这个时期自然史的影响几乎相当于过去半个世纪里元素周期表及其原子量对化学研究的影响。制定英国皇家学会(Royal Society)的总体规划的第一个历史学家1667年在一段柏拉图式的和培根式的主题相结合的有趣文字中写道,本学会的总体规划是发现自然界中未知的事实,以便将它们安排在存在之链的恰当位置上,并同时使这种知识为人所用。

这就是在所有被造物序列中的依赖关系。有生命者,有感觉者,有理性者,自然之物和人造之物;对其之一的理解,就是迈向对其余的东西的理解的有益的一步。这是人类理性的最高点:追踪存在之链的所有环节,直至其所有的秘密向我们的意识呈明,这些环节的构造通过我们人的劳动而被仿造和得到发展。这样确实是支配了世界;把事物的多样性和等级性如此有序地彼此靠近地排列在一起。我们居于这个等级系列的顶端,完全可以认定所有其它物种居于我们之下,并为我们人类平静、祥和和丰裕的生活服务。这种幸福之上不能加上任何别的东西,除非我们再次利用这上升的大地,而去更近切地窥视天堂。⑫

18世纪中叶的百科全书派,尽管以一种不太虔诚的口吻,也将此作为知识进步的规划而加以详述:因为"自然界中的一切东西都联结在一起"。"存在物被一条存在之链彼此联系,我们能察觉到这条存在之链的某些部分是连续的,尽管在更多点上我们看不到连续性。""哲学家的技巧在于给被分离的部分加上新的联系环节,以便最大限度地缩短这些部分之间的距离。但我们一定不要自夸这些间隙将不会仍旧在许多地方存在。"⑬ 在 18 世纪的人看来,特朗布雷(Trembley)在 1739 年再次发现淡水水螅(fresh-water polyp Hydra),是科学史上的一个伟大时刻,(在此之前列文虎克[Leeuwenhoek]已经观察过这种水螅),人们立即欢呼说这种生物是他们长期以来寻找的植物和动物之间的缺环——亚里士多德模糊的植物形动物(zoophytes)概念用于解释这种水螅已显得不够用。这一发现以及类似的其它发现有助于反复地强化充实性和连续性作为自然的先天理性法则的信念。有时候人们认为更大的荣誉应归于那些没有看见却已相信这些原则的人。一个德国科普作家,也是特朗布雷作品的宣传者说:"最大的光荣归于德国的柏拉图(指莱布尼茨),虽然在他活着时并不知道对这种有机体的实际观察","但他却依靠从对自然本性的研究中获得的对这些基本原则的正确信心,在其有生之年预见到了它。"⑭

对那些没有被实际观察到的、将填补这些空白的有机物的寻求,是被人们带着特殊热情在存在序列的两个地方进行的:即在序列的底层附近和在人与高级猿猴之间的间隙处。勒勒特指出:"自然从植物到化石(也就是石头),似乎跨越了一大步,不存在我们所知晓的联系植物王国和无机物王国的联结和环节。然而我们应该用我们目前所拥有的知识来评判存在之链吗?因为我们在存在之链的这里或那里发现了一些中断,一些间隙,我们就可以断定这些中断和间隙是真实的吗?……我们所发现的植物和无机物之间的间隙在将来某一天显然会被填补起来。在动物和植物之间存在着同样的间隙，水螅终于填补了这个间隙，并表明了存在于所有存在物之间的令人赞叹的等级变化。"

但发现那些迄今尚未观察到的存在之链的诸环节的计划在人类学科学开端处有着特殊的重要性。猿与人骨骼结构的极接近的相似性早已为人所熟知。细心的动物学家认识到在这个系列的范围内解决解剖学和心理学上的连续性问题的明确方法。在这一重要问题上，莱布尼茨和洛克都曾断言有比能实际展示出来的连续性程度更大的连续性程度。增进人与猿的亲善关系因此成为了至少是科学的任务。"在这种探索的第一个阶段"，正如一个研究18世纪人类学的德国历史学家所指出的："人们是在人类自身最低极限处寻找这种缺环的。人们认为有可能在很早以前的种族中发现如同旅行家游记中所时常描述过的半人半兽的存在物，一些航海家证实他们亲眼看见过长着尾巴的人，另一些则遇上过不会说话的部落。"⑮ 林奈（Linnaeus）曾谈到过一种 *homo troglodytes*［穴居人］，还不能确定地说这种穴居人是更接近于俾格米人（pygmy）还是更接近于猩猩（orang-outang）；一部在他死后很久才得以发表的标题叫《人的堂兄妹》（*The Cousins of Man*）的论著中，他把猿说成是"人类最近的亲戚"。⑯ 这种关于人与类人猿关系问题的前见给17世纪末、18世纪初航海家对霍屯督人的众多描述以一种特殊的哲学兴趣。霍屯督人或许是为人们所知的野人种族中的最低等级，当时不止一位思想家在霍屯督人中看到了类人猿和 *homo sapiens*［人类］之间的联系环节。一位英国散文家在1713年以一种平常的方式讲述说，追踪"从无机物到人的渐次上升的等级序列，是何等的令人惊奇和愉快"。他接着说：

辨别这些种类是容易的,直到你达到最高一个种类,以及紧挨着它的高于它的物种中的最低的种类。它们的差别是如此地细腻,以致自然似乎没有设定它们的物种的界限和边界,从而迷惑好奇者和使骄傲的哲学家自卑……与人具有极大相似性的猿和猴,是低于人的下一个动物等级。在我们种族的最低个体与猿或猴之间差异不是很大。如果猿猴有语言能力,它们或许可能正当地宣称拥有人这个种族的地位和尊严,好像野蛮的霍屯督人,或新赞布拉(Nova Zembla)的愚蠢土著一样……这种存在者序列中的最完善者,即安哥拉(Angola)土著将其称为猩猩者,也就是野人,或者叫丛林人,享有与人类本性最为相近的美名。所有这些物种拥有一些与我们相一致的外表,人们还发现过许多猴脸人的例子。但是这些巨大的相似性,不仅存在于容貌方面,而且也存在于身体结构方面,存在于其能爬行又能直立行走、语言器官、敏捷的感悟,尚未在任何种类的猿中发现的柔和的性情,以及其它各种方面。⑰

后来卢梭(在 1753 年)和他之后的蒙博多爵士(Lord Monboddo)*在 1770 年进一步断言人类和高级的猿(猩猩或黑猩猩)是同样的物种。语言并非是原初天赋给人的,而是人这个物种逐渐发展起来的多种技能之一。⑱因此在这一点上,系列的连续性至

---

* 蒙博多爵士(Lord Monboddo 1714—1799),苏格兰法理学家和人类学家。——译者

少得到了创生学的(genetically)解释。勃勒特尽管是一位虔诚的神学家兼伟大的博物学家,也毫不犹豫地表示了对人和猿是否是不同种类的怀疑。

  这种把人从真正的四足动物分离开来的巨大的间隙,被猿和与猿相差无多的动物所填补,这些物种的等级划分只是很细微的……当它通过此多的等级上升到优越的或主导的物种时,这个物种如此地接近于人以致它获得了猩猩或野蛮人的称呼。在此最重要的是不可能不识别出存在物渐进的发展,在此最重要的是要证实德国的柏拉图(译按:如前指莱布尼茨)的公理:自然不作飞跃……自然的沉思者惊奇地得到一种如此与人相似的存在物,以至于把它们区分开来的特征似乎不是不同物种的特征,而仅仅只是同一物种内的多样性而已。

  邦尼特继续陈述道,猩猩拥有人的身材,人的四肢,人的举止,以及人的直立行走姿势。它"完全没有尾巴",但却有"匀称的脸",*un vrai visage*[一张真实的脸],其智慧足够使用木棍和石头作武器,甚至"能被教育得可称赞地表现出 *valet de chambre*[家庭仆人]的功能"。还能掌握许多其它的行为方式——甚至包括礼貌——礼貌通常被认为是为人所独有的。简言之,无论我们把它的思维或身体与我们相比较,"我们都会惊奇地发现两者的差异是何等的小和何等的少,而其相似性又是何等的众多和明显"。[19]

  到1760年缺环的追寻者们用诗文来庆祝他们的胜利:

236   Tous les corps sont liés dans la chaîne de l'être.
La Nature partout se précède et sesuit…
Dans un ordre constant ses pas développés
Ne s'emportent jamais à des bonds escarpés.
De l'homme aux animaux rapprochant la distance,
Voyezl'Homme des Bois lier leure xistence.
Du corail incertain, né plante et minéral
Revenez au Polype, insecte végétal. [20]
［一切物体都被联结在存在之链中，
大自然到处都是自己的原因和结果……
在统一的秩序中不间断它前进的步伐，
从来不会有突然的飞跃，
从人到动物的距离很接近，
经过猩猩联结起他们的存在，
不知名的珊瑚、既非植物又非矿物，
又返回到水螅，植物性昆虫。］

从至少 18 世纪中叶到达尔文时代，这种对缺环的寻求不仅继续吸引着自然史研究专家的兴趣，而且引起了一般公众的好奇。最后可以引证一条结论性的证据。没有人比杰出的实践心理学家 P. T. 巴纳姆*更好地判断公众的需求，似乎在 19 世纪 40 年代早期——也就是《物种起源》出版前近二十年——公众所欲求的东西

---

* 巴纳姆(P. T. Barnum, 1810—1891)，美国最受欢迎的游艺节目经理。——译者

之一就是存在之链中的缺坏。我们知道这个伟大的展览会的主办人在1842年宣布在其展览馆的诱人的珍奇展品中展出了除"得到保存的斐济美人鱼(Feejee Mermaid)"之外的另一些科学标本,例如"鸭嘴兽(ornithorhincus),它是海豹和鸭子之间的联系环节;两个不同的飞鱼标本,它们无疑联结了鸟和鱼;赛龙(siren,一种像鳝鱼的两栖动物),或者泥沼大蜥蜴(Mud Iguana),它是爬行动物和鱼之间的联系环节……以及另外一些在有生命的自然巨链中构成联系环节的动物"。[21]我们完全可以确信,倘若允许亚里士多德返回参观18世纪40年代的地上景观,他将匆匆地赶住巴纳姆的展览馆。

(3)我们现在必须返回到借助于有效的显微镜而开始的观测科学伟大进展的开端。我们并不关心这种装置的发展历史,为了我们的目的,回顾一下17世纪后半个世纪,特别是经过列文虎克的工作,显微镜在生物学发现中所扮演的一个重要仪器的角色就足够了。列文虎克成功的故事经常为人们所讲述。[22]这些细节我们无需在此重述。但我们不能忘记的东西是这些微生物学所揭示的——就像非生物学的显微镜使用者较早的发现一样——似乎是直接为充实性和连续性原则提供了新的经验证据,反过来对那些仍将这些原则认作实际的自明公理的人——则从中得到了理论上的证实。倘若这些原则是有效的话,这个微生物的世界毕竟只是我们所能预期的世界。尽管这个世界从未成为感官可观察的东西,然而它可以被先天地推论出来。物质单元的存在,无论是有机的还是无机的,远比显微镜所揭示的还要精细,事实上,在列文虎克以前它们就已被预测为是先天的。作家亨利·鲍尔(Henry

Power)在1664年的一篇科学论文中写道：

> 对我而言，那种认为用我们的肉眼所能看见的最小的物体，只是在自然界中最大者和最小者之间的居中的东西，而自然界的两个极端都存在于人类的感知力之外的看法似乎常常是超出一般的可能性，和超出想象力之外的（无论这种设想显得多么矛盾）：一方面因为他们（译按：指持上述观点的人）心智狭隘，还不配称为哲学家，因而认为任何物体在其空间维度上可能过分的巨大；由于他们和上述人们一样如此地缺乏理解力和思想杂乱，以致另一方面他们认为物质微粒可能过分小，其本性被限定在一个原子之中，它的一再分划必定没有一个终点。我相信，我们现代的仪器（显微镜）将在视觉上表明，并将再次使他们抛弃（原来的）观点：你将在此看到自然是一个何等精细的物质分割物。

因此，"倘若屈光学进一步普及"，它过去的成就将会被大大地超越。尽管其发明者后来主要用它来处理无生命的物体，但其推理似乎明确包含着将有机世界同样延伸到无穷小的领域的意思。在此领域中"无可比拟的神意的速记"（Stenography of Providence）产生了 Insectile Automata[昆虫的自动机]，(也就是那些生物)。[23]

要求生命领域向下延伸的同样的逻辑也要求"世界的无限性"的假说和在这些世界之中有可居住的星球的假说。"两种无限性"——无穷大和无穷小——都是同一个前提的结论。我们已经

第八讲 存在之链和18世纪的一些生物学观点

知道丰特奈尔在《关于宇宙多样性的谈话》(*Entretiens sur la pluralité des mondes*)中从微生物学已知的事实论辩而得出的结论——其本身并非是能用观察得到的证据证明的——他一直希望证实这一结论。petits poissons ou petits serpents quel'onn'aurait jamais soupçonnés d'y habiter［人们从未怀疑，每一滴水都为一些在此居住过的小鱼和小蛇］所充满。因为，"自然在地球上如此公平地分布了动物"，难道可以相信"自然在地球上繁殖力超常，而自然在其它星球上却毫无生殖力，没有产生出任何生命吗？"[24]对那些在两个结论的共同前提中得到启示的人，任何倾向于证实两种结论中任何一个的具体证据都是对设定的形而上学真理的可喜证明。观察科学，在使一般公众觉悟到这种充实性原则的生物学含义方面，比在使公众相信新的宇宙状态的真理方面扮演了一个更为重要的角色。

自然的这种在第二个方面的扩张对人关于他所居住其中的世界的想象力及其情感有两种相互对立的影响。一方面存在着某种非常不吉利的东西，它表现出普遍寄生状态的可怕景象：到处是生命捕食生命，人的身体本身寄生着无数使人身成为其食物和有时——如我们马上就要论及的——成为其可能的牺牲品的微小的食肉生物。[25]另一方面，它似乎提供了另外的和惊人的关于自然异常的生殖力和其可羡慕的繁盛的图景，生命似乎是无处不在。没有什么物质小得不能为比它更小的生命存在物提供居所和营养，而且有生命的物质其自身到处被用以维持生命力更强之物，依次类推而无确定的极限。微生物学家只不过是证实和阐释了蒲伯对自然的最令人难忘特征的描述：

> 看啊,在这太空中,在这海洋里,在这陆地上,
> 所有的事物迅速、忽然地诞生,
> 进化的生命能向前进展到何等的高度,
> 能向四周扩展多远,能向下延伸多深!

较忧郁的思想家宁愿论及这个图景的忧伤方面,这有助帕斯卡尔达到"贬低"人和恐吓人,使人清晰地感受到自己在宇宙图式中的卑微地位及其理解力的有限性的目的。斯威夫特[*](Swift)论设定的寄生状态无限退化(regress)的短诗,人们太熟悉而不必引证。在他看来,自然的这种特殊性无疑是他经常详述的那些事物的总体上不洁的图景。正是在伊科查德—勒·布隆(Ecouchard-Le-Brun)诗意般地详述了"两个无限"观念的令人惊恐的方面:

> Entre deux infins l'Homme en naissant placé,
> Se voit de tous les deux également pressé…
> Pour confondre ses yeux qu'effraya l'Eléphant,
> Le Ciron l'attendait aux confins du Néant.[㉕]
> [在两个无限之间人都处于开端的位置,
> 看到自己从双方都同样受到压迫……
> 以致使他瞠目,如同那头惊慌的大象,
> 渺小的人,他展望着虚无的世界。]

---

[*] 斯威夫特(Swift 1667—1754),英国最杰出的讽刺作家。——译者

第八讲 存在之链和18世纪的一些生物学观点

但是另一个富于想象力的反应在18世纪的哲学和文学中显然是更为普遍。运用显微镜从事研究的人的发现，以及假定的在体积上远远小于和在数量上大大多于已实际发现的微生物的存在，为那种永不停息的繁殖力提供了令人愉快的新证据，在所有柏拉图传统的哲学中，"上帝的善"被奇特地认为存在于这种永无停息的生殖力之中；而且它们还为那类经常和充实性原则相联系的宇宙情感和虔诚提供新的激励。例如下面这段文字，它可能被设想为由一个19世纪末或20世纪的细菌学家以某种修辞手法所写成，事实上却是在艾迪生的《旁观者》(519号)中的某一本中找到：

> 物质的每一部分都被占满；每一片绿叶上都挤满了居住者。几乎在每一个人，或任何其他动物的身体上，都没有那种在其中我们的显微镜没有发现无数的有生命的被造物的单纯的体液。动物的体表覆盖着其他动物，而这些其他动物又同样作为生活在其体表上的另一些动物的生长基础。不仅如此，我们还在最坚硬的固体上，如在大理石上，发现了无数蜂窝和小孔穴，其中充满了小得无法为肉眼发现的如此难以被感知到的居住者。

所有这些对艾迪生来说，都是由存在之链的图景所提供的"精彩和奇异的沉思"的一部分，也是"仁慈广施于其所有被造物的至高存在的丰富和充溢的善"的进一步证据。艾迪生甚至在微生物中找到了一种证明在存在的等级序列中存在着高于人的天使和其它存在物的证据，"那就是在上帝和人之间存在着一个比人和最卑微渺小的昆虫之间大得不知多少倍的用于不同程度的完满性等级的空间和地盘。"詹姆斯·汤姆森（James Thomson）的情感更复杂。一方面——照例涉及到"存在巨链"——他确信微生物在万物的图式中有其必然的和"有用"的位置，他狂热地歌颂，正如这样的被造物的存在所表明的，"整个自然为生命所充斥"的方式。对他来说，这也是一种值得颂扬的理由：

全能的威力啊，
你的智慧可爱地照亮我们的心灵，
正如作为你的仆从的太阳照亮我们的眼睛一样。

另一方面，诗人不能不认为大部分微小动物是幸运的：

（这些微小的动物）
被构造天国的仁慈的技艺所隐匿，逃避了
人类粗俗的肉眼；如果这个（微小动物）的世界，
这不为人见的世界突然呈现在他的眼前，
他将对美味的食品，欢宴的美酒，
都感到讨厌；而且在死寂的深夜，
当到处都进入无声的睡眠时，他却被噪声而震聋耳朵。[27]

因此，即使那些接受了乐观主义前提，认为自然的合理性和优越性在于其"丰富性"的人，有时也会产生一种如果自然不如此丰富也许会更令人愉快的想法。

第八讲 存在之链和18世纪的一些生物学观点

即使是在18世纪末,充实性原则,特别是连续性原则仍然被康德在《纯粹理性批判》中认为是生物学及其它科学的有效的指导原则,尽管他持这种看法是带有特殊的和重要的条件的,这些条件是从暗含在批判哲学中的那种认为靠我们的无论多么全面的综合都有不可能达到详细完满的想法中推导出来的。充实性原则被称作"详细说明的法则……它要求事物中的多样性和复杂性",并且"可以通过 *entium varietates non temere esse minuendas*[各种事物不会无缘无故地减少存在]这种说法表述出来"。后者是"所有概念的亲和性(affinity)原则,它要求某种通过多样性的逐渐增加而从每一物种向每一其它物种的连续性转变"。"从这里产生出直接推论 *datur continuum formarum*[事物是连续地形成的],也就是说,物种的差异相互邻接而不允许通过一种 *per saltum*[飞跃]而转变成另一种"。但这不是"建立在经验的基础上","在经验中不能提出与之相应的东西"。因为这种连续性是无限的,且此原则没有告诉我们在邻近的物种之间的"亲和性的程度的标准"(criterion of degrees of affinity),"而只是告诉我们应该去寻求它们"。关于这种他曾错误地设想是莱布尼茨使其流行于世的"被造之物连续等级序列的著名法则",康德的结论是:尽管"无论对自然建构的观察还是透视都不能将这一法则作为一个具有客观性的定论确立下来",但是,"按照这一原则去寻求自然秩序的方法,以及承认在自然中存在这样的秩序(尽管它在何处和在多大范围上存在仍不确定)的原理,确实构成了一个合理的和卓越的理性调节原则"。它"指出了通向某种系统的知识统一体的道路"。简言之,从康德的对知识可能性的一般条件的分析中所得到的、在其充实性和严格的连续性之中的存在之链的观念,是一种调节性的"理性理想",尽管科学可能希望,也将会寻求,在其渐进的进展中展现出越来越多的接近真理的经验证据,但是它在实际上是永远也不会令人满意的。[28]

第九讲 存在之链的时间化

当充实性原则要么被宗教地解释为一种对神的善的信仰的表达，要么被哲学地解释为充足理由原则的一种内涵时，像人们通常理解的那样，它与任何对进步的信仰，或者与对作为一个整体的宇宙中的任何有意义的变化的信仰都不相协调。存在之链，就连续性和完善性在习惯的基础上被确认而言，是一种彻底固定不变的和静态的事物图式的完满例证。合理性与时间无关。如果存在之链中有某个环节不存在是当今世界结构的任意性的证据，那么在过去、在将来也将是如此。正如一位18世纪早期的英国哲学家所指出的：

[上帝]总是基于某种根据或理由而行事的，由此可以推论出他的创世也是有某种理由的，否则他根本就不会创造任何东西。而如果他有某种理由，那么这种理由无论在任何一个特殊的时间里都永远是同样的。例如，假定善是其创世的根据，就可推论出如果创世在任何特殊时间上是善的，它同样永远是善的。①

一位当代思想家指出，如果这种说法是真的，它就不仅仅是对一般的创世而言是真的,而且对每一种存在也都是真的,它包含着这样一种含意,"不仅天使和人,而且每一种其它被造物、每一颗行星及其上的每个居住者,都是永恒的。"而且"上帝不能在此后创造出任何新的种类的存在物。因为对他而言,在时间中所创造的任何东西都是善的,这些东西也同样永远都是善的"。②

诗人亨利·布鲁克(Henry Brooke)在一篇标题为《宇宙的美》(Universal Beauty)的散文中表述了同样的乐观主义的含意(1735):

> 在事物中要么有一种现存的绝对恰当性,要么有一种未来的恰当性,也就是展望和趋势方面的恰当性,而且这种恰当性在此只与此后必须是绝对的东西相关。但如果在事物的现存状态中就已经有了一种绝对的恰当性,那么任何事物都不可能发生变化,因为最好的东西绝不可能变得更好。

对18世纪的许多人来说,那种认为世界从一开始就没有出现新鲜事,或者今后也不可能出现新鲜事的想法似乎是令人十分满意的。例如普鲁奇(Pluche)神父,在一本被广泛阅读的关于时间的天文学普及读物中,把自然的本质上的不变性描述为哲学的确定结论之一;而且他明显将其视为是一种卓越的和具有启发性的结论。无疑,他认为,创世的工作在人被造之前在某种意义上是进展的。但随着人的被造,所有其前期的准备工作所要达到的极致完满状态已经达到了。

因此，在随后任何时期不会再产生更多的东西，所有的哲学家都已审视和认同了这一点。请考察经验的明证；元素永远是同一的，物种永不变化，种子和胚胎预先为所有事物的永存作好了准备……因此人们可以说，阳光之下没有新事物，没有新的东西产生，只有创世之初就存在的物种。③

这种假设在18世纪早期有时被用来反对当时刚刚出现的古生物学科学。认为化石实际上是现在已经绝迹了的动植物的遗骸的看法遭到人们的辩驳，这种辩驳意见的根据是：在一个管理良好的宇宙中，每一物种一定会永恒不断地重复出现。因此伟大的英国植物学家约翰·雷(John Ray)在1703年写道：

可以推论出许多种有甲壳的鱼在世界上消失了，这一点哲学家们至今仍不愿承认，他们把任何一个物种的毁灭看成是对宇宙的肢解，认为这使宇宙变得不完满了，因而他们认为神圣的上帝是特别关心保护和保存其创世的作品的。④

这种结论受到了占主导地位的预成论(preformetion)或套盒论(*embo itement*)的发生学(embryological)理论的支持和发挥，这种理论宣称：不仅所有物种而且所有个体有机物都从一开始就存在。个体无疑有别于种类，似乎会在数量上有所增加并发生变化，但实际上这仅仅是那已经预先勾画的(pre-delineated)结构和性质的展开或显露(*evolutio*)。在原始的胚胎中，一个包在另一个之中，犹如一套盒子一样。布鲁克用诗来表述这种学说：创世

的全能上帝

> 在微小的神龛中，
> 能无限地容纳和居住的如此大量的东西，
> 在一个瞬间的时刻中铸造了永恒的物种
> 在一个看似原子一样小的东西中包含了无穷的世界
> 植物中包含着植物，种子中包含着种子。⑤

因此18世纪早期占统治地位的一群重要观念——它们包括：存在之链的观念，存在之链的观念赖以建立作为基础的充实性原则和连续性原则，以及存在之链用于证实其合法性的乐观主义和被普遍接受的生物学理论——都与假定的所罗门的格言（Solomonic dictum）相一致。普鲁奇和其他许多人都习惯于将此格言作为使人产生灵感的哲学和科学结论的证据而引用。在阳光下不仅没有，而且永远也不会有任何新生的东西。时间的进展不会给世界带来更丰富的多样性，在一个作为永恒的合理性之表现的世界里，不可能想象会发生这样的事。但恰恰是在这个古老的观念的含意变得最为明显的时候，开始出现了对它的反动。

18世纪思想中主要的事件之一就是存在之链的时间化。充实性构造（plenum formarum）逐渐被一些人认为不是自然的存货清单（inventory）而是自然的程序，这种程序在宇宙历史中非常缓慢地但却正在逐渐地被实施。尽管所有可能性都要求现实化，然而它们又没有全部同时被现实化。它们之中有的在过去曾经实现过但显然丧失已久，有许多在现在存在的这些被造物的物种中体现出来，还有无限更多的可能性无疑注定要在即将到来的时代中才能获得其现实存在的权利。只有在宇宙的完全的时间化运转中，充实性原则才能有效。造物主并不匆忙；或早或迟，一旦每一理念都在可感觉的秩序中得以体现的话，创造主的善就会充分地表现出来。

这种变化的原因是多种多样的；而对我们讨论的主题最有危害的东西在于这样一些困难之中，充实性原则自身，就像它惯常被解释的那样，当其含意被充分阐释和认真考虑时，困难就产生了。一方面，这些含意是许多人的宗教情感所无法忍受的；另一方面，它们越来越明显地难以与已知的自然的事实相一致。这种静态的和永恒完满的存在之链主要因其自身困境而衰败。

让我们首先关注宗教的和道德的困境。乐观主义的致命缺陷——以及其辩论术所主要依赖的充实性原则的缺陷——是那种我们已经看到的伏尔泰所指出的东西：它没有给希望留有余地，至少没有给一般世界或作为整体的人类留下余地。如果所有的局部的恶为普遍的善所必需，而且如果宇宙是且曾经一直是完满的善，我们就不能希望任何局部的恶将会消失。逻辑上彻底的乐观主义相当于形而上学的、道德的和物理的恶的守恒学说；在各个部分中的不完善性的总量必须保持不变，因为整体的完善性正在于这个总量的现实化。但对那些他们对现实中的具体恶的存在感受太深而不能通过某种思辨推理来缓解的人来说，这种乐观主义的悖论是一种可笑的嘲讽。承认世界在目前不是完全合理的，为世界的改善保留一些希望，比认为世界是完全合理的——但毫无改善的希望要好一些。

确实,对于个体而言,充实性原则并不必然排除其在另外一种生活中获得更高级存在状态的期望。尽管世界的不变的结构由一组固定的观念分类框架(ideal pigeon-holes)组成,尽管框架中的每一个空格都必须被填充,但对一个框架格中的居住者来说,要想转移到另一个更好的框架格中去不是不可能的。但这种可能性——按照这个原则的最好的解释者对此原则所做的解释——被附加了一种奇怪的条件。埃德蒙·劳指出,那些宇宙中的"低劣等级"存在物,"不损害占住更高位置的优越者,就不可能有望获得一种优越的位置,因为他在另一物上升到其位置之前,必须离开这个位置"。因此尽管一个人由于正确地运用了他的道德自由而可能"变得适合和够格进入一种更优越的地位",但是他也不能立刻上升到这种地位上来,除非作为过失的结果,那些优越于他的人中的一个降级而空出一个位置来。这是从这种理论中得出的一个严格的前后一致的推论,如果假定可能的差异的每一个等级在一个时期只能有一个代表的话。这种假定是不可分辨的同一性原则所要求的。在等级序列中,恰好占据同一个位置的两个被造物将是同一个被造物。在世界上没有什么东西能够上升,除非以别的东西的下降为代价,这在道德上显然是可恶的结论。乐观主义者关于事物的一般结构的合理性的证据变成了一个它在本质上是不道德的证据。

一旦这种图式的两种含意变得十分明显,对它们的反叛就不可避免。存在之链必须被重新解释,以便来承认一般意义的进步,以及一种不以其它地方的退步来求得平衡的个体的进步。另一方面,当传统的观念被如此重新解释时,又暗示了一种新的末世学

第九讲 存在之链的时间化

(eschatology),或毋宁是一种旧的末世学的复活。既然等级序列仍被假定为精细地分级,既然自然不作飞跃,那么,未来的生命必须被设想为——至少对那些正确运用其自由的人们来说——一步一步地渐次升级,通过此人所能达到的所有更高的等级。并且既然在人和一个完满存在之间的等级数量必定是无限的,那么这种升级是不可能有最后终点的。人的命运的概念作为一个无限进展的概念因此而显现为一种反思充实性原则和连续性原则的结果。

亨利·摩尔(Henry More)在17世纪就预示了对传统末世学的修正。由于 *natura non facit saltus*〔自然不作飞跃〕,他推论道,死人也不会马上从其现世的不完善性跳到天国至乐境界,存在的充实性也不必被设想为要同步实现。

> 一个音乐家不会同时拨动所有的琴弦,因此也不要希望自然中的每样东西每一时刻都发生作用。但当轮到它头上时,只要拨动它就会发音,在它未被拨动时,它保持静默。⑥

我们已经知道艾迪生用诗一般的狂热语言详述过存在之链的观念,存在之链的观念使他比摩尔更尖锐地反对正统的新教观念(orthodox Protestant conception),这种观念认为死后的生命被永恒地固定在不变的极乐之中或被固定在不变的痛苦之中。1711年他在《旁观者》中写道:

> 在……对灵魂不朽的其它精彩论证中,有一种从灵魂持续不断地进展而趋向于其完善性,又不可能达到这种完善性的看

法引申出来的论证,我记不清其他论述过这个主题的人曾阐明和改善了这种暗示,尽管在我看来它具有非常重要的意义。⑦

艾迪生断言,我们必须相信:

> 如此接二连三地出现和消失的几代理性被造物,只是在此获得了其存在的初步入门,然后被转移到一个更加有利的环境中,在那里它们将可以繁殖兴盛到永远。在我看来,在宗教中没有什么比这种灵魂持续地趋近其本性的完善性,而又不能在某一时间达到这种完善性的看法更令人高兴和得意洋洋的了。把灵魂看成是越来越坚强,考虑到灵魂由于新增的荣耀而永放光芒,永恒辉煌,它给美德增添美德,给知识增添知识:由于拥有它,对于人的心灵来说,某些东西与那作为自然本性的雄心极相一致。不但如此,这一定是使上帝欣喜的图景,他亲眼观看他创造的东西变得美丽,观看它们以更高程度的相似性而趋近于他自己。

这种在宇宙中提高某物地位的无限前程的观念,这种对所有理性存在物都平等开放的前程的观念,显然吸引了艾迪生,部分原因是它摆脱了存在的等级序列的图景在其通常形式下所具有的难以矫正的不平等的外表。

> 在我看来,单单这种关于有限精神朝着其完善性进步的思考,就足以清除掉劣等自然物中所有的忌妒和优等自然物

中的所有的轻蔑。那种现在对人类灵魂显得如同上帝一般的小天使，非常清楚地知道在永恒中将出现这样的一个时期，到那时人类的灵魂将和他现在一样完满，不仅如此，那时人类的灵魂还会看不起他自己现在所缺乏的那种完善性程度。

因此存在的等级序列完全成为一个阶梯，这个阶梯上有无数的台阶，个体的灵魂在这个阶梯上永远向上攀登。在所有个体精神都以同样的步伐攀登的意义上，这个等级制的秩序保持着，其相应的位置没有改变。

确实，较高级的自然物仍然在进步，并以这种方式保持着它在存在的等级序列中的距离和优越性。但他知道无论他目前所占据的位置有多高，劣等的自然物将最终登上这个位置并闪烁出同等程度的荣光。

几年以后，莱布尼茨在总结其《自然和神恩的原则》(1718)*时确信没有人注定能完全达到那种极乐的境界：

> 我们的幸福永远不在于，也不应该在于一种完全的享乐，在这种享乐中无所期望，这种享乐使我们思维迟钝。而我们的幸福应该在一种朝着新的快乐和新的完满性的不断进取之中。⑧

---

* 该文写于1714年。——译者

对不朽性学说的重构也表现在同一著作之中,在其中,乐观主义论证的忧虑性结论被如此明确地推导出来。埃德蒙·劳,这位十分正统的神学家,在其自身的存在的等级序列的随后升迁中获得了主教职位,他发现他自己无法接受大主教金的逻辑和他自己的逻辑所要求的结论。因为他给那种论点的看似成功的结论——也就是"世界的现状是可能的最好状态"——加了一个脚注,在这个脚注中他提出这样一个问题,"是否可以设想上帝已经在如此固定的不变的状态中设置了存在物的秩序,以至于不容许任何进步;他从一开始就把被造物制造得如被造物的本性可能达到的完善程度那样完善"。劳认为,答案完全不能"轻易确定"。那些以肯定的方式回答这个问题的人,是从这样的观点出发论证的,他们认为,"我们关于无限的和绝对的善的意念必定激励上帝一直以一种最高的程度来赋予我们一切方式的幸福,由于同样的原因,这种意念曾经激励上帝以任何程度的方式赋予我们以幸福。但是他们说,上帝没有这样做,他只是一开始就赋予一些被造物以一个被造物可能得到的所有完善性,并给予每一个次一等的存在物以它们的各种不同的本性可能得到的最大限度的幸福。"但劳自己却倾向于一种相反的观点:"尽管这种观点似乎是某种悖论",他认为,"然而,根据更深一步的考虑,它或许将被认为并非是不可能的"。

对一个被造物来说……经历到一种不断增加的新的、未知的快乐……总是越来越接近完善性——这肯定会增加其幸福的总量,甚至超过那些其状态被假设以这种结束的完善化程度开始和结束的别的被造物的幸福总量。(如果在这两者

第九讲　存在之链的时间化

中有结束的话），而且这些别的东西不知道什么叫缺陷、变化和增加。一个被固定在同一状态中的有限存在，无论它多么优越、按照我们所有的观念来看，（如果我们允许以我们目前的能力来判断，而我们又不能以别的东西来判断的话），它必定是染上了一种懒惰或麻木……这种懒惰和麻木只有通过变化和多性化才能医治。因此上帝似乎不可能实际地把某个被造物固定在仅次于他的某种最高等级的完善性之中，不仅如此，也不可能想象有如此之高的一个等级。假设这种等级是荒唐的，因为承认持续的进展就不可能有最高者……我们相信[上帝]永远不会创造出任何处在这样一种没有为不断增进的幸福留有足够的余地，永远也不再要求新的幸福以及新的完善性状态下的存在物。⑨

这种对未来生活信仰的形式的改变——如以上的引述所表明的——密切地和一种心理学观察，一种对人的本性的概括相联系，这是那些热衷于详论充实性原则的哲学家的话题。人被认为只有通过不断地自我更新才能获得幸福。随着布鲁诺的《驱逐趾高气扬的野兽》（*Spaccio della bestia trionfante*）一书的公开发表，——该书在1713年被译成英语并为18世纪的人们所广泛阅读和推崇——"智慧"出现了，并发表了如下的言论：

如果在身体中没有变化，在物质中没有差异，在存在物中没有变迁，那么将无物适意，无物为善，无物愉悦……愉快和满足就在于从一种状态到另一种状态的某种变迁，进展，或运动……除非我们首先厌恶过去的东西,我们不能在目前的任何事物中获得幸福。……从一个极端经过所有的间隙到另一个极端,从对立面经过所有居中的空间到另一个对立面,肯定会带来满足。⑩

在莱布尼茨作品中反复出现同样的心理学言论,例如,"这才是快乐的法则,愉快没有平坦之路,因为平坦产生餍足,使我们愚钝而不幸福"。⑪

所有这一切的主要历史意义在于这样一个事实,即它展现了对善的本质的某种思考方式的产生和传播,这种善的本质与我们已看见的乐观主义的逻辑所产生的结论联为一体。这种新的末世学是一种次新的价值观念的表现。这种柏拉图式的至善与 αὐτάρκεια[独立自足]和终止欲望的同一——"那些拥有至善的人总是有最完善的满足,从来不需要别的东西"——被它的对立面所取代:没有终极之处,没有最终的完善性,没有意志超越的极限。像我曾引自莱布尼茨和艾迪生以及劳的那些话语一样的话语预示了浮士德的理想。人天生是不知足的,他这样做也正是他的创造者的意愿。如果忠实于他的本性和天职的话,那么,在他的经历中没有哪一刻他能说:"*Verweile doch, du bist so schön!*"["你多美呀,请停留一下!"]。那种替代 *Streben nach dem Unendlichen*[对无限性追求]之理想的倾向,是一种对无法实现的目标的无止境的追求。因为那种灵魂在对完满的沉思中最终休息的追求,等同于对在但丁的天堂憧憬中的那种"使天堂的中心宁静与和平"的追求——历史学家通常认为这种倾向是过时了的。这不是歌德的发

第九讲 存在之链的时间化

明,也不是德国浪漫主义者的发明,甚至也不是莱辛(Lessing)的发明,而是在整个18世纪中被杰出的哲学家和广大知识界人士所不断重复的东西。这与他们在思想上接受存在的等级序列的观念密切相关,这种存在的等级序列的观念长期以来被无可指责的正统神学家更含糊地描述为灵魂向上趋近于上帝的过程。

在伦兹(Lenz)《道德的第一原则》(*First Principles of Morals*, 1772)的论著中能够再次听到这种浪漫倾向的前奏曲的有点温和的回响,然后迅速以最强音喷发而出。他一直在界定那种"趋向完满性"(Volkommenheit)之冲动的本质,他宣称这种对完满性的趋近是人的本性的基本冲动之一。这种完满性在于"自然置入我们之中的所有权能和能力"的充分发展。但在伦兹思想中与充实性原则和连续性原则相联系的两个限定条件都隶属于这种自我实现的伦理学的理想。(1)"我们在我们的启蒙时代已经知道我们的某些能力是优越的——也就是那些思维的能力——而且,其它的能力都从属于这些所谓的高级能力。因此,根据这种比例,我们应该努力去培养和发展这些高级能力。但因为所有这些能力都处在一种不可分离,彼此之间无限细微地相互联系中,⑫所以那些别的能力[也就是低等能力]也应和高等能力一样受到重视——这也和每个个体的不同禀性相符合"。(2)但不论对于物种还是对于个体,同样的原则都要求对 *Status quo*[现状]的不断否定,要求在存在的等级序列中无止境地上升。

请注意我在此谈论的是一种人类的完善性,我希望这种研究不至于招致对我的责难,这种责难是:既然上帝创造的第一批人是善的，那么，在我看来，他们就不需要道德，也就是不需要有意识的道德努力。在最原初的人那里，"善"指的是可变完善的（*perfectible*），而不是已经完善的，因为要不然就不会出现堕落。所有的被造物，从虫子到天使，都必须有完善它们自己的能力，否则它们将不再是有限定的被造物，并丧失其自身，按照柏拉图的观点，在一种无限的和完满的存在中丧失自身。⑬

这是 18 世纪对爱默生（Emerson）为人所熟知的两行诗的无数预期中的一种：

> 竭力进化为人的小虫
> 要爬过所有形式的尖峰。

在一个许多科学家同时是神学家的时代中，在宗教和伦理概念的应用中的这种变化，自身倾向于促进一种科学观念的类似变化，后者也因为思辨性较弱的原因而被迫改变。其原因之一是难以弄清在现存的有机物类型中这种理论所要求的连续性等级，当然也不是说完全没有可能弄清。我们目前所能观察到的自然好像连一个完整的和没有断裂的存在的链环都没有呈现出来。这样非议大多是由少数敢于抨击整个创世的充实性的假定的思想家提出来的。在 18 世纪后 50 年中，伏尔泰和约翰逊博士以及人类学的先驱布鲁门巴赫（Blumenbach）在这些批评者中是最引人注目的。伏尔泰告诉我们，他曾经被存在的等级序列的观念所迷住。

第九讲 存在之链的时间化

当我第一次阅读柏拉图的著作并接触到这种从最微弱的原子上升到最高存在的存在物的等级时,我对此赞叹不已。但当我仔细地审视它的时候,那伟大的幻觉消失了,就像从前所有的幽灵都随雄鸡报晓之声立即消失一样。开始,在得知从无生命物到有机物,从植物到植物形动物,从它们再到动物,从动物再到神灵(genii),从这些拥有生存在空中的极小身体的神灵再到非物质的实体,最后是天使,这些实体的不同顺序在美和完善性方面一直上升到上帝本身的难以感觉的转变时,想象力获得了一种愉悦。这种等级制使那些喜欢在其中看到教皇及其教廷内阁成员,其后是大主教和主教,然后是牧师、副牧师,再后是一般神父、执事、副助祭,直至教士们出现,最后止于托钵僧这种序列的善良民众感到高兴。⑭

伏尔泰论述了在有机世界中连续性序列不存在的三个理由。第一,一些曾经存在的物种已经消失了;另外一些正在逐渐消失;还有一些可能或者不久就可能被人类毁灭,如果人类仍然如此地欲壑难填的话。"如果世界上其他民族效仿英国人的话,在地球上将不会再有狼存在。"还极有可能曾经有一些已被灭绝的种族。第二,我们能想象在现实物种之间有虚构的居间的物种,这一明显的事实同时表明物种形式的连续是断裂的。

在猿和人之间不是明显存在一个间隙么?想象一个拥有理智但既不能说话也没有人的形象的无毛的两足动物,它将回答我们的手势并服侍我们,这不是很难吗?在这种新的物种和人的物种之间难道我们不能想象其它物种吗？

最后，存在之链完满性的设定要求在人之上有一个十分庞大的非物质的存在物的等级制。一个基督徒无疑会坚信某些这样的存在物，*parce que la foi nous l'enseigne*[因为信仰会教会了我们这一点]。但对它们的信仰除了启示之外还有什么别的理由吗？——换句话说，柏拉图有什么理由这样说？对一个无生命的世界而言，在其构成成员中明显不存在等级——例如，大量的行星及其轨道之间就没有等级之分。总之，伏尔泰的批评是：任何一个对已知事实稍有了解的人马上就会看出"自然不作飞跃"的假定的虚假性。因此他得出结论，对柏拉图（如伏尔泰所设想的，他这个全部谬见的发源地）发出一阵顿呼：

啊，柏拉图，如此令人羡慕！恐怕你告诉我们的只不过是一些寓言，除了诡辩以外什么也没有说。啊，柏拉图！你不知道你起了多么坏的影响——怎么会是这样？有人问我，但我将不作回答。⑮

伏尔泰在别的地方尽管不是十分小心谨慎地首尾一贯，也反驳过宇宙充实性原则所赖以作为基础的先验假定。"存在为什么应该是无限的？又如何能是无限的？牛顿已论证了虚空的现实存在性。如果在自然中能够有一个自然之外的真空，在何处存在着实体应该延伸至无穷的必然性？一种无限的延伸将是什么样子？它只能是一个无穷的数目的存在。"但在他否认世界在空间上的无限性的同一篇文章中,伏尔泰却确认了其在时间上的无限性,因此基于同样传统的理由攻击了传统的创世学说。"'无物从无中产生'的伟大原则如同二加二等于四一样真实"。因此,宇宙必定是"永恒的"。

> 断言一个有活力的存在不活动就经历了无限的进程,一个有创造力的存在不创造任何东西就永远存在,一个必然的存在是一个永远无用的存在,乃是一种荒诞的悖论。⑯

约翰逊博士对这种理论的抨击也是基于同样的理由;但在两者中,有些奇怪的是,越渊博的越辩证。⑰充实性原则不仅与可见的事实相矛盾,而且在约翰逊博士看来,充实性原则也与其自身相矛盾。如果这个原则有任何一点确实性,存在之链就必定是一个真正的连续体,而在一个连续体中,在任何两个成员之间必定存在着无穷的居间者,无论这两者彼此是如何地贴近。约翰逊因此也就把某些推理运用于为人们所接受的宇宙观念,这些推理,就像运用到线上一样,如同爱利亚的芝诺的推理一样古老。

> 从无限到无的存在的等级序列不可能拥有存在。并非无限的最高存在一定是,就像我们经常所观察到的,处在低于无限的无限距离之中……在这有限和无限的间距中,永远为一个不确实的存在的无限系列留有余地。在最低的确定存在和无之间,在我们设想的确定的存在消失的地方,是另一个无穷幽深的间隙;在那为次一等的自然的无限序列中留有余地的

地方，可以永远永远地一直延续下去，但是它们都无限地优越于非存在……还不仅仅是这些。在存在的等级序列中，在它的开始或结束之处，都存在着无穷的虚空。无论我们设想的下一个高于人的序列离人有多大的距离，在它们之间都为一个居间的存在序列留有余地，而且如果为一个序列留有余地，也就是为无限的序列留有余地。尽管每种事物容有的余地有多有少，但结果是容留给它们的余地的所有部分，都将是无限可分的，因此，就我们所能判断的而言，在等级序列的任何两个阶梯之间的虚空中都可能留有余地，或在存在尖端的任意两点之间，都可能留有余地，这个余地是为了让无限的全能发挥其无限的力量而留有的。

约翰逊论述道，充实性原则还具有应该能被经验证据证明但事实上却是错误的含意。

能够被用来证明有各种可能种类的存在物存在的每一种理由，都将证明有每一种存在物的最大数目存在的可能性，就我们所知的人而言，如果我们有所知的话，这一点是错误的。

简言之，约翰逊总结道："我已经论述过这种存在的等级序列是基于大胆的想象而建立起来的，它在下无根基，在上无依靠。在从一个级次到另一个级次之间存在着虚空，由于这种情况，就我们所能判断的而言，在存在的任何等级上都极有可能轻易地陷入到在它之上或在它之下的等级的虚无之中，"因此，

第九讲 存在之链的时间化

为了驳倒那些求助于任何其他解决问题捷径的人,那些将其理性的基础置于存在的等级序列之上的人看起来是如此缺乏理性,而压制对这种大胆假设的反叛在各方面都会出现多么大的困难。*Qui pauca considerat, facile pronunciat*[因为所知不多而容易发表意见]。⑱

约翰逊的批判几乎接触到了问题的根本。如果他的同代人充分思考了他的批判,那么 18 世纪末将有可能以连续性原则和乐观主义传统论点崩溃为标志,约翰逊在其同一著作中亦对连续性原则和乐观主义传统论点进行过全力地抨击。但约翰逊和伏尔泰的批判似乎都没有产生重大影响。我们已经看到,整个 18 世纪,充实性、连续性、等级性的假定,继续对人们的思想,特别是在生物科学中,产生着巨大的影响。

然而变得越来越明显的是——如其对某些中世纪思想家所显明的那样——必为了使那种关于所有的可能之物都必然完全实现的假定适合于具体世界是暂时性的这一事实,某件事不得不做。设定的必然性是一种永恒的必然性,但其现实的实施,可谓显然不是永恒的。如果个体是存在之链中的环节,它们显然并不同时存在。即使这些环节——通过违背连续性原则的严格性——被假定为某物种,在为人熟知的有机系列中出现裂缝的简单实际的困难也还是长期困扰着那些相信创世的连续性和"充满性"的人们。应付这种尴尬境况的一个方法,正如我们已经看到的,像莱布尼茨这样伟大的思想家有时也要借助于这样一种方法,那就是把种类上一致的系列中的成员分派给空间上分散的行星和太阳系。这样,要找到此处的缺环,你需要飞到火星或昴宿星团(Pleiades)上去。[19] 莫帕都伊(Maupertuis),他被认为是他那个时代的科学巨匠,提出了另一个同样牵强的臆说来挽救形式序列的原初完满性的学说。他认为,许多曾经存在过的物种,一定因为某些偶然事故,如彗星的逼近,而消失了。我们现在所看见的这样的自然就像曾经是整齐的大厦遭受了雷击一样,"在我们眼前所呈现的仅仅是一片废墟,在其中我们再也看不出各部分的匀称以及建筑师的设计了。"[20] 但是对那些坚信宇宙的连续性和充实性的人,一个更令人满意和更少一些任意性的假说自己自然地提出来了,这个假说是:存在之链,尽管现在不能观察到它的完满性,但是将来会看到这一点,或它正在趋向于越来越近地接近于完满性,如果我们认识过去、现在和将来的时间中的全部形式序列的话。

好些研究莱布尼茨的现代思想家坚持认为:莱布尼茨没有接受这种解释,他仍然坚持一种静态宇宙的观念。我们可以引证大量倾向于支持这种解释的文章;但是证据在总体上是与之背离的。[21] 有一封著名的信件,极可能写于1707年,我已引述过其中的一部分,在该信中他以超乎寻常的热情详述了连续性原则在科学上的重要性,该信作出如下总结:那个原则

> 因而在我看来是不可怀疑的;它或许有助于确立真正哲学中的大量重要的东西,这种真正的哲学,超越了感觉和想象,在理智的范围内寻求现象的起源。我庆幸自己拥有这些真理的一些观念,但这个时代却不乐意接受它们。

那么,这个原则的这些更深层的含意是什么呢?这个问题是如此奇怪以至于莱布尼茨都不愿去把它弄明白。有理由认为这些更深层含意中至少有一种含意是:世界还不是完满的,存在之链必须被解释为一个过程,在此过程之中所有的形式在时间的顺序中逐渐得以实现。莱布尼茨在1693年的《原生物》(Protogaea)中指出,许多在早期地质时期存在过的有机物的物种现在已经绝迹,而我们知道的许多物种在当时显然是不存在的。他接着说这是一个"值得相信的假说,这种假说认为,在地壳状态的巨大变化过程中,即使是动物的种类也曾发生过多次变异。"[22]他又写道:在某个已过去的时间里,"许多拥有猫的性质的物种,如狮子、老虎、山猫,可能是同一种族,而现在可能被认为是原初的猫科物种的新的亚变种。"[23]在1710年的另一篇文章中,他认为最早期的动物极有可能是生活在海中的生命形式,而两栖动物和陆生动物便是由这些海生动物发展变异而来的。[24]而且,在其它地方莱布尼茨在形而上学的基础上扩张了这种整个宇宙逐渐发展的观念。他声称,时间和变化的意义以及为什么 le changement est à propos[变化是合理的]的原因,在于可能存在"更多种类和形式的完满性,尽管它们在程度上可能是相同的。"[25]他在另一个地方写道:在这个问题上存在两种可能假说:"第一,自然永远是同等完满的;第二,自然不断地增加其完满性……假如不可能一下子给予自然以全部的完满性的话。"如果后者是真实的,这一事实可以由两种方式中的任何一种来加以解释:"要么不存在开端,世界的要素和状态在完善性方面永恒地在不断增加,要么存在着一个过程的开端。"[26]在他最有趣的一篇短文里,他带着所有可能的确定性宣告了赞同持续进展的假说。可能性的充实现在是，也将永远是，如同一块部分耕耘（partially tilled）的田地，从此田地中新的和更好的生长物一定会无止境地破土而出，因为一个持续体是永远不会枯竭的。

  我们必须认识到：上帝的被造物的美和普遍完善性的累积增加，作为一个整体的宇宙的不断和无拘无束的进展，以致它朝着更高的有教养的状态进化，就像我们的地球的很大一部分已经属于有教养的状态，而且今后还将越来越有教养一样……对那些可能提出的反对意见，如果世界真的将在某个时候成为天堂，答案就不难寻求：尽管许多实体将获得很大程度的完善性，然而由于连续体的无限可分性，那里总将留有部分至今尚未清醒的事物的无底洞，它们将要被提升到完满性的更大更高的状态，也就是说提升到一个更好的有教养的状态。而且因为这个原因，进步永远不会停止。[20]

这种自然的创造性进展的一般主题，以及关于物种变更的偶尔提到的更具体的断言，莱布尼茨必须使它们与他的体系中的别的特征相协调，而这些主题和断言乍看起来可能与他的体系不相一致。他的单子论和预成论的胚胎学（preformationist embryology）都断言，在某种意义上，每一在自然中曾经存在过的存在物都在自然中一直存在。个体性的实体，也就是"单子"，其数目是恒定不变的。他在1715年写道：我能肯定地说，不仅每一个动物的灵魂自上帝创世以来就已预先存在，而且它已预先存在于一个属于其自身的"有机体"之中。"每一个动物的诞生都仅仅是一个已经存活的动物的变形。"[28]一个今天活着的个体生物曾经作为一个微动物（animalcule）在其原初祖先的种质（germ-plasm）中存在过。但对于莱布尼茨而言，这并不必然意味着其祖先在形态学上与其后代，一个同一物种的被造物（在通常意义上而言）相似；也不意味着目前生物体的"预成的"形体恰恰是现存的，或其胚胎的形式的"预先的轮廓"（predelineation），显然也不意味着，在其发展的整个期间中，生物体的灵魂总是具有同样"等级"，以及同样类型的属于它的形体。正是通过一个庞大系列的"变化、进化和衰退"，[29]也就是一系列新的发展和（在某些情形下的）退化，原初的微动物才"变成了现在的动物"。特别是在个体的概念上可能会发生一种彻底的变化。"不仅仅是有机体，也包括这个机体中的灵魂，一句话，动物自身，已先于概念而存在；根据概念，动物仅仅是为巨大的变形作准备，以便成为另一个物种的动物。即使撇开生殖不说，当虫子变成苍蝇，毛虫变成蝴蝶的时候，我们也能看见与此相近的某些东西。"[30]莱布尼茨在这篇文章中讲述道，个体胚芽（germ）向更高物种的升级，是一种例外而不是法则，"大部分受精动物（spermatic animals）都保留在其自身的物种内"，"只有极少数被拣选者进入了一个更大的舞台"。[31]但莱布尼茨认为人的预先存在的灵魂，严格地说不是人的灵魂。

> 我将设想那种在将来某一天会成为人的灵魂，像其它物种中的灵魂一样，曾经存在于种子之中，而且存在于上溯到先祖亚当中，自从万物的开端以后就必然地总是存在于一种有机化了的形体之中……但是，因为许多原因，这些灵魂想必在

那时只是作为感觉的和动物的灵魂而存在……它们停留在那种状态之中,直到从属于它们的人的产生,这时它们才获得理性,这种设想是合适的——无论是有一种自然的方法将感觉的灵魂提升到理性灵魂的等级(这一点我很难相信),还是上帝通过一种特殊的操作,或(如果你愿意的话)通过一种 transcreation[创造性转化]而将理性给予这个灵魂。㉜

一旦产生,理性的灵魂就不仅不会退化到一个低劣的等级,而且(按照莱布尼茨的进化论的末世学所表明的),"它们不断地前进和成熟,就像世界本身一样,它们只不过是世界的形象"。㉝尽管"只要世界持续存在",其它个体动物的灵魂也是不朽坏的,但是莱布尼茨有时,而且显然是经常设想,不能确保它们向存在的更高等级的进步是无止境的和持续不断的,它们的身体在"进化"的同时也在"衰退"。与其身体的状态相对应的灵魂的状况,经过多种多样的自然变迁,可能在存在的等级序列中下降。㉞但他也声称"每个实体一定会达到它所能达到的完善性,这种完善性已经在实体中找到,尽管是在一种未展开的(comme enveloppée[仿佛包裹着的])形式中找到的,这是一个确定不移的真理。"㉟他有时候明白表示在所有单子面前都存在着一种无限发展的可能性:"为所有灵魂,甚至为所有有生命的存在物在未来保留的永恒性,是一个广阔的领域,它试图以不同的程度给宇宙以最大的完善性。"㊱因为莱布尼茨认为这种信念被"物理学观察的渐次进展"所证实,他很可能认为,特别是这些古生物学的和其它的证据在当时已经用以证明生物的进化——他自己在《原生物》和其它文献中引述过这些证

第九讲 存在之链的时间化

据我们已经论及。在他看来,生物种系发生学(Phylogenetic)的进步,由于其预成论胚胎学的缘故,常常是其个体发育之进化的表现。任何表明某物之或然性的可观察的事实也都表明另一物的或然性。因此随着经验知识的增长,"我们获得了最崇高和最重要的形而上学和自然神学的真理"——在此所说的真理是宇宙一般进步的真理。但是能借以支持这些理论的"物理学的观察",不必说,在18世纪早期非常缺乏。那导致莱布尼茨以及他的大量同代人和紧随其后者接受这种理论的考虑,想必主要在于已经陈述过的"形而上学和自然神学"的论证,这些论证正在充分明白地将曾经是不变的存在之链变成了一个无限的生成程序。

但这种对普遍进化学说的引介,一旦一个个体的、生物的以及宇宙的进化进入莱布尼茨的哲学,就使其理论体系完全分裂为二——哲学史家们简直很少注意到这种情形。它与充足理由原则相矛盾,而他又是如此经常地宣称充足理由原则是形而上学的首要的和基本的真理。我们已在前面的一讲中看到,这个原则要求在由所有理想的"可能之物"组成的被创世界中,在它们共可能的限度之内现实化。但是,我们也已看到,如果它在某一时刻要求现实化,它也就在所有时间内这样要求。一个"必然的和永恒的真理"是不可能处在一种逐渐变得接近真理的过程之中的;而且同一结论的另一个方面——其体系向进化论的转换破坏了充实性原则自身的逻辑,也破坏了单子论。这种理论的实质部分是整个实在总是由固定数量的同样的个体所组成。这个数量是由差别的序级所确定的,这些级差的数量是由永恒理性根据作为单子之特性——即或多或少地、清楚明白地"反映"和表象宇宙的特性——的功能，作为单子之间的可能存在而确认的。对应于这些有 nuances[细微差别]将有一个思想的实体；如果不是这样的话，宇宙将是一个完全偶然的东西，没有任何理由来确定其数量的范围。正如我们已经看到的，作为朝着更高等级发展的单子的观念在形式上并不与其数目的不变性的假设相矛盾，但它确实在含意上与构成这些数目的"实体"的不变的同一性学说相矛盾，因为——根据不可分辨的同一性原则——界定一个单子的个体性的东西是在其中单子实现了它的功能，以及它在存在的等级序列中的位置的唯一的等级，——归根到底，对莱布尼茨来说，这个等级仅仅是由彼此细微地相区别的连续的单子系列所组成。但如果一个单子通过变得能够更恰当地表象宇宙的其它部分而改变其在等级序列中的位置，它也就丧失了它的同一性。就被赋予了记忆的理性灵魂而言，莱布尼茨有可能用另外一种界定 *principium individuationis*[个体性原则]的方法来逃避这种困难。一种唤起其过去的经验作为其自身体验的存在物有一种人格同一性的持续知觉，这种人格同一性可以经过和任何级别的任何数量的变化而持续存在。但是，存在理性的灵魂，也存在"感觉的"和"动物的"灵魂，这种个体性的心理学基础不能认为是它们所为，人的心灵确实也记不得大部分过去的东西。我们不能把我们自己认同为是在创世的第一天早晨的曾经是如此这般的微动物。因此，所有低等级的单子的进化，和现在是人的灵魂的单子的进化，在其存在的早期，已经暗含了宇宙不是在所有时间中都由同样的个体物所构成的含意；要使单子的数量保持不变，除非假定一些单子或所有单子的进展在存在的等级序列中的某处留下了空隙。如果所有的单子

第九讲 存在之链的时间化

都在进展,那么这个阶梯的低层将变成虚空。而这与充实性原则是不相符合的——因此也与充足理由原则相矛盾。无论存在着的单子的数目随着时间的进程增加,还是存在一个——莱布尼茨事实上否认的——*vacuum formarum*[形态空档],造物主都要因未能成功地填补因单子的进展而空缺出来的等级,而对有时候否认了系列中的一些可能和可共存的实体存在的特权,否认了它们的 *exigentia existendi*[急需存在]的满足而感到内疚。最后,莱布尼茨的普遍和持续进化的学说显然抛弃了乐观主义(在这个词本来的哲学意义上)而支持一种社会向善论(meliorism)。这个世界现在不是,而且永远也不会成为"可能世界中最好的世界";它仅仅是一个处在不断变得更好的进程中的世界。但确实,对莱布尼茨而言,一个因此而不断增加完善性的世界比起乐观主义者"最好的"世界来,还是要好一些,因为一个不能被超越的有限的善,缺乏首要的基本价值。

因而,存在两个莱布尼茨的哲学体系,彼此之间大相异趣——尽管其创立者似乎没有意识到这个事实。如果我们像蒙塔古(Montague)教授所认为的一样,以其对宇宙的独特看法来给哲学家分类,莱布尼茨有两种看法,其一在第五讲中已经概述过,其二我们刚刚论述过。第一种是把世界视为彻底理性的观点,就被造的世界的性质所允许的范围内,它完全是摹仿了神圣理性中理念的永恒秩序的模式而被构成的。因此,在其本质结构上是一个不变的世界。不可否认,时间性的变化是其特征,但不是一个重要的特征。这一种看法——它与斯宾诺莎的观点如此相近——对时间问题未"认真考虑"。在另一种看法中,时间进程被认为是一个实

现了的价值的持续增加,是现实中最有价值的东西,——而变化是优越性最必要的标志。㊲

我从莱布尼茨的形而上学、宇宙论和发生学的迷宫,转向 18 世纪前半期进化论的两篇诗文表述。扬格在《夜思》(*Night thoughts*,1742—1744)中给了它一种天文学的应用。扬格假定每一个行星,甚或毋宁说每一个太阳系,都经历了一个漫长的我们今天叫作星系进化的渐进的等级系列:它

> 从黑暗上升为光明,
> 遵循适当的次序,按照自然神圣的规律。
> ……所有的星体,
> 那些发出诱人崇拜光芒的星体,
> 都是从黑暗和混乱中产生出来;
> 这些废物之子:从地狱中流出的糟粕
> 首先上升为粗俗的团块;
> 然后成为无光的球形,再微弱地闪光;
> 再明亮起来;再在光明的白昼闪烁出夺目之光。
> 自然在进化中欢乐;
> 在从坏变好的进展中愉悦。㊳

扬格大概主要是凭借想象力构想出这种星球的常规历史的这种说明的。这种说明碰巧与一些可能被预期的近来的天文学假说相差无几。当然这主要是一种幸运的巧合,而在这篇文章中有趣的是,它给这样的事实提供了再次的说明:那种作为一种进化发展

第九讲 存在之链的时间化

图景的我们自己星系和其它星系总体观念的现象,作为某些进化发展的图景,长期以来就先于对那种假说的大部分科学证据的发现。在18世纪中期以前,它通过许多被广泛阅读的文献为人熟知;而其发展似乎主要归功于充实性原则和连续性原则的影响,这种发展被认为是在一种相继性中而不是在已完成了的宇宙秩序中表现出来。扬格也独具特色地将这种概念转换应用于道德教化。他让年轻的罗伦佐去效仿星星。但这不是被如此多的其他教化者们从对天国的沉思中引申出来的那种通常的道德教训。不是在那种恒星的有规律或不变化的行为过程中,而是在其进展之中,在其从"低级到高尚,从黑暗到光明"的持续的过程之中,人将找到自己的行为的榜样。在这种情形下对自然的道德效仿在于用一种自觉和审慎的努力去不断地完善自我。

> 当心力升华,
> 进展,部分地依靠其自身……
> 啊,成为一个人!你还将成为一个神!
> 一半自我构成!雄心多么神圣!

应该提及的是,这恰好与此前不久蒲伯从静态的存在之链的观念中引申出来的道德教训相对立。

几乎在同时,另一个更优秀的英国诗人更充分地详细阐述了这一主题,——当然,因为他也是一个医生——他强调这一主题生物学的而不是天文学的意义。埃肯塞德(Akenside)的《想象力的喜悦》(*pleasures of the imagination*)作为那个时代引人注目的诗文的权威作品,是"除了《论人》和《夜思》之外本世纪最伟大的和最受崇拜的哲理诗"。㉟其最打动人心的诗篇是一种以 18 世纪的诗歌风格写下的"蒂迈欧"式的创世论的模糊的进化论观念。埃肯塞德熟知莱布尼茨的《神正论》以及他的别的当时已发表的作品,但其诗文的主要灵感明显是柏拉图式的。他也是从理念世界开始的。在自然界形成之前:

> 全能的造物主,那时深谋远虑地隐退,
> 在其深不可测的本性里,审视着形式,
> 审视被造物的永恒的形式。
> ……从第一天开始,他把他的神圣的爱固定在被造物上,
> 他的赞美,直到在时间中完成
> 他所赞美和热爱的东西,他的赋予生命的微笑,
> 展现为存在,
> 从此生命的气息,
> 赋予每个机体以活力,
> 从此大地变绿,江河奔腾,
> 从此昼夜更换,寒暑交替,
> 秋高气爽,春雨绵绵,
> 大千世界,盎然生机。㊵

> 至高的世界精神,
> 尽管在永恒的时间中心平气静,
> 在他自己的幽深的本质中,

第九讲 存在之链的时间化

> 他注视着真正完满幸福的疆域,
> 但因其无限的仁慈他乐意
> 向其周围广布真正的快乐
> 他自身为这种快乐所充满,
> 他伸出他那有创造力的手臂,
> 在整个空旷的宇宙太空的深处,回响着,
> 他那宏厚的创世的训令。[41]

因此"从共存在的秩序的巨大复杂性中"出现了一个现世的世界,"一切全都被包含在其中"。然而在此诗人脱离了其柏拉图的渊源。他无法相信时间的进程不会使现实存在更丰富,不能相信世界从一开始就尽善尽美并永远如此。不,世界的创造者:

> 在其本质的理性的神圣之光中
> 注视一切形式的突然发生的偶然性
> 贯穿在可能存在之总和中的
> 一切被繁殖活动的持续时节,
> 经历了漫长连续的多事时节,他立刻
> 如此确立了存在的日期,如此地安置
> 每一种有生命的灵魂
> 运动的空间和休闲的时光,
> 一切都巧合于他至高的设计,
> 巧合于那普遍的善:
> 一切符合于他所选择的伟大范型,

> 最好和最公正的数不清的世界,
> 永恒存在于他神圣概念的仓库之中。
> 所有存在的东西轻而易举地
> 来源于创造世界的无限威力。
> 他的善在所有时代中显现,
> 从每一时刻到无限的时间领域,
> 他的有创造力的手用不断新增的
> 幸福和美德来装饰
> 无限和谐的宇宙构造:
> 从在岸上喘气的不会发声的甲壳类动物,
> 到人,到天使,到天国的精神,
> 他的有创造力的手,永远引导一代一代的发展
> 走向更高一级存在的境界,
> 所有有生命之物都热切地期盼着上帝,
> 他是存在的起源,无边无界,永恒无损,
> 是灵魂的核心!

每一种生物都从自然中获得了参与这种普遍进化的方法,以便,

> 在它们能够保持的所有位置上,
> 攀向存在的向上的阶梯,
> 并越来越接近,那神圣的生命。㊷

但我们有趣地观察到,埃肯塞德仍然明显地受到那种可能形

第九讲　存在之链的时间化

式系列假定的影响,如果它是合理性的,它一定是保持"充实"的;他使我们确信随着这种进化的延续,

> 系列中那些低劣的等级向上升,
> 以填充下层的虚空。

另一方面,在后来对该诗的修订中,在保留这些短诗的同时,埃肯塞德宣称即使在无限时间中所有这些理念也不会全都在被造的世界上实现,而存在的形式,永恒地"被放置于上帝的本质理性之中",构成了:

> 上帝的杰作,经过无限的时代
> 永远也不会呈现殆尽的圣餐。[43]

在随后十年中,康德提出了一个宇宙进化的理论,这是人所共知的;而一个不为人所熟知的事实是,他提出这个理论也只不过是给充实性原则一个时间化的形式。我们已经知道,对他来说这个原则是哲学宇宙论的基本原理。世界之根据(world-ground)的创造性的潜能是无限的;充塞这无限空间的诸世界的体系的数量和卓越性一定"与其创造者的无限性相对应"。[44]"自然的成果是没有限量的,因为它正是神圣的全能上帝的创造。"[45]但这种无限理想的可能性转换成具体现实性并非突然发生的。宇宙在相对单纯的状态中开始其历史;随着时间的推移,它不断地变得更大、更多样化、更复杂;其永不枯竭的源泉是我们确信它在未来也必然如此的根据。

康德在《自然通史》(*Allgemeine Naturgeschichte*)中对这一假定的应用主要关注于有机物产生的世界的进化——星系的构成以及星系的系统。他的宇宙进化论试图把充实性原则的含意和当时的天文学知识结合起来;他宣称要在纯粹机械原则上努力探索体系的细节,但事实上这些细节不断地为我们所熟悉的形而上学的假设所补充。他设定了物质的存在。在"自然的原始状态中",构成未来星系的所有质料都以一种弥漫无限空间的粒子的形式而存在。但即使在确定宇宙历史的太初时期的假定性质时,康德也受到了充实性原则与机械思维的结合物的影响。即使在构成这种太初混沌的元素的基本性质中,"也可以追踪到完善性(*vollkommenheit*)的踪迹,它们从其根源处派生出来,因此其本质只不过是神圣理智的永恒理念的结果。显现为仅仅是被动而无形式和秩序的物质,甚至在其最简单的状态中就曾努力(*bestrebung*)通过一种自然的进化为一种更完善的结构而铸造自身。"[46]具体地说,康德在此所要表达的是:基本粒子并不全都是一样的。"这样的原初物质的种类","无疑是无限有差异的,与自然在所有方面所表现出来的无限性相符合。"但这却不能作字面上的理解。这里说的差异性并未明确地宣称是质的差异性,也不是原初物质的行动规律的不同。康德没有预料皮尔斯(Peirce)的机遇理论(tychism)。但太初的粒子至少在特殊密度和"引力"方面是"最大可能"地相异的。而且——因为这个缘故——它们不均衡地散布在空间中。康德明确地推论,如果不是这样,他就不能对他将要描绘的过程之开端作出任何机械论解释;物质的总量,如果在密度和分布上没有这种原初的不均衡,它将保持一种永恒的均衡状态。但如果有了这种不

第九讲 存在之链的时间化

均衡,那就必定在某个点上发生最重粒子的凝聚。从这个核心出发,按比例扩散,逐渐稀薄到粒子的轻薄状态。[47]但是归因于这种局部凝结的自然的"原初激活"(primary activation)导致一个"世界"形成,也就是说,一个围绕核心物质旋转的卫星和行星体系的形成。康德在总体上将此归因于引力和惯性力的作用,但是,如果我没有弄错的话,有关这种说法的力学在某种程度上仍然是模糊的。从这个核心出发,"自然的创造,或毋宁是自然的发展(Ausbildung[形成]),渐次地传播开……持续地进展到一个更广阔的领域,以便在永恒的进程中,无限的空间会被众多世界和世界的体系所充满。"太阳系的形成需要好几百万年,星体进化的不同层次总是被同时描述,从理应处于核心位置的最难以达到的最高阶段,到处于外缘区域的稀薄的开端——在他看来,外缘之外的宇宙边缘,存在着完全是"混乱和混沌状态中"的物质,那世界尚未诞生前的原始质料。尽管这个过程有一个开端,但它永远没有终结,*die Schöpfung ist niemals vollendet*[创造永无完结]。"自然永远努力达到新的高度,产生新的事物和新的世界。"[48]

无疑这些分离的世界中的每一个,以及诸世界的聚集,在无限漫长的时代的终点,达到"其发展的成熟期"之后,将从属于一种分解和最后毁灭的逆转过程;但自然的无限创生力将向我们证明:相信宇宙在一个区域所蒙受的损失将通过在其它区域新的世界的产生而得到补偿,而且这种补偿甚至会超过所蒙受的损失这种看法是具有充分根据的。[49]在每个部分都注定要依次最终分解消散的法则和作为整体的宇宙为了存在物的更大充实性和丰富性而不停地产生的法则之间是不相矛盾的。相反,康德发现一个是另外一个的必然结果。"没有什么比自然所产生的一切东西的多变性更适合于自然的丰富性(reichtum)了","因为如果一个系统在其存在的漫长时期中耗尽了其结构所能产生的一切多样性,而且因此而成为存在之链中的一个多余成员,那没有什么比它在不断推进变化的宇宙图景中扮演其最后的角色——成为一种有限物的角色,一种将其自身献给必死的命运的角色更合适的了。"

因此对此刻的康德来说,持续发展和进化的多样性是最高的自然法则,不仅对整体宇宙而言,而且对于它的每个组成部分,从太阳系到个体的有生命的存在物都是如此。但在任何部分中,发展的潜在的潜能是有一个固定限度的;而且当它所能拥有的种种多样性都已实现,它就再也不适合于这种宇宙图式了。这些停止成长的东西对自然已没有用处了,自然有时会缓慢地,有时会迅速灾变性地毁灭它。作为整体的存在之链不仅持续地自我膨胀,而且它不能容忍不适合于这同一法则的任何环节。

而康德认为,假定即使是诸世界的灭亡所造成的空隙,自然也不会允许它不被填充的说法是合理的;这是"一个最大可能与神圣创世的总体规划相一致的观念。"[50]当太阳系,经过减缓其组成部分的运动,坍塌下去,而且其行星陷入中央物质团块,整个进程又重新开始,如此等等,*saecula saeculorum*[万世轮回]。

大约在18世纪的六七十年代,在广义上能称作进化论的各种理论大量盛行。1745年和1751年,柏林科学院院长莫帕都伊提出一种认为所有目前的物种起源于数目极小的,甚或是简单的一对原初祖先的一般假说,大百科全书的主编狄德罗在1749年和1754年也提出此说。[51]狄德罗在1754年的《对自然的

第九讲 存在之链的时间化

解释》(Pensées sur L'interprétation de la Nature)中所提出的这种理论的论证中,连续性的假定起了某种作用;但有关物种演变论的两种表述是独立于我们在此所关注的这一组观念的。进化论的倾向一直在各个不同的地方,不同的思想影响下表现其自身。而即使当充实性和连续性原则,以及坚持主张不变的存在之链观念的困难不是促进这种倾向的重要因素时,其结果是增加了这些原则转变成我所称之为其时间化的形式的压力。在有些情况下关于变化的哲学的成长,由于自然的影响,导致明确拒绝所有物种一定永远存在的假设——如同霍尔巴赫在《自然的体系》(1770)中的一段文字所说的:

> 对那些问为什么自然不产生新的存在物的人,我们反问他们:你如何知道自然没有产生新的存在物?他们凭什么相信这种自然的无生殖性?他们是否知道自然在组合之中时时在创造,是否知道自然没有忙于产生这些观察者,没有认识到的新的存在物?谁告诉他们自然现在不是在其巨大的实验室里聚集适宜于产生全新物种的元素?这些全新的物种与目前存在的物种毫无相似之处。那种认为存在着人、马、鱼和鸟,就不会产生更多存在物的想法是何等的荒唐?难道这些动物对自然是如此地不可或缺,以至于没有它们自然就不能继续其永恒的进程吗?我们周围的一切不都在变化吗?我们自身不也在变化吗?……自然中没有永恒不变的形式。㊾

但存在之链在这个时期所承受的转变的最有趣和最奇妙的例

子,将在这个世界六七十年代法国哲学家 J. B. 罗比内(Robinet)的作品中找到。罗比内在他那个时代确实没有很高的声誉,而且研究 18 世纪思想的史学家们通常对他也不够公正。这主要是由于在他对自然历史领域的涉猎中,他在后人眼中被广泛认为颇多谬论,而其值得赞许的成绩却鲜为后人所知。而即使是在这些荒谬的论点中,他也阐释了我们现在所涉及的历史现象的某些方面。这种对充实性和连续性等级原则的西方思想施加压力的后果,正如读者已经能幸运地作出判断的那样,使这些原则从崇高变成了荒谬。如果我们能在罗比内的其他思想中找到一些这种历史中的喜剧性的章节,对其思想的考察并不因此而对我们少一些用途。另一方面,他有时候表现出超凡的哲学敏锐力和洞察新的含意以及对旧的假说的可能新型解释的原创力。他的优点隐藏在格林认为是他的主要缺陷的特色之中。他拥有高度 *esprit de système*〔系统精神〕,并执意使他在心中设想的东西,有时候是恰当的,成为其前辈未开发的充分的结论性前提。无论如何,他是那种被后几十年中更杰出的作家、诗人和哲学家所采纳的观念的早期代表,这些观念在浪漫时期曾广泛流行且产生巨大影响,而且将在我们时代复活。

在其杰作《论自然》(*De la Nature*,1761—1768)的前几卷中,㊾罗比内毋宁是在思考着一个静态的而不是一个时间化的存在之链的观念。第三卷主要是一个特别充实的和方法论方面的复述,以及对充实性原则和所有为人熟知的推论的辩护,这些推论的大部分内容分别由各种早一些的思想家从以下原则中引申出来——它们是:创世的时间的无限性,无论是在过去还是在将来都是无限的，其空间的无限性，有数不清的被居住的世界，以及由存在物系列所构成的充实性。

那唯一始因的活动是完善的；在这种活动的结果中，可能存在的一切东西存在着……如果有任何东西能被加上去，那么创世者的工作就会是不完美的了……造物主用各种可能的结合物——土壤、盐、石油和构成岩石的物质以及金属来充满化石的王国。他创造了所有可能存在的植物种类。所有动物性的细微等级中充满了它们所能包含的尽可能多的存在物。动物的心灵(animal mind)存在于适合于接受它的所有形式之下。[54]

由于那种要求我们设想无限的始因永远不会无所作为的同样逻辑，也要求我们设想其活动一直在自始至终地实施。因而可以推论在宇宙中总是存在着像现在存在的种类一样多的被造物。罗比内问道："上帝不能创造更多的新东西吗？"然后他断然地回答说，上帝不能创造更多的新东西了，"因为上帝已经创造了所有的东西——所有可能的广延，所有可能的物质，所有可能的理智，所有可能的存在物。"[55]但在我们看来似乎不是这样；"我们必须非常谨慎，不要用我们所熟悉的细小事例来评判世界的系统。"除了我们所能看到的数不清的大量有机物之外，"还有多得多的东西隐藏在海洋深处，或大山之巅，或在茫茫沙漠里！有多少其它有机物……即使是我们最好的观察仪器也无法发现它们。"那些在这里正在消失的物种肯定能在其他星球上找到，"谁能数清构成整个体系的星球的数目？……但我们确信它们像其可能多的一样多，并且每颗星球拥有在所有可能方面所能拥有的一切。用如此的智慧以致造物主不能创造任何种类更多的东西，否则，他就会不公平地行事，只是实施其威力的一部分；这一切不可能无矛盾地加以设想。"㊱

不幸的是为了其声誉，罗比内将其对自然的充实性的信仰推进到有点令人惊异的程度。使他所最为成名的，或许不是因为他在生物进化史上的地位，也不是因为他频繁而深刻的怀疑论的哲学推理，而是因为他相信 *l'homme marin*［海底人］的真实性。他写道："存在着这么多确凿的证据证明鱼人和（其上身与人相似的）美人鱼的存在，以至于怀疑它将是顽固而不开化的。"例如，正如托马斯·巴托林（Thomas Bartholin）所记载的："好几个值得信赖的人"证实"在1669年一条人鱼（siren）在哥本哈根港出现"，尽管不幸的是，目击者们对她头发的颜色不能取得一致意见，但他们"都一致承认看见她有一张没有胡子的男人的脸和一条分叉的尾巴"。《航海通志》(*Histiore Générale des Voyages*)讲述了在1560年一些锡兰（Cingalese）渔民如何在其渔网中抓到了七条之多的雄性人鱼（mermen）的事。1758年在巴黎确实有一个叫巴纳姆（Barnum）的有创新精神的先驱甚至展出了一条活的美人鱼。人们还能在《荷兰风情》(*Délisses de la Hollande*)中读到，在一次洪水之后，一条美人鱼被搁浅在该国，她被运到伊顿（Edam）去，"她允许别人给她穿上衣服"，并学会了纺织，但一直未学会说话，"而且总是保持着一种回到水中去的本能"。古代世界对这些有趣的被造物也不陌生。一个虽然是英国人（*Anglais de nation*），却"名叫施

第九讲　存在之链的时间化

密特"(nommé Schmidt)的船长,奇特地"于1614年在新英格兰看见一条十分美丽的美人鱼,与最漂亮的美女相比毫无逊色。"罗比内引述了大量有同样奇遇的其他目击者的证据,其《论自然》的第5卷记载了对好些与之相一致的存在之链中鲜为人知的环节的描述。这种轻信也不能完全归结为是罗比内个人的耻辱,这是对自然 capable de tout[能产生一切]的信仰的完全自然的结果。即使像洛克这样严肃的思想家,人们也记得他曾记载说,在无限多样性的可能例子和自然结构系列的连续性中,也包括"对人鱼或海底人的可信报道"。⑰假定了当时大部分受过良好教育的人在理论上都认可的充实性原则,就可推论出水生的类人生物(acquatic anthropoids)存在的可能性比不存在的可能性大的结论。如同罗比内自己所言——这与笛卡尔所言的极其相似——"我能对造物主所创造的作品形成这样一个如此博大的观念,以至于我从一个东西的能够存在马上就能推论出它的确实存在的事实来"。因此没有理由持一种苛刻的怀疑主义态度来对待那些可信赖的航海家或其他曾经报道说确实看见过这样的动物的人。如贵族蒙博多在1774年讲到关于"长尾巴的人"的故事时所讲述的:"一个谦逊的自然探索者不要过多地限定自然产物的多样性,除了亚里士多德在其著名准则中所限定的外,我明白,布封先生所说的:quicquid fieri potest, fit[凡是可能发生的,都会发生]和一切东西都能存在的说法并不暗含着矛盾。因此,我们应该听取关于任何动物存在的可信证据,无论它多么奇怪,除非我们能负责任地断然宣称这样的动物的存在本身就是不可能的。"⑱简言之,存在之链的观念,尽管有利于某些注定要在随后的世纪中的科学思想中起极为重要作用的新的假说,但肯定不会有助于在对假说的验证中谨慎的和怀疑的倾向。

甚至在该书的第 1 卷中,罗比内就接受了杜尔哥(Turgot)和卢梭的自我完善化的能力的观念,并将其应用到所有有生命的存在物之上,尽管还附带一个每个物种的预先注定的潜能都被限定的假设。"每个存在物都珍爱自身的存在,并力图去扩张它,一点一点地获得其物种的完善性。"[59]因此从一开始,罗比内就是仍然有影响力的原始主义(primitivism)的反对者。

> 人的思维必须服从一般规律。我们不能知道什么能阻挠人类知识的进步,或对抗其发展,或窒息其精神的活动,所有这些都像固有其命运的火一样,因为没有什么是被无用地创造的。其命运正是运用想象力,去创造,去完善。不,人不是被创造得像熊和虎一样在森林里漫游的。[60]

因此,"自然的真实状态不是那在其中存在物撇开凭借其内在能力给予其自身附加物,或接受来自于外在对象对其作用的附加物,仅仅从它们的起源中就能发现其自身的状态。""因而社会是自然的作品,因为它是人类自我完善化能力的自然产物,它在善和恶方面是同样丰富的。艺术、科学、法律、政府形式的多样性,战争和商务——所有一切,简言之,都只是一种发展。这一切的种子都潜藏在自然之中,在其适当的时候,这些潜在性都各自展现出来。或许自然在其孕育万物之腹中保存着其他更慢成长的胚芽,未来的物种将是这些胚芽发展的结果。然后这些特质将得以张大并呈现出更宏伟的形象。科学之树将会长出新枝。随着技艺分类的扩大,其范围也将更宽广,因此新的恶行和其他新的德行将展现其自身。"但不要认为任何被造物"都有能力超越其自然状态;它们被限定在不能打破的自然状态的束缚之中,如果一些被造物有能力改变它们的存在的能力,这种自由也不能超出其物种极限之外。"[51]

但罗比内在这点上特别感觉到了困难。如果自我完善化的能力是人的一种属性,为什么有如此之多的人没有表现出这种自我完善化的属性?为什么许多种族仍停留在野人的状态?十分可笑的是罗比内在普遍的解释——充实性原则中,找到了答案:"这是因为创生的本源必定要由宏大的丰富性,由动物性的所有等级来充满——创生的本源必然即创造出能驯养的动物,也创造出不能驯养的动物,野人和能过社会生活的人。"[52]一句话,一个充实的宇宙一定包含进化了的生物和不进化的生物。

但罗比内不久就将自我完善化的能力在特殊属性范围内的进步的倾向扩展成一种普遍的宇宙规则,如莱布尼茨和邦尼特所主张的,所有事物的"胚芽"无疑是一直存在的,但这些胚芽都在其自身之中包含了一种内在的发展原则,这种内在发展的原则驱使它们经历了一个漫长系列的变形,通过这种变形,它们在宇宙的等级序列中攀登。和莱布尼茨所认为的一样,整个宇宙的无限进化的保证是奇特地与数学上的连续体的无限可分性原则相联系。

所有的胚芽都有个体的差异,这就是说,它们的生命、组织和动物性都有将它们中的每一个区别于所有别的胚芽的细微差别。除了胚芽以外不存在其它元素;因此所有元素都是异质的。这些元素不是单纯的存在物,单纯性不是与物质相符合的特征。元素由其它的元素所构成:或者说胚芽是由另外的胚芽所构成。不存在自然的或人工的能使一个元素或胚芽达到可分性的终极等级的过程。胚芽,作为胚芽,是不可毁灭的。它们只能在其完成之后或发展开端之时才被分解为别的胚芽。在胚芽状态中,它们是不允许分割的。在一个进化了的胚芽分解成为许许多多别的胚芽时,没有物质消失掉。胚芽中的一切都存活着;仅仅是其形式和组合变化了。被认为是形式和模型的胚芽消失了;被看成是有组织的和有生命的物质的胚芽并没有消失。这就是说,在自然中任何东西都不会被消灭,而只是一个连续不断的转变过程。连续的观念必然地进入到自然的定义之中。自然是从胚芽发展中产生的现象之连续的总和……[胚芽]的系列是没有穷尽的,无论是追溯过去,还是展望未来。一个开始发展并遇上阻碍这种发展继续下去的难以克服的障碍的胚芽,并不会退回到其原初状态中去。它与这种障碍抗争直到它徒劳的努力最终导致其消解,如同其全部的发展也将自然地消解一样。[63]

罗比内因此而提出了狄德罗在大约二十年前就提出过的他自己的命题。[64]

> 自然的存在必然是相继的……一种永恒的状态并不适合于它。一同创造的胚芽并不一同发展,它们产生的规律,或显现的规律,使得它们一个接着一个的发展……在这种持续的

第九讲 存在之链的时间化

变迁之中,在自然的存在中,没有两个点在整体上或部分上是恰好一样的。尽管常常是相同的,但总是有区别的。因此,我的回答是,自然的确从来不是,也永远不再是,在我说此话时她恰恰所是的状态……我并不怀疑存在一个既没有矿物也没有我们叫作动物的任何存在物的时代,也就是说,存在一个所有这些个体都仅仅以胚芽的形式存在,它们之中没有一个个体诞生的时代……至少自然似乎确实过去从来不是,现在不是,将来也不会是静止不动的,或者处在一种永恒的状态之中。其形式必然是变化无常的……自然总是在劳作,总是在创新,在这种意义上它总是在构成新的发展,新的世代。⑥

在充实性原则的这种明显进化论转变之前或之后,罗比内都同样地热心于发展和说明 *loi de continuite*[连续性法则]的含意。他认为这个原则本身无须辩护,它是"哲学家们长期以来所确认和重复的原则"。它是"自然哲学的第一原理"。

> 存在的等级序列构成了一个无限划分了等级的整体,其间没有实在的分隔界限。只存在个体物,没有界,没有类,没有属,没有种……这种伟大和重要的真理,打开宇宙系统的钥匙,以及所有真正哲学的基础,将随着我们对自然研究的进展而一天一天地变得更加明朗。⑯

罗比内抱怨一些自然现象的崇拜者大体而言都"在蛮横的自然威力之前委屈臣服",却未能严格地把这个法则运用起来。因此邦尼特尽管是 de la loi de continuité[连续性法则]的一个业余热情赞颂者,但他仍然认为有可能"把构成存在的等级序列的不同次序划分成为四个一般的类别:(1)无机物的;(2)有机但无生命的;(如植物)(3)有机和有生命,但无理性的;(4)有机、有生命、又有理性。"罗比内却认为这种分类是明确地否定了连续性,因为它把一些存在物的类别归因于拥有它物完全缺乏的某些确定的属性。"否定的东西总是与肯定的东西有着无限距离的。"因而系列成员之间的区别不应该总是根据肯定和否定,而是应该根据其有某些或多或少共同的特性来加以确定。当在头脑中产生这样的想法时,连续性原则就被看成是清除了通常没有注意到的哲学结论。两种事物之间的每一种纯粹质量上的差异——无论是状态的、数量的或程度的差异——都必然是一种非连续性。因而拯救连续性原则的唯一办法,只能是设定所有事物都在某种程度和量度上拥有某种任何事物都拥有的性质。因此最低等级的存在物必然被归结为在最高级存在物那里所明显的特征的萌芽,归结为高级存在物中的一些低等存在物的特征的残迹。

在有机物和无机物之间,有生命的东西和无生命的东西之间,有理性的东西和无理性的东西之间能有何种连续性?很明显在肯定的东西和否定的东西之间没有居间者,因此也没有将二者联系起来的居间存在物。倘若有这样的存在物的话,那么它们的构成必须同时参与到两种相互排斥的对立面之中……例如,从无机物到有机物的通道将被一种既是有机物又是无机物的中间种类的存在物所充满,而这样一种存在物是自

第九讲 存在之链的时间化

相矛盾的(répugnant)。如果我们希望保留连续律的立场……如果我们希望让自然不知不觉地从其一个产物过渡到另一个产物,而不迫使它作出飞跃,我们就肯定不能承认任何无机物,或任何无生命的东西,或任何无理性的东西的存在……哪里存在某一存在物拥有而其他物不具有的单一的本质特征(我认为是一种本质的特性)……存在之链就被打断了,连续律就成了一种奇想,整体的观念就成了一种荒唐之说。⑰

这是对质的连续体观念的一种尖锐的和重要的评述。它使那种由其后继哲学家所导致的更含糊和更不连贯的逻辑变得明朗和普遍化。例如,在我们这个时代,泛心论(panpsychism)的主要动机之一,就是试图避免非连续性,这种非连续性明显地被这样一种假说所暗含,这种假说认为意识和感觉是一种"突然出现"的性质和功能,它们忽然附在物质结合物的某种层次上,或附在行星进化的某一阶段中。所有这些推论的基础是可以被叫作"还原方法"(retrotensive method)这种东西的必然性的假设上⑱——这个规则是指任何在经验中找到的或与更复杂更高级进化了的自然本质相联系的东西都必定在理论上能够回溯到更简单和更原初的东西上去。但是,在后来的思想家只是间歇地、未能充分领会其总体含意地照例去应用这种方法的地方,罗比内看到,这种方法必须要么被普遍地应用,要么承认它根本不具说服力。这种结果,或许对于精明的读者来说,仅仅是对连续律的 *reductio ad absurdum*〔荒唐的还原〕。但对罗比内而言,这是通过一种单一的逻辑手法建构了一整套重要的哲学结论——这些结论中有物活论、泛心论和一种特殊的泛逻辑论，一种认为在所有自然物中理性的雏形无处不在的学说。

  对我自己来说，我宁愿赋予最小的物质原子以理智——假使它处于一种与理智相适合的性质和等级之中的话——而不愿意拒绝赋予化石以有机组织而使之成为孤立的，与其他物毫无联系的存在物。对我说这是一种奇异的想法，以及对我说石头不能思维，都是徒劳的。我相信，我只要回答说我对正确推导的结论不负责任，我没有估量可能事物的范围，以及如果承认了连续性的法则，我们就应该承认所有由之推导出来的一切法则，就足够了。而没有充足的理由就放弃这样一个一般性的原则是不可原谅的。⑩

  尽管这种纯粹"粗俗物质"的非存在因此而可以单单从连续性原则就可以推论出来，罗比内还是用一种我不赞赏的冗长的文字为这种结论作了进一步的论证。（他认为）必须注意到基于 *lex continui*［连续性原则］的逻辑意义的同样观察而得出的更进一步的重要结论；因为它涉及一种对充实性原则的运用范围之原则的限制，而这却都设想为是充实性原则的必然结果。因为除非系列的所有成员拥有某种共同的东西，即使这种东西处在不同的等级上，否则不存在任何连续的系列；罗比内发现，由此可以推论出对所有有生命之物而言——也就是对所有事物而言，一定存在一个作为共性的单一的构造上的类型形式（type-form），当然，这必须是一种特殊的形式，和所有其他的可能形式不相同；以便自然的"充实性"被那种基于一个单一"原型"(prototype)的所有可能的变形的现实化所限制。

只存在一种关于有机的或有生命的存在的可能方案,但这种方案能够,也必定以无限多的方式变化。这种表现在其形式的无限多样性中的模型或方案的单一性是存在物连续的和分等级的序列的基础。任何一物都与另一物相区别,但所有这些差别都是原型的自然的变形,这种原型必须被看作所有存在物的基本创生力……当我把石头和植物相比较,把植物和昆虫相比较,把昆虫和爬行动物相比较,把爬行动物和四足动物相比较时,我通过所有这些表明其每一物种的特性的差异性发现了相似性的关系,这些关系使我相信它们都是按照单一模式(dessein[设计])来设想和构造的,它们是这个单一模式的分等级的无限多的变形。它们展现了这个原初模型的所有的显著的特征……在实现其自身时,这个原初模型相继地呈现出无限多的和各种各样的形式,存在正是在这些形式之下展现在我们眼前的。⑦

但是在如此多种多样的形式中被同等示范的原型,很明显,在最后的等级中其自身一定是极其简单和贫乏的。这个原型仅仅是一个"天生活跃的,拉长了的管状物或空洞的圆柱体。"但罗比内在断言这是所有有机形式都是其变形的"模型"时,常常似乎确实是指它是所有有机结构都是它的结合物的单元,换言之,他的"原型"在具体物中,与他叫作器官(organe)的东西是同等的,器官又等同于一个原生质细胞(protoplasmis cell)。[⑦]简言之,他在此对连续性的探索,导致他得出所有生命之物都是由相同的一般形式和在特性上是同质的终极单元所构成的结论。但是,为什么它们要在形式上结合成如此多样化的结构,对此几乎不能求助于连续律来加以解释。那些更总体的结构在所探求的意义上是否是一个连续的系列也不是明白无误的。罗比内因此似乎通过适当地混淆总体结构之间形式的共性的观念和总体结构组成单元之间的形式(或功能)的共性的观念来逃避其论题中的一些困难。

在此罗比内也仅仅是详细论述和扩展了狄德罗的一种猜测,这种猜测同样是与充实性和连续性的假定联系在一起的,狄德罗曾于1754年写道:

> 自然似乎乐意用无数不同的方式使同一结构多样化。她只是在以一切可能的样式繁殖了无数个体物之后,才放弃某种产物的品种。当人们考察一个动物王国时,观察到在四足动物中没有一种其功能和部分,尤其是内在的功能和部分,不是与另一个四足动物完全相同的,人们难道不愿意相信自然所做的不过是把某些器官拉长、缩短、变形或增殖,或者磨掉一些吗?试想如果把手的指头联在一起,那构成指甲的东西是那么的多,以致使它长大和伸延,一直扩大膨胀到把整个指头包裹起来,这样的话,你所有的就不是一只人的手,而是一只马蹄了。当人们看到不管怎样的一种原型的外表在持续不断的变化时,使一个"界"以不可感觉的程度接近另一个"界",并使这两"界"的边界(如果可以把那没有真正分界的地方也

可以说成是有界限的话)住满了一些不确定的、模棱两可的种类,这些种类被剥离掉了某一种类的大部分的形式、性质与功能,而被赋予另一种类的形式、性质和功能——谁不会觉得自己被引导到相信从来就只有一种原初的存在,它是一切存在物的原型?但是,无论这种哲学的推测被鲍曼(Baumann)博士接受或被布封所拒绝,不可否认的是:有必要将这种推测作为一种对经验物理科学的进步,对依赖有机组织的那些现象的解释和发现的一种实质性假说。[72]

虽然罗比内用"原型"一词通常不仅仅是指所有有机体的原始胚芽,而且还是指体现在无数不同特殊事物之中的一个理想模型或原型:*le prototype est un principe intellectuel qui ne s'altère qu'en se réalisant dans la matière*[原型是一个不能在物质中实现出来的理智原则]。[73]因此它是一个代表"还原到其最低地位"的生命存在物的模型,它是那些变形的永不枯竭的源泉。每一种实现了的变形构成一个存在物,并可以被叫作一个原型的变态,或毋宁是其原初外表的变态,这种变态是原型的最初的现实化。大量积累的变形"会如此伪装为原初存在,以致它们逃避了我们的注意"。但是我们可以确信在任何情况下作为基础的单元都是存在的。如果罗比内将这种思想的应用限定在脊椎动物范围内,他就表达了一个确定的科学事实,这种科学事实已被他那个时代的解剖学知识理由充分地确立。但他解释说,连续性原则迫使他为所有有生命的甚至是无生命的自然个体设定了一个单一的模型。[74]因此,罗比内,虽然不是始创人,但就我所知,他也是 *Urbild*[原型]观念的最早详述者和热情讴歌者,在这种原型基础之上所有有机的,或许所有自然的形式都是一些变形,这种看法将被赫尔德(Herder)所采纳,⑦并在一段时期里使歌德着迷。

> Alle Glieder bilden sich aus nach ew'gen Gesetzen,
> Und die seltenste Form bewahrt im geheimen das Urbild. ⑦
> [一切环节都按照永恒法则形成,
> 却极少有形式能秘密地保持原型。]

但是罗比内在想象自然在无休止的劳作中动手做事的两种方式之间摇摆不定。有时他在自然中只看见了(用我们的话说)那种我们叫作充实性原则的时间形式之例证的东西。这是一种把多样性增加到最大限度的努力。

如果有时候在我们看来,自然的进展似乎是不确定和不充分确定的,如果自然有时看似以一种摸索的、曲折的、不确定的方式运作,那么这是一种假象,它仅仅是源于我们的无知和偏见。我们忘记了自然不应该也不可能让任何细微的差异和任何变形不被实现出来,我们没有看到连续的形式的太微小的差别……自然从来不做无用的事,她的进化过程被细微的分级(nuancée),而每一个细微的差异在总体计划中都是必然的。我们如此愚笨地认为是不规则的、多余的、无用的形式,都属于存在物的无限序列,并填充了一个没有它们就会完

第九讲 存在之链的时间化

全空无的位置。⑦

但是在另一些作品中,罗比内由于受到宇宙的原型观念的影响,在新物种的构成的过去的历史中看到了某种不仅仅是朝向混杂的变形推进的东西,自然在总的方向上的运动是可以辨认的,这种运动是一种朝向特殊目标的奋斗——尽管这种运动障碍重重并充满偏离,就像我们现在所说的,它是一种试错法(trial-and-error)的进步。因此,形式的增殖,在一定程度上是自然趋向一个未明确预见的圆满的结果。自然的作坊里包含着许多不成功的和被废弃的模型。

在处于人之下的动物的奇妙变化的序级中,我发现自然在劳作中摸索着朝着成就她的劳作的完美存在前进。在她取得的进步的每一步中,也就是在她所获得的每一种新的产物,每一种基于原初设计的变形中,无论这种进步是多么难以察觉,但在产生一定数量的变形之后,这种进步就变得清晰可见了……所有在原形和人之间的居间的多种多样的东西,我认为它们是自然的如此之多的随笔,目标在于最大的完善,但只有通过这种无数的短篇作品的连串才能达到它。我想我们可以把这种预备性研究的集合称之为自然在学习如何创造人的过程中的学习过程。⑧

因而当人被看成是创世的漫长过程的目的而上升到其目前阶段时,罗比内认为,作为形式的连续系列特征的单一性和特异性,通过考察终点而不是起点可以得到更好的认识,也就是说,通过在其他形式中看到人的暗示,而不是在人中或在相当高级的类型中看基于其原初简单模型之上的那些变形。这就是《平行》(Parallèle)一书的主题,在此书中(如果此书是他自己所撰的话),他的热诚再一次超过了他的判断力。

考察存在朝向人类的进化中个体的序列如此之多的步骤,我们将把它的每一步与人相比较,首先考虑其高级能力,也就是它的理性。这种沉思自然及其产物的新的方法,将它们全都归因于一个世界创生力的单一观念,并发现它是建立在连续性法则之上的,这一法则将这个宏大整体的所有部分联结在一起。每个有机的结构倾向于直接地和自行产生仅仅是我们看见其实际产生的东西。但是这些结构的总和趋向于一个最终的结果;我们在此把人看成是最终的结果,是为了把我们自己限定在地球存在物的范围内,因为只有这才在我们的知识的范围之内。

在低等级的被造物中探寻人的形式的轮廓的过程之中,罗比内不幸地被导向在萝卜和其它植物中寻找与人的脸、手臂及大腿相类似的东西,并发表了这些植物类似于人类的图片。[79]

但罗比内奇特而复杂的历史作用,可以在这样的事实中进一步看到,这一事实是:他所接受的那种类型的生物进化论被他发展成为一种本质上是"浪漫主义"类型的一般的自然哲学。它预示了谢林的和我们这个时代柏格森的自然哲学中某些最有特色的思

第九讲 存在之链的时间化

想。[30]罗比内是较早的关于 *élan vital*〔生命飞跃〕的预言家之一。对他来说自然中的基本现实不是物质而是 *l'activité*〔活力〕;进化的盛观是这种强大活力的易扩张的、自我分化的能力,这种创生的冲动力(*puissance active*)的表观。但(如他在书的最后一卷中所承认的)在某种意义上,也必须认识到惰性的物质;在惰性的物质与能动性原则之间存在着时日漫长的斗争。在初始时期,在存在的等级序列的低级阶段,粗俗的物质居于主导地位,自发活动的倾向完全受其阻碍;但是逐渐一点一点地,创造生命的力量得到了加强,而且最后,在人之中,如此完全地建立了其主导地位,以至于物质作为生命力获取其最终目的的工具的意义超过了它作为生命力障碍的意义。(连续性原则在此似乎已经消失了。)

在劣等的存在物中,如无机物和植物之中,我们把所有物质所发生的现象,都看作这些存在物的主要要素(*le fond principal*)……而对存在序级中高等一些的存在物,我们就开始采取怀疑和不能确定的态度了。我们注意到那种显现出能动性原则的运作和运动的自发性,我们只能将这些能动性原则归因于这些活动和运作的这种自发性。但这种能动性可能仍然被看成是被物质所引导并必然地由物质所决定的东西。因而在这样一个体系中,物质和能动性似乎轮流作为支配者,根据环境而交替作为首要的和从属的。能动的力量似乎正努力将自己提升到束缚它的广延的、固态的和不可入的物质之上,但它又常常不得不屈从于物质的羁绊。而在人身上却相反,物质明显仅仅是能动性原则通过它而使其能力得以发挥的器官。前者只是一个限定后者活动的外壳,没有它,人可能会更自由地行动,但没有它,人也可能根本就不能行动,没有它,人无疑不能使他的能动性成为可感觉的。这难道不是再一次表明能动的力量在存在中依照其超出物质的比例成长并完善其自身吗?……按照这种假说,内在于物质之中的能动力量的发展就是如此。首先它应该只是存在物中的最小的一部分。通过努力的增加和进一步的发展,它成功地成为了存在物的首要部分。我强烈地倾向于相信这种力是存在的最基本和最普遍的本质(le fond de l'être)——物质就是这种力通过它来表现其运作的器官。如果有人要我对我所说的这种力的概念加以界定,我会回答说,和许多哲学家一样,对我自己来说,我将把它想象为不断变好的趋势;因为每种变化都是朝向另一种更完善者的即将到来的倾向。[81]

罗比内接着写道:这还不是进程的终点。

　　La progression n'est pas finie[这一进程还未到终点]。或许存在比这些构成人的东西更微妙、更有威力、更为活跃的形式。当然这种力量可能以难以感觉到的方式摆脱所有物质性,并开始一个新的世界——但我们一定不能让我们陷入可能性的无边界的领域之中。[82]

很明显,这是 *l'évolution créatrice* [创造进化]哲学的梗概。

它与其20世纪的对应物的相似性,被它最终与现象论流派莫名其妙的联合这一事实而增强了。那阻碍能动原则的物质只不过是其产物,而且仅仅是作为一种现象而存在,而能动性的原则自身是不占有空间的。

我们习惯于通过使我们的感官产生印象的现象来判断事物的实在性,我们不愿承认在世界上除了物质之外还存在任何东西,因为我们只看见物质。借用一个现代作家的话来说,因为在自然中我们的感觉所观察到的所有变化只是存在于广延限制的变形之中,我们一旦被迫放弃这种广延,我们似乎就只能面对虚无;我们止步于此,似乎在此之外什么都没有。我们没有注意到物质的或可见的世界仅仅是现象的聚集物的事实——没有注意到必定存在一个作为可见世界的基础和主体的不可见的世界,我们应该把自然中一切真实的和可靠的东西还原成这个不可见的世界。这个不可见的世界是所有趋向于完善自身的力量的集合,而且实际上它们正在按照与它们之中的每一个相适合的比例不断地扩展和完善其能动性。在不可见的世界中,力有等级差异,就如同在广延的和可见的世界中有形式的进展一样。[33]

邦尼特在其《哲学的复兴,或关于有生命的存在过去与未来状况的想法》(*Palingénésie philosophique, ou Idées sur l'état passé et sur l'état futur des êtres vivans*, 1770)一书中提出了一种最为异常的思辨的混合物,这个东西要么是在科学史中,要么是在哲学史中能够找到——它是一种甚至比莱布尼茨将地质学、发生学、心理学、末世论以及形而上学混合在一起所形成的一个包括我们的行星及其上的有生命的存在物的过去和将来历史的一般观念的混合物——这种历史可以假定在其他星球上有其对应物——更精致的混合物。如果在细节上加以区分,这是另一种企图,它试图用某种具体语词和利用科学知识,以及被普遍接受的关于时间的假说来完成莱布尼茨关于本质的和无限自我分化和发展的宇宙观的做法。它是否能够被恰当地称为某种形式的"进化论",这是一个术语学上的问题。

邦尼特,追随莱布尼茨,不愿正式抛弃万物在开头时就被创造的充实性原则的传统含意。"宇宙的所有组成部分(*pièces*)都是同龄的,神的灵验的意志通过一次活动就创造出所有能被创造的东西。"⑱但在另一方面,自然的普遍变易的事实是太明显而无需论证的。我们星球上生命形式的发展分化和扩大的迹象在邦尼特看来也是明显的,但这又如何能与原初创世的完满性学说相协调呢?显然后者不能从字面上理解,它应被理解的意义将在邦尼特从莱布尼茨那里继承下来作为基础的发生学——形而上学的理论中找到。所有构成宇宙的个体物都如它们所是的那么古老,它们都是不灭的。这些个体是原初的"灵魂",每一个有机体都有一个灵魂;邦尼特接着说,它也有一个身体,一个"胚芽"或叫 *petit corps organique*[有机芽体],同样是不灭的,而且它永远与那个个体灵魂相联合。但在任何一个给定的时间里,一个个体有机物的身体都是由大量这样的微小有机粒子构成,这些粒子迄今为止还必须发展其自身的有机化了的身体,发展其消化、成长和再生产的功能。有机化了的身体的消亡可能允许其中所包含的粒子自行其是，这就是说，凭借自己的力量而行事。例如一个水螅的"灵魂"是"不可分的，当水螅被分裂时，这种灵魂是不会被分裂成部分的。通过这种办法给某些胚芽"——也就是给先前包含在被造物的身体中的附属的和被束缚的胚芽以"发展的机会，我曾设想居住在这些胚芽中的灵魂从这时起就将开始体验与个体的保存相关联的感觉。因此将形成如此众多的新的个体，新的自我"。[38]因而在其存在的大部分时间里，许多或大多数的灵魂仅仅是作为感受性的潜在状态而存在，而不是作为现实的知觉能力。其胚芽保持在极小的、不变化的生命物质的单元状态中，直到它们的作为个体的能动生命开始的适当时机的到来。但邦尼特把每个灵魂归结为一种有机的或潜意识的记忆，胚芽是这种记忆的物质载体，承载它过去经历的努力的永恒记录。

邦尼特说，地质学和天文学的证据表明我们的星球经历了一个漫长系列的时间阶段，每个阶段都结束于一个"剧烈的变革"，也就是一种地壳的激变，在这种激变中所有当时存在的有机结构都被毁灭了——但胚芽及与其相联合的灵魂却保存下来。每个时期的外部环境在物质上与其先前时期的外部环境相异，因而任何物种的结构、器官和感觉都必须适应于它所生活其中的那个时代的物理环境，一个给定的胚芽在一个新时期重新获取生命时所居于其中的粗俗的躯体的种类将与其先前所寄居的躯体相异。在创世之初的胚芽结构中，所有这些后来的转变——无论是否完全预先描绘出其轮廓——都曾经被提供。邦尼特说："我认为所有有机化了的存在物的胚芽在原初被构造和计算时,都具有一种和我们地球所要遭受的多种多样的变革相关的决定性联系。"⑯因此在某种意义上,创世的第一天早晨就写下了所有其后的黎明将要发生的一切——但只是以一种预言的速记的方式写下的。

邦尼特是在科学的而不是在宗教的基础上相信:各个时期的序列以及与之相应的有机体类型的系列,形成一个由低向高的进化过程。个体发育的发生学阶段表明了在这个星球的此前已过去的阶段中动物所相继经历过的形式。(这是一种重演说*的早期先兆)。但"地球的变革"不能被设想有一个终点。因此在将来,与在过去一样,每一个胚芽都将重现在更高级的化身的连续之中。我们目前的物种将以"某种方式以不同于其目前的形式展开其形式,如同地球的状态将不同于我们目前的地球状态一样。如果允许我们预想这种使人迷惑的变化的情景,我们可能不能辨认出任何我们现在最熟悉的动物物种……我们将看到一个全新的世界,一个我们现在一无所知的事物的系统"。⑰但这种类型的进步在邦尼特看来似乎不是一代一代的进步,牡蛎的"完善化能力"并不意味着牡蛎在目前这个时代将逐渐地在遗传的过程中转变,直到它最遥远的后裔成为大象或人或天使。它意味着每个个别的牡蛎的 *corps organique*[有机身体]将在牡蛎个体死后无改变地被保存,直到随后地球的适当状态呼唤其下一个更高级形态的展现。在世界的这个时代或上一个时代现实地发展成为羽毛丰满的个

---

* 重演说(recapitulation theory)此说认为生物个体从"卵"发展到"胚胎"的过程似乎是该生物的类的进化过程的重演或缩影。——译者

体动物的胚芽的情况中,也将通过记忆保存一种个体同一性;对那些没有在我们世界的目前秩序中获得生命的胚芽也将有一个再次获得生命的机会,但却没有记忆。"我们今天在不同的有机化了的存在物的等级之间看到的同样的等级,无疑也将在我们地球的未来状态中被发现[也就是说,这种系列将仍然是延续的];但它将会遵循由每种物种完善化能力的程度所决定的比例。人——到时候将会移居到另外一个更适合其能力的优越性的生存空间中去,——将把人在我们这个行星上的动物中所具有的首要地位给予猴子或大象。在这种普遍的动物复兴中,可能会在猴子或大象中找到一个莱布尼茨或一个牛顿,在海狸中找到一个佩罗(Perrault)或沃邦(Vauban)。"⑱正如邦尼特所想象的,每一个目前的物种都确信会朝着"完善性"进展;只是因为这种物种中的每一个个体都将通过未来"星球的变革",以一种改进了的形式再次复活。因此,似乎只有在一种相当含糊的意义上才能把邦尼特叫作人们有时称他的"进化论的先驱"。他所断言的有机结构的进化序列并没有被想象为在我们目前的,或任何一个单一世界时代之内的完善化阶段的日常进程的结果。这种进化序列存在于一个极端的或中断性的转变之中,这种变化显然只是发生于时间的巨大间隙之中,以及发生于除了不灭的和不可感觉的个体动物中的"胚芽"之外——地球的整个有机生命都被毁灭的剧烈灾变之后。相比较于莫帕都伊、狄德罗和罗比内所提出的进化论假说,邦尼特的这些推论显然是粗糙的和倒退的。

在我们对一种观念的历史回顾的大致的编年史顺序中,我们

287 已经到达在通常、虽然有些不幸地、被叫作浪漫主义的先入之见和评价中的那意义深远重大而又复杂混乱的变化的开端。在下一讲中将论及浪漫主义时期思想的两种最有特点和最有意义的倾向与我们的一般主题的关系。

第十讲　浪漫主义和充实性原则

观念史上一个有教益的反讽是:被一代人所引介的、有利于与之相适合的倾向和哲学兴趣的原则,常常证明它无可怀疑地包含着一种相反倾向的根源——它靠着其隐藏着的含意而成为它有意要维护的 *zeitgeist*[时代精神]的摧毁者。几乎没有比在充实性和连续性原则的历史中所发现的这种反讽例子更为显著的例子了。正如我们已经看到的,这两个原则在 17 世纪和 18 世纪早期主要作为一种对世界在本质上是合逻辑性的学说的支持而提出来的。它们被设计用于证明相信理性、完善性和静态圆满性,以及现实的有序性与有条理性的想法的正确性。但是它们在深层上是一些与启蒙时期的纯粹理性主义学说完全格格不入的观念。其时尚的首要影响是微妙地、逐渐地把这样一些品味和哲学假设中的几个介绍给欧洲人,这种影响在 18 世纪末采用了一种有意识的和进攻性的革命运动的形式,浪漫主义的名称通常被应用到它们身上。完满的和连续的存在之链的观念带着受人敬佩的大人物——充足理由律的荐函而进入到得到认可的 18 世纪的思想界之中。这一革命通过有助于造就欧洲思想界中包括其发起人在内的大量的理智的被驱逐者而终结。

由于几乎在启蒙运动思想的所有领域里居于主导地位的假定

是:理性——它通常被认为是从少数简要的和自明的真理的知识中概括出来的——在所有人中都是相同的,也为所有人所平等地拥有;这种共通的理性应该是生活的指南;因此,这种普遍的可理解性,普遍的可接受性,甚至普遍的融合性,对人类所有的正常成员,无论他们在时间、地点、种族和个人品质及天赋上多么不同,构成了在不可或缺的人类关系的所有事务中具有决定性和合法性的标准或价值标准。(德文能更贴切地概括这种含意)Gültigkeit[有效性]意味着 Allgemeingültigkeit[普适性],而且它确实要被现实的(或设定的)Gemeinheit[公共性]所检验。当为个人的信仰提供一种信条或为他的仰慕和欣赏提供一件艺术品时,请他考虑一下,在其中是否存在某种他不能设想通过"未曾得到帮助的自然之光"或通过那些在任何地方以同样的经验方式而为每个理性思维者都容易理解和明白无误的东西。如果在其中发现这样一种不能普遍化的要素,就让他视情况而将其作为一个谬误的宗教,或不可靠的伦理学,或拙劣的艺术而加以拒斥。因此自然神论者之所以反对天启宗教主要是因为它在两个方面缺乏普遍性:(1)它是"历史的",因而其教义不能为那些生活在其公开之前的人,或者那些尚未得到它的那些令人信服的历史证据的人所知晓;(2)如其信条所表明的,它是复杂而"神秘的",因而不是那种为所有人、野蛮人和文明人,无知者和有文化教养的人,都能同时理解且能直觉地察觉为真的东西。"La religion naturelle"["自然宗教"]使人回想起伏尔泰关于它的一个界定,它所能包含的只是:"les principes demorale communs au genre humain[人类普通的道德准则]。"①正统神学的蛮横无理的捍卫者克拉克博士非常真诚地宣称"一切对天启的否认"都在前提上承认:"不为一切人所普遍知晓的东西是不为任何人所需要的东西。"如同斯威夫特嘲讽地但却不无道理地所言,这个假定是:除非一个命题"能够立刻被最笨的人所理解,否则它就不算是宗教的重要部分。"

对每个理性思维者都如此明确而内容一致的普遍性的同一内涵,在它的伦理学的应用中——也就是在道德和政治哲学中的"自然法"概念中,最经常地被变化不定的"自然"这个词所包含。关于 *Lex naturae*[自然法],西塞罗曾经提出"普遍同意"这样一个正式的等式,②罗马的法学家也曾同样将 *jus naturale*[自然法]与 *jus gentium*[部族法]——与那些权力的原则即 *quae apud omnes genles peraeque servantur, divina quadam providentia constituta, semper firma atque immutabilia permanent*[为使各氏族完全平等地得到保护,神谕总是使得神意的安排保持一贯不变]视为同一个东西。③这是18世纪道德学家中大多数流派都认可的,是他们永不厌倦地谈论的东西。勃林布鲁克说:"自然法的法典是如此的明确,以至于任何一个能认识几个字的人都不会把它弄错。因此没有任何一个政治社团曾建构一个与自然法的法典直接和公开矛盾的法律体系。"

"自然法太明确太重要以至于它总是作为法之法而存在。"④伏尔泰正是把人的全部责任归结为这种同样普遍和不变的法则——其条款极其简单:

> la morale uniforme en tout temps, en tout lieu…
> C'est la loi de Platon, de Socrate, et la vôtre.

> De ce culte éternel la Nature est I apôtre.
> Cette loi souveraine en Europe, au Japan,
> Inspira Zoroastre, illumina Solon.
> 〔在任何时间和地点都亘古不变的道德伦理,
> 是柏拉图、苏格拉底以及你们的法则,
> 在这种永恒的崇拜中,大自然成为圣徒
> 这是欧洲、日本至高无上的法则,
> 激发了琐罗亚斯德,启发了梭伦。〕

但同样的假定显然是大部分新古典批评(neo-classical criticism)原则由之产生的根源。在此,同样可以引证远古权威的话;朗吉努斯*曾写道:

> 你可能会断言各种人都同样喜欢和接受崇高、美丽和诚实。当具有不同禀性、年龄、职业和爱好的人在同一接合点上一致称赞某种行为时,这种如此多的不同判断力的结合,标示了这种行为具有崇高而无可争议的价值,以至于它得到如此普遍的赞许。⑤

几乎不必回顾那种把普遍性诉诸这种对美学价值的限定的18世纪的主要例证:如在人们所熟知的蒲伯的《论批评》(*Essay*

---

* 朗吉努斯(Longinus),创作时期在1世纪初,被认为是文学批评方面的伟大创新作品之一的《论崇高》的作者。——译者

on Criticism)的篇章中,"自然"这个词事实上是显而易见的东西,也就是说,和"经常被思维的东西"是同义的:

> 我们发现了我们一看就相信其为真的东西,
> 它返还给我们以我们思维的表象。⑥

约翰逊博士在美学理论中的这种普遍性和均变说*(uniformitarianism)的表述同样为人们所熟知。有价值的是观察他如何在两种要求,即在一部艺术作品中呼吁普遍性的要求,和艺术将把它的"对自然的限制"限定在种属的类型之中而避免对个体加以描述的新古典主义的要求之间得出逻辑联系的——从而具有了在诗歌中蓄意排除地方色彩,和那种故意偏爱常规的和一般化性质的定语的结果。应该记得的是为什么人们把"所有恰当的艺术词汇应该在一般表述之中"看作诗歌的一般法则的精确的原因,是"诗歌将要说一种普遍的语言"。⑦还应该记起的是约翰逊博士在这种原则的影响下,何等荒谬地根据他的罗马人不是指特殊的罗马人,他的国王也不是指特殊的像国王那样的人——也就是说,简言之,"他的性格特征并不被只对少数人生效的学业和职业的特殊性所限定",而展示的只是"共同的人性的特征,例如在世界中总会不断涌现的和在观察中总会不断发现的人性"的理论,而错误赞扬莎士比亚。约翰逊博士憎恶自然神论者。但在他的《拉塞拉斯》(*Rasselas*)一书关于郁

---

* 均变说(uniformitarianism),该说认为地质纪元中的一切地质变化都可以用侵蚀、沉积、火山作用等现有物理和化学作用来解释。——译者

金香色调的著名格言中,他在对花和风景的诗意描述中恰恰是要求了自然神论者在宗教中所要求的东西的理论——他这样做,总的说来还是受到同样的先入之见的影响的结果。⑧美学正统派和宗教异端在那个时代产生于一个共同的根源。英国人对所有这一切的经典解释却能在雷诺兹的《七论》(Discourses)中找到。在此对《七论》进行评说既无时间也无必要。我认为回顾一下雷诺兹的影响所产生的后果的简单例子就够了。当托马斯·沃顿在 1782 年改变其年轻时偏离进一种哥特式建筑的品味时,他向雷诺兹发出惊呼:

> 你强劲的手打碎了哥特式的锁链,
> 将我的心重新带回到真理上来,
> 真理,不为任何特殊品味所限制,
> 其普遍性原型深入人心。

按诗人自己的说法,这种美学转变仅仅产生于他对牛津新学院礼拜堂里的约书亚爵士(Sir Joshua)的彩绘窗户的凝视;但我们可以在一定程度上相信,艺术中设想的"古典的"性质的例证想来不会有如此的效力,如果没有雷诺兹《七论》中的推理起辅助作用的话。

说到古代作家及效仿古代作家榜样的艺术的优越性的学说,它显然是同样的主张普遍性学说的必然结果。因为只有古典作家才谈得上有时间对应用于他们身上的(设定的)普遍同意加以检验。一个名气较小但典型的作家论及这一点时说:

> 并非因为亚里士多德和贺拉斯曾经给了我们批评法则而

使我们屈从于他们的权威,而是因为这些法则产生于这样一些作品,这些作品由于人类中更加优秀的那部分人的不停赞赏,而对现在的人来说不同于它最初的面貌。因为无论什么东西,除了依照我们适当的和自然的美的理念而外,是不可能长时间地被普遍尊崇为美的。⑨

在反对任何现代革新者时,等级序列被视为极其重要的东西,因为在类似这种情形中它不能声称已经"长时期地受到普遍的尊崇"。而且与古代艺术不相干的性质和影响不会得到默许,因为它 eo ipso[因此]一定缺乏普遍性。美学的或其他的主张普遍性的学说,就其被持续地贯彻而言,与一种原始主义(primitivism)有着明显的亲和力——因而在任何事物尚未被最初始的人,或至少被某门艺术的最初始的熟练者所把握的情况下,明显对这个类别的人来说这种东西就不是共通的。根据同样的逻辑,自然神论者被迫宣称其信条"同创世一样古老"。

因此两个世纪以来在信仰上、制度上和艺术上所作的改良和革新的努力,主要受制于这样的假定,即人在其活动的每个领域,应该尽可能接近遵从一种被认为是对每个理性存在者而言都是一致的、普遍的、不复杂的、不变易的标准。简言之,启蒙运动,至少在其主要趋势上是一个致力于使思想和生活简单化和标准化的时代——以它们的简单化方式来达到标准化。斯宾诺莎的早期传记作者之一记载了斯宾诺莎对以上思想加以概括的一句话:"自然的目的是使人一致化,就像同一个母亲的孩子一样。"⑩实现这个假设的自然之目的的斗争,对人们及其观点、评价和制度的差异的抨击——连同对这种抨击的对抗和最后反击,是 16 世纪末到 18 世纪末欧洲思想史上的核心的和主要的内容。①

在整个思想史上几乎没有比相反原则开始盛行时——即当相反原则不仅在人类生活的许多方面,甚至在所有方面被确信为有多种多样的优越性,而且多样性本身就是优越性的本质时——价值标准的转变更深刻更重大的价值标准转变了。特别是艺术的价值标准的改变,其目的既不是在少数固定种类中获得某种单一的理想的形式之完满性,也不是满足于所有人在任何时代都共享美感的最小公分母,而毋宁是对在自然和人性中现实地或潜在地存在着的丰富的差异性的最充分可能的表达,以及——艺术家在和他的公众的联系中的功能——是唤起理解、同情、愉悦的能力,这些能力尚潜在于大多数人之中,或许永远不能被普遍化。这些假设尽管的确不是唯一重要的,但在被一两个批评家或历史学家冠以"浪漫主义"的大量的各不相同的倾向中是一个共同的因素:即诗歌种类和形式的无限增长;对 genre mixte[混杂文类]的美学合法性的认可; the goût de la nuance[对细微差别的爱好];"怪异"艺术中的自然化;对地方色彩的探求;在想象中重建在时间、空间或文化状态上大不相同的人群的有特色的内在生活的努力; the étalage du moi[自我炫耀];对风景画的特殊逼真性的要求;对简单化的厌恶;对政治学中普遍程式的不信任;对标准化的美学的反感;使神和形而上学中的"具体普遍物"相同一;"赞美不完善性"的情感;对个体的、民族的和种族的特殊性的研究;对明显性的蔑视和对(与大部分较早时期完全不同的)独创性的总体高度评价,以及对这种独创性通常是无价值的和荒谬的自觉追求。但无论我们是否把"浪漫主义"这个名字运用在这些有关价值的流行假定的变革上都不重要。需要牢记的基本东西是这种转变已经发生，或许它比其他任何一个东西都能更好的或更坏地把19世纪及我们自己这个世纪思想中盛行的假定与西方思想史上前一个时期盛行的假定区分开来。这种变化，简言之，在于用可以被称为激变论（diversitarianism）的东西取代在大部分思维的正常领域中作为主导性假设的均变论的东西。

这种变化与我们正在回顾的历史影响和变迁的观念之间的关系是我们在这一讲中要主要讲述的东西。*La nature est partout la même*[自然到处都是一样的]是一个新古典主义美学理论家明确或不明确地由之推出艺术在所有人中，在所有时间中都应该是相同的结论的前提。⑫但论及存在之链的思想家们——他们在很多情况下是同一批人——不断地重申这个前提的对立面："自然以尽可能多的方式使艺术多样化。"⑬我们已经知道，作为世界根据的理性，按照莱布尼茨的观点，正如我们看到的，在被造物的最大差异中体现其自身。每一个单子从其独特的观点出发，以其独特的方式反映世界，正是通过这种方式，获得了构成宇宙完满性的多样性的丰富性："上帝通过其所创造的世界的如此多样的完全相异的表象而增加了他的荣耀。"⑭

正如一座城市从不同的方面看会显现出完全不同的样子，就好像因观点的不同而成了许多城市一样，同样情况，由于单纯实体[单子]在数量上的无限多，也就好像有无限多的不同的宇宙；然而，这些不同的宇宙乃是唯一宇宙依据每一个单子的各种不同观点而产生的种种景观。这就是获得最大可能的多样性的方法;也就是获得量大可能的完满性的方法。⑮

因此人们任何致力于减少这种差异性的努力都是与宇宙设计相对立的。我们已经知道,艾迪生发现"上帝的善的多样性并不比被造物的多样性少"。事实上,"上帝已在其创世中特殊化了生命的每个等级以及存在的每种能力。"并"用一个凌驾于另一个之上的各种各样的被创物"去填补"从植物到人的自然的全部断层……居住的空间被如此妥善地节俭地使用和安排,以至于几乎不存在不以生命世界某个部分出现的知觉的等级。"⑯哈勒明确地由此推导出人的道德:Das Glück der Sterblichen will die Verschiedenheit[人死时的幸福要求多种多样]。这些仅仅是18世纪早期无数的这类信念表述中的几个例子。这些理论的背后是从柏拉图经过新柏拉图主义者、经院哲学家、布鲁诺到文艺复兴的其他思想家的整个连续的传统。应该记住的是,它在宗教上和道德上同样是正教传统的一个部分:人应该效仿上帝,尽其最大努力,甚至是在这一生中,寻求反映神的属性。这也是美学中的古典传统的一个部分,这种传统认为艺术应当效仿自然,不仅是在摹写自然对象或忠实地描述人的品质的意义上,而且是在顺应自然的一般品质和造物主的创世方式的意义上。人类的艺术家不仅必须要摹写被造物,而且要尽可能效仿作为巨匠的主要的方法。埃肯塞德说,雕刻家、音乐家、画家的天职是"竭力通过形式、声音和色彩来展示全部世界",展示那些呈现在神的心灵面前的所有本质。

第十讲 浪漫主义和充实性原则

正如在自然的结构中（如果有这样一个词，
可以发自人的口的话）
如同在事物的这种外在结构中一样
这个伟大的设计者描述了他的无限的观念……
但主要是诗人：
居住在地球上善辩的人
用语言和韵律
表现出灵魂所崇敬和热爱的一切。走向这些
一个如同自然的天空一样宽阔开放的领域
不，比自然的天空更宽广，
就像人类的智慧的突然闪现一样无穷多样
如同人类意志的欲求一样无边的宽泛。
没有任何长度，没有任何深度，
没有任何地点，也没有任何形式
能限制这样的吟游诗人。⑰

我们也必须记住到 18 世纪末，宇宙的秩序已经不是被想象为一种无限的静态多样性，而是被想象为一种多样化程度不断增加的过程。存在之链已经被时间化了，上帝已经表露出来的特性被许多大思想家断言为通过变化和生成而展现其自身的一种属性；自然持续不断的趋势是产生新的种类；而且个体的命运是在一种持续的自我超越之中，经过所有形式的螺旋线而攀升。因为在存在之链的学说中概括出来的西方思想倾向存在于一种对上帝作为永无休止的创造的观念的不断增长的强调之中，由此可以推论出，作为道德主体或作为艺术家的人，将效仿上帝，通过使自身成为"有创造力的"而进行创造。"有创造力"这个词，在我们这个时代反复被人重复而成了一个令人厌恶的时髦话，而在18世纪仍然能表达出一种非常激动人心，非常能刺激艺术家灵感的观念。人的崇高使命就是给这种创造增加一些属于他自己的东西，丰富事物的总数，以其有限的方式，自觉地为宇宙计划的完成而齐心协力。

　　18世纪早期最受人尊敬的哲学家发现：不仅多样性和不断的革新，而且有时还有一定程度的不协调，特别是冲突都暗含在善的本性之中。在这种看法中，他们只不过是在重复在他们之先的普罗提诺和经院哲学家以及文艺复兴时期的柏拉图主义者，17世纪的神学家和形而上学家已经说过的东西。正如在前面我们已做过充分说明的那样，所有时代里关于乐观主义的传统论证都把那种宇宙的艺术家描述为用最后小到1英寸的无穷小的有差异的细节来填满他的画布；描述为他爱好内容的丰富性和多样性胜于爱好形式的简单性和完善性；描述为他甚至以不和谐、不规则以及对我们来说似乎是混乱的东西为代价来追求色彩的丰富性和对比的充裕性。莱布尼茨说，在"圣伯纳德（St Bernard）的良好的原则 *ordinatissimum est, minus interdum ordinate fieri aliquid*［消灭有规律的东西，除非有时有规律地产生一些］"中，存在着很多的真理。如布莱克默在一首18世纪最传统的诗中当不是谈论人类艺术家而是谈论造物主时所说的：

　　　　如果所有的完善性在所有事物中展现，
　　　　那么所有的美，所有的多样性，全都消失了。

第十讲 浪漫主义和充实性原则

因此,如果我们在从均变说到激变论先见的变更中认识到浪漫主义革命的最有意义和最有特色的独特的特征,那么很显然在柏拉图传统中一直存在着一种趋向浪漫主义的原则,而且所谓理性时代的哲学家、道德学家和哲理诗人特别明确而突出地阐明了这一点。在这些哲学家和诗人的观念之中,青年人,特别是德国的青年人,在18世纪末成为那曾经出现的革命的带头人。莱布尼茨、洛克、康德、布封、邦尼特、艾迪生、蒲伯、埃肯塞德和哈勒以及数以百计的名气较小的思想家曾经教导他们,最好的可能世界是最富于变化的世界,神的目的是让一切存在的可能性得以实现。所有具有这些多变论先见的人中的大多数,通过反复地与乐观主义论战而给18世纪的思想界留下了深刻的印象,而那个时代知识界有如此多的人热衷于这件事。这些假设确实常常与那些与之根本相矛盾的其他观念,或与之不一致的风格相联系。只有当它们急速地从那些与之相矛盾并使之部分的中性化的其他观念中脱离出来,其含意方可充分地表现出来。但在新的一代人的思想中它们恢复了自己的地位。还应记住新柏拉图主义直接影响力的一种复活是18世纪90年代德国思想中的一个引人注目的现象,一个这个时代的特殊的研究者甚至如此宣称:

如果我们谈论早期浪漫主义的"关键",这个关键将在一个古代思想家普罗提诺那里找到。因为这个新柏拉图主义哲学家不仅鼓舞了其思想分散在无数的残篇之中的诺瓦利斯的整个学说,并鼓舞了谢林中期的许多思想。他的手伸得更远,通过诺瓦利斯和谢林间接地影响到施莱格尔兄弟。没有关于这一事实的知识,《关于诗的对话》和威廉·施莱格尔在柏林的讲演中的许多篇章将仍然是一个谜。[18]

确实存在着另一些强大的力量,它们影响着这样一些思想,这些思想有利于产生一种新理智的躁动,并在某种程度上倾向于提出同样的结论。但充实性原则的压力可以被表明为在一种假设的巨大变革中的一个主要因素,这种假设在 70 年代和 90 年代之间成熟起来的一代德国思想家的宗教观念和道德的与美学的理想与热情中变得最清楚明白,而且这些假设(主要是)通过他们而与世界的其他部分进行交流。这些观念可能仅仅是人类本性的某种一贯的自然倾向的表露,因为某种原因,它们在这个时代特别地有势力,祈求于这些古老的原则仅仅是使从前受压制的欲望和美学感受性"理性化"的一种方法。这样一种设想所导致的一般心理学上的争端——即在多大程度上人的哲学不是产生于逻辑,或被设想为是合乎逻辑的,不是产生于被接受的前提,而是产生于情感的需要,产生于个人性情的特性,或产生于社会的以及其他特殊历史转机时的实践困惑的问题——在此我对这些问题将不加探讨。事实仍然是,在整个启蒙运动中,均变说的信念仍然实际上强有力地起着主导作用——与此同时激变论的理论前提在同一时期不断地越来越频繁地被详细论述,它们的实际含义最终获得接受和应用。我认为,还存在这样一种事实,尽管人们假设——我不愿在没有大量凭证的前提下作假设——人为其信仰、标准和品味所提供的理由,仅仅是他们的欲望及他们本能的爱好与厌恶的"合理性化",然而给出这些理由的可能性,或者似乎如此这般的东西,却是非常必

第十讲 浪漫主义和充实性原则

要的。我们在此所涉及的革命的领袖们正是在充实性原则中发现了对他们那一代人来说是最基本的、最有效的两个理由之一。

在发表于《哲学通信录》(*Philosophische Briefe*)中的谢林青年时代的哲学思想中,这些反理性的和关于那个原则的激变论的结论是通过极其大胆的推理而获得的。从柏拉图式的和莱布尼茨式的前提中产生出一种对 *Sturm und Drang*[狂飙突进]气质的合理性的辩护。

> 每一种完善性都必定在世界的充实性中获得存在……每一个头脑的产物,每一种智慧能形成的东西,都在这个更为广阔的创世的理智中拥有不容置疑的公民权。在自然的无限空间中任何活动都不能被忽视,在普遍的幸福中任何种类的愉快都是必要的……
>
> 这个世界的伟大户主甚至不能容许一根草无用地落在地上,不会留下任何生命能享用的裂缝无人居住,他甚至友善地认可那植根于癫狂之中的少许愉快的绽放……这个伟大的创造者在其伟大的设计中,甚至连错误也不允许不加以利用,不可能让如此广阔的思想领域在人脑中空无和贫乏无味地存在……它是宇宙完满性的真正收获,它是至高智慧的准备,错误的理性甚至会居住在梦中的混沌领域,甚至会耕种充满矛盾的不毛之地。[19]

从这个年轻的哲学诗人浪漫主义式地得出的所有结论之中,他以及他把他的沉思奉献给他的那个朋友,都不必要被特别地关注，以免他有时候"由于清醒的智慧而误解了血液的沸腾，以及其心灵的希望与欲求"。或许他的结论的整个结构只是一个无根的梦的编织物，这无关紧要。因为幻觉的世界会更丰富，在想象中造物主的目的会更充分地得以实现。

在神圣艺术家的作品中，每一个部分的独特价值都得到尊重，他以之为荣的对最为低微的创造物中的每一点能量的闪烁的恒久的凝视，都表明其荣耀并不比无法计量的整体的和谐更少。在最大可能的程度上，生命和自由是圣神创世的荣耀，没有它的地方比起那似乎最广泛地背离其理想之处更为崇高。

其美学的含义也是很明显的，席勒对此也作过明确的表述。人类的艺术家必须像神一样，在对所有可能的存在和经验模式的表达中使其活动的目的得以充实。对他来说，这确实只能是一个逐渐实现的计划，就像艺术的内涵要通过一代一代人逐渐地丰富和多样化一样。

由于我们目前的局限性，我们尚不能把握这更高的完善性。我们的眼光只能看到宇宙中极小的一部分；我们的耳朵尚无法察觉到无限众多的不一致的和谐的融合。我们在存在之链中所攀登的每一级台阶都使我们能更多地享受到这种美学的乐趣；但这种乐趣所拥有的价值，仅在其唤醒我们的与之相类似的活动的范围之内。袖手惊叹一种不是我们自己的伟

第十讲 浪漫主义和充实性原则

大的东西,永远不会使我们有很多的收益。对那些品德崇高的人来说,既不缺乏照其去做的根据,又不缺乏行动的能力,在其自身范围内,他自己就是创造者。[20]

将此看作其使命的人类艺术家应该牢记在他微弱的创造性努力中他将不会一直遵循宇宙的模式,如果他太多地关注"形式"而使他牺牲了内容的丰富性的话:*der Fleiss in den Formen kann zuweilen die massive Wahrheit des Stoffes vergessen lassen*[形式上的努力有时能使质料的坚实的真理被忘却]。新古典批判主义的基本原则显然在此走向了其反面。

在同一作品中,年轻的神学家正式拒绝神的自足性观念,拒绝那种亚里士多德的上帝"不需要朋友"的原则。虔诚的克罗普斯托克(Klopstock)在不久前再次用古老的问题来对神发出呼吁:

Warum, da allein du dir genug warst, Erster, schaffst du? ...
Wurdest dadurch du Seliger, dass du Seligkeit gabst?[21]
[为什么,既然你已经独立自足,你这至高者还要创造?……难道你要通过赐福才成为至高者?]

但神却不作回答。克罗普斯托克声称这种神秘性是不可说明的;有限的心灵在此达到了其极限。席勒用了一种有可能中伤自亚里士多德以来大部分伟大的思辨神学家的话语来回答这个问题:

Freundlos war der grosse Weltmeister,

Fühlte Mangel, darum schuf er Geister,

Sel'ge Spiegel seiner Seligkeit.

Fand das hochste Wesen schon keine Gleiches,

Aus dem kelch des ganzen Wesenreiches

Schaumt ihm die Unendlichkeit.

［伟大的世界主宰没有朋友，

感到欠缺，于是他创造出许多精神，

反映自己的幸福，以求心赏意悦。

这最高的本质不曾找到任何对等之物，

从整个本质王国的圣餐杯里无限性的翻涌对他都是泡沫。］

这种思想与《蒂迈欧篇》中的思想的直接联系是明显的；这些著名的诗句也是对这篇对话的一种评价，而且是一种非常贴近的评价，尽管席勒本人或许并没有意识到这种联系。我们在此看到这两种神的观念的明确分离，而在欧洲宗教思想史上的大部分时间里，这两种神的观念是以无法避免的不和谐的方式纠缠在一起的。人们已经认识到柏拉图式的造物主与柏拉图式的绝对者的不一致，上帝被认同为作为完善或自足的善的理念；而且为了保证前者而牺牲后者。一个创造有限精神世界的上帝一定是一个其自身不充足的上帝。

主要是由于随后掀起的席卷了 18 世纪 80 年代末和 90 年代初年轻一代德国人的古典主义浪潮的缘故，发生在席勒青年时代的这些充沛活力似乎对他来说，确实不是错误的而是片面的。他试图给他们提供必要的补充的努力仍然是采用柏拉图传统中两种

第十讲 浪漫主义和充实性原则

倾向的一种新的综合形式——这种综合由于他后来从康德和费希特那里学来的某些观念而变得容易了。其结果在他的《审美教育书简》(Letters on the Aesthetic Education of Mankind, 1795)一书中表现出来,该书在内容上远远超出其标题所标示的范围。它们所具有的建设性意义的部分是从柏拉图式的或新柏拉图式的绝对的两种基本性质,以及在人的构造中的两种相应的要素之间的类似开始的。一方面,"一个神圣的存在不可能从属于变化",因为其本质是"无限",也就是永恒完善的,不可能在时间的进程中获得更大的完善性。但在另一方面:

> 一个应该被称之为神圣的禀赋,它因为其无限的计划而拥有神的最显著的属性——潜能的绝对显现,所有可能之物的现实性——以及显现的绝对唯一性——一切实际存在事物的必然性。[22]

席勒因此使人们重新回忆起了柏拉图的两个上帝——永恒不变且自我包含的完善性和致力于所有可能之物在时间中的没有限制的现实化的创造性冲动。人分有了神的本性的这两个特征;因此在人性之中存在着永恒冲突的两种倾向,一个同时是理性的又是感觉的存在者的"两种基本法则"——用康德的话说,这个存在者既有一个本体的自我又有一个时间的自我。一个自我要求纯粹的单一性,要求抽象物中的"形式"——席勒称之为 Formtrieb [形式冲动]。因为它在时间以外,它与变化无缘。"它永远不可能在某个时刻需要什么,除了它永恒地需要和要求成为的那个东西而外"；而另一个自我，*Stofftrieb*［质料冲动］，则是对多样性，对具体的丰富性，对特殊化了的内容的要求；它必然将其自身表现在一种不完善的时间化存在的生命之中，这种存在永无休止地欲求着变化，欲求着通过更新而使其经验得以丰富。这种"感性冲动"（就是席勒对其命名也是不够恰当的）的目的，这种使人成为生成的自然界的一部分的冲动的目的，是"生活，在这个词的最宽泛的意义上，在其中包含了所有的物质存在和所有直接呈现在感官之前的东西"。㉓

因为世界是在时间中展开的，因为这是变化，那将人与世界联系在一起的潜在性的完全实现一定在于最大可能的多样性和外延。因为人是通过变化而持存的，那种与变化相对立的潜能的完全实现一定存在于最大可能的自足性和内涵。㉔

尽管人的这两个因素是永远相矛盾的，但是它们在个性中和在艺术中对优越成就的取得同样是不可或缺的。美，作为艺术的对象，总是要求形式的确定性（*Bestimmtheit*［规定性］）；但那些详细论述这个真理的美学家和评论家们却动辄忘记这种对象的获得，不是"通过排除某些实在物"而是通过"对所有事物的绝对包容"。㉕

因此时间化了的充实性原则和根据形式上完善的不变法则的加强来限制内容的相反观念，都是由席勒这个生活和艺术计划的参与制定者所创造的。因为它们是根本对立的，所以在任何经验的实际结合中其中一个必定在某种程度上为另一个作出牺牲。席勒自己也不断地在两者之间动摇；有时候这个成为首要的，有时候它的对立面又成为第一位的。但他认为他发现了人的第三种倾向（*spieltrieb*）即游戏冲动，它是前两者的和谐的结合。我们没有必要深入探讨席勒试图调和两种完全不可调和的东西的令人迷惑的努力。最后他自己也承认不能获得任何确定的协调性。"形式和内容的均衡永远"是现实不可能完全达到的一个"理想"。"在现实中这两个因素中的一个总是对另一个占有优势；经验可能达到的最高限度就是在这两种原则之间动摇。"在这种动摇中一会儿这一个，一会儿另一个占据优势。[26]因此在个体生命中，在种族的发展中，在艺术的历史中，肯定会存在无休止的对立面的更替。那种对更长的寿命、更大的多样性和丰富性内容的渴求，将会打破强加在艺术或人的自我表述的其它方式之上的形式；那种对"形式"的要求，对固定的"原则"和恒定的秩序的要求，将会阻止生命的发展进程。因此人性在其所有的活动之中将会——而且应当——永恒地在对立的夸张之间彷徨无定。但在总体上——席勒尽管没有承认，却暗示了——充实性原则有了一个定论。因为他认为每一种统一都必定是不完满的，每一种美学形式或道德规则最终都会证明是太狭隘，不足以包含人性的潜能，由此可见通过持续变化而不断增加多样性的这种倾向将是，也应该是，人类生存的支配性力量。

　　在那些使"浪漫主义的"这个词适用于他们自己的用途并将这个词引用到文学史和哲学词汇之中的德国诗人、评论家、伦理学家（1796年之后）的作品中，到处存在着激变论的设定；在此它也密切地和那种认为艺术家的任务不是去简单地摹仿自然的作品，而是去摹仿自然的创生方式，通过像它所做的那样以无终止的丰富性和多样性为目标，而成为宇宙精神的一部分。弗里德里希·施莱格尔说："所有艺术的神圣的活动，都仅仅是在不清晰地摹写世界的无限活动，也就是摹写那一直不停地铸造自身的艺术作品。"②一位专门研究德国 Romantiker[浪漫主义者]的学者最近指出："如同上帝在'被造物'中的目的正是要揭示'他的不可见的东西'……甚至是他的无限的能力和神圣的睿智一样，施莱格尔因此认为浪漫主义诗人的目的也是在他同样的对象性创造中表现出他的艺术家的魅力、荣耀和智慧，以及对其文艺天才之作品的热爱。"这个作家还指出，这样一种来自宗教领域的猜测在青年的施莱格尔美学思想的发展史上是极为重要的，这种猜测是："艺术家和他的作品的关系，就像上帝和他的创造物的关系一样。"③但在这个古老的类比中，对年轻的浪漫主义者最有意义的要素是：那个其艺术实践既被人类的艺术家所摹仿又被他所补充的上帝，是一个把多样性作为最高价值的上帝。

但当这种假设被用做艺术或行为的规则时，就会出现一种固有的和可怕的模棱两可。它可以用两种方法来解释，而这两种方式在实践中会是两种对立的方式，尽管它们在本质上并非如此完全对立。一方面，作为相对于个体的美学的和道德的目的来说，它意味着尽可能充分地进入他人的思想和情感的无穷多样性的领域。因此这不仅有益于培养对他人宽容的性格，而且有益于培养富于想象力地对他人的观点、评判、品味以及主观经验加以洞察的能力。而且这不只是作为丰富某人自身内在生活的一种方式，而且是对评价的多样性的客观有效性的认识。浪漫主义的命令被如此地解释为："尊崇和喜好——不仅像康德一样——所有人同等共

第十讲　浪漫主义和充实性原则　　411

享的普遍理性,而且尊崇和喜好那种使人和所有被造物彼此相异的性质,特别是那种与你自己相异的性质。"弗里德里希·施莱格尔写道:"我基本上相信,智慧的自我限制和思想的中庸对一个人来说,并不比所有生命中内在的不安定的、几乎不知足的参与以及某种不断去丰富充实性的神圣感(Heiligkeit)更为必要。"㉙而他自己的一般志趣,以及他如此大量系统陈述其观念的那个学派的志趣,却是将其认作更为必要一些。更早期的浪漫主义作家因此成为美学鉴赏方式中的宽宏大量的热情鼓吹者。

正因为如此,沃肯罗德(Wackenroder)赞赏 *Allgemeinheit Toleranz und Menschenliebein der Kunst*〔艺术中的普遍性、宽容和人类之爱〕:

> 永恒精神知道每个人都在说他为他们所准备的语言,每个人都在表述他自身之内能表达和应该表达的东西……〔上帝〕满意地注视着每一个人和所有的人,并对混合物的多样性感到欣喜……对上帝来说,哥特式的教堂和希腊式的神殿一样令人喜欢;野蛮人粗俗的战争喧嚣和由最丰富的艺术所构成的宗教圣歌及合唱一样动听。但当我把目光从无限的上帝转向现世,而注视我们兄弟们时——啊!我只能大声哀叹他们几乎从未努力试图使他们变得像他们在天国中伟大的楷模一样。〔人〕总是认为他们的立足点是宇宙引力的中心;他们同样把他们自己的情感认作艺术中一切美感的中心,就像坐在法官的位子上一样,他们对所有的事物作最后的判决,而忘记了没有人任命他们为法官……为什么你不因为印第安人说

他们自己的语言而不说我们的语言而判他有罪？为什么你却要因为他们没有建造希腊人一样的神殿而指责中世纪的人们……如果你不能通过洞察他们的灵魂、感悟他们的作品而直接进入如此之多的与你不同的存在者的情感中，那么你至少也应该竭力通过用理智作为联系的线索去获得对他们间接的理解。㉚

A. W. 施莱格尔在十几年后，倡导同样精确和有益的美学自我修炼。

> 没有意识的普遍性的人不可能成为一个鉴赏家，也就是说，没有那种通过抛弃对我们习以为常的东西的个人爱好和盲目偏爱，从而能够使我们把我们自己转换到为别的人或别的时代所特有的立场上去，也就是说，从中心地位之外的立场上去感受这一点的灵活性，我们就不能成为鉴赏家。因此那种［某些评论家］试图通过它来强化他们所建立的某些也许完全是随心所欲的规则去寻求的好的品味的专制（despotism of good taste），总是一种不能承认的假设。

而且回顾前一个时期对哥特式建筑和对莎士比亚的轻视，施莱格尔以这个原则作为谴责新古典主义的狭隘性的根据：

> 罗马万神殿与威斯敏斯特大教堂的差异并不比索福克勒斯悲剧的结构与莎士比亚剧作的结构之间的差异更大……难

道说赞美其中一个就真的非得蔑视另一个吗？尽管其中一个与另一个完全不一样，难道我们不能认可两者以其自身的方式都是伟大的和值得赞美的吗？……世界是广阔的，许多东西都可以在其中肩并肩地共存。㉛

对于有别于艺术鉴赏者的艺术家来说，这种理想导致了在弗里德里希·施莱格尔对浪漫主义诗歌的著名定义中所表达的纲领："die romantische Poesie ist eine progressive Universalpoesie［浪漫主义诗歌是一种进取的普遍性的诗歌］。"它必须是普遍的，不是在寻求规范的一致性和魅力的普遍性这种有限意义上，而是在指向每一种模式的人类经验的理解和表达的广泛的意义上。没有什么东西会由于太奇怪或太偏远，也没有什么东西会由于太高尚或太低劣而不能包含在它的范围之中；没有什么性格或情感的细微差别会如此细腻和如此难以捉摸，或如此别致；以至于诗人或小说家不应该去试图把握它并将其独特的 quale［性质］传达给读者。"从浪漫主义的观点看"，施莱格尔写道："文学中的异类（Abarten）也有它们的价值——即使是奇异的或畸形的——这种价值是作为一种普遍性的材料或预备性的练习——只是提供存在于它们中的某些东西，而这些东西是真正原创性的。"㉜

正是浪漫主义的这种风格与我们在上一讲中所考察的一些例证所提到的东西更加协调一致——这就是一种不断超越已经获得的东西的要求，不断地扩展自身的要求。浪漫主义艺术必须是普遍的同时又是进取的，因为它所指向的理解的普遍性被假定为永远不能为任何个体或任何一代人所完全获得。*Fülle des Lebens*

［生活的丰富性］是永不枯竭的；无论它在一个特定的时代以某一种或另一种艺术为中介多么充分地表现出来，总还有更多的东西没有表现出来。早期的浪漫主义者们没有体验到那种在青年约翰·斯图亚特·密尔（John Stuart Mill）有点迟到的青春忧虑期困扰他的恐惧——这种恐惧自身从同样的浪漫主义先见中获得了其深刻性的强烈恐惧——这是一种唯恐例如在音乐中的一切可能模式和结合都已经被认识，从而在这种音乐艺术中不可能期待有任何真正新的东西的恐惧。（几乎不必附带提及在19世纪30年代是一个引起惊恐的相当滑稽的原因。）对浪漫主义者来说，自然和人是多种多样的，足以给艺术家提供全新的材料；而艺术家的任务就是不倦地用同样多种多样的和不断变化的美学形式来适应它和体现它。在道德上也有同样的结论。善良的人，对于浪漫主义者来说就如同对歌德的上帝，是一个 der immer strebend sich bemüht［不断努力自找麻烦］的人。

但多样性的理想化，自觉地效仿甚至添加自然的充实性的计划，正如我已说过的那样，完全可以用其它方式来加以解释。而且这种可供选择的解释明显出现在同一作家群之中，甚至出现在同样的个体之中；如果世界越好，它所包含的多样性就越多，就越充分地表现出人性中差异的可能性的话，那么个体的职责，似乎也就在于孕育和加强其区别于他人的差异性。激变论因此也就导致了一种对个人的、种族的、民族的，可谓是编年史式的特质的有意识的追求。"这恰恰就是个体性，"弗里德里希·施莱格尔在《雅典娜神殿》(Athenaeum)③中写道："它是人之中原创的和永恒的东西……这种个体性的培育和发展，作为人的最高的使命，将是一种神圣的自我主义。""一首诗,越是属于个人的、有地方特色的、特殊的(*eigentümlicher*)、属于它自己那个时代的(*temporeller*),它就越接近诗的真正内核,"诺瓦利斯这样断言说。[34] 显然这是和新古典主义美学的基本原则完全相反的学说。这种对浪漫主义理想的解释表明:首要的和重大的诫令是,"成为你自己,也就是说,要成为独一无二的!"

从充实性原则中产生出来的两种极度相异的寓意都在施莱尔马赫(Schleiermacher)的两篇早期德国浪漫主义的主要宣言《演讲》(*Reden*,1799)和《独白》(*Monologen*,1800)中得到充分的说明。《演讲》可以被看作他想形成一种有特色的"浪漫主义"伦理学的第一次严肃的和谨慎的努力,是把在施莱格尔的作品中,特别是《雅典娜神殿》的文稿中曾经得到美学地应用的同样原则归入到道德哲学中去的努力,施莱尔马赫显然只不过重复了从充实性原则和连续性原则出发的推理——如同那些在对乐观主义的论辩中已表述出来的东西一样——我们在上一讲中已经看到这一推理是由莱布尼茨得出来的,这个推理是:

> 对于最高理想的一致性再现将会是什么呢?人类——时间和外部环境除外——到处都是同一的。它们将是具有不同的共同功效(coeffcent)的同一结构。在与人性确实表现出来的无穷多样性相比较中这将会是什么呢?选取人性中的任何一个要素,你都将在几乎一切可能状态中找到它。你不会发现它是完全孤立的……也不是与其他要素完全结合在一起的……但在一切奇妙的和不寻常的结合中,你将发

现它们之间的一切可能的混合物。如果你能想象一个你没有见到过的混合物,这个空缺将是宇宙从否定的角度被揭示出来的事物,是一种世界在目前的温度下,这种混合物尚不可能存在的征兆。[65]

施莱尔马赫没有发现这种假定被"人性的最共通的形式的常见的可悲的多余的东西,它们甚至以上千个副本的方式毫无变化地重复出现"这种说法所推翻。这种解释可以在连续性原则中找到:"神要求在其中个体性最难分辨的形式应该最密切排列在一起。"但"每一事物都有属于它自身的东西,没有两个东西是完全相同的"的说法仍然是有道理的。

从《演讲》和《独白》中的这种观点出发,施莱尔马赫引申出了这种伦理学的必然推论,这种推论是:思想上和性格上的"同一性"是一种恶,而人的首要责任就是避免这种恶。

在道德领域中为什么这种可怜的同一性得以盛行?这种同一性试图使最崇高的人类生活处于一种单一而无生气的定式范围之中。除了对处处指向多样性和个体性(Mannigfaltigkeit und Eigentümlichkeit)的活生生的自然的基本特征完全缺乏感觉的缘故外,这种观念又何以得到流行呢?[66]

而道德在此再次呈现两张面孔:首先,个体的目标应该是一种所有人都互通的理解和同情,是一种通过想象,不断地把所有种类的自然的多样性,特别是在人类的所有历史时期和所有种族分支中都能发现的经验模式和各种类型的性格和文化吸收进自身之中的活动。

> 除非这些新奇性和多样性以新的和与以前不同的方式证实了我所拥有的真理,我怎么能不对新奇和多样性的东西加以欣赏呢?……难道我已如此的完善以至于不会同样地欣赏喜和忧,无论世人把它叫作福还是祸,明瞭一切事物都以其自身方式服务于这个目的并更进一步向我揭示我自身本质的关系了吗?除非这一点达到了,难道还有什么重要的东西使我感到幸福吗?……我的能力一直在努力接近大全(the All);什么时候我才在行动和沉思中拥有大全,并和我们自身之内的大全获得一种内在的结合?存在着这样一些科学,没有这些科学知识我对世界的见解永远不会完全,也存在着多种形式的人性、时代和民族,我对它们不比一般人知道得多——我的想象力不曾按它自己的方式进入这些时代和民族的本性和思维方式之中,这些时代和民族在我的关于种族发展的图景中没有占据任何确定的位置。许多在我自己本性中没有地位的活动,我不能理解。而且我也经常对它们和那表现为整体人性的伟大和美的大全的关系缺乏自己的理解。我将一部分接着一部分以及一部分连着一部分地把握那个整体;最美妙的图景展现在我的眼前。多少与我的本性完全相异的高尚本性、人性将把它们铸造为自身的一个要素,这些高尚本性是多么近地呈现在我的面前啊!多少知识渊博的人以一种高尚的方式慷慨而自豪地将他们生命的金色果实展示给我,多少遥远的时代和地域的产物通

过他们诚恳的努力而移植到他们的祖国！命运能够如此地束缚我以致我不能更近地接近我的这个目标吗？命运能拒绝自我发展的方式而阻止我轻松地加入到与目前人类的实际活动以及过去的不朽功业的共同努力之中去吗？——把我隔绝在美好的世界之外，在这个世界里我住进如此荒芜的废墟之中，在那里徒劳地寻求与人类中的其他人相识，在此只有自然中的共通的东西以永恒不变的单调形式从四面八方包围着我，没有什么美好之物，没有什么有特色之物凸现在厚重阴湿的大气之中㊲……想象提供给我现实所不给我的东西；通过想象我能将我自己置于我所观察到的另一个他人所置身的任何境况之中；他的经验移置进我的思想之中，并按照这种经验自身的本性改变着我的思想，在我的思想中表现出他应该如何行动。关于他人的生存和活动的人类的普遍判断——这是一种由空洞形式的僵死字眼所构造的判断——是不可靠的……但如果——就像生活必定真实呈现的状况那样——一种内在的活动伴随着想象的运作，而判断力是对这种内在活动的一种明确的意识——那么作为外在于观察者的思想而被理解的东西就给他的思想以形式，似乎这种形式就真的是属于他自身的东西，似乎就是他使他自己实施了他所沉思的外在活动。因此和在过去一样，在未来，通过这种内在活动的力量，我将拥有整个世界，而且会更好地在宁静的沉思中利用这一切，而不是我似乎不得不使我的每一个快速变化的表象去伴随某种外在的活动。㊳

这样一个可怕的决定，就像爱默生说玛格丽特·福勒（Margaret Fuller)一样,吞食着这个巨人的宇宙!

但对多变论理想的另一种解释仍然——在总体上毋宁是更强烈地——为施莱尔马赫所坚持;他在《独白》中将其表现为反思过程的主要成就,通过这种反思,他得到了一种新的伦理学。

> 因此我得到了作为我现在所有的最高视野的东西。我清楚地意识到每个人应该以其自己的方式,以一种诸要素的独特混合物来证明人性,以便人性可以以一切方式表现出来,每一事物都成为实际存在的事物,它们在无限的充实中能从其发源地产生出来……但只有历经艰辛,一个人才能慢慢地得到关于他自身的独特性的充分意识。他常常缺乏勇气去直面他的独特性,而宁愿把他的眼光转向那些人类所共同拥有的东西。他是如此愚蠢地和愉快地坚持这种共通之物;他常常怀疑是否应该把自己作为一个特别的存在而从共通的特性中分离出来……自然的最具特色的推动力(urge)常常被人们所忽视,甚至在其外形最清晰地表露其自身的地方也是如此。人的眼睛全都太容易越过它们切割分明的边界,而只是死死盯住那普遍的东西。㉝

施莱尔马赫在其它地方解释说,他用"个体"一词,不单单是指个人;也有集体性的个体,比如种族、民族、家庭、性别等,这些中的每一个也都能够而且应该有其自身的特征。在《演讲》中——他同时运用了多变论的两种解释——他推翻了教会和自然神论者所共通的基本假设,声称就连宗教信仰的多样性也是令人满意的和实质性的：

> 宗教的不同表现不可能仅仅是次一级的划分，仅仅在数量和规模上，或构成上的划分；而当被联结起来时，就成了一个统一的整体。如果那样的话，每一种宗教都可以通过自然的进展而达到相互如同邻人……我因此发现宗教的多样性是基于宗教的本质……这种多样性对于宗教的完满表现是必要的。必须寻求特性，不仅仅在个体中，也在社会中。

他严厉地告诫那些寻求某种表达人的统一理性的普遍信条的人。他对自然神论者说：

> 你们必须抛弃只应存在一种宗教的无益和愚蠢的想法；你们必须排除对宗教多样性的所有厌恶；你们必须尽可能公正地探讨在人性的各种变化形式中，在其从丰富的内心精神生活的前进历程中所发展起来的一切……因此你们设想有那种对所有人都是自然而然的普遍宗教是错误的；倘若对所有人宗教都是一样的，那么就没有人能有属于他自己的真正的和正确的宗教了。只要我们每个人都占据着一个独立的位置，那么在人与宇宙的这些关系中就一定存在一个较近的和一个较远的关系，它将决定每个生命中的不同情感……*Nur in der Totalität aller solcher möglichen Formen kann die ganze Religion wirklich gegeben werden*[只有在这些可能的形式的总体性中才能现实地给出完整的宗教]。㊵

第十讲 浪漫主义和充实性原则

对施莱尔马赫来说，基督教确实是定论的宗教中的最高形式；而其优越性仅在于它没有排它性。它没有声称其"是普遍的和单独统治人类的唯一宗教。它轻视这样的独裁……它不仅在其自身之内产生出无限的多样性，而且乐意看到一切在它自身之外而不能从它自身中产生出来的东西得以实现……因为没有什么比在人类中要求总体一致性更违反宗教的了。同样也没有什么比在宗教中寻求统一性更违反基督教教义了"。[41]施莱尔马赫总结说，简言之，任何人都可能，而且最好是每个人都应该，拥有他自己的宗教——也就是说，一种具有某种与他自身个性以及与他在宇宙中的独一无二的地位相一致的独特的东西的宗教。

如果我们试图，根据后来的历史，对浪漫主义理想中的这两种倾向作一个评价的话，我们大部分人或许会同意这两种倾向对随后一个多世纪里一些令人愉快和令人不愉快的后果的产生都起过作用。在艺术的大部分领域中——尽管不总是在优秀的艺术中——以及人们在辨别和欣赏被埃肯塞德称为"事物美好的多样性"的东西中的品味的无先例地拓宽的领域中，第一种倾向就是对它们的发布和预言。早期浪漫主义学派的纲领是关于19世纪的戏剧，非戏剧的诗歌、小说、音乐和绘画的审慎的纲领。如果在这之中看不到生活中幸福的无限丰富的源泉，那将是完全无知的。而且这不仅仅是一种美学的收获。它倾向于——就它没有被对立的趋势所抵消而言——同样扩充人性本身——倾向于增进人与人之间以及民族与民族之间的相互理解和欣赏，但不是作为同一模式样品的堆积，而是作为合法的和受欢迎的文化多样性的表现，及个体对我们所共同拥有的世界的反应的表现。但是所有这一切都有它的危险性。*Stoffrieb*［质料冲动］——我们回到席勒的二元论——曾试图压倒 *Formtrieb*［形式冲动］。对生活标准化的反叛就很容易成为对整个标准化观念的反叛。其有理性的属性表现在充实性原则中的上帝是没有选择性的,他把现实性赋予所有本质。但在人之中,在人的行为中,在艺术中有某种要求选择、偏爱和否定的理由。对所有事情和所有人都说"是"明显是毫无个性。精致的和有难度的生活艺术就是在每一次新的经验的转折中去发现两个极端之间的 *via media*［中道］:成为一个并非无个性的普遍性的东西;拥有和运用标准,但却警觉这些标准的使人的感觉迟钝和麻木的影响,和对具体境遇的多样性视而不见和不能预先识别其价值的倾向;懂得什么时候忍耐,什么时候包容,什么时候战斗。在这种艺术中,由于不能为它设置任何固定的和广泛的规则,因此我们无疑将永远无法获得完满性。所有这一切无疑都已成为一种老生常谈;但它也是一种悖论,因为它要求对立面的综合。而对席勒和一些浪漫主义者而言,它的自相矛盾的方面使它看起来更明显地为真。

作为在下一个世纪中的影响,在浪漫主义理想的两个因素中的另一个因素中可以看到倾向上的一个同样的分叉。它用于在个体和民众之中推进与这样一些力量相对抗,这些力量大多是作为民主的传播和技术的进步的最后结果而产生的,它们倾向于抹杀造成人与人群或群体与群体之间彼此感兴趣和相互评价的差异性。而这种差异性却是 *das Gemeine*［共同性］的永恒对头。它也曾(恰恰在这点上与其他的浪漫主义倾向相对立)促进文学中的大量不健康和无思想的内省——一种对个人自我怪癖的令人厌恶的展示,这些怪癖,正如它现在已声名狼藉一样,经常仅仅是一些充

第十讲 浪漫主义和充实性原则

满痛苦的显露在外的习俗,因为一个人不可能由于担忧而使他比自然对他的造化更本真和更"独特"。它太轻易地用于人的自我主义,特别是——在政治和社会领域里——用于那种民族主义和种族主义的集体虚荣。对于一个人的个性的神圣性的信仰——特别当它是一种群体的个性,而且被相互的吹捧所支持和强化时——这种信仰也就迅速地转变成对其优越性的信仰。在过去一个半世纪的历程中,不止一个伟大的民族,由于曾经首先创造了具有他们自己特征的神,无论这个神或好或坏或既好又坏,总之这些民族现在开始怀疑不存在其他的神的说法了。一种类型的民族文化被看重,首先是因为它是这个民族自己的东西,而且因为差异性的保存被认为对整个人类有益,这种民族文化在某个时期会认为自己的文化是一种他们有责任强加到其他民族身上的东西,或他们有责任尽可能将其扩散到地球上可能扩散到的地方去。因此话题又回到原处(the wheel came full circle)。那可以称为排它性的均变说,一种寻求使事物普遍化的倾向,最初受到尊崇是因为它们不是普遍的,这种倾向在诗文中,在某种哲学中,在大国的政治中和其民众的热情中得以表露。这种悲剧性的结果已被我们这个时代所有人看清和体验。

但是——*corruptio optimi pessima*〔塞翁失马,焉知非福〕。对多样性的两个方面的内在价值以及其中具有的潜在危害的发现,仍然是人类思想的伟大发现之一;正如人类的如此之多的其他发现一样,它已被人类改变为一种毁坏性用途这一点并不能证明它自身就毫无价值。就它被历史地归因于18世纪达到顶峰的充实性原则的长期影响而言,我们可以将其归于这种影响的最重要和潜在的影响的多种多样结果中最温和的结果之中。我不得不进一步说，在这个论题中或许存在某种至少适合于记起那些在这个讲座上出现过名字的那些人的东西。威廉·詹姆斯，无论未来对他的一些更加技术化的哲学论题如何评判，其自身就是我一直在谈的那种理想中的两个因素的以某种恰当的和明智的均衡方式中的具体体现。在他那里，就像在我们的时代，或许是任何时代的极少数几个人那里一样，思想的独特性，全新的和高度个人化的方式审视熟知的事物和古老问题的天赋，以及浪漫主义者以他们更为碰巧有灵感的言辞所赞赏的那种思想普遍性的罕见的程度等等，都结合在一起。由于在气质上不能轻松地坚持其自身的确信和任何一种轻易的折衷主义，他仍然钟情于个性和思想过程，以及——在一定程度上——他人意见的丰富多样性。这不是一种像大多数宽容那样起源于漠不关心的肤浅的宽容。他有——这是一种具有最少共同性质的东西——一种恒常的感觉，如他所说，是一种别人具有的，"在他们自身之中"的常常不同于他的感觉；而且他有一种强烈的愿望和异常的能力去超越为他自己所特有的东西，并"由内向外"去理解他的每一个同伴所特有的东西。这种想象的同情当然没有延伸到无宽容性、因循守旧和卖弄学问上去。但是在他的学生中，或在任何人或任何作品中，任何一点原创性或独特性的火花，哪怕只是看上去有点像火花的东西，尽管不被大多数职业哲学家所尊重，然而却都引起他浓厚的兴趣，引起他有时候过于慷慨的赞誉，以及引起他渴望在这里可能有一个令人愉快的多样性的宇宙的诸多方面的某一个方面的发现，而这个宇宙是一个胜任的哲学所不能忽略的宇宙。

第十一讲　历史及其道德的后果

我们从那些两千年来在西方思想中一直占据主导地位——尽管不是没有对立面——的形而上学神学观念的形成开始我们的历史：那些最早在柏拉图的《理想国》和《蒂迈欧篇》中清楚表现出来的观念，在新柏拉图主义者那里得到发展和被系统化。我们可以根据形而上学神学史的一个片段来作出此种断言。我们已知道，柏拉图主义持久影响的最值得注意的结果是：西方宗教在其大部分历史中，在其更浓厚的哲学形式中，有两个上帝（正如在其哲学色彩更淡一些的形式中，有两个以上的上帝一样）。当然，这两个上帝，确实被认可为一个上帝的两个方面，但与"这两个方面"相对应的观念是两种对立存在的观念。一个是来世观的上帝——这个上帝是自足的、不在时间之中的，超出普通人类思维和经验范围之外的，是不需要一个由较小的存在物构成的世界来补充或增加其自身永恒自我包含的完善性的。另一个上帝显然不是自足的，在任何哲学的意义上也不是"绝对的"。他的基本本性要求其他存在物的存在，而且不只是这些存在物中的一种存在物的存在，而是能在现实可能性的下降序级中找到其自身位置的所有种类的存在物的存在——一个其主要特性是创生力的上帝，一个将在被造物的多样性中，因而在时间的秩序以及自然进程的多种多样的景象中发现其显现的上帝。许多世纪以来，那种用于遮蔽这两种观念的不一致的方法是柏拉图在《蒂迈欧篇》中的简短的名言，它被提炼成为流溢说的根本原则——这个名言是：一个"善"的存在必定是没有"嫉妒的"，更完善的东西必然要产生或流溢出那不大完善的东西，它不可能"停留在其自身之内"。这种解决方法，尽管它适合于其目的，但在事实上它并没有克服这两种观念之间的矛盾。但它的效力由于其似乎与一种关于因果关系的假设相一致性而增强，这种关于因果关系的假定无论多么无理由，然而对人的思想而言却似乎是自然而然的——这个假定就是"较低的东西"必然起源于"较高的东西"，原因至少不小于其结果。随着这种神学二元论——由于上帝的观念也被认为是最高的善的定义——正如我们已经同样看到的，也流行着一种关于价值的二元论，其中一种是来世的（尽管常常是以一种不彻底的方式），另一种则是现世的。如果对人来说善就是对上帝的沉思或效仿，这就在一方面要求对纯粹"自然"兴趣和欲望的超越和抑制，使灵魂从"世俗"中退出来而为一种神圣完善性的至乐境界作好准备；在另一方面，又要求对作为万物的上帝的虔诚，要求对万物中的感性世界的多样性有一种崇拜的愉悦，要求一种在人的立场上对万物多样性的更充分的认识与理解的努力，要求自觉地参与到神的创世活动中去。

在 18 世纪的一些例子中，我们已经看到这种二元论的两种要素的分离。充实性原则自身的逻辑似乎留下这样一条结论：对一个来世的上帝的效仿，即使假定了这样的一个上帝，这种效仿对于人或对任何被造物来说都是无益的，因为上帝的理性和善要求不完善的存在的每个等级都按照其独特的种类而存在。由于趋向于

第十一讲　历史及其道德的后果

把在创造各种各样存在物的无止境的活动与在上帝的显现中的无限多样性的"自然"概念融合起来，因而上帝的观念自身同时又变成主要是今世的了。我们目前所关注的是这后一种倾向的完成。当存在之链——换句话说，整个被创造的宇宙——被明确地想象为不是一劳永逸地完成的和在其构成物的种类上永远是同一的，而是被想象为一种其充实性和卓越程度从低级到高级的逐渐进化时，就必然出现一个问题，即一个永恒完善的和不朽的上帝能否被设想为显现在这样一个宇宙中的问题。对这个问题的回答并不总是，或者一开始就是否定的；18 世纪曾有过无数的努力，其中有一些我们已经提到过，这种努力试图把两种信仰结合在一起，一种是对一个由于永远同一、并按照同样的绝对理性的必然性而行动的，因此不可能在某个时刻创造出这种而另一时刻创造出不同的创造物的造物主的信仰；另一种是确信，由于世界是一个扩张的和发展的东西，所以它在本质上是一个时期的所是不同于另一个时期的所是，以及时间中的事件的一般顺序不是有限存在的一个微不足道的特征，不是与形而上学所关注的事物的永恒方面不相干的，而是哲学的深远意义的一个现实方面的东西。只要同时持有这两种信仰，我论及过的那种表面公理——即因果过程中的前件不可能包含少于后件的东西，或者较高类型的存在不可能来源于一个较低类型的存在——就仍然有可能被无根据地坚持下去。但在 18 世纪末和 19 世纪初这段时期中，这些传统的神学和形而上学的假设开始被推翻。上帝本身被时间化——确实被认为与整个创世缓慢而艰难地在可能性序级上攀升这样的过程相同一。或者，如果上帝这个名称被保留在序级的最高处的话，那么上帝就被想象为这个进程的尚未实现的终极项。因此一种最好叫作激进的和绝对的进化论的东西逐渐取代了流溢说和创世论——这种激进的进化论是典型的浪漫主义的进化论，柏格森的《创造进化论》(*L'Évolution créatrice*)在很大程度上是这种浪漫主义进化论的再版。较低之物发展到较高之物，不仅仅在有机物的结构和功能的历史之中是如此，而且到处都是如此。在结果中，除包含有它在原因中作为一个抽象的未实现的潜能之外，还包含有更多的东西。

在谢林那里能最明显地看到这种发展。在他从 1800 年到 1812 年的许多哲学思考中，他确实也有两个上帝且因而有两种宗教的思想——一种是由超越时间和永恒完善的绝对，即"各种同一性的同一性"，也就是新柏拉图主义的太一所构成的宗教——而另一种是抗争的、受时间限制的、逐渐自我意识到的世界精神 (world-spirit) 或生命力 (life-force) 的宗教。后者是前者向我们显现出自身的一个方面。在这种显现中，充实性原则和连续性原则起了支配性作用。事实上时间的顺序是绝对理智的具体化和展开的表象，其具体内容是由有机体及其状态的连续序列所构成。谢林说，任何这样的连续序列都必定会建构一个进展的划分等级的系列，其原因在于：

> 连续序列本身是渐进的，也就是说，它不可能在某个单一的时刻里展现它的全都。但连续序列越是前进，宇宙就越充分地展开。相应地，有机世界也按连续序列发展的比例而获得更丰富的扩张，并展示宇宙的更大部分……另一方面，我们越是返回到有机世界，有机物在包含其自身在内的宇宙的部

第十一讲 历史及其道德的后果

分就变得越小。植物界是所有各界中受限制最大的，因为在它之中完全缺乏大量的自然过程。①

但在1809年的《论人类自由的本质》(*Ueber das Wesen der menschlichen Freiheit*)一文中，他更加大胆和明确地提出了新的概念，然而新柏拉图主义式的绝对的痕迹在此仍被保留了下来。谢林根据自然和历史带有偏好详细论述了上帝永远不是什么，而仅仅只是会成为什么的这种论点。

> 创世有一个最终目标吗？如果有的话，为什么不立刻达到这个目标？为什么这个终极目的不从一开始就得以实现？对这些问题只有一个答案：因为上帝是生命，而不仅仅是存在。所有生命都有一个命运，都从属于痛苦和生成……因此针对这一点，上帝有从属于他自己的自由意志……存在只有在生成中才能被知觉。而在这样的存在中，确实没有生成；相反，在后者那里，它自身就被断定为永恒的。但在那种（存在）通过对立而现实化的过程中必然有生成。如果没有遭受人的痛苦的上帝的概念——这个概念为过去所有神话和精神宗教所共有——历史将完全无法理解。②

但是，充实性原则，以及它的某种限定，以及具有这一原则的阿伯拉尔、布鲁诺和斯宾诺莎的宇宙决定论，再次被谢林所确认。谢林说——他仍然在使用狄奥尼修斯和经院哲学家的话语——正是因为"上帝的自我启示活动与他的善和爱相联系"，所以充实性原则是必然的。但同样,或者不如说是更进一步说,"这个命题是完全不可否认的,即神圣本性所产生的一切当然具有绝对的必然性,据此,一切可能的东西也都一定是现实的,那不是现实的东西也一定是从道义上不可能的。斯宾诺莎主义的错误根本不在于断言上帝中有如此不可动摇的必然性,而仅仅在于把这种必然性想象为某种无生命的和非人格的东西"。它认可的只是"一种盲目的和机械的必然性"。但"如果上帝在本质上是爱和善,那么在上帝中道义上必然的东西因而当然具有一种真正的形而上学的必然性"。而在另一方面,莱布尼茨完全错误地把在可能世界之间的选择归于上帝,这种选择即是当上帝在无数种可能性中作出只让其中一种现实化的最终决定时,"上帝也就是与他自己相协商了"。③假定这样一种自由选择将暗示"当所有条件都被考虑后,上帝选择了一个比起可能的世界来不够完善的世界,而且——事实上,如一些人所断言的,因为不存在那种找不到代言人(spokesmen)的荒唐事——如果上帝愿意的话,他完全可以创造出一个比这个世界更好的世界来"。(要记住,这在很久以前就被阿伯拉尔断言为一种荒谬了。)因此不存在,也根本不曾存在过多个可能的世界。确实,在世界进程的开端存在过一种混沌的状态,它构成了"一种作为尚未被赋予形式,因而能够接受任何形式的物质"的原始基础(ground)的第一次运动;因此还有"无穷的可能性"未曾实现。"但这种原始基础与上帝不一样;设定了其完善性的上帝,只能欲求一种东西。""只有一个可能世界,因为只有一个上帝。"④但这个可能世界所包含的东西不可能比所有真正可能的东西少。

人们将看到,即使这段文字中的上帝,也保留了一些来世性的

第十一讲 历史及其道德的后果

特征,创造所有可能被造物的必然性也是通过与流溢说的辩论术十分类似的论证而推演出来的。上帝不是 Urgrund[始基],他也不是这一过程的最终完成,在这个过程中 Urgrund[始基]产生越来越多样化的形式,并最终在人身上产生出自我意识;上帝在此保持了一种先于世界的完善性,一种把产生世界作为其本质属性的必然逻辑结果的完善性。但这种完善性的产生是一种渐进的和连续的产生过程。如果谢林所强调的上帝是"一种生命",因此"从属于痛苦和生成"的论题是严肃认真的话,那么,他就不能一贯地坚持一个不会真正进入他的自我启示存在于其中的世界进程之中的、超越的绝对的概念。这两种神学仍然是并肩共存的;但它们其中一个是幸存者,另一个是将要摧毁前者的革新的观念。

谢林的朋友和学生,博物学家奥肯(Oken),同时在其 1810 年的《自然哲学教程》(Lehrbuch der Naturphilosophie)中提出了一些十分相似的思想,但附加了一些东西和有了一些变化,"自然哲学是永恒地把上帝转变为世界的科学"。

> 它的任务是展示世界从原初的虚无出发的进化的各阶段:以表明天体和元素如何产生,如何进展到高一级的形式,最后如何出现有机物并且在人类中出现理性。这些阶段构成了宇宙产生的历史……自然哲学是最确切意义上的宇宙创生论,或者如摩西所称的:创世记。⑤

我们将看到,奥肯在此所谈论的是一个在某种意义上先于世界的上帝,谈论一个把它自身变成世界的绝对。事实上,在其形而上学的术语中,也残存着一些流溢说用语的痕迹。而它们在奥肯那里比在谢林那里更隐蔽。因为他使用了最直率的否定词来描述这个在先的绝对。奥肯说,除非作为在时间中的自我发展,否则上帝等于零,或等于纯粹的虚无。无疑,可以说所有的数字都被包含在零中,因为它们都可以被描述为对零的限定;因此所有存在物也都可以说是预先存在于上帝中的。但它们的此种存在,"不是以一种现实的而仅仅是以一种理想的方式,不是 actu[现实]而是 potentia[潜能]"。⑥因此上帝的现实化(Realwerden),只能逐渐通过宇宙的历史而发生。它的原初的显现和普遍的状态是时间。"时间正是绝对本身。""绝对不是在时间之中,也不是在时间之前,它就是时间本身。"而且,"时间就是对上帝的能动的思想。"它是"包含所有特殊物的普遍物,因此所有特殊物都在时间中,被创造的时间和创世是同一个东西。"⑦绝对的这种时间的现实化(Realwerdung)在能够自我意识的人中达到最高峰。"人是被造物,在其中上帝完全成为他自己的一个对象。人是被上帝所表现的上帝。上帝是在自我意识中表现上帝的人……人是完全显出来的上帝(den ganz erschienene Gott)。"⑧

　　这些与神学中的激进的进化论相类似的早期表述不可能不遇到反驳。而这种反驳来自于二十多年前被德国浪漫主义运动的年轻领袖们所异常崇拜和尊敬的人,F. H. 雅各比(Jacobi)在 1812 年发表了《论神圣的事物和启示》(Von den göttlichen Dingen und ihrer Offebarung),这篇文章主要集中对这种新思想方法进行了激烈的和(如谢林后来所描述的那样)声泪俱下的攻击。在谢林所

第十一讲 历史及其道德的后果

提出的问题中,雅各比看到了在整个宗教哲学中程度最深的对立。他写道:"只可能存在两种主要类型的哲学家,也就是那些认为较完善(*Vollkommnere*)的东西来源于不大完善的东西,较完善的东西是从不大完善的东西逐渐发展出来的哲学家;以及那些确认最完善的东西是第一性的,其他所有东西都来源于它;所有东西的首要原则是一个道德存在,一种理智的意志和智慧的活动——一个创造者——上帝"的哲学家。雅各比对这个争论问题的回答是杂乱的和独断的。但他最终立足于这样一个他认为是自明的和基础性的形而上学公理之上:没有什么东西能"从无中产生",优等物也不能从劣等物中产生出来。事实上,雅各比断言,一种类似于谢林哲学的哲学,是对形式逻辑规律的直接否定。因为,正如他所说的——这种说法在柏拉图主义的神学中是老生常谈——上帝与世界的关系,在其他事物间,可以被想象为一种逻辑上在先(*logical prius*)的关系,一种可以从中推论出其含意的相对于其结论的 *Beweisgrund*[证据]或理由。但"一个证据总是而且必然高出那需要通过它来证明的东西的,且必然将后者包含在其中。正是从这个证据中那些通过它而得以显明的东西获得了真理性和确定性,从它那里它们获得了现实性。"

谢林在一篇辩论文章中对这种抨击作了答复,这篇文章由于其辛辣,至少在他的同时代的人看来,对其批评者的哲学声誉的损伤而受到赞扬。⑨在此有关的是这样的事实,即这种抨击并没有使谢林将其神学进化论的调子放低一些,而是给了这种理论比以前更加激进的和更加近乎不适当的表达。可以想象得到他可能会遭到的批评,这种批评是通过指出在他以前的作品中那无限的、时间之外的、自足的绝对同一已经被认可这一点而进行的。而他现在却反差如此大的几乎直率地抛弃了这一观念,并明确否认这样的绝对可能是宗教上的上帝。对雅各比对此问题的系统阐述以及对这一问题之哲学意义的评价,谢林并无异议;他也没有否认他的批评者对其学说之本质的批评性解释。谢林意识到,要使其学说的含意得到恰当的理解,确实有必要作一些区分。例如,那些坚持这种观点的人,并不主张"较完善的东西产生于那种独立于它且与它完全不同的完善程度较低的某些存在物"。而仅仅是主张"较完善的东西起源于其自身的不太完善的状况。"相应地,他们也没有否认,在某种意义上,"那全善的存在——即在其自身中拥有所有其它物的完善性的存在——一定在万物之先。"但他们确实否认这种存在因此而是作为完善的 *actu* [现实],而不是仅仅作为 *potentia* [潜在性]而先在。谢林说:"由于许多原因,要想相信它是如此是困难的,而这些原因中首先一个非常简单的原因是,倘若它真的实际拥有最高的完善性[或完满性],它就会没有理由(grund)创造和产生如此之多的别的东西,通过这些东西它——不能获得一种更高程度的完善性——只能降低为更加低等的东西。"⑩ 在此,内在地存在于流溢说的逻辑中的核心矛盾——这一矛盾在许多世纪里不断地被人们忽视——被非常尖锐地指了出来。如果人们愿意,进化将会展示所有东西的前景和潜能,坚持这点,这些前景和潜能就有可能被说成是从一开始就预先存在的。但这是一种未实现的前景和未被现实化的潜能:

[谢林说]我认为上帝既是最初者又是最后者,他既是 Al-

第十一讲　历史及其道德的后果

pha[阿尔法]，又是Omega[欧米伽]*，但作为阿尔法，他不是他作为欧米伽的那个东西，然而在他是唯一的一的意义上——"在一种最卓越意义上"的上帝——他不可能是另外一个上帝，在同样的意义上，或严格地说，他不可能被叫作上帝。因为在那种情形下，假如人们要明确地表达它，它就是没有展开的(unentfaltete)上帝，Deus implicitus[隐在的上帝]，而作为欧米伽，它就应该已经是某种Deus explicitus[显在的上帝]了。⑪

对雅各比的诘难，谢林根据什么去证明这种进化论神学的正当性呢？首先，他依据的是这种进化论神学与我们经验世界的实际特性之间的一致性，这些特性显现在我们日常观察中，以及显现在自然科学的内容更丰富的图景中。就其表面而言，世界恰好是一个系统，是一个在其中较高级的东西常常由较低级的东西发展出来，较丰富的存在来源于较空虚的存在的系统。小孩长大成人，无知者变成有学问的人，"更不必说自然界本身，正如所有的懂得一点这方面必要知识的人所知道的，自然曾经从那些贫瘠和不发达的被造物逐渐发展为更完善更精细东西构成的被造物。"⑫在我们眼前持续发生的过程几乎不可能是雅各比认为的那种不可想象的东西。新哲学仅仅是按照我们所熟知的所有特殊事物的已知的本性和次序，解释了事物一般的或"终极的"本性，以及其存在中的秩序；雅各比辩护说："普通的有神论"，恰好相反，给我们

---

* Alpha[阿尔法]，是希腊字母中的第一个字母，Omega[欧米伽]，希腊字母中的最后一个字母。——译者

ein unnatürlicher Gott und eine gottlose Natur[一个与自然相异的上帝和一个没有上帝的自然]。⑬

其次,谢林陈述说:"恶的事实,世界的不完善性,与宇宙起源于一个 ab initio[从一开始就]完善和智慧的存在的信仰是难以协调的。当问及从一个如此清晰透明的理智如何能产生出一个完全如此混乱的世界时(即使当这个世界被赋予某种秩序的时候),那些坚持这种信仰的人无以为答。"谢林所发现的与事实相一致的现实的图景,是那种从各方面都或多或少是混乱的和艰难的生活上升到更充实和更高级的生活的图景;而那唯一可以被认可的上帝的概念是与这个图景相协调的上帝的概念。他宣称,与此相反的观点也没有它所假扮出来的宗教式的训导和抚慰的性质。因为它"从善中推出不善,而使上帝不是作为善的源泉和潜能,而是作为不善的源泉和潜能。"由于被想象为——就像在绝对生成的神学中被想象的那样——一种在创造中的善,als ein ins Gute Verwandelbares[一种可以向善转化的东西],恶和不完善性自身也就不是现实的无希望和无意义的部分,这种现实如果被想象为一种无创造性(unmaking)的善,它一定是一种从已实现的完善性中的坠落。而且,就像谢林所说的,所有较古老的神学中的上帝,都曾经是一个永恒完善的、"一劳永逸的现成的"上帝。但没有什么观念比这个观念更贫乏和无益了;因为它确实是"一个僵死的上帝"的观念,不是在自然和人之中生活和抗争的上帝的观念。雅各比曾声称,不可能想象生命产生于死亡,存在产生于非存在,较高的存在产生于较低的存在。然而谢林问道,难道说死亡产生于生命就更容易想象一些吗?"是什么使那不是死亡而是生命的上帝产生

第十一讲 历史及其道德的后果

死亡,比起过渡到死亡,将在死亡之中丧失自身的生命来,那从死亡之中——这死亡并不是一个绝对的死亡,而仅仅是将生命隐藏在其中的死亡——产生出来的生命要容易想象得多。"⑭

谢林说,雅各比的错误是较为古老的哲学的逻辑学说的自然结果,雅各比从来没有使自己完全从这种哲学中解脱出来。这确实是在形而上学中接受沃尔夫的知识理论的恶果的最显著的例子,这种知识理论将一切都置于同一性的逻辑原则的基础之上,而且把所有正确的判断都看作"分析的"判断。谢林说——这种说法不具有纯粹的历史准确性——按照这种观点,"所有的论证都在同一命题中展开,不存在从一个真理到另一个不同的真理的发展,而只有从同一个真理到同一个真理。知识之树永远不会开花结果,没有什么地方会出现发展"。但真正的哲学和真正客观的科学不是对同语反复的颂扬。它们的对象总是具体的和活生生的事物;它们的进步和发展是对象自身的进步和发展。"哲学的正确方法是一个上升的而不是下降的方法";而其真正的原理恰好是和雅各比所声称的伪原理相对立的:

> 那发展由之开始(der Entwicklungsgrund)的东西总是而且必然比那得到发展的东西要低,前者使后者高出自己并使自己隶属于它,因为对他物的发展来说,它是素材、元件和条件。

谢林思想的历史意义——历史学家们太少注意到这点——正在于将一种激进的进化论引用到形而上学和神学中,在于努力修正逻辑的规则而使之与一种现实的进化论观点相协调之中。在谢林与雅各比的争论中待裁决的问题,如同他清晰地意识到并着重宣称的,是所有哲学问题中最基本和最重要的问题之一,无论是就它与许多其他理论问题的关系而言,还是就对宗教意识的影响而言都是如此。谢林的论题不仅意味着抛弃历史悠久的和几乎是被普遍接受的理性神学和形而上学的原则,而且意味着产生宗教情感的一种新的形态和特征。

但对谢林自己来说,这种创造中的上帝(God-in-the-making)的学说的含意不可能仅仅是一种轻松明白的进化向善论(evolutionary meliorism)。世界的进展,上帝的逐渐显现或自我实现是某种和对立面的抗争;因为存在的所有可能性并非是全部同时实现的,而且还有尚未实现的,在事物的原始本性中,某种障碍和阻碍的原则注定要克服,但这是不会没有痛苦的暂时的挫折。生命力——如罗比内特所言——是摸索着通过试错而前进的。在宇宙和人类的历史中,存在着一种悲剧因素,世界的进程是 *ein Wechselspiel von Hemmen und von Streben*[阻碍和追求的交替]。谢林在其年轻时代的诗《海因茨·维德波斯滕的伊壁鸠鲁信仰的表白》(*Das epikureische Glaubensbekenntnis Heinz Wiederporstens*)中已经表达了这种观念,这首诗的其中一部分被罗伊斯(Royce)在《现代哲学的精神》(*The Spirit of Modern Philosophy*)中精妙地翻译而闻名遐迩。[⑮]

这样,柏拉图的宇宙图式终于被翻转过来了。不仅原初完满的东西和不变的存在之链被转变成了生成,在这种生成之中所有真正的可能性都注定要一级一级地实现。但只能在一个悠久、缓

第十一讲 历史及其道德的后果

慢的时间中的展开过程中实现；而且现在上帝自身已被置于这种生成之中，或与这种生成相同一。那种限定可能存在物的多样性范围的理念世界已明确地被转变成了一种等待现实化的纯粹可能性的王国，在它没有获得现实化以前是空虚和无价值的；甚至理念的理念也不再能脱离这种境况。产生世界的过程不是从顶端开始而是从底层开始，在这些（被但丁称为）ultime potenze［终极潜在性］的东西中，无限创生的能力被认为达到了其能力的极限。不再存在一条"下降之路"，但仍然存在一条"上升之路"。但对事物的柏拉图式的图景的颠倒，特别是对在《蒂迈欧篇》中和普罗提诺的思想中所假设的创生秩序的颠倒，当它把存在的等级序列转换为一个抽象的理念图式时，并没有改变它的本质特征。我们已回顾过其历史的古代观念之复合物的各种要素在谢林的进化论形而上学中仍然保存着力量。那种永无止境的创生力，那种产生多样性的倾向，那种最大可能地使存在物的"充实性"现实化的必然性——这些柏拉图式世界的属性也是浪漫主义哲学家的世界的属性。但这种创生性现在是一种不自觉地朝向更丰富更多样性的存在奋斗的不充分的努力；而且那种充实性也不是永恒的性质而只是万物总体的短暂的目标。

我们一直在论述的这种"对柏拉图注释"的漫长系列的历史结果，就其本身而言，也是逻辑地不可避免的结果。无论人们对谢林哲学这方面的推理有什么其他看法，他至少通过表明柏拉图主义的两种倾向本质上的不相容性而揭示了在这两者之间进行选择的不可避免性。他给随后一个世纪的形而上学提出了一种不得不进行的选择——尽管他的很多追随者未能意识到这一点或机智地试图回避这一点。不可能同时信仰柏拉图的或普罗提诺的两个上帝；无论是在理论上还是在实践中，与这两种神学观念相联系的两种价值图式也无法调和。倘若由暂时的和不完善的被造物所构成的今世的存在被认定为真正的善的话，那么来世的善的理念必定是一种伪善的理念；而一个自足的和永恒完善圆满的绝对者又无法和与时间性生成和变换以及创造性发展的世界相关联且体现于这个世界之中的那个上帝相同一。这些命题对我们今天的某些人来说似乎是明白无误甚至是老调重弹，而对另一些人来说它们却是自相矛盾的和毫无根据的。确切地说，他们接受这些命题的原因在我们的这些讨论中并未作充分的说明，尽管他们中的一些人不断地浮现在我们曾审视过的对这个时期的思想史的分析中。但我们在此应满足于对这种论证的这些历史性的提示。我一直在讲述的那种故事的哲学寓意，我认为在讲述的整个过程中被明确地表达出来了。

但这不是我们对一个观念的命运史所提示的唯一的寓意。另一种寓意我们不应该完全留着而不讲出来。正如那种历史所表明的，充实性原则和连续性原则通常是基于一种明显的或不明显的信念之上的，这种信念是：在宇宙的构造中没有任意的、偶然的和意外的东西的意义上，宇宙是一个理性的秩序。（再次也是最后一次重申一下）这些原则中的第一个原则设定：不仅对于这个世界的存在，而且对于这个世界的每一种特性，对于它所包含的每一种存在物——严格地说，对于每一个特殊存在——来说，必定有一个自明的和充足的终极理由。第二个原则是由第一个原则推导出来的并与之相似，即在自然中没有突然的"飞跃"；万物是无限多样性

第十一讲 历史及其道德的后果

的,它们形成一个极其顺畅的连续序列,在其中不会出现断裂而破坏我们理性对无处不在的连续性的渴望。柏拉图的"为什么?"的问题因此能够被合法的提出,且能得到满意的回答。因为尽管我们的才智无疑太有限而不能对存在的每一个细节作出具体回答,但它却能辨别出那些相对任何首尾一致的答案来说是明白的原则。大部分的——或许,如果无视那些流行的和强有力的反对倾向的话,我们甚至可以说是绝大部分的——西方哲学和科学,两千多年来,被我们生活于其中的这个世界是合理性的这种信念所激励和引导,虽然这样一种信念的含意很少被充分理解,而只是缓慢地得到一般性的了解。我们已经在17世纪的两个伟大的理性主义本体论中,在18世纪对乐观主义的通常论证这种更为流行的形式中,看到这种信念的巅峰形态;这些表明,一个严格合乎理性的世界,用威廉·詹姆斯的话说,一定是一个最严格意义上的"封闭的世界",一个彻底而一劳永逸地被"必然性真理"所决定的万物的图式;归根到底,不存在偶然的事实,不存在也从未存在过任何开放的选择权;每件事物都如此严格地与必然存在的存在者相联系,而这种必然的存在者,反过来又如此严格地与其余的每件事物的存在相关联,以致完全不允许有任何可想象的增加、减少和改变。

就世界以这种方式被想象而言,它似乎是一个有条理的、明晰的、理智上确实的和可以依靠的世界,在其中人的心灵能够充分自信地去寻求对万物的理解;而经验科学,因为它预先知晓事实最终要与之相符合的基本原则,并被提供了一种宇宙的一般模型的图式,因而它能够大略地知道应期望什么,甚至能预料实际观察的特殊发现。而且相信某种完全合理性的存在可以与那几乎包容无遗的假说相一致。充实性原则和连续性原则就是这种相信的合法结果。如果有两种逻辑上同等可能且同时可能的被造物,其中的一种不存在,或者如果自然的空间和数目的范围被固定在某个有限的量或数上,那么显然在存在的终极构造上存在着某种任意性和偶然性的因素——尽管这种因素被描述为上帝的意志,然而这样的一个意志,如莱布尼茨所言,是一个不能完全由理性所控制的意志。如果承认它不完全受制于理性,这种任意性和偶然性的范围就是不可预测的。无疑某些存在物在一定意义上比其他存在物更有价值,如等级性原则所表示出的那样;但是,在一个完善存在的等级之下,这个系列在这一点上而不是在那一点上中止下来将会是一种任意的行动。continuum formarum[连续体的形成]也是如此,如果自然"作出飞跃",它们一定是无根据的飞跃;如果在存在形式的连续序列中有间断之处,或有真正的缺环,例如存在一种动物,而它却因为一种居间种类的尚未实现的可能性的空白连绵而与其最相近似的实际物种相分离的话,那就必须允许宇宙是没有秩序的,允许宇宙表现出一种不协调和无定性的特征来。

但存在之链观念的历史——就这种观念预设了这样一种世界的完全合理性的可理解性而言——是一个失败的历史;更准确地和更恰当地说,它是许多世纪以来许多伟大的和名气较小的思想家们所进行思想实验的记录,它现在可以被看成是一种有教育意义的消极结果。从总体上看,这种实验构成了人类理智最宏大的事业之一。但是当这种最持久的和包容性最大的假说的结果变得越来越明确时,其困境也越来越突出;当它们被充分展示时,它们也表明宇宙之绝对合理性的假说是不可信的。首先,在自然的秩

第十一讲 历史及其道德的后果

序中,它除了与许多特殊事实相冲突之外,还与自然秩序中的一个无限的事实,即我们经验到的其存在是暂时性的存在的事实相违背。一个具有时间和变化的世界——至少我们的历史表明了这一点——是一个既不是那种认为存在是内在于存在的逻辑之中的那个"永恒的"和"必然的"的真理的体系之结果和表达的假定所推导的结果,也不是能与这种假定相协调的东西。因为这样的一个体系只能在一个静态的和恒久不变的世界中显现自身,同时因为经验的现实不是静态的和恒久不变的,这种"影像"(正如柏拉图所称的)并不和被设定的"模式"相一致,且不能被这种模式所解释。就我们所看见的它对那些最好地理解和最诚挚地信奉充足理由律的哲学家们所具有的意义来说,只要有任何一点变化,自然在某一时刻所包含的东西就不同于它在另一时刻所包含的东西,或者是多于另一时刻所包含的东西,这一点对充足理由律来说是致命的。而且,一种时间中的延续性,有一个开端或者没有开端。如果这个进程被设想为有一个开端,那么这个开端之处以及 a parte ante〔在此开端之前〕的状况则是任意的事实;世界——无论以何种根本的形式——在这一时刻而不是在更早的时刻突然进入存在,或拥有这样多的存在时间而不是那样多的时间,不可能有可以想象的理性的根据。在其神学形式中,这是奥古斯丁和许多其他形而上学家及圣徒们要拼命设法解决的一个难题:如果上帝的本性和本质是创生性的,为了要创造一个世界,这样一个永恒的本质就不可能是在时间中的某一个确定的一天开始其创造——无论这一天是公元前 4004 年,还是更为遥远的一个时间。即使这个本质能被设想为在某一时间的延续中展现其自身,也只有一个无限的延续能够成为其时间上的对应物。那些因为信条或其他原因,专心致力于创世的开端的学说、致力于回答这个问题的更加理性主义的哲学家和神学家的努力,提供了人类心灵才智的非凡例证;但这些努力是试图去协调两种明显不可调和的命题的努力。或许世界会在某个极好的日子里突然闯进存在;但如果确是如此,那么它正好是一个在逻辑上不可能存在的世界,并在这种意义上是一个没有理性的必然性作为其基础的异常的偶然。如果两种选择之一的,亚里士多德的"世界的永恒性"学说,也就是,无限的过去时间进程的学说被采纳,又会出现另一种困难:一个完成了的和被数清了的事件的无限序列的悖论,即或者是关于——它明显地与经验相对立——在其中什么东西都不曾发生过变化的无限瞬间的假设,或者是关于在其整个过程中没有任何相应的价值得以实现的无限的变化的假设。许多年后,罗伊斯(Royce)准确而机智地用一个寓言表达了后一个难题:"如果你发现一个人在沙滩上铲沙,并用车把沙运去筑堤,而且如果你看见他运走了那么一大堆沙而开始赞美他的勤劳时……你可能会忍不住问他,'啊,朋友,你工作了多长时间?'而如果他回答说他亘古至今一直在不停地运沙,而且事实上这是宇宙的基本特征,你不仅会内心惊异他的谎言,而且你还一定会激动地说,'如果是这样的话,那么朋友,你一定亘古至今是一个无限懒惰的家伙。'"⑯我们看到过的那些明确地将存在之链的观念时间化并通过存在的丰富性和多样性的逐渐增加而将其转变为宇宙进化程序的人,因此而自然地——他们无疑是或多或少地意识到了这种困难——假定:一般说来,世界历史有一个绝对开端。通过这样做他们可以把历史想象为有另一种合理性,因为现实因此而能被设想为一直在抗争,并以一种可感知的程度朝着一个理性目标前进,朝着一个使总体的优越性或存在的价值得以丰富的方向发展。但他们同时也在它长时间被设想为拥有这种属性的意义上沉默地否认了其本质上的合逻辑性。它仅仅是在某个世纪或亿万年之前的一个确定的数目上开始,并被设定了其发展方向,这意味着这些都是偶然发生的事件,尽管这种偶然事件被认为是一种幸运的事件。

但这仅仅是我们的历史所暗示的第二种寓意的一个方面。而另外一个方面是当合理性被想象为完善的时候,由于排除了所有的任意性,合理性使其自身变成为一种不合理性。因为,由于这意味着就它们是共可能的而言,所有的可能性的完全实现,这就排除了任何限定的和选择的原则。可能性的领域是无限的;而作为充足理由律所蕴含的充实性原则,当其含意被透彻地考虑后,在其所应用的每一个领域,都牵涉到无限性的问题——无限的空间、无限的时间、无限的世界以及无限多的存在物的物种,无限多的个体存在物,在任何无论多么相似的两类存在物之间的存在种类的无限性。当充分推导其结论时,它使人类的理性面临这样一个世界,人类的理性不仅被这个世界所阻碍而且也被它所否定;因为它是一个不可能有矛盾的世界。因此,——只要给出一个单独的例证——形式的连续性的假定,尽管它暗含在理性的前提中,它也是与其自身不相符合的。撇开数学上的连续体观念的矛盾不说,因为当代数学家们正试图解决这种矛盾(而我认为这是难以置信的),一种质的连续体,无论如何在措辞上都是一种矛盾。在任何一个系列中,无论在何处出现一个新的 *quale*[质],事物的一个不同的种类,以及不仅仅只是对整体系列而言的共同的某物的不同的量和程度,它 *eo ipso*[因此]就是对连续性的一种破坏。由此可以推论出充实性原则和连续性原则——尽管后者被认为被前者所包含——也是彼此间相互冲突的。在最大限度地展示其物种的多样性的意义上是"充实"的宇宙,必定首先是充满了"飞跃"的。因而在每一点上都有一段与它物迥然相异的不连贯的间隙,并不存在断定——从所有无限多样的"可能"种类的差异性出发——紧随其后将出现什么东西的纯粹的逻辑原则。

因而,一个具体存在的世界,不是本质王国的无偏见的副本;它也不是纯粹的逻辑向时间性的语词的转换——这种语词本身就是对纯粹逻辑的否定。它拥有其偶然拥有的内容及多样性的性质和范围。没有什么理性的根据可以预先决定它将永远是哪一类或它将包含多少可能世界于其中。简言之,它是一个偶然的世界;⑰它的大小、样态,它的我们称为法则的习性,都有着某种任意的和特异的东西。然而如果不是这样,它将是一个在无限的可能性之中没有特性,没有偏爱和选择能力的世界。如果我们能使用神学家传统的人格化的语言的话,我们可以说在它之中意志是先于理智的。在这个问题上中世纪晚期那些反对神学中严格理性主义的人们,17、18 世纪莱布尼茨和斯宾诺莎以及伏尔泰和约翰逊博士的反对者们,在他们反对整个存在之链观念的论战中,必须承认他们在论战中占了上风。作为形而上学的定理的充实性和连续性原则的历史,以及它们从中获得大部分说服力的充足理由律原则的历史所导致的正是这种结论。在自从我们的历史考察结束以来的反思的世纪的过程中,这一结论明显地或暗中地变得越来越流行

第十一讲 历史及其道德的后果

了——它是如此地流行以至于对这个问题的意义的意识,以及对它的对立假定的历史作用和动机的意识,在很大程度上丧失了。这种结论的一个方面在怀特海(Whitehead)教授的一篇文章中得到了很好的说明,它无疑会使普罗提诺和布鲁诺以及斯宾诺莎,甚至是莱布尼茨感到反感,因为它给予上帝这个名称的不是流溢说的无限创生性,而是"限定性原则"。怀特海先生写道:"形而上学境遇中的一个要素就是:要求这样一个原则,"即"何以必然需要某种特殊性?在何种事态中必然需要某种特殊化?"否则实际世界的"明显的不合理限制"只能被看成是其幻觉的证据。"如果我们拒绝了这种二者择一的选择……我们就必须为存在于实在的能动性的属性中的限定提供一个根据。这种属性所提供的是一种没有任何理由的限定,因为所有的理由都起源于它。上帝是终极的限定,他的存在是完全非理性的。"[13]与这种把非理性放在首位的断言形成鲜明对照以及在对这一断言的无意的确认中,我们一直在研究的这个观念的复合体的历史马上拥有了它最为感伤的关怀,即作为对某种哲学思想的经久不衰的盼望的体现,以及它对于我们自己这个时代及以后时代的哲学反思的永恒教益。

然而——就像许多历史例证所表明的——一种信念的功用与效力是一些独立的变项;而错误的假说常常是通往真理的道路。因此或许我最好是通过提醒大家存在之链的观念以及它的预先设定和含意,在西方思想史上有过许多奇异的愉快的影响来结束我的这些讲演。我希望,从我们漫长的,但仍不充分的对这个观念在历史上所起的作用的考察来看,这至少是足够明确的了。

注　释

第一讲

① 参见作者的文章:"浪漫主义的中国起源",《英德语文学杂志》(1993),第1—20页;和"第一次哥特式的复兴与回归自然",《现代语言评论》(1932),第419—446页。
② 《科学和近代世界》(1926),第106页。
③ *Ueber das Studium der griechischen Poesie*(Minor,Fr. Schlegel,1792—1804,I,95)。
④ 《乔治·赫伯特的英语著作》前言(1905),xii。

第二讲

① *Kerngedanken der platonischen Philosophie*(1931),8:在《克拉底鲁斯篇》和《美诺篇》中,已经发现存在许多无人怀疑的超出苏格拉底结论的确定内容;这也在很大程度上适合于《斐多篇》、《理想国》和《斐德诺篇》。参看该作者的《柏拉图》,II(1923),293(论《斐多篇》):"对话的哲学思考与历史上的苏格拉底无关,因此它们本质上是柏拉图的——在这点上几乎不存在任何不同的观点。"
② 伯内特(Burnet),《柏拉图主义》(1928),第115页。
③ 泰勒(Taylor),《柏拉图的〈蒂迈欧篇〉评论》,第11页。
④ 同上,第11页。
⑤ 同上,第10页。然而,这个观点在其他地方已经被泰勒阐述的相当完

备。毕竟,我们可以"期待从亚里士多德对柏拉图学说的阐述中找到(《蒂迈欧篇》的)学说和对话中所阐述的内容之间,甚或这一学说和我们知道的柏拉图所坚持的观点之间更广泛的一致。"(同上,第133页)。

⑥ 参见《形而上学》,Ⅰ,987b Ⅰ f.,ⅩⅢ,107b 27ff。

⑦ 在此,我们不可能,恐怕也没有必要详细论述接受这封书信之真实性的理由。这些理由已经在 Souilhé 的著作 *Platon, Oeuvres completés*, t. ⅩⅢ, ire partie(1926),xl-lviii,和 Harward 所著的《柏拉图的书信》(1932),59—78,188—192,213 中得到很好的展示。参见,泰勒,《柏拉图——生平及其著作》,第二版,(1927),15—16,和《哲学研究》(1934),192—223;P. 弗雷德兰德(P. Friedländer)在《柏拉图》(1928)中也经常提及。在近来对柏拉图的解读中出现了一种很奇怪的现象,一些并不反对第七封信的学者竟然倾向于论述一些与之完全不相容的柏拉图学说。

⑧ 与认为在柏拉图晚期对话中理念论被放弃或被减少的看法相反,肖里(Shorey)提出了一种主要的反对意见:"我们极容易遇到这样的挑战,即在比《巴门尼德斯篇》更晚的对话中发现理念论的思想。《蒂迈欧篇》是最好的例证。这明确地提出了一种选择:感觉对象是唯一的实在,而理念的设定仅仅是空谈?(51c)它们的实在性与居于意见和科学之间的差别一样确定……它们以那种只适用于纯存在的言辞来描述,这种熟悉的术语被自由地使用(52a,27d,29b,30)。"

⑨ 《英国宗教思想中的柏拉图传统》(1926),第9页。

⑩ *Kerngedanken der platonischen Philosophie*,77.

⑪ 同上,91:"die Lehre vom dem jenseitigen Ideenreich" is not held by Plato, at least as a "festes Dogma"。

⑫ 同上,82。

⑬ 同上,89。

⑭ 同上,83。

⑮ 《斐多篇》,76e,92a—e。

⑯ 参见肖里对里特尔(Ritter) *Neue Untersuchungen uber Platon* 一书的书评,载 *Classical Philogy*,1910,391。

⑰ 《柏拉图思想的统一性》,28。

⑱ *Die Kerngedanken der platonischen Philosophie*,56—57.
⑲ 《理想国》,507b。
⑳ 同上,518c。
㉑ 同上,509b。
㉒ 同上,517d。
㉓ 同上,516d。
㉔ 例如,在《斐利布篇》22中就暗示了这一点:"神圣的心灵与善是相同的"。不过,即便是在这一对话中"所有生命中最神圣的"也是"既非快乐,也非悲伤"(同上,33)。
㉕ 《斐利布篇》,60c。
㉖ 同上,67a。从上面提到的"神圣的心灵"就是善这一暗示中可以看出,这一点是成立的。这显然是根据那个心灵在绝对意义上拥有自足的属性这一点得出的。
㉗ 《优台谟伦理学》:Ⅶ,1244b—1245b。事实上,在亚里士多德的其他段落中,确实是与此相冲突的,如《大伦理学》,Ⅱ,1213a。至今,人们认为《优台谟伦理学》的真实性是通过穆里斯(Muhlls,1909),卡普(Kapp,1912),尤其是耶格尔(W. Jaeger,1923)的研究所确立的。也参见伪亚里士多德主义(Pseudo-Aristotlian)的《论宇宙》,399bff。
㉘ 《创世的最终目的》,Ⅰ,1。
㉙ 《近代科学的哲学视角》(1932),331—332。
㉚ 《理想国》,509b。
㉛ 《论〈蒂迈欧篇〉的声誉和影响》,参见 Christ, *Griechische Literaturgeschichte*(1912),Ⅰ,701。这本书被西塞罗译为拉丁语,但在中世纪被人知晓却主要是通过4世纪的查尔西迪尤斯(Chalcidius)的拉丁文版本。已知的古代和中世纪的四十多本关于它的评论。在拉斐尔的画作《雅典学派》中,柏拉图手里拿着的正是《蒂迈欧篇》。在18世纪,《蒂迈欧篇》中的观点产生了影响,这不仅仅是通过柏拉图的文本,同时也是通过被信以为真的论著《论灵魂宇宙》的流行而造成的。后者据说是毕达哥拉斯派的蒂迈欧较早期的著作,柏拉图将之利用并加以润色。事实上,这是后期对话中部分内容的一个简短缩写或摘要。《蒂迈欧篇》至少有三

注 释

个17世纪的版本,d'Argens(1763)和Batteux(1768)的法语翻译体现出人们依然对柏拉图观点的枯燥重述感兴趣。

㉜ 《伦理学导论》,第82节。

㉝ 《蒂迈欧篇》,29,30。

㉞ 《蒂迈欧篇》,33d。

㉟ 《蒂迈欧篇》,30c,6:($\kappa\alpha\theta'\,\text{ἕν}\,\kappa\alpha\grave{\iota}\,\kappa\alpha\tau\grave{\alpha}\,\gamma\acute{\epsilon}\upsilon\eta\,\mu\acute{o}\rho\iota\alpha$)如同泰勒已经提到过的,前一种解释"明确地被一些新柏拉图主义者(Amelius, Theodorus of Asine)所持有"。它造成了一些无法否认的困难;因此对这些对话的第二种解释方法是——泰勒或许正确地倾向于这种方法——也就是,"$\kappa\alpha\theta'\,\text{ἕν}$"指称混杂特种,如马、人,"$\kappa\alpha\tau\grave{\alpha}\,\gamma\acute{\epsilon}\upsilon\eta$"指称更大的类别,如哺乳动物、四足动物之类(《论柏拉图的〈蒂迈欧篇〉》,82)。亚里士多德证实了柏拉图及其追随者们的断言:理念和它们的感性对应物的种类在数量上相等:"那些认为理念是原因的人……引入了与实体数量相等的第二级的概念"(《形而上学》,990b2)。这一论点的进一步表达是所有的形式都必须在宇宙中被实现,参见《蒂迈欧篇》39e,42e,52a,92c。虽然这在柏拉图的推理中显然是根本的,但这一原则只是在他的后继者中才得到全面的发展。我并没有说"空间"的作用就是容器,因此是被具体化了的理念之母,因为我在此并非想陈述柏拉图的宇宙论。

㊱ 伯特兰·罗素先生在他论莱布尼茨的早期著作(73)中按照莱布尼茨本人的偶然用法,称之为"完满性原则"。但他也并非很乐意选用这一说法,因为"完善"和"充实"与其说是相同的术语,毋宁说是基本相对立的术语。只有通过一个逻辑上的绝招(*tour de force*),后者才从前者中派生出来。充实性原则应该是在一切可能程度上的不完善之必要性的原则。

㊲ 这实质上是真实的,尽管只是亚里士多德少许且不清晰的附带说明。在此,他似乎将有效的原因性归于神。艾思乐(Eisle)在其专论(1893)中,借助相关的文章对该问题进行了仔细的核实。也请参见 W. D. 罗斯,《亚里士多德的形而上学》(1924),导论,151页。

㊳ 《形而上学》,第2卷1003a2,和第11卷1071b13。第九卷1074b3ff.似乎起初与这种认为"说这种事物是可能的,但它将不会存在的说法不可能为真"的观点相矛盾。但这里的上下文却表明在两段话之间并不存在冲

突。亚里士多德只是指出,如果某物不是在逻辑上不能存在,也就是说,在逻辑上不包含矛盾,我们就无权断言它永远不能实际存在。因为如果可以这样下断言的话,那么在可能存在之物和不可能存在之物之间的区别就消失了,排除了逻辑上的不可能性的存在就是一种潜在的存在,只有那些在逻辑上不可能的东西,我们才能说它将永远不可能实际存在,但这段话并不是说任何逻辑上可能之物都一定会在某一时刻实际存在。但它却被一些中世纪和现代作家用来解释充实性原则。参见沃尔夫森(Wolfson)的《克雷斯卡斯对亚里士多德的批判》249、551,以及蒙博多的《语言的起源和发展》第二版,I(1772),269。

㊴ 《形而上学》,第 10 卷,1069A5,"论连续统一体的无限可分性",参见《形而上学》第 6 卷,231a24。

㊵ 《范畴篇》,4b20—5a5。

㊶ 《动物志》第 8 卷,588b;参见《动物的器官》,第 4 卷,5,681a。作者们大概是于公元 1230 年,在迈克尔·斯科特(Michael Scott)的阿拉伯-拉丁版本中才找到这段文字的。由 William of Moerbeke 直接从希腊语翻译的版本显然是在 1260 年才完成的。也请参看《形而上学》XI,1075a"我们也必须考虑,宇宙的本性由何种方式与善和至善相关联:事物是各自分离存在,每一物独立存在,还是万物构成一个有序的安排,或许它们具有这两种特殊。譬如一个军队……万物虽是以某种方式被有序地安排,但草木禽鱼的安排方式并非是同一种方式。世上各物并非各自为业,实乃随处相关。"(参看商务印书馆 1959 年译本第 255 页。——译者)参见《动物的生成》761a 15。

㊷ 《动物的器官》第 4 卷,13,697b;参见《动物志》,第 2 卷,8、9、502a。

㊸ 亚里士多德:《选集》,导言,x。

㊹ 《动物的生成》732a25—733b16;参见,罗斯《亚里士多德》116—117,以及奥伯特(Aubert)和威默(Wimmer)版本的《动物志》,Einleitung,59。

㊺ 《论灵魂》,414z29—415a 13。

㊻ W. D. 罗斯,《亚里士多德》,178。《论阙失》(On 'privation'),参见《形而上学》第 4 卷 1022b22 和第 8 卷 1046a21。纯粹的阙失就是亚里士多德意义上的质料的意思之一,或者是缺失。(《物理学》I,190b27,191b13)。

注 释

因此,质料作为"自身不存在"规定着最低限度的存在范围。

㊼ "神意"Ⅱ.33—136;见帕尔默(Palmer)编,《乔治·赫伯特的英语著作》(1905),Ⅲ,93。最后一行提到的连续性的例子是晦涩的;"可能这里有一个暗喻,暗指普遍流行着的关于矿物质生长的想象"(Palmer, op. cit;p.92)。

㊽ H. Daudin, De Linne a Jussieu (1926),81,91—93。

㊾ 《九章集》,V,2,1,Volkmann ed.(1884)Ⅱ,176。

㊿ 《九章集》,V,4,1;Volkmann,Ⅱ,203;cf. V,1,6,ib,168—169。这些段落中出现的关于流溢说的典型明喻的历史重要性,参见 B. A. G. Duller,《普罗提诺哲学中的恶的问题》1912,69ff。

㉛ 《九章集》,Ⅳ,8,6,Ⅱ,150.,其中部分是由马肯纳(Mackenna)翻译的。

㉜ 《九章集》,V,2,1—2,Ⅱ,176—178。

㉝ Comment,见 Somnium Scipionis,I,14,15.当然,这并不是"荷马的金链"。

㉞ 《九章集》,Ⅲ,3,3,I,253。

㉟ 《九章集》,Ⅱ,9,13;Ⅰ,202.关于柏拉图神正论的全面而富有启发的分析,参见福勒(Fuller)前引书。

㊱ 《九章集》,Ⅲ,3,7,I,259。

㊲ 《九章集》,Ⅲ,2,11,I,239。

㊳ 《九章集》,Ⅲ,2,14,I,242。

㊴ 《九章集》,Ⅲ,2,15,I,243。

㊵ 《九章集》,Ⅲ,2,16,I,247。

㊶ 《九章集》,Ⅵ,6,1—18,Ⅱ,420—424。

第三讲

① Comment, de div. Nom. 9;转引自巴斯纳里(Busnelli),Cosmogonia e Antropogenesi second Dante… e le sue fonte,1922,14。该论点出自 De div. nom., Ⅳ,10(Migne, Patr. graeca,Ⅲ,col. 708)。

② De div. nom., Ⅳ,1;ib., col. 695。

③ 《天堂篇》(Paradiso),Ⅶ,64—66;朗费罗的译本。

神圣的善,从自身拒绝一切嫉妒

在内心燃烧,迸射出火花

散布永久的美德。

④ *Paradiso* XXIX,130—145;朗费罗译。当然,"力量"(power)是对"英勇"(valor)不太准确的翻译;在这样的语境中,"英勇"一词还包含着"优秀"或"拥有最高价值"的意思。

⑤ 同上,XIII,56,58—63,但在 59 行把 nuove 解读为 nove,Atto in 1.62 意味着可能的实现。

⑥ *Introd. ad Theologiam.*,III;in Migne,vol. 178,cols. 1093—1101.

⑦ 费斯勒好像已经指出过阿伯拉尔的斯宾诺莎主义,但我并没有看到过他的著作。参见 Erdmann,《哲学史》,I,322。莱布尼茨在《神正论》(171)中提到了阿伯拉尔的论点,同时,他还认真地但不是很有说服力地区分了他的"倾斜理由"理论和阿伯拉尔的"必然性"。

⑧ *Epitome Theologiae Christianae*,in Migne,Patr. Lat.,vol. 18,col. 1726—1727.

⑨ *Capitula haeresum Petri Abelardi*;Bernard's Opera,in Migne,vol. 182,col. 1052.

⑩ 《教父名言录》,I,dist,44,2。参见奥康的威廉(William of Ockham)对理性主义和乐观主义论点的批判,见他的 commentary *Super* IV *lib. sent.*,Lib. I,dist. 43 in Migne,*Patr. Lat.*,vol. 192,col. 640。

⑪ 《反异教大全》,I,75。

⑫ Rickaby,《上帝和他的被造物》第 57 页。

⑬ 《神学大全》,I,q. 19,a. 4;最后三句话大概主要是指阿伯拉尔。

⑭ 《反异教大全》,I,81;Rickabyt 译,前引书。

⑮ 《反异教大全》,II,45;Rickabyt 译。

⑯ 《反异教大全》,III,71;以及 I Sent.,dist. XLIV,q. 1,a. 2,载 *Opera omnia*,Pavia,V(1855),355。参见《神学大全》,I,q. 47,a. 1,2,and q. 65,a. 2。

⑰ 吉尔松(Gilson),*Le Thomisme*,126。当然,吉尔松还在其他地方暗示了托马斯学说的另一面或流溢说。

⑱ 《神学大全》,I,q. 25,a. 6;参见 *De Potentia*,I,5。同样的冲突在后期作家那里也是很普遍的;参见 Nicolaus Cusanus,*De ludo globi*,I:perfectiorem mundum potuit facere Deus, licet factus sit ita perfectus sicut esse potuit. Hoc enim est factus quod fieri potest。

⑲ 《论动物》, Ⅱ；引自 K. Ufermann, *Untersuchungen über das Gesetz der Kontinuität bei Leibniz* (1927), 8。

⑳ 《反异教大全》, Ⅱ, 68。

㉑ 库萨的尼古拉(Nicolaus Cusanus), *De docta ignorantia*, Ⅲ, 1。

㉒ 参见吉尔松, *Le Thomisme*, 128。

㉓ 《夜思》(*Night Thoughts*), Ⅵ. 同样的观点参见洛克《人类理智论》, Ⅲ, ch. 6, 12；艾迪生(Addison),《旁观者》(*Spectator*), 519。

㉔ *Les Contemplations*, Ⅱ, Liv, Ⅵ, 26。

㉕ 《形而上学》, Horten 译, p. 200。

㉖ 波伊提乌(Boethius),《哲学的慰藉》(*De Consolations*), Ⅳ, 6；H. R. 詹姆斯译。

> 万物都趋向于上帝,
> 路有许多条,而终点却只有一个,
> 因为虚无将持续,除非它回头
> 转向上帝的方向,并渴望
> 甘泉重新涌出,
> 从那里他的存在首次彰明。

有关 17 世纪诗歌式的诠释,参看约翰·诺里斯(John Norris)《片语》(*A Collection of Pieces*, etc.)(1706)。

㉗ Sencourt；《超哲学》(*Outflying philosophy*), 303。

㉘ *De diversis quaestionibus*, LXXXⅢ, 载 Migne, *Patrol. Lat.*, vol. 40。

㉙ *Inferno*, Ⅺ, 104。

㉚ Bruno, *Spaccio*, Ⅱ.

㉛ 《反异教大全》, Ⅱ, 45。

㉜ 《片语》等(*A Collection of Pieces*, etc.)(1706), 257—259, 69；诺里斯在《理想世界的理论》中将这些以散文的形式更详尽的提出来了, 1701, Ⅰ, pp. 255—263。

㉝ 《片语》, p. 247。

㉞ 我们会在 Raymond Sebond 所写的 *Theologia Naturalis* or *Liber creaturarum*(? 1480)一书中看到有关这个概念的更为有趣和详尽的例子。参见蒙田的译本，尤其是 1605 年版，p. 3ff。

㉟ 前引书，27。

㊱ 参见《九章集》，V,7,41：太一"对其自身而言是无……它是善,不是对它自身而是对它物而言。它不注视其自身。因为从这种注视中,某种东西会因它而存在和进入存在。它把所有这样的东西都视为劣等存在物,存在于这些东西之中的任何物都不属于它,甚至不属于存在。"奥古斯丁,《论三位一体》，V,1,2;(Deum esse) sine qualitate bonum, sine quantitate magnum, sine indigentia creatorem, sine situ praesidentern, sine habitu omnia continentem, sine loco ubique totum, sine tempore sempiternum, sine ulla suimutatione mutabilia facientem, nihilque patientem. - *Dionysius Areop.*, *De dio. nom.*, Ⅵ,3"他不可以被觉察到,也不可以被表达出来或被命名。而且,他并不是任何存在的东西,也不可以以任何一种存在的东西被认知。他既是全中之全,也是无中之无,他既被认知为从全到全,也被认知为从无到无。"——Joh. Scotus, *Erig.*, Ⅲ,19：上帝作为"无"——阿奎那《神学大全》,I,q.13,a.12。确实,托马斯努力去证明我们能对上帝做出的肯定的判断可能是正确的,但它仅仅是 sensu eminentiori;我们所使用的谓词对于我们来说仅仅具有适用于被造物的意义,但没有单独适用于上帝和其他言说主体的谓词,因为所有"在被造物中表现为明显的和多种多样的完善,都以不可分割的和单纯的形式预先存在于上帝之中"。谓词之间的区别并非真的与这个主体相关,尽管托马斯在其他地方试着将这一事实与以下命题融合,即神圣的属性并非都是相同的。那种认为不停地产生任何意义的术语可能被应用于 *sensus eminentior* 的看法,以及这种看法所产生的矛盾,即通过一种审慎的归因而把矛盾的属性都归于上帝的看法,在斯宾诺莎那里仍然留存着(这虽然通常被人们所忽视)。参见《伦理学》,I,17,sch.；*Intellectus et voluntas, qui Dei essentiam constituerent, a nostro intellectu et voluntate toto coelo differre deberent, nec in ulla re, praeterquam in nomine, convenire possent; non aliter scilicet quam inter se convenient canis, signum coeles-*

te, *et canis*, *animal latrans*,也参看 *Cogitata Metaphysica*, Cap. Ⅴ。

㊲ *Mosaicall Philosophy* (1659), 53—54. 弗卢德(Fludd)经常以上帝的"volunty"和"nolunty"来指称这两个原则。

㊳ 弗卢德前引书, p. 143。

㊴ 当然,弗卢德最终还是迫于他的前提,声称这两个属性是同一个,因为神圣的本质是不可分割的,而且两个都是善的;换句话说,他依然陷于所有这种一般的哲学内在的矛盾中。 344

㊵ *Mosaicall Philosophy*, 52.

㊶ 约翰·诺里斯,《片语》中的"前景"("The Prospect" in *A Collection*, etc. 1706), 97。

㊷ 参见《神学大全》Ⅱ, 1, q. 2, a. 8。"Impossibile est beatitudinem hominis esse in aliquo bono creato… Objectum voluntatis, quae est appetites hominis, est universale bonum, sicut objectum intellectus est universal verum. Ex quo . patet quod nihil potest quietare voluntatem hominis nisi bonum universale; quod non invenitur in aliquo creato, sed solum in Deo"。新柏拉图主义中理念的相同矛盾已经被福勒(B. A. G. Fuller)以值得称赞的洞察力和清晰的表述指出来了,见其《普罗提诺的恶的问题》(the problem of evil in plotinus), pp. 89—102。我更为简洁地论及这一点,因为福勒先生没有留下多少未尽的话题。

㊸ 参看佛教的十结(Ten *Avyâkatâni* or"points not discussed")。

㊹ 我在此仅仅是在它有很大的历史的适用性的意义上使用了悲观主义这个词,绝对的悲观主义,也就是认为这个世界实际上完全是邪恶而没有替代物的说教,是极罕见的现象。实际存在的悲观主义通常仅仅是某些宗教体系的否定方面,这种宗教体系提供了作为替代者的全然的"另一个"世界——这个世界仅仅是一个偶然的未来。

第四讲

① 前引书, Bk, Ⅲ, chap. 14。

② *Opus Majus*, Bridges 编, Ⅰ, 181;参看 Dreyer 的《行星体系》(*Planetary Systems*), 234。

③ Sylvester 的《第一周》(The First Weeke),1605ed.,"第三天"(Thired Day)。
④ 参见 Burtt,《现代物理学的形而上学基础》(The Metaphysical Foundations of Modern Physical Science),4—6。
⑤ 当然,其他行星并没有真正地或在物理上被居住,因此各种等级的有福的人的象征性的或者说是正式的位置,被不同的天使所占有,尽管所有这些天使的真正位置是在天国中。因此,这些天体并非如人们经常说到的"仅仅为人类的享有、指令或使用而存在。"
⑥ 《雷蒙·塞邦赞》(Apologie de Raimond Sebond),载《随笔》(Essais),Ⅱ,12。蒙田补充道,没有理由假设生命和思想仅仅存在于地球上。借此,他并不是想说其他恒星上有像人一样的动物居住着,他反对认为月球仅仅是拥有着类似居民的地球的郊区的说法。但是,天体本身却可能被合情合理地视为由于具有理性能力的灵魂且充满生机。"如同这些天体超越了地球一样,这些灵魂也比人类更加伟大和高尚。"亚里士多德的观点是"世界上最重要和最珍贵的部分"并非如一些人所认为的那样是中心,而是"界限"或外围。参见《论天》,Ⅱ,293—b;也参见西塞罗,De nat. deorum,Ⅱ,6。
⑦ 《一颗新行星的发现》,载《哲学和数学著作》(1802),Ⅰ,190。
⑧ 《天体运行论》(De reuolutionibus orbium),1873 年版,Ⅰ,28。然而,哥白尼并没有明确反对世界的无限,而是将其留给"哲学家们讨论",disputationi physiologorum(ibid.,21—22)。
⑨ 奥康的威廉和布里丹(Buridan)也反对这一理论。
⑩ 这段话完整引自伯内特,前引书,47—49,这里对开普勒的"太阳—崇拜"给出了进一步解释。
⑪ 在另一方面,开普勒在论证宇宙整体一定是球形这方面仍然坚持柏拉图和亚里士多德的原则。他承认持这种观点并没有严格的"天文学"根据,但有两个很好的"形而上学"的理由。第一个理由是:球形是所有形体中"容积最大的",因此对可感觉事物的整体是适合的形状;第二,物理世界的原型是上帝自身,相对于上帝,如果能作任何这样的比喻,没有比球形的表面更相像的形状了(Epitome,Ⅰ,11,Op. omnia,Ⅵ,140)——也就是说,没有什么形状更像传统的"完满"形状,作为自足性的象征了。用

注 释

龙沙的话说：

En la forme ronde

Gît la perfection qui toute en soi abonde。

⑫ *Epitome astronomiae Copernicanae*；*Op. omnia*，Ⅶ，110，122，143，310。

⑬ *Mysterium cosmographicum*，1596；*Op. omnia*，Ⅰ，106；cf. 123。

⑭ *De revolutionibus orbium*，Ⅰ。开普勒同样坚持主张不变的外层空间的必要性导致其他可以想象的事物的运动。fixarum regio praestat mobilibus locum et basin quandam，cui velut innitantur mobilia et cuius per se immobilis comparatione motus intelligatur fiery（*Epitome*，311）。在哥白尼的天文学中，这种恒星天体起着某种作用，这种作用被随后的前爱因斯坦物理学所维护。

⑮ 《理性时代》（*Age of Reason*），ch. 13。

⑯ 《新世界的发现》（*Discovery of a New World*），ed. Cit.，Ⅰ，102。

⑰ *Descriptio globi intellectualis*，载 *Philosophical Works*，Ellis and Spedding 编（1905），683。

⑱ 同上，685。

⑲ 伯顿，《忧郁的解剖》（*Anatomy of Melancholy*），1859，Ⅱ，147。

⑳ 参看 Newcomb，《星辰》（1902），140f.；以及 D. L. Edwards，《科学的进步》（1925），604。

㉑ *Crescas'Critique of Aristotle*；*Problems of Aristotle's Physics in Jewish and Arabic Philosophy*（1929），导论，217，117。

㉒ *De doct. Ignor.*，Ⅱ，ch. 11，12。

㉓ *De venatione sapientiae*（1463），ch. 28。

㉔ *De Beryllo*（1458），ch. 29。

㉕ *De doct. ignor.*，Ⅱ，ch. 12。

㉖ *Zodiacus Vitae*，ca. 1531，BK. Ⅶ；1557 年版（Basle），160. 参看 *id.*，pp. 156—157。

㉗ 同上，Bk. Ⅺ，p. 294。帕林根（Palingenius）并不确定其他世界（天国以下）的生物是无形体的还是有着像我们一样的身体，但他倾向于赞成后者。

㉘ *A Perfit Description of the Caelestiall Orbes*，…，1576，这是对他所修订的

Prognostication Everlasting 一书的补充,该书是他父亲莱奥纳德·迪格斯(Leonard Digges)的著作。这可能是 16 世纪英国对哥白尼学说最重要的辩护,在伊丽莎白时代的科学史上,它几乎被所有作者完全忽视了。直到近来,它才在亨廷顿图书馆被约翰逊(Francis R. Johnson)和拉基(Sanford V. Larkey)重新发现。他们于 1934 年 4 月,在《亨廷顿图书馆刊》第 5 期上将其发表,同时还附加了关于它的背景和影响的相关研究。在我现在的演讲之前,我对之也并不知晓。在布鲁诺以意大利语和拉丁语提出这些理论之前,迪格斯用英语表达了世界的无限性及星球弥漫于无限空间的理论。但是我们已经看到,约翰逊和拉基最终表明,这在哥白尼之前也不是没有先例的。这种理论的新颖性在于它与哥白尼主义的结合。迪格斯的研究者们宣称:有别于 16 世纪的大多数天文学家,"在研究这个问题时,他一直坚持这种科学的观点"。但在迪格斯的文本中却没有证据表明这一点。尽管他在为日心说辩护时足够"科学",事实上,他为证明天体系统在数量和空间上的无限性所提供的唯一根据是一种通常的先验证明。"宇宙的无限性是整个中世纪和文艺复兴时期形而上学讨论的一个永久循环的主题",约翰逊和拉基指出了这一点,并给与进一步的阐释(104—105)。

㉙ 同上。

㉚ *De Immenso*, Ⅰ, 9. (*Op. lat.*, Ⅰ, 1, 242f.) and *De l'infinito universo e mondi*, Ⅲ (*Op. italiane*, ed. Lagarde, 360).

㉛ *De l'infinito universo e mondi*; Lagarde, Ⅰ, 314.

㉜ 同上, 312。

㉝ *De Immenso*, Ⅱ, ch. 13.

㉞ *De l'infinito, etc.*: Lagarde, Ⅰ, 316。然而,布鲁诺也不是一个完全的"强硬的决定论者";他接着声称,这个普遍必然性与个体自由是完全相容的,尽管他没有试图解释为什么以及在何种意义上相容。

㉟ 《论原因》(*De La Causa*), Ⅴ: Lagarde, Ⅰ, 277—279。我之前在"布鲁诺和斯宾诺莎的辩证法"一文中已经引用过这段文字,那篇文章对布鲁诺体系各部分的详细分析与现在的研究不是特别相关。参见 *University of California Publications in Philosophy*, Ⅰ(1904), 141ff。

注　　释

㊱ 《论原因》(*De la Causa*), V, passim。
㊲ 该观点似乎至少早在 1585 年就已经在天文学家乔万尼·巴蒂斯塔·贝内戴蒂(G. B. Benedetti)的著作 *Diversarum speculationum mathematicarum et physicarum liber* 中得到明确的辩护,不过该书我没有看过。参见 Dreyer, *Planetary Systems*, 350。
㊳ *Op.*, I, 399。伽利略在 1624 年写给因戈利的信中进一步强调说:"世界上没有一个人或在人力所能及的范围内能够知道天空的形状或者说天空是否有形状"(II, 73)。
㊴ *Dialogue*, etc., III。
㊵ 同上, I, 114。开普勒在其著作的四段话中表达了月球上有生物存在的信念(参见 *Op. omnia*, II, 497)尤其是在其 1634 年的著作 *Somnium, seu opus posthumum de astronomia lunari*, (*ib.*, VIII, Pt. 1, 33 ff.)中。他或许并没有很严肃地坚持该观点,因为他是在[hac] materia mihi post Pythagoram et Plutarchum ludere placuit(ib., VIII, 497)中提到该观点的。
㊶ 参见 D. R. 1664 年的著作 *Le Monde, ou Traité de la luméire* 的前言"L'auteur savait que, si quelque part on défendait de parler du système de Copernic comme d'une vérité, ou encore comme d'une hypothèse, on ne défendait pas d'en parler comme d'une fable. Mais c'est une fable qui, non plus que les autres apologues, ou profanes ou sacrés, ne répugne pas aux choses qui sont par effet "(*Oeuvres*, ed. Adam et Tannery, XI; cf. *Principia*, III, 15—17)。
㊷ Letter to chanut; *Ep.*, I, 36; ed. Cousin, X, 46。
㊸ *Principia*, III, 29。
㊹ *Principia*, III, 1。
㊺ *Principia*, III, 3。
㊻ *Oeuvres*, IV, 292。
㊼ 引自该演讲的英语译本,该译本是对 1728 年版的 *A Week's Conversation on the Plurality of Worlds* 的补充,这是我们下面将会看到的丰特内尔的英译本。这种对世界扩展的看法的更早的英文版本应该归功于笛卡尔。参见, H. Power, *Experimental Philosophy*…, 1664, 前言。

㊽ *Democritus Platonissans*(1647),47,50,51。在一篇晚期作品中,莫尔认为"如果我们把世界看成是一个如此全能的创造者的作品的话,与上帝的神圣性质,他的威力和善,是十分切合的宇宙的广袤性"是笛卡尔主义的突出优点(*The Apology of Dr. Henry More, in a Modest Inquiry into the Mystery of Iniquity*,1664,486)。但莫尔论无限的可想象性观点却是摇摆不定的,而此处不是我们谈论这一点的地方。

㊾ *Lux Orientalis*(1682),72。

㊿ Letter to Père Noël, cited by Brunschvicg in his edition of the *Pensées*, Ⅱ,131。

㉛ *Pensées*,72(Ⅰ,70)。在短语"le vaste tour que décrit cet aster"中,"这个星球"显然意指太阳,而非地球;例如,帕斯卡尔假定了托勒密的体系。他似乎将恒星的天体视为旋转的,而对于哥白尼和开普勒来说则是静止的。

㉜ *Pensées*,420。

㉝ 同上,793,348。

㉞ 同上,365。

㉟ 同上,72。

㊱ 在所有这些中,帕斯卡尔和库萨的尼古拉之间的联系是紧密的,我想,人们可能会在 *De docta ignorantia* 中直接或间接地看到《思想录》怀疑论方面的可能源泉。我们将发现,帕斯卡尔引用的一段文字确实是源自库萨的尼古拉的著名表述,他像后者那样将其运用于物理世界的无限性。15世纪的哲学家也做了诸多论证,在他主张我们的所有知识最终归结为对自身无知的确信时,也论证了"在有限和无限之间不存在均衡性"(*quanto in hac ignorantia profundius docti fuerimus, tanto magis ad ipsam accedimus veritatem*)库萨的尼古拉(像朗格所表述的那样)发现:"不仅有有限的确定数目的二律背反,就像康德后来所说的那样,而且有和存在着的事物一样多的二律背反"。作为有机地包含在每一个其他部分之中的宇宙每一个部分的本性,除非所有的部分被理解,没有一个部分能被真正的理解,这一思想显然是库萨的尼古拉的哲学的特征。

㊲ 最早由 Mrs. Aphra Behn 翻译(第一版是1688年,其他版分别是1700年版和1715年版),其次是由柏拉图主义者格兰维尔翻译(1688,1695,

注　释　　463

1702)。以 W. Gardiner 的名义出版的版本(1715,1728,1757 以及其他版本)明显是抄袭格兰维尔的译本。该书"对读者的吸引是史无前例的,而且迅速地传遍了欧洲的各个角落。它被翻译为大陆的所有语言,而且得到了著名天文学家拉朗德和德国编辑 M. 戈特舍德的赞誉"(Sir D. Brewster, *More Worlds than One*, 3)。有关丰塔纳尔相似观点的影响的例证,参见 W. Molyneux, *Dioptrica Nova* (1692),278—279。

㊸ *Entr.*, V.
㊹ 艾迪生认为这是一个很有说服力的观点。《世界的多样性》的作者基于这一考虑,为在每个行星上居住提供了一个很好的论据;事实上,从理性的类比来看,这是很有可能的。如果我们所熟悉的任何一部分都不是荒废和无用的,那么,那些离我们如此远的大天体也不应该是荒废和无用的,而应该是充满适合于其特殊环境的生物"(*Spectator*,519)。
㊺ *Entr.*, Ⅵ.
㊻ 前引书,*Preliminary Discourse*,xxxviii-xlii。
㊼ 同上,237。
㊽ 同上,246。
㊾ 前引书,Bk. Ⅱ。
㊿ 同上,Bk. Ⅲ。
㊌ *Cosmologische Briefe*(1761),63,106.
㊍ *Allgemeine Naturgeschichte und Theorie des Himmels*(1755),in Kant's *Populäre Schriften*,ed. P. Mesiger(1911),7.
㊎ 同上,28。但康德认为我们能更有把握地联想"许多迄今尚未被人居住的天体,在其发展达到一个更完善的时期时将会有居住者"。

第五讲

① 这是 1753 年科尼希在和莫佩尔蒂的著名辩论中发表的,伏尔泰在其中起了显著的作用。这封信的真实性被莫佩尔蒂和以他为校长的柏林学院否定,但它的真实性还是通过外在的和内在的证据得以充分证实,也没有受到当代莱布尼茨专家的质疑。Flourens 在 *Analyse raisonnée des travaux de Cuvier*(1841)中详细地引用了这封信。该文本可以在

Buchenau and Cassirer's *Leibniz:Hauptschriften Zur Grundlegung der Philosophie*,Ⅱ,556—559 中找到。

② 关于从充实性原则中派生连续性原则,参见 *Principes de la nature et de la grâce*(1718),3:"Tout est plein dans la nature, … et a cause de la plenitude du monde,tout est lie"。

③ 《莱布尼茨哲学》(*Philosophy of Leibniz*),34。

④ 典型的表现参见 Fénelon,*De l'existence de Dieu*(1718):"Mes idées sont supérieures à mon esprit,puisqu'elles le redressent et le corrigent. Elles ont le caractére de la Divinité,car elles sont universelles et immuables, comme Dieu... Si ce qui est changeant, passager et emprunté existe véritablement, à plus forte raison ce qui ne peut changer et qui est nécessaire."(Pt.Ⅱ,cd. iv)。

⑤ 在上帝的心智中包含着事物的本质的思想至少可以追溯到斐洛(Philo),并通过奥古斯丁而影响了大部分中世纪思想,此后由柏拉图的"理念"这个词转变为现代意义上的"观念"这个词。参看 Webb,*Studies in the History of Natural Theology*,247。

⑥ So Leibniz speaks of *ille transitus ab uno contingente ad aliud contingens prius aut simplicius qui exitum habere non potest*(*ut etiam revera unum contingens non est causa alterius*,*etsi nobis videatur*):*Opuscules et fragments*,ed. Couturat(1903),19. Cf. also Philos,*Schriften*,ed. Gerhardt,Ⅶ,303 ff."世界的原因存在于现实世界之外,它不同于国家的序列或事物的序列,在那里,聚合物构成了世界。因此,我们必须超越物理学上有前提的必然性,也就是世界中在先的东西决定在后的必然性,达到那种具有绝对的和形而上学的必然性,而这种必然性的原因是不可能给出的"。

⑦ 我用这两种可供选择的方法来表达这种观念,是因为在必然判断最终究竟是"分析的"还是"综合的"问题上,莱布尼茨及其同时代的人表现得十分犹豫不决。莱布尼茨自己通常将它们称作是分析的,但是他这么说当然不是意味着说它们是同义反复,正如同他在某处说过的,这样的判断,不是一个 *coccysmus inutilis*[无用的尾骨论]。它不属于讨论这种区分

的基本的逻辑问题的现今历史性研究的课题。对此的进一步评论,请参看作者的"康德对独断论的反对和批判主义",《思想》,N. S.,1906。

⑧ J. Jackson,《上帝的存在与统一》(*The Existence and Unity of God*),1734,39。

⑨ Philos,*Schriften*,ed. Gerhardt,Ⅲ,637。

⑩ Clarke's *Demonstration*,etc. (1706),22—26。附有克拉克1705年演讲的该书的八个版本在1717年出版。有关相同论证的进一步表述,参见 J. Clarke,*Defence*,etc. (1722),Jackson前引书。

⑪ S. Clarke,前引书,27。

⑫ J. Jackson,前引书,(1734),31。

⑬ 在那些公开主张这一极端立场的人中,有 E. Law(载 King,《恶的根源》(*Origin of Evil*),1732年版,Ⅰ,52—56)和托马斯·诺尔斯《上帝的存在和属性》(*The Existence and Attributes of God*),1746年版。然而,即便是"先验神学"的反对者也不可避免地偶尔会接受他们在其他地方否定了的观点;如诺尔斯(前引书,48—49)。据说,劳(Law)将上帝必然存在的一切理由"建立在充足理由原则之上"(前引书,77)。

⑭ 《伦理学》(*Ethics*),Ⅰ,命题8。

⑮ 同上,Ⅰ,命题11。

⑯ 同上,Ⅰ,命题17,Scholium。

⑰ 同上,Ⅰ,命题35。

⑱ 同上,Ⅰ,命题16;参见 Tschirnhausen's comment on this proposition,Spinoza's *Opera*(1895),Ⅱ,428。

⑲ 同上,Ⅰ,命题11。

⑳ 同上,Ⅰ,命题17,Scholium。

㉑ 同上,在最严格的意义上,充足原则的辩证法在 *Short Treatise*,Ⅰ,chaps. 2(14—16),6中得到更完善的发展。

㉒ *De rerum principio*,q. 4;参见 *Opus Oxoniense*,Ⅰ,d. 1,q. 2,n. 10。所以,库萨的尼古拉写道,如果你将创世加在上帝身上,那你就没有添加任何东西(*Creatura non habet etiam entitatis sicut accidens,sed est penitus nihil* [*De doct,ignor.*,Ⅰ])。

㉓ 当然，从表面上看，这些概念首次以及后来在柏拉图主义中的出现，使得这一融合变得简单多了。

㉔ *De civ. Dei*, XIII, 14—17; *De Genesi contra Manichaeos*, I, 2. 由于学说本身的矛盾，奥古斯丁虽然在前面的论述中痛苦地挣扎，但在最后却以一个形式矛盾的惊人的混乱结尾。

㉕ *De diversis quaestionibus*, LXXXIII, 22.

㉖ *Rép. Aux sixièmes objections*, par. 12. 与该理念相关的另一个例子，参见马勒伯朗士（Malebranche），*Entretiens*, VI, 5: "La volonté de creer des corps n'est point nécessairement renferrnée dans le notion de l'être infiniment parfait, de l'etre qui suffit pleinement à lui-même. Bien loin de cela, cette notion semble exclure de Dieu une telle volonté".

㉗ 笛卡尔（Descartes），上述引文。

㉘ 前引书，1659 年版，110；斜体是我加的。Tτ

㉙ *Hymne de l'Eternité*: *Oeuvre*, ed. Marty-Laveaux (1891), IV, 159—163。龙沙（Ronsard）是关于"永恒的女神"的好的神学方面的权威；参见库萨的尼古拉斯，*De ludo globi*, I: "Aeternitas Mundi creatrix Deus est"。

㉚ *An Hymne to the Fairest Faire*: *Poetical Works*, ed. Kastner, II, 40; spelling modernized. 这段话可能也部分受 Du Bartas's *Première Sepmaine* 中类似文字的启发。参见 Sylvester tr. (1598), 3。

㉛ 例如，但丁也不可避免地要从贝阿特丽丝身上寻找这一秘密的答案，尽管根据传统，该答案很难具有启发性，也很难与自身一致：

并不是为了使自己获得任何的善，

那是不可能的，而是为了使

他的光辉在耀亮时可以宣称"我存在"

(《天堂篇》XXIX, 13—15)。

㉜ John Norris,《创世圣歌》(*A Divine Hymn on the Creation*, 1706)。

㉝ Tr. *Of Chr. Doctr.*, Sumner's tr., ch. III, 35.

㉞ *P. L.*, VIII 420.

㉟ Tr. *Of Chr. Doctr.*, ch. V, 85. 对于阿里安·弥尔顿而言，上帝之子仅仅是被造物中最伟大的。

㊱ *P. L.*，Ⅷ，415 f.，427ff.，参见Ⅳ，417—419。

㊲ 该段话可以视为对第二讲(Ⅵ,12)所引用的《优台谟伦理学》中那段文字的总结。

㊳ 正是在带有某些淡化其意义和令人愉悦的混乱逻辑的神的自足性的思想中,弥尔顿找到了宗教的安慰,这种主题在其十四行诗"当我考虑如何度过我的时光"中是较为著名的,尽管其诗中的某些句子暗淡无光。这是因为"上帝既不需要人的作品,也不需要给他自己礼物",所有的服务都是平等的,"他们也为那些站立等待的人服务。"自足性概念,它恰恰相反暗含了神的不受影响性与漠不关心的性质,自然而然地易被转化为一种本质上相异,但在宗教上更加令人满意的关于神的行为的公正无私性的观念。因此(1)亨利·莫尔论证道:既然不能想象上帝会从人的存在、人的行为和人的苦难中获利,他的目的必然被认为只是为了人类的善。这当然易于破坏在大众宗教中仍然潜在的一种思想,也就是坚持要求从其被造者那里得到绝对服从和赞美的嫉妒的天国独裁者的思想。

> 他所做的一切都是为了被造物的获得
> 从不向我们索取任何他需要的东西
> 哪怕是沧海一粟？(*Psychathanasia*,Ⅲ,iv,22)

这促成了一种奠定于神学基础上的伦理功利主义。同样的论证出现在布鲁诺的 *Spaccio*,Ⅱ中。(2)出于同样的理由,另一位柏拉图主义者诺里斯(Norris of Bemerton)指出宗教活动是为了人类的利益,而不是为了向崇拜的对象表示谢意(*A Collection of Miscellanies*,211)。(3)亨利·莫尔在自足的上帝这一观念中发现了关于不朽的一个很奇特的论证。如果人类生活的永恒观察者可以被设想为从看到生命现象中获得满足的话,那么,(用我们这个时代的哲学家的话说)每个生命的价值都是值得保存的,而且个体的消亡也将不会是彻底的消失。

"但是,哎呀！同一生命的永恒重复或者赋予他的一生总是神一样的形象,如果说是这样的无限的自我,他是善的或快乐的吗？因此,如果有理性的被造物是有死的,那么创世本身就没有什么惊奇。因为,上帝和人都没有从中获利。"(*Complete Poems*,ed. Grosart,165)

需要牢记的是,莫尔和诺里斯(有些不一致)一方面否定创世是任意的，同时却又声称它是无动机的。

㊴ 《失乐园》，Ⅳ，748—749；Ⅷ，422—426。

㊵ *Tr. de l'existence de Dieu*，Ⅱ，v.

㊶ 同上，参见 King，*Origin of Evil*，1732 年版，295："如果上帝是被事物的善所感动而创造了世界，那他就是一个具有必然性的行动者。"

㊷ 克拉克，*Demonstration*，etc.（1706），7th ed.，65ff. 克拉克确实谈到过"恰当的必然性"，它意味着事物不减少其美、秩序和整体的安宁，就不可能是别样——这是不可能的，因为让一个聪明的存在者去做愚蠢的事是不可能的。克拉克在此似乎接近莱布尼茨的观点，但在他们后来的论战中，克拉克远离了这种立场。

㊸ *P. L.*，Ⅴ.，472—479.

㊹ *P. L.*，Ⅴ.，482—487.

㊺ *Tr. of Chr. Doctr.*，184.

㊻ 《神学大全》，I，q. 61，a. 3；《天堂篇》，29，37。当然，弥尔顿如果没有修改他的理论，他就不可能将神正论改为叙事诗，也就不会有天国之争的传说。但是，很难相信弥尔顿是为了适应其文学抱负的需要而构造他的神学信条的。

㊼ 然而，我们已经在其他地方指出了弥尔顿在论及宇宙论的一些问题时受到充实原则影响的踪迹。

㊽ *Creation*，Bk. V；这些诗句显然得到了上章所引克拉克文字的证实。

㊾ *Principles de la nature et de la grâce*（1714），§§ 7—8；载 *Philos. Schriften*，Ⅵ，599—602；同样的观念见 Wolff（1731）. 在这一点上，我们将看到，充足理由律和莱布尼茨的其他"主要法则"，如矛盾法则，都得出了同样的结论。一个必然存在必定存在，因为不然的话，就不存在相对
353 于任何事物而言的充足理由。而且，一个必然存在必定存在，还因为其本质包含着存在，以致把它想象为非存在将是自相矛盾的。另外，除非其反面是如此自相矛盾的，否则它就不能满足充足理由律的要求。第二个命题完全是本体论的证明。一些论莱布尼茨的作家过于看重莱布尼茨对那种证明的批评了。他完全接受了本体论的证明，但如同人们常常讲的，他进而说本体论证明忽略了必要的逻辑严谨性。上帝概念的"可

能性"——也就是他的不矛盾性,应该在其存在的必然性之先显现出来的,但它是通过矛盾原则而从存在的必然性中推论出来的。莱布尼茨事实上没有对上帝观念的"可能性"产生任何怀疑,以至于这种区别没有以任何方式影响到他的结论,而只是对安瑟伦的推理进行了一种逻辑上的精致改进。参见 *Philos. Schriften*,Ⅳ,294,296,359,424。

㊿ *Réf. inédite*,etc. (1854),50.
㉛ *Philos. Schriften*,Ⅶ,390.
㉜ *Théodicee*,in *Philos. Schriften*,Ⅵ,386.
㉝ *Philos. Philophical Poems*, ed. Grosart,1878; *Psychathanasia*, Bk.Ⅲ,Canto 4,stanzas 19—21,p.85.
㉞ *Philos. Schriften*,Ⅵ,401.
㉟ *Philos. Schriften*,Ⅱ,420. 作为一种心理学概括,莱布尼茨实质上指出,充足理由原则相当于那种"除了过于埋头于他们自己精妙的学者外,被所有人接受"的命题,它受到绝大多数学者的赞同,所有意愿从好的方面来看,都是对某物的选择,要么是选择存在的事物,要么是选择选择者认为是善的事物。(*Philos. Schriften*,Ⅵ,412—413)。
㊱ 基于实用理由,莱布尼茨偶尔会为了矛盾律——为了那些不会接受其他理由的人而假设这一点。那种与通信者进行推理的人表明他倾向于"学院派的怀疑主义",他指出,如果我们打算推理的话,原则可以基于其有用性而得到充分地辩护。"如果不假设这一点,我们就不得不放弃所有证明的希望。任何人都不应该要求不可能的东西;如果那样做的话就会表明他不是在严肃地寻找真理。因此,我可以大胆地假设两个矛盾的东西不可能同时为真。"(*Philos. Schriften*,Ⅰ,382)。
㊲ *Philos. Schriften*,Ⅶ,372.
㊳ *Philos. Schriften*,Ⅴ,286.
㊴ 参见 *Opuscules*,etc. (ed. Couturat,1903),522.
㊵ 罗素《莱布尼茨的哲学》(*Philos. Of Leibniz*)(1901),66;其解释也主要是基于 *Philos. Schriften*,Ⅱ,51。
㊶ 斯宾诺莎并没有包括自我矛盾的概念,或者某种在本质中被称为"吐火女怪"的东西。一个圆的方仅仅是一种空话(*ens verbale*)——它甚至不

㉖ *Philos. Schriften*, Ⅵ, 218, 318, 413, 126; Ⅶ, 389.

㉗ *Philos. Schriften*, Ⅵ, 386.

㉘ *Philos. Schriften*, Ⅵ, 423(from the criticism of King's *De Origine Mali*). Cf. also Ⅵ, 219; and Ⅶ, 311: *Ratio veritatum latet in rerum ideis quae ipsi divinae essentiae involvuntur*；正因此，假设 *rerum bonitatem a divina voluntate pendere* 是错误的。这就相当于说"神圣存在的真理取决于神圣意志"。

㉙ *Philos. Schriften*, Ⅶ, 305。

㉚ *Philos, Schriften*, Ⅱ, 56; cf. also Ⅶ, 200, 309, 311; and in Couturat's collection of *Opuscules et fragments* (1903), 518 f. and 1—3. I cite part of the last: "Veritas est, inesse praedicatum subjecto. Ostenditur reddendo rationem per analysin terminorum in communes utrique notione. Haec analysis vel finita est, vel infinita… Series infinita a Deo perfecte cognoscitur,"etc. 然而，在这段话中，莱布尼茨大概是想转移对决定论的指责，赋予"必然性"一层不寻常的含义，使其相当于"易被说明的"，即能够归结为被我们直觉到的必然性。尽管这段文字只是简单的断言，但对于完善的知性而言，它是直觉到的必然性。

㉛ 同上，Ⅱ, 62(摘自致阿诺德的信，1686)。

㉜ 柯图拉特(Couturat)已认识到并很好地表述这一点(*Logique de Leibniz*, 1901, p. 214)。在另一方面，罗素否定了莱布尼茨持有这种观点："在必然性和偶然性之间的区分与我们人的局限性有着一种本质的关联，这种区分在上帝那里是不存在的。""莱布尼茨思想中有特色的一切东西都奠基于存在的和必然的命题之间最终的完全不可通约的本性。"(前引书，1901, 61—62)但我们将看到，莱布尼茨清晰地阐明和重述了罗素认为他不可能持有的观点。他确实常常说到那些见解正确的，而且从字面上讲与上述观点不一致的东西。而这些在某种意义上更"具有特色"，也就是，它们使莱布尼茨的体系看起来与斯宾诺莎的体系更加不同。但是他有着很明显的非哲学的理由来运用这种表达；而且它们能够

在一种能使其与上述主题和谐的微妙的意义上被建构。相反,对于后者,莱布尼茨没有可以想象的动机去断言它,除非他相信它。事实上,莱布尼茨认为它是真实且根本的;而且他对它的表述不可能包含承认"存在的和必然的命题之间最终的完全不可通约的本性"的意义。我认为,罗素在断言莱布尼茨思想中必然性和先天性之间的终极区别上也是错误的。(前引书,231)参看 *Opuscules*,etc. (1903),518。

㊹ *Modesta disquisitio*, 27—67. 也参看 the Latin essays of D. Straehler (1727) and Chr. Langhansen(1727),二者都批评莱布尼茨和沃尔夫为"偶然性的伪捍卫者"(pseudo-defensores contingentiae)。Straehler 指出,对于莱布尼茨来说,充足理由原则本身意味着每个真实的命题都被且是被一个完善的理智理解为可以被简化为"本原的"和"同一的"真理(p. 37)。

㊺ Art. *Leibnitzianisme.*

㉑ Art. "Suffisante raison", passim.

㉒ *Philos. Schriften*,Ⅶ,303,305,310.

㉓ 关于对有限的本质自身就倾向于存在这一观点的否定,参见 Spinoza's *Tractatus Politicus*,Ⅱ, sec. 2。

㉔ 马修·巴克,一个 17 世纪早期的作家,确实颠倒了通常的推理,从充实的存在之链的必然性推论出上帝的存在,而不是从上帝的必然存在推论出存在之链:"这些等级本身被有学识的人们称为自然的阶梯,我们必须达到这个阶梯或梯子的某个顶端,而非无限地上升,尽管我们必须走向无限,但那是无限的上帝……那里有完善的等级,那里必定有某种最完善的东西,他只能是上帝,他是 *Optimus et Maximus*,是最优秀的存在,是第一完善。"(《自然神学》(1674),27)。事实上,W. H. Sheldon 近来也独立地在《哲学评论》(*Philos. Rev.*,1923,pp. 355ff.)上提出了同样的观点。

㉕ *Philos. Schriften*, Ⅶ,304;cf. 303: "It is most edvident that, out of the infinite combinations of possibles and the infinite number of series, that one exists *per quam plurimum essentiae seu possibilitatis producitur ad existendum.*"Cf. also Couturat, *op. cit.* (1901), 226.

㉖ *Philos. Schriften*,Ⅶ,290;同时参看 304 and Couturat,*op. cit.* 224—225。

㉗ *Monadology*,54; *Philos. Schriften*, Ⅵ,616.

⑱ *Philos. Schriften*, Ⅶ, 195.
⑲ *Philos. Schriften*, Ⅶ, 290—291.
⑳ 同上，Ⅲ, 573。
㉑ 同上，Ⅰ, 331. Cf. Ⅶ, 289: "*Dici potest omne possibile existiturire, prout scilicet fundatur in Ente necessario*".
㉒ 同上，Ⅶ, 304。
㉓ 一个极端的例证是 the *Tentamen Anagogicum*(*Philos. Schriften*, Ⅶ, 270 ff.)。
㉔ 很奇怪，罗素看来确实是忽略了一点，当他写道"为什么莱布尼茨坚持认为实体构成一个连续的系列，这是很难解释的。据我所知，他从未提供任何理由，除非这样一个世界对他而言比有空隙的世界更让他愉悦"(1901, p.265)。如上所示，这个理由与相信任何事情都有一个理由是相同的，也就是说，任何一个世界都是一个选择的世界。诚如我所言，毫无疑问，莱布尼茨对由后一假定而来的反感实际上是独断的，但它并非是不可理解的，更非仅仅是稀奇古怪的。按照他的逻辑，如果设想存在之链中有那么一个空隙，那么宇宙仅此就会显现为非理性的，因此也是完全不可信的。
㉕ 在评论金的书中，莱布尼茨明确地提出了这个论证。(*Philos. Schriften*, Ⅵ, 172—173)。
㉖ 一个反对真空的论证源自充足理由律。参见莱布尼茨致克拉克的第三封信(*Philos. Schriften*, Ⅶ, 364)。
㉗ 根据不可识别的同一性，他也反对真空。在两个空的空间中不存在任何差别，因此它们不可能是不同的地方。它们是被主张真空的人们设想出来的差别。"*solo numero*, which is absurd." (*Opuscules*, etc., ed. Couturat, 1903, p.522)。
㉘ 参看 *Philos. Schriften*, Ⅳ, 368; Ⅶ, 363; and *A Collection of Papers*, 103。
㉙ *Math. Schriften*, ed. Gerhardt, Ⅲ, 565; tr. by Latta in *The Monadology*, etc. (1925), 257.
⑨⓪ *Opuscules*, etc. (1903), 522.
㉛ *Nouveaux Essais*, Ⅲ, 6, 12.

第六讲

① 《人类理解论》，Ⅲ，chap. Vi, § 12。与莱布尼茨不同，洛克并不坚持存在之链的充实性和连续性的先天必然性；这种理论仅仅是"可能的"（同上）。
② 艾迪生引"洛克先生"来支持这一点。
③ Law's edition of King's *Essay on the Origin of Evil* (1732), 143n.
④ *Libri sententiarum*, Ⅱ, Ⅰ, 8.
⑤ *De sapientia veterum in Works*, Ellis and Spedding ed., Ⅵ, 747.
⑥ Abbadie, *Traité de la vérité de la religion chrétienne*, 1684; 7th ed. (1729), Ⅰ, 95.
⑦ "*On ne trouverait plus d'animaux féroces, que dans les forêts reculées, et on les réserverait pour exercer la hardiesse, la force et l'adresse du genre humain, par un jeu qui représenterait la guerre, sans qu'on eût jamais besoin de guerre veritable entre les nations.*" *Traité de l'existence de Dieu*, Ⅰ, 2。
⑧ Cited in Mornet, *Les Sciences de la nature en France au 18e siècle* (1911), 149ff, where numerous well-chosen examples of these fatuities may be found。
⑨ *Dialogo di due massimi systemi*, Ⅲ, 400.
⑩ *Antidote against Atheism*, Ⅱ, ch, 9, 8.
⑪ *Principia*, Ⅲ, 3.
⑫ Leibniz, *Philos. Schriften*, Ⅰ, 150.
⑬ *Fragments*, etc., in *Works* (1809), Ⅷ, 169.
⑭ 同上，232。参见 *Fragments*, LⅥ, ibid, 288—289:"如果神的属性要求:不应存在诸如物理上的和道德上的恶的东西，人显然是为他而造的，作为他幸福的舞台的世界的目的。这个世界想必显然也是宇宙的目的。所有的行星都驯服地围绕我们旋转，而且恒星的职责无非是在黑夜里闪亮，来装饰我们的天空。"这段话是蒲伯在《论人》中详述和用诗歌表达的。*Essay on Man*, Ⅰ, Ⅱ. 131—140. 18 世纪对人类中心主义目的论最

⑮ 也参见 John Hawkesworth 的诗 "*The Death of Arachne*（阿拉奇勒之死）". in Pearch's *Supplement to Dodsley's Collection of Poems*, 4 vols., 1783, vol. Ⅲ, 183.

⑯ 洛克前引文。

⑰ Addison, *Spectator*, loc. cit. Cf. also Bolingbroke, *Fragments* in Works (1809), Ⅷ, *Fragment*, 44, 186.

⑱ *The Petty Papers*, ed. by the Marquis of Lansdowne (1927), Ⅱ, 24, 32. 配第对纯哲学的主要探索是一篇未出版的概述性论文, 论 "The Scale of Creature"（生物的等级）。他自认为他完全独立地切中了问题的要害, 但实际情况似乎刚好相反。

⑲ *Essays upon Several Subjects in Prose and Verse Written by the Lady Chudleigh* (1710) 123.

⑳ *Spectator*, No. 621, Nov. 17, 1714.

㉑ *Philosophical Miscellanies*, English tr. (1759), 107ff.

㉒ *Fragments*, etc.; *Works*, vol. Ⅷ, 173; cf. id., 279. 扬格也有同样的看法, 参见上文, p.139. 我在第四讲已经说过, 库萨的尼古拉已经预示了这一思考。

㉓《论人》, *Ep.*, Ⅱ, 11, 31—34.

㉔《宇宙发展史概论》(*Allgemeine Naturgeschichle und Theorie des Himmels*), 1755, 133. 的确有可能这种理论是勃林布鲁克通过蒲伯而传给康德的, 康德在同一页上很崇敬地引述过勃林布鲁克（或蒲伯）的话, 并在这部论著的三个部分的开首处附加了勃林布鲁克（或蒲伯）的箴言。说康德的宇宙论是《论人》第一篇之"哲学"的散文式扩充和延伸, 似乎并不过分。

㉕ 同上。

㉖ 同上, 129—133。

㉗ 同上, 134。康德也认为 "同样的原因", 即它们在身体构造方面的优越性, 给了这些行星上的居住者比人长得多的生命, 这是可能的。前引书, 136—137。

㉘ *Contemplation be la Nature*, 2d ed. (1769), Ⅰ, 23—24. 邦尼特接着说,在最高的行星世界之上,出现了"天国的层级"(the celestial hierarchies)的存在。同上,第84页。
㉙ *Fragments, or Minutes of Essays in Works* (1809), Ⅷ, 168—169. 参见346:"当我们轻蔑地注视其它动物时,我们在我们和动物之间察觉到一种距离,但却是一种可测量的有限距离。"
㉚ *Fragments*, etc.; *Works*, Ⅷ, 231.
㉛ 《论人》,Ⅰ, ii. 207—210, 221—232。
㉜ 同上,Ⅲ ii. 151—156。
㉝ Soame Jenyns, *Disquisitions on Several Subjects*, Ⅰ, "On the Chain of Universal Being", in *Works*, 1790 ed., 179—185.
㉞ 同上。
㉟ 《论人》, *Ep.*, Ⅱ, ii, 3—10, 13—18。
㊱ *Gedanken über Vernunft, Aberglauben und Unglauben*.
㊲ *Ueber den Ursprung des Uebels*, Ⅲ.
㊳ 《论人》, Ⅰ, Ⅱ, 189—192。
㊴ 要进一步弄明此问题,参阅作者的"18世纪思想中的骄傲"(Pride in Eighteenth Century Thought)。*Mod. Lang. Notes* (1912), 31ff. 蒙田在《雷蒙·塞邦赞》中写道:"La présomption est notre maladie naturelle et originelle. La plus calamiteuse et fragile de toutes les créatures, c'est l'homme,... et la plus orgueilleuse",这一主题也是布吕耶尔和拉罗什福柯探讨的主题,尽管他们主要详述了个体的而不是种族的骄傲的普遍存在。17和18世纪无数"对人的讽刺"在人的骄傲中发现了人的极致的荒谬性。
㊵ 《恶的性质和起源》(*Nature and Origin of Evil*), 1757, 124—126。
㊶ 同上, 137。
㊷ 同上, 165—167。约翰逊博士在他评论杰宁斯的著作(1757)时,对这种论证提出了批评。
㊸ R. Shepherd, *Letters to Soame Jenyns. Esq.* (1768), 14.
㊹ *Essay on Man*, Ⅳ, ii. 49 ff.
㊺ *Théodicée*, 246.

㊻ *Note to King's Origin of Evil*, 1732 ed., 156.

㊼ 《恶的性质和起源散论》(*A Free Inquiry into the Nature and Origin of Evil*), 1757。

㊽ Richardson's *Pamela*, Everyman's Library ed., I, 235. 理查森是创作还是引用这些诗句并不清楚。

第七讲

① 例如见作者的论文《卢梭的悲观主义》"Rousseau's Pessimist", *Mod. Lang. Notes*, XXXVIII (1923), 449; 早前的例子, 普赖尔 (Prior) 《所罗门》(1718) 是一篇精练的诗文, 其主题是:"生命的快乐没有弥补我们的悲伤; 岁月的流逝不为我们所知觉; 死亡, 作为唯一能治愈我们疾病的东西, 不应该是我们所害怕的, 而应该是我们所期待的。"

② 《恶的本质和起源散论》(*A Free Inquiry into the Nature and Origin of Evil*), 1751, 60—62 页。其大部分内容只不过是杰宁斯把金和蒲伯、莱布尼茨的理论观点转变成了清晰和简明的形式, 但与这三人不同的是, 杰宁斯毫不含糊和重点拒斥了道德之恶的问题的自由论解释 (freedomist solution)。该书受到一定程度的欢迎, 印刷了好几版, 并被翻译成法文。

③ 同上 104 页, 好奇的读者有可能会追问为什么这种选择是"必然的", "全智者" (Infinite Wisdom) 是如何做出最佳选择的。

④ 但伏尔泰用诗的形式反驳了两种明显和基本类型的神正论, 哲学的和必然论的 (necessitarian, 宿命论的) 神正论, 这种神正论力图把里斯本地震解释为:

永恒法则的效果出自于自由而至善的上帝,
他必然做出这种选择

另一种是神学的和非决定论的类型, 它把这种灾害看成是神的干预, 是对人类任意选择道德恶的一种惩罚。伏尔泰把这两种指向对立目标的推理混为一谈。

⑤ 《伦理学》(*Ethics*), V, 命题 5。

⑥ 威廉·金博士的《论恶的起源》(*An Essay on the Origin of Evil*), 译自

拉丁文并附带注释和剑桥人基督学院研究员埃德蒙·劳的一篇论述德行标准原则和激情起源的学位论文。我引自第二版,伦敦,1732,这里只是指《论恶的起源》。
⑦ 时间是 1731,1732,1739,1758,1781 年。
⑧ 斯蒂芬(Stephen):18 世纪英国思想(*English Thought in the 18th Century*),Ⅱ,121。
⑨ 勃林布鲁克在其《片语》(*Fragments*)中经常心怀崇敬地引述金的观点。我没有充足的理由来怀疑在我们所拥有的《片语》版本中,如勃林布鲁克所断言的,以某种增订形式,"他在《片语》中的那些注释是写给争执中的蒲伯先生的,"后来被利用来创作《论人》(*Essay on Man*);《片语》和《论人》篇章中大量文字的对应不大容许作其他解释。(见 Bolingbrok's *Works*,1809 年版,Ⅶ,278,and Ⅷ,356)。劳在为 1781 年的《论恶的起源》(*Essay on the Origin of Evil*)前言中说:"我很满意地看到那些大主教金所主张的原则被蒲伯先生在《论人》中所接受。"当一个同教会的主教,蒲伯的粗野的神学拥护者沃伯顿(Warburton)挑战这种观点时,劳引巴瑟斯特爵士的证据进行了回答:"巴瑟斯特爵士在蒲伯写作《论人》时,放置其眼前的勃林布鲁克的手稿中看到了完全一样的体系;"他接着说:"任何读者只要有时间比较两个文本,都可以足够清晰地看到这一点,并观察到它们之间的完全一致性。"(op. Eit. ,p. ⅩⅦ)这样一种对比似乎使我有理由相信蒲伯直接利用了金的著作,也利用了勃林布鲁克对金的部分著作的改写。因为正是在 1730 年,蒲伯和勃林布鲁克"沉浸在形而上学的沉思"之中,而且到 1731 年前三篇书信体诗似乎已完成了(参见 Courthope,v,242),对这些诗文,诗人和他的哲学好友是取材于拉丁原文,而不是劳的译文。因此,同样的神正论几乎同时出现在劳的枯燥无味的英文译文和蒲伯的诗篇之中。关于金的著作和哈勒的 *Ueber den Ursprung des Uebels* (1734)的关系,参见 L. M. Price 的 *Publications of Modern Language Assoc. of America*,XLI(1926),945—948 页。
⑩ *Essay*,Ⅰ,208.
⑪ 同上,109—113。
⑫ 同上,xix。这种论辩一直是后来无数神正论拿来作为起始点的东西,有

些神正论在文学史上拥有一定地位：比如，维克多·雨果在其《沉思》(Les Contemplations)("Ce que dit la Bounche d'Ombre",1950ed.,417ff.)中仍然认为有必要花一些诗行来阐明它。

⑬ 参见萨默纳在其翻译的弥尔顿的《基督教教义》(Christian Doctrine),187,n.4 中所引用的早期经典。该观点被弥尔顿所采纳，但属于可疑的正统派(dubious orthodoxy)。托马斯·阿奎那最早就拒斥了这种观点，Summa. Theol.，Ⅰ,q.61,a.3；但丁也同样拒斥它,Paradiso,XXIX,37。

⑭ King,op. cit.，Ⅰ,116f. 至于一个秩序良好的宇宙中的存在序列及其必然完善性的同样概念，参见勃林布鲁克 Fragments(Works,1809,Ⅷ,173,183,186,192,218f.,232,363,364—365)。

⑮ 前引书,137f.,129—131f.,156。当提出存在序列中的等级数目是否实际上是无限的问题时，金和劳都陷入了奇怪的动摇之中，并最终陷入了一种自我矛盾之中。该问题在此毋需深论。

⑯ Essay,Ⅰ,131. 这个论证可能已经由普罗提诺提了出来。Enn.，Ⅲ,2,Ⅱ。

⑰ Op. cit.，137。

⑱ 在勃林布鲁克那里也有同样的论证，见《片语》(Fragments,in Works,1809,Ⅷ,233,287,363,364—365)。

⑲ 《论人》(Essay on Man),Ep.，Ⅰ,Ⅱ.48,193—194,241—244。这一论据在有关各种主题的作品中的例子随处可见，参见 George Turnbull's A Treaty on Ancient Painting(London,1740),ⅩⅢ："如果某人看不起我们的体格(frame)和地位，就让他严肃地思考出现在自然中的穷极我们探询能力的丰富性和充足性；在我们的观察中，每一个生命序列里的存在都如期涌现，让他思考人这个物种的存在是如何必然地提升了自然的丰富性、充足性和一致性；让他公正地考察我们的体质，以及为了我们的幸福所提供的给养；我们的自然能力和禀赋可以通过良好的教育和适度的勤奋而改善和提升到那样卓越，我们通过学习智慧和美德而可能获得尊严和幸福，尤其是在调控良好的社会里；他将会很明确地看到，尽管我们有理由认为存在等级中的理性存在者有多种秩序，最低等的理性存在者也比人类优越，但人却被冠以光荣和荣誉，并被置于一个分配给他的十分恰当的领地。"

⑳ *Essay*, Ⅰ, 147—149。参看《论人》, Ⅰ, ii. 169—170。一切事物都靠竞争而生存,而且情感是生命的要素。

㉑ *Essay*, Ⅰ, 134.

㉒ 同上, Ⅰ, 176。这个基于充实性原则的关于本性恶的必然性的论证,是从齐一的一般法则中引申出来的。例如, Ⅰ, 150—153, 196—197;参看《论人》, Ⅰ, Ⅱ, 145, ff。

㉓ *Essay*, Ⅰ, 183—185.

㉔ J. Clarke, *Discourse concerning Natural Evil* (1719);同样的论证见 Plotinus, *Enn.*, Ⅲ, 2, 15。戈德史密斯等,直到18世纪末仍然在重复这种论证;参见 Goldsmith 的 *Essays*(1767), 132, 以及一篇收于 Crane 编 *New Essays by Oliver Goldsmith* 书(1760年重印版)中的论文, 34。对此我所熟悉的最详尽的阐述是:《动物创造的哲学审视》(*A Philosophical Survey of the Animal Creation*), 书中以一种新的观点考虑了这一时期动物的不同等级的总的毁坏和屠戮,以及由这个自然创设给予整体的大量活生生的和有趣的东西,译自法文的这本书清楚地证明了这一点,都柏林,1770。

㉕ 公平地说,C. S. 金同样易于从一个切近于大主教的经验出发,把特殊的恶看成是"必要的",相应地赞成并辩护它,例如:"痛风,最折磨我们的疾病之一,实际上金这个坚定的乐观主义者被痛风困扰了半个世纪,他的传记作家说,他最后死于痛风的侵袭。"(参见 Sir C. S. King 的 *Life of William King*, 1906, 14 及他处)痛风,在有运动员气质的大主教看来,如果不是完全陶冶性情,在总体上也有某种超过其疼痛的补偿作用,"谁不愿宁肯忍受它而免于失去感觉的快乐?绝大部分人都明白我们吃肉时,都要纵容我们自己喝一些酒,以便下咽肉食;我们明白我们没有必要阻挡这些肉和酒,我们认为我们应该更加宽容地忍受痛风,就像我们屈从于奢侈的饮酒食肉而不失去快乐一样"(Ⅰ, 117)。为什么恶是先天的"必然的",这些快乐的获得要付出那种代价,最终没有得到清晰的说明。

㉖ *Essay*, Ⅰ, 176. cf. Also 148—189. 苏姆·杰宁斯在其 *Works*(1790)Ⅱ, 6 中的《散论》(*A Free Inquiry*)前言中要反驳这个论证面临同样的困难,"但是迫切需要做出一个必要的反驳,即,为了给恶的必然性提供空间,

一个真正的天堂式状态的存在被描述为在任何时候都是不可能的；相应地，对天堂式状态的摩西式解释也完全破灭了。"杰宁斯的回答首先在于表明对"那种理由的朴实信念是否实际上是一个基督徒的真正信仰"的某种怀疑；其次是坚持认为摩西的历史并非是对一种"完全排除了所有的恶的绝对完满的原始状态"的描述。因为"一切恶的根源是那一历史的基本特征之一"，杰宁斯在其它地方反对整个原始主义（primitivistic）的设想，其根据是这种设想与我们所知道的所有恶的永恒必然性的学说不相符合。"出自于创世者之手的人，被赋予各种可能的完善性而成为完美之人，这种观念是错误的。"可能的情况是，人不知道恶的起源，不理解在任何时候，"存在序列中必然有人这样的被造物，附带着他的各种弱点。"（ibid.，p. 71）.

㉗ *Fragments or Minutes of Essays*, § XVI.

㉘《伦理学》（*Ethics*），Ⅰ，最后。

㉙ 金与莱布尼茨的相互影响是没有疑问的。尽管《神正论》直到1710年才出版，比 *De origine mali* 出版晚了8年，*De origine mali* 的相当多内容写作于1697至1705年之间，莱布尼茨对其中的观点久已熟知。参见格哈德为莱布尼茨的 *Philosopische Schriften* 一书写的前言，Ⅵ，3—10。

㉚ "Remarques sur le livre sur l'origine du mal publié depuis peu en Angleterre", appended to the *Théodicée*, *Philos. Schriften*, Ⅵ, 400ff. 莱布尼茨注意到他与金"仅仅该主题的一半"有一致观点；分歧主要出现在金论自由和必然性的章节，这些章节与他乐观主义的论证的意义不大一致，它们声称上帝在创世时在练习一种漠不关心的武断的自由（*Liberum arbitrium indifferentiae*）.

㉛ *Théodicée*, § 124。

㉜ 同上, § 118；关于两个天使与一个天使以及一个石头的价值，参见第三讲托马斯·阿奎那的评价。康德在1755年表达了同样的原则，只是在例证上有所变化，虱子"在我们眼中毫无价值，但更为重要的是自然保存了作为这个整体的物种，而不仅是保存很少数量的高级物种。"（*Allg. Naturgesch*, 127）

㉝ *Théodicée*, § 120, 10, 124; cf. Also § 213.

注　释

㉞　有关这一结局,请看第十讲。

第八讲

①　A. Thienemann 的一篇论文有趣地回应了这一讲和下一讲的几个话题,"Die Stufenfolge der Dinge, der Versuch eines natürlichen Systems der Naturkörper aus dem achtzehnten Jahrhundert", in *Zoologische Annalen*, Ⅲ(1910),185—275。这篇论文包括了 1780 年一个未发表和匿名的德文文本,"Entwurf einer nach der mutmasslichen stufen-Folge eingerichteten allgemeinen Naturgeschichte"。在该文中,那个时代的矿物学、植物学、动物学和神学被用来建构从"土元素"到三位一体的自然的详尽等级。

②　前引书,Ⅲ,ch,6,§§ 3,6。"使用实在本质,我是指事物的实在构成,它是所有其所联合的性质的基础,但也持续发现存在名誉本质与之共存;那种每件事物在其自身内所拥有的特殊构成,除去它就没有和任何事物的关系……实体的实在本质,我们只是指它们的存在,而没有精确地了解它们是什么样的存在;但那把它们附加给(annex to)物种的,是名誉本质,名誉本质被认为是基础和原因。"(§6)这段文字表明了哲学史家在很大程度上忽视了一个事实,即洛克在他的认识论上基本上是一个柏拉图主义者。但在物质事物上,洛克混淆了属性的必然性和偶然共存性的逻辑区别与第一性质和第二性质的形而上学区别,以及可知觉的总体物质和物质不可感觉的细微部分的物理区别(同上,§2)。

③　同上,§ 20。

④　同上,§§ 38,27。

⑤　同上,§ 27。

⑥　同上,§ 36。

⑦　*Histoire naturelle*,Ⅰ(1749),12,13,20,38.

⑧　同上,ⅩⅢ(1765),1。

⑨　关于混杂物种的不育性,布封写道:"这点是我们在自然史中所把握的最确定的东西。我们能在存在物的相互比较中观察到的其他相似性和差异性,既非如此真实,也非如此确定。因此这些中断,仅仅是我们将在我们的作品中发现的分界线。"(*Hist. nat*,ⅩⅢ,上述引文)

⑩ *Contemplation de la Nature*(2d ed.,1769),Ⅰ,28.

⑪ From Goldsmith's review of R. Brookes,*A New and Accurate System of Natural History*,in *The Monthly Review*,XXIX(October,1763),283—284.

⑫ Thomas Sprat,*The History of the Royal Society*(1667),110.

⑬ Encyclopédie,art. "Cosmologie".

⑭ Sander,*Ueber Natur und Religion*(1779),Ⅱ.193,cited in Thienemann,op. cit.,235.

⑮ Günther,*Die Wissenschaft vom Menschen im achtzehnten Jahrhundert*,30.

⑯ Published by lönnberg in his *Carl von Linnée und die Lehre von der Wirbeltieren*,1909. 我对该问题的熟知得益于 Thienemann,*op. cit.*,227. "人的关系"表述的使用当然不能够被当作血统同一性的断言,而是作为林奈的语言的最自然的含义。

⑰ *The lay Monastery*,by Blackmore and Hughes(2d ed. of *The Lay Monk*,1714),28. 参见约翰·欧文斯通爵士的评论,载 *Voyage to Surat*(1696),引自 R. W. Frantz,载 *Modern Philology*(1931),55—57;霍屯督人正好是"人类的对立者"……以至于如果在理性动物和禽兽之间存在某种中间物的话,霍屯督人正好是这种最适合的物种"。威廉·配第爵士在讨论"被造物的等级序列"时早就提出:"人类自身似乎就存在好些种属。"并指称那些"旅行者们所熟知的居住在好望角周围的,所有人中最像野兽的黑人"(*The Petty Papers*,1927 年,第 2 卷,第 31 页)。苏姆·杰宁斯在该世纪中叶也引述道,在存在之链的连续性证据中,狗、猴子和黑猩猩的理性如此近且和人的品质的最低等级相联系——人的最低品质最好地例示在野蛮的霍屯督人中——它们之间很难彼此区别。

⑱ 参见作者的"The Supposed Primitivism of Rousseau's Discourse on Inequality",*Modern Philology*(1923)以及"Monboddo and Rousseau",同上(1933),Rousseau,*Second Disc.*,note j;Monboddo,*Origin and Progress of Language*,2d ed.,1(1774),269 ff.

⑲ *Contemplation de la Nature*,111,ch. 30. 这段话被作为脚注而加在 1781

年版中,邦内特或许已经读过卢梭或者蒙博多的著作,蒙博多曾经描述过猩猩类似的心理和道德品质。

⑳ Ecouchard-Le Brun, *De la Nature*, *chant troisième*. The homme des bois was, of course, the orang-outang, this being the accepted translation of his Malayan name. Fusil in his *La poésie scientifique* sees in these lines an expression of "the great law of change and evolution";在此"诗歌第一次试图去歌唱现代科学所构想的生命史诗"。但是,如同那个时代的作品所经常出现的情况,无法确定诗人是在言说时间性的进化阶段序列,还是仅仅在言说连贯的"步骤",也就是存在之链的等级;言说后者的可能性更大。即使这个法国诗人相信前一种观念,他也已经被艾肯塞德占了先。参见下文第九讲。

㉑ M. R. Werner, *Barnum*(1923), 59。

㉒ 参见 Dobell, Antony van Leeuwenhoek and his '*Little Animals*' (1932); P. de Kruif, *The Microbe Hunters* (1926); S. Wood, "Leeuwenhoek and his 'Little Beasties'", *Quarterly Rev.* (1933)。

㉓ *Experimental Philosophy*, in Three Books … By Henry Power, D. of physick. London, 1664. 这段文字我受益于史密斯学院的马乔里·尼科尔森博士,他对于这个时期科学史以及科学在文学中的回应的全面研究,希望不久能被相关学者利用。在植物、动物和矿物三个普遍精神(universal spirit)领域里,尚没有做出显微镜的发现(microscopic discovery),但在 1634 年 T. Mayerne 为 Thomas Moufett 的 *The Theater of Insects or Lesser Living Creature* 一书所写的前言中却能找到这种先兆。裸眼看不见这种生物,"一切都表明了万物的创造者那无限的大能"。参看帕斯卡尔论无穷小, *Pensées*, 72。

㉔ *Troisième soir*. 金重述了这一论点,见 *Origin of Evil*, Ⅰ, 157.

㉕ 当然这已经超出了探讨所有这些与疾病细菌理论的现代开端、更新的或者发展关系的历史范围。(古代的瓦罗在 *De re rustica*, I, 12, 2 中对疟疾的解释已经提出了这一点。)但是注意到威廉·配第爵士在 1677 年提出这种理论来解释瘟疫扩散的方式是贴切的:"没有什么比想象这是由数以百万计的从一个国家漫游到另一个国家,甚至从美洲漫游到英国的

看不见的动物所引起的这种假说更好的假说,来借以说明成千上万的人在某个时期被一种叫瘟疫的疾病夺走了生命。"(*The Petty Papers*,Ⅱ, 29)由于他相信"被造物存在之链"的充实性,配第很自然地事先就倾向于这个假说。

㉖ 上述引文。

㉗ 在 18 世纪后期,我们可以看到大量的与此相同的曲解。例如,Henry Bakerm, *The Microscope Made Easy*...(1742), pp. 306—309(部分借自艾迪生和洛克)and his *Employment for the Microscope*(1753);*An Account of Some New Microscopical Discoveries*...(1745)(? by John Turberville Needham);George Adams, *Micrographia Illustrata*..., 2d ed. (1747);John Hill, *Essays in Natural History and Philosophy. Containing a Series of Discoveries* by the Assistance of Microscopes(1752); and *Essays on the Microscope*(1798), by the younger George Adams. 尼科尔森博士提醒我注意到这些材料。

㉘ *The Seasons*:*Summer*(1727)。

第九讲

① John Clarke, *A Defence of Dr.* [Samuel]*Clarke's Demonstration of the being and Attributes of God*(1722),56.

② Joseph Clarke, *A Further Examination of Dr. Clarke's Notions of Spasce*, etc. (1734),166.

③ Pluche, *Histoire du Ciel*(1759 ed.),Ⅱ,391—392.

④ *Three Physico-Theological Discourses*(3d ed., 1713),149. 雷接着说这种哲学见解能在《圣经》中找得到证据:"在一场大洪灾来临之时,似乎是天意如此仔细地把所有陆生动物容纳进方舟之中。"

⑤ *The Universal Beauty*,Ⅲ,98ff.

⑥ *The Immortality of the Soul*,Ⅱ, chap. 17,7;cf. also Ⅲ, chap. Ⅰ,3,5.

⑦ *Spectator*, No. Ⅲ, July 7,1711.

⑧ *Philosophische Schriften*, ed. Gerhardt, Ⅵ,606.

⑨ *An Essay on the Origin of Evil*(1732 ed.),121—122. On the same conception in Law's later *Considerations on the State of the World*, etc. (1745), 参见 R. S. Crane's "Anglican Apologetics and the Idea of Progress", *Mod. Philology*, XXI (1934), 349ff。

⑩ The English is that of the 1713 version o Toland.
⑪ *Philos. Schriften*, VII, 309. 参见上引劳的最后一段。
⑫ *In einem unauflöslichen unendlich feinen Bande.*
⑬ *Versuch über das erste Prinzipium der Moral* (1772).
⑭ *Dict. Philos.*, 1st ed. (1764), art. *Chaine des etres crees.*
⑮ 伏尔泰在他的诗歌"里斯本灾难"(1755)的一个注释中提出了一个更加主要的反驳。在其中他和此前的蒲伯一样,部分地混淆了因果链和存在之链的概念。但随后在 1756 年的一段文字中,他观察到了后者:"存在之链不是绝对充实的。天体明显是在一种没有阻力的空间中运转,并非所有的空间都被充满了。因此,不存在一个从原子到最遥远的星球的物体系列(suite),因此在可感知的存在物之间以及在不可感觉的存在物之间都存在着巨大的断层。因此,我们不能确信人类必然被置于某个不中断的连续性中的彼此相连的环节上。"
⑯ *Il faut prendre un parti*, ch. IV.
⑰ 对《恶的性质和起源》的评论[*A Review of a Free Inquiry into the Nature and Origin of Evil* (i. e., of Soame Jenyns's book)], 1757。该评论最早出现在 *The Literary Magazine* 上,后以小册子形式重印,出版时间地点不详。约翰逊明显不知道存在之链概念的历史,将其称为"存在的阿拉伯数级"(the Arabian Scale of Existence)。
⑱ 同上。
⑲ *Nouveaux Essais*, III, vi, & 12: "Qu'il y ait des créatures mitoyennes entre cells qui sont éloignées, c'est quelque chose de conforme à cette même harmonie, quoyque ce ne soit pas tousjours dans un meme globe ou système." *Philos. Schriften*, V, 286.
⑳ *Oeuvres de Maupertuis*, I (1752), 35—36.
㉑ E. 拉尔注意到了莱布尼茨接受了基本形式的物种变化论。*Geschichte der biologischen Theorien seit dem Ende des 17 ten Jahrhunderts*, I,

72, by Buchenau and Cassirer, *Leibniz: Hauptschriften zur Grundlegung der Philosophie*, Ⅱ(1906),26,and by Thienemann,*Zool. Annalen*,Ⅲ,187。

㉒ 前引书,1749ed.,p. 41:"credibile est per magnas illas mutationes etiam animalium species plurimum immutatas"。

㉓ 见引于 Rádl,*Geschichte der biologischen Theorien*,Ⅰ,71. 在此,莱布尼茨却仍然承认"自然物种"的可能性,但坚持认为我们对这些可能性的确认只能是"暂时性的和与我们[有限的]知识相符合的"。而这样的物种的数目却明显大量减少了。大多数形式的后代被认作是不同于它们共同的祖先的,这些祖先与它们的后代极不相同。

㉔ *Miscellanea Berolinensia*,Ⅰ,1710,111—112.

㉕ Letter to Bourget(1715),*Philos. Schriften*,Ⅲ,593.

㉖ 同上,Ⅲ,582。

㉗ *De rerum originatione radicali*(1697),in *Philos. Schriften*,Ⅶ,308。

"In cumulum etiam pulchritudinis perfectionisque universalis operum divinorum, progressus quidam perpetuus liberrimusque totius Universi est agnosendus, ita ut ad majorem semper cultum procedat, quemadmodum nunc magna pars terrae nostrae cultum recepit et recipiet magis magisque... Et quod objici posset: ita oportere ut Mundus dudum factus fuerit Paradisus, responsio praesto est: ctsi multae fam substantiae ad magnam perfectionem pervenerint, ob divisibilitatem continue in infinitum, semper in abysso rerum superesse partes sopitas adhuc excitandas et ad majus meliusque et, ut verbo dicam, ad melirem cultum provehendas. Nec proinde unquam ad terminum progressus perveniri"。

莱布尼茨在给索菲亚(Electress Sophia)的一封信(1696 年 11 月 4 日)中已经更加简洁地谈到这一点:"由于在宇宙之外不存在任何能阻止它如此运作的东西,情况必定是宇宙连续地发展和前进。"(*Werke*,ed. Kopp. 1873. Ⅷ.16)我们还必须补充说,莱布尼茨还有另外一些文字与这些观点,如果不是不可能协调的话,也是难以协调的,而且他关于这个问题的看法或许是不坚定的。参见 *Philos. Schriften*,Ⅳ,344;以及

注　释

Nouveaux Essais, Ⅲ, iv. 。关于莱布尼茨演化思想的近期讨论, 见 L. Davile, *Leibniz historien* (1909); K. Ufermann, *Untersuchungen uber das gesetz der Kontinutat bei Leibniz* (1927), 75—92; A. Fischer, 'Sein' und 'Geschenhen' bei Leibniz(1929), 132ff。

㉘ Draft of letter to Arnauld of Nov. 28—Dec. 8, 1686, *Philos. Schriften*, Ⅱ, 75; tr. In Montgomery, *Leibniz: Disc. On Metaphysics*, etc. , 155.

㉙ *Philos. Schriften*, Ⅲ, 579.

㉚ *Monadology*, § 74.

㉛ 同上, 75。

㉜ *Philos. Schriften*, Ⅵ, 152.

㉝ *Werke*, ed. Kopp, Ⅷ, 15—16.

㉞ 参看 Letter to Arnauld, Apr. 30, 1687, *Philos. Schriften*, Ⅱ, 99f. , tr. In Montgomery, op Cit. , 195。

㉟ *Werke*, ed. Kopp, *op*, *cit*.

㊱ 摘自巴鲁奇所引以前未刊的片段, *Leibniz*(1909), 296。

㊲ 正如我们已经知道的, 就充足理由律和充实性原则而言, 某种类似的斯宾诺莎形而上学的时间化, 与莱布尼茨的形而上学的时间化并无本质区别, 不久前 S. 亚历山大在他的《斯宾诺莎和时间》中对此进行了探讨。但可以认为这是对斯宾诺莎学说的重构, 要不就是莱布尼茨重建了自己的学说。

㊳ *Night thoughts*: Night the Ninth.

㊴ R. D. Havens, *The Influence of Milton in the English Poetry of the Eighteenth Century*, 386.

㊵ *Pleasures of Imagination*, 1st ed. , Bk, Ⅰ, 1744.

㊶ Ibid. , Bk, Ⅱ.

㊷ Akenside's approximation to evolutionism has already been pointed out by g. R. Potter, "Mark Akenside, Prophet of Evolution", *Modrn Philology*, XXⅣ (1926), 55—64.

㊸ *Pleasures of the Imagination*, zd ed. , Bk, Ⅱ, 1765.

㊹ *Allgemeine Naturgeschichte*, 1755, 4th ed. , 7.

㊺ 同上,87。

㊻ 同上,85。

㊼ 同上,86。

㊽ 同上,84。

㊾ 同上,87—88。

㊿ 同上,90—91。康德在某段文字中(91页)似乎缺乏一贯性地认为,这种进化和消亡的交替循环规则也适合于整个宇宙系统:"那个由恒星组成的巨大系统将同样通过其运动的停止而崩溃为混沌状态的时刻最终会到来。"但他所指的可能是已经存在和我们可以看见的恒星。在这些星球所组成的系统形成之前,在创世的极限之处,在无形式的质料所占据的领域内,"自然以持续发展的进程进一步扩展神的天启的计划,并以奇迹来充满所有的空间和永恒的时间"。(同上)

368 (51) 关于这一点,请参看作者的《18世纪的某些革命者》一书。*Popular Science Monthly*,1904,238ff.,323ff。

(52) 前引书,Pt. Ⅰ,ch. 6。类似的段落,参见 Delisle de Sales,*Philosophie de la Nature*,3d ed.,1777,Ⅰ,215;有理由假设自然 *parcour successivement tous les degrés de la grande échelle*。

(53) *De la Nature*,卷一1761年问世,卷二1763年问世,卷三卷四与前两卷修订本1766年一起出版。卷五1768年出版,人们更多地引用了它的副标题:*Vue philosophique de la gradation anturelle des formes de letre*, *Les Essais de al Nature qui apprend a faire l'homme. A slight work*, *Parallele de la Nature qui apprend a faire l'homme. A slight work*, *Parallele de la condition et des facltes de l'homme avec la condition et les facrltes des aulres animaux*,1770年版由英文版翻译而来,是否有英文原版,我不是很清楚。

(54) *De la Nature*,Ⅲ,182。

(55) 同上,183。

(56) 同上,183—184。

(57) *Essay concerning Human Understanding*,Ⅱ,ch. 6,§ 12.现代第一本描述性自然史巨著,Gesner's *Historia animaluium*(155—1587),见其第4

卷[德译本，*Fischbuch*(1598)，104ff.]。该书内容包含了基于可信赖的观察者的观察证据的深海居民——海地人，并将这些生物用版画的形式表现出来，包括一个 *episcopus marinus*；对其的相信似乎由充足性原则支撑，也得到许多证据支持，直到18世纪人们仍然声称这是可信的。参看 De Maillet，*Telliamed*，1748，Eng. Tr.，1750，230—244；Delisle de Sales，*Philos. De la Nature*，3d ed.，1777，Ⅰ。

(58) 《语言的起源与进步》(*Origin and Progress of Language*)，2d ed.，Ⅰ，269。就我看来，这是对亚里士多德的一种误解。

(59) 前引书，Ⅰ，25。

(60) 同上。

(61) 同上。

(62) 同上，我们将看到对罗比内而言，"完善性"并不完全仅仅是改善，他在这时持这种学说，他在第1卷中竭力阐述了这种观点，即每种善都被作为其补充物的恶所伴随，因此善和恶的总量是相等和守恒的。

(63) *De la Nature*，Ⅲ，142—143.

(64) *Pensées sur l'interprétation de la Nature*，§ LⅦ。

(65) *De la Nature*，Ⅴ，148.

(66) 同上，Ⅳ，1—2。

(67) 同上，4—5。

(68) 在第六届国际哲学大会上，我提议这一术语可以补入哲学术语词汇中，见 *Journal of Philosophical Studies*，Ⅱ(1927)。

(69) 同上，Ⅳ，11—12。在此，罗比内承认或者是自夸，在化石、半金属(semi-metal)、空气、火的领域里，他比此前的任何自然学家都探索得更深；但 369
他正确地重申，他这样做，仅仅是同其他人一样遵循了同样的原则。Ils ont établi les premisses don't j'ai tiré la conséquence qui semble si surpreante; et de quoi pourrait-on me blâmer, si elle est lâgitimement dâduite?（*Ibid.*，Ⅳ，211)。

(70) 同上，Ⅳ，17。

(71) 参看，Ⅳ，78—79。

(72) *Pensées sur l'interprétation de la Nature*，§ Ⅻ.

⑦ *De la Nature*, Ⅳ, 17—18.

⑦ 同上,Ⅴ,6。

⑦ *Ideen zu einer Philosophie der geschichte der Menschheit*, 1784—1791, Bk. Ⅴ, chap. 1. 然而,赫尔德却只在动物王国中发现了基本形式的同一性。这一章中随处可见作为一种"上升的形式系列"的存在之链的思想。

⑦ From the poem Αθροισμοε(1819). 歌德对这一观念的推敲参见 *Versuch über die Gestalt der Tiere*(1790)和 *Erster Entwurf einer allgemeinen Einleitung in die vergleichende Anatomie*(1795)。在后一本书中,歌德坚持动物学家的认识的重要性:"eine allgemeine Bilde, worin die gestalten sämtlicher Tiere, die Möglichkeit nach, enthalten wären, und wonach man jedes Tier in einer gewissen Ordnung beschriebe... Schon aus der allgemeinen Idee eines Typus folgt, dass kein einzelnes Tier, als ein solcher Vergleichungsform ausgestellt werden könne: kein Einzelnes kann Muster des Ganzen sein... Betrachten wir nach jenem, erst im allgemeinen aufgestellten Typus die verschiedenen Teile der vollkommensten, die wir Säugetiere nenenen, so finden wir, dass der Bilungskreis der Natur zwar eingeschrankt ist dabei, jedoch, wegen der Mengeder Teile und wegen der vielfachen Modificabilität, die Veränderungen der Gestalt in's Unendliche möglich werden."在歌德 1786 年 7 月 10 日写给施泰因(Frau von Stein)的信中,可以看出他在意大利旅行期间对这个观念的发现激动不已。他希望他能够把他的"洞见"和喜悦传递给每一个人,但这是不可能的。这不是做梦和幻觉,"这是发现了自然永恒运作的基本形式,自然在这种运作中产生了生命的多样性。假使我拥有简单生命的瞬间时辰,我将不惜一切将其延伸进所有的自然王国——延伸进其整个领域。"参见 Elisabeth Rotten, *Goethes Urphänomen und dit latonische Idee*,1913。

⑦ 自然摸索着进展的概念很可能来自狄德罗的 *Pensées sur l'interprétation de la Nature*,§§ Ⅻ, ⅩⅩⅩⅦ。

⑦ 前引书,Ⅴ(1768)。

⑦ E. g., vol. IV, Planche iv.

㊊ 参看作者的《柏格森和浪漫的进化论》(*Bergson and Romantic Evloutionism*),1914。

㊋ *Vue philosophique de la gradation naturelle des formes de l'être* (1768),8—10。

㊌ 同上,12。罗尼内在别处稍微扩充了这最后的提示:"*Enfin elle [la force active]se dématérialiserait entièrement,si j'ose ainsi m'exprimer, et pour dernière métamorphose elle se transformerait en pure intelligence.*"但是他接着说,这只不过是"一个大胆的猜想,他只是将此赋予了所值者"。蒙博多在其 Ancient Metaphysics(1779—1799)中采纳了这种观点,而这在柏格森哲学中完全没有对应者。参看《创造进化论》第三章的结论。

㊍ *Palingénésie*,I,22。

㊎ 同上,I,212。

㊏ 同上,I,89。

㊐ 同上,I,216。

㊑ 同上,I,158。

㊒ 同上,I,174。邦尼特认为,无论何种动物其"可完善性"都可能是没有极限的:"可能将存在一个所有物种朝向更高完善性的持续的,或快或慢的进步;以致所有的序列等级,在一种确定的和不变的比率中将可能是持续地变化的:我指的是每个等级的变易都将在紧挨它之前一个等级中找到其根据"(同上)。

第十讲

① *Éléments de la Phil de Newton*,I,ch.6。

② *Tuse,Disp.*,I,30:"omni in re consensio omnium gentium lex naturae putanda est."

③ *Justiniani Institutiones*,I,2,11. Cf. id.,§1:"Quod naturalis ratio inter omnes homines constituit,id apud omenes populos peraeque custoditur,vocatur jus gentium,quasi *quo jure omnes gentes utuntur.*"在同一篇文章中,国际法(jus gentium)和人类"自然法"被明确地作为同义词来用。

④ *Fragments, or Minutes of Essays*, xvi, in *Works*, 1809, Ⅶ, 468.

⑤ *De Sublimitate*, § Ⅶ; tr. By W. Smith, 1770. 我认为在此更适合于引用一句 18 世纪的话语，但附加上罗伯特教授(Rhys Robert)对最后一句话的更加文学化的描写："当不同追求、不同生活、不同抱负、不同年龄、不同语言的人对于同样的主题持有同一的观点，那么由杂多元素的统一而产生的判断，会使我们对所赞美对象的信仰坚定和无懈可击。"(*Longinus on the Sublime*, 1899, p.57)朗吉努斯说，18 世纪中叶典型的一个平庸作家，"可能用平等的正义把同样的标准推延到所有优雅组成的次一等卓越物之上。"W. Melmoth, the younger; *Fitzosborne's Letters* (1746), 130。

⑥ 我想圣茨伯里先生在其对《论批评》(*Essay on Criticism*)的建言(propose)中，因缺乏要点而止步。他写道："蒲伯说遵循自然(following nature)所意味的和我们说遵循自然所意味的，是完全不同的东西。他通常所指的是：'持守寻常、普通和平凡'。"(*Hist. of Criticism*, Ⅱ[1902], 456)这是符合事实的，但蒲伯喜欢'持守寻常'，仅仅是因为诗人不能希望推及全人类。

⑦ *Lives of the Poets*: Life of Dryden; ed. G. B. Hill, Ⅰ, 433.

⑧ "诗人没有计数郁金香的条纹，也没有描述森林翠绿的参差倒影，他在其自然图景中所展示的是能唤起每个灵魂原创力的杰出的和震撼的特性。但必须忽略细小的差别(discriminations)，有些人注意到这些差别而另一些人忽视了这些差别，因为这些特征相对于警觉和粗心显然是相似的。"

⑨ W. Melmoth, *Fitzosborne's Letters*, 130.

⑩ Lacas de la Haye, *La vie de M. Benoit de spinoza*; cited by Brunschvicg, *Spinoza etses contemporains*, 333.

⑪ 弥尔顿《论出版自由》中的部分文字是 17 世纪对这一普遍论的最著名的异议。

⑫ 对此有大量的例证。参看 R. Bray, *La Formation de la doctrine classique en france*, 1927. Pt. Ⅱ, chapters iv—vi。

⑬ Formey, "Essay on the Scale of Beings", in *Philosophical Miscellanies*, 1757, 他的 *Mélanges philosophiques* 的英文版本, 1754。

⑭ *Disc. Wur la métaphysique*, Ⅸ.
⑮ *Monadology*, § 57—58; *Philos. Schriften*, Ⅵ, 616.
⑯ *Spectator*, 519, Oct. 25, 1712. Ⅰ。这里重复引用是因为它和下文给出的席勒的表述(n.19)非常类似。
⑰ 摘自 *The Pleasures of Imagination* 未完成的第四部分, 1770。
⑱ P. Reiff in *Euphorion*(1912), 591ff. 诺瓦利斯在 1798 年给 F. 施莱格尔的一封信中写道:"我不知道我是否已向你谈到我所热爱的普罗提诺。我通过狄德曼(Tiedemann)而了解了这个特意为我诞生的哲学家,他与康德和费希特的相似性几乎使我感到吃惊,而他比康德和费希特中的任何一个都更使我愉悦。"(见引于 Spenlé, *Novalis*, 188ff., 此处分析了普罗提诺对作者的影响的性质)。
⑲ 前引书, Cotta ed., Ⅻ, 189, 188。这些书信最早的出版于 1786 年,最晚的出版于 1789 年。但在此大量引用的 *Theosophie des Julijus* 一书,部分或者全部写于 1781 年或 1782 年。就 *Philosophical biography* 一书的日期和可能性渊源,参看 Ueberweg, *Schiller als Historiker und als Philosoph*(1884), 72—96; 就论理解 Schiller's *Philosophical biography* 的这本早期作品的意义而言,参见 J. Goebel in *Jour. Of English and Germanic Philolgy*, ⅩⅩⅢ(1924), 161—172。这时候席勒才熟悉莱布尼茨的著作,熟悉莱布尼兹—沃尔夫体系的一般原则。关于这一点,请参看 W. Iffert, *Der junge Schiller*(1926), 34—57。
⑳ *Philosophische Briefe*, last letter; ibid, 193.
㉑ 参看 Ueberweg, 前引书, 88。
㉒ *Briefe uber die aesthetische Erziehung*, Letter Ⅺ.
㉓ Letter ⅩⅤ.
㉔ Letter ⅩⅢ; 着重号是我加的。
㉕ Letter ⅩⅧ.
㉖ Letter ⅩⅥ.
㉗ *Gespräch über die Poesie*, 1800.
㉘ A. E. Lussky, *Tieck's Romantic Irony*(1932), 78, 68—69.
㉙ *Ueber die Philosophie; an Dorothea*, in *Athenaeum*, Ⅱ, 1, 15—16.

㉚ *Herzensergiessungen*, 1797.
㉛ *Vorlesungen über dramatische Kunst und Literatur*, 1809; in *Sämmtl. Werke*, V, 5, 15—16.
㉜ *Framente*(1798), in *Athenaeum* Ⅰ, 2, 36.
㉝ *Athenaeum*, Ⅲ, 15.
㉞ *Schriften*(1837), Ⅱ, 224—225.
㉟ *Reden*, Ⅱ.
㊱ 同上。
㊲ *Monologen*, ed. Schiele, 1914, 72—74; 一些段落的译文取自 H. L. Friess 的英文版, *Schleiermacher's Soliloquies*(1926), 76—78。
㊳ 前引书, ed. Schiele, 77—78。
㊴ *Monologen*, ed. Schiele, 30—31. 施莱尔马赫似乎并未意识到在一般性教养和独特性教养之间在逻辑上和实践上的不一致性；对他来说它们是同一个计划的两个方面。
㊵ *Reden*, V.
㊶ 同上。

第十一讲

① *System of Transcendental Idealism*(1800), *SW*, I, Abt. 3, 492; cf. also such formulations of the *Identiätssystem* as the dialogue *Bruno* and the *Further Expositions*, both of 1802. Even in these the distinctive emphasis is upon the second conception.
② 前引书, 载 *Schellings Werke*, herausg. Von S. Weiss(1907), Ⅲ, 499。
③ 不顾那些为谢林的解释辩护的文字, 我们已经看到, 这并非莱布尼茨真正的立场。
④ 前引书, 载 *Schellings Werke*, ed. Weiss, Ⅲ, 493—494。
⑤ 奥肯的形而上学进化论, 对他来说, 包含着物种通过自然遗传而转变的理论, 这一点并不清楚。
⑥ *Lehrbuch der Naturphilosophie*, Ⅰ, 4。
⑦ 同上, 22。无疑这是柏格森"tempscreateur"的来源。当然, 我的意思并

不是说柏格森直接从奥肯那里派生出来的。
⑧ 同上,26。
⑨ *Denkmal der Schrift von den gottlichen Dingen*,1812。
⑩ 前引书,*SW*,I,*Abt.* 8,64。
⑪ 前引书,81。
⑫ 同上,63。
⑬ 同上,*SW*,I,*Abt.* 8,70。
⑭ 同上,77。
⑮ 前引书,(1899),187—189。
⑯ 《哲学的宗教方面》(*The Religious Aspect of Philosophy*)(1885),248—249。
⑰ 我是在由斯宾诺莎所界定的严格的意义上用"偶然的"这个词的。*Res singulares voco contingentes*, *quatenus*, *dum ad earum solam essentiam attendimus*, *nihil invenimus*, *quod earum existentiam necessario ponat* (*Eth.*, IV, Def. 3)。
⑱ *Science and the Modern World*,249。人们应该注意到,在席勒的 *Denkmal der Schrit von den gottlichen Dingen*(*ed. cit.*,65)中,存在着对同一概念的模糊摹仿。

索　引

（在书中只是为陈述或引述提供出处的脚注没有分开编制索引）

（索引页码为原书页码，参见本书边码）

Abbadie,Jacques　雅克·阿巴迪　187
Abelard　阿伯拉尔　70—73,342n. 7
Addison,Joseph　约瑟夫·艾迪生,125,
　184,190,191,195,239,247,342n. 23,
　348n. 59
Akenside, Mark　马克·埃肯塞德
　263—265,295
Albertus,Magnrs　大阿尔伯特　79
Angels,and the chain of Being　天使,~
　和存在之链,80f. ,190ff.
Anthropocentric teleology　人类中心论的
　目的论,在彼得·伦巴第中,186,迈蒙
　尼德,100,蒙特勒,102,124,笛卡尔,
　124,188,在培根中,187,伽利略论,
　188. ,H 莫尔,188,莱布尼茨,146,188,
　在阿巴迪中,187,斯宾诺莎论,188,在
　弗奈隆中,187,贝尔纳丹·德·圣皮埃
　尔 187,W. 金论,188,勃林布鲁克,189,
　356n. 14
Apes,anthropoid,and principle of continu-
　ity　猿,类人猿,猿和连续性原则,197,
　234f. ,236,363n. 17
Aquinas,Thomas　托马斯·阿奎那,73—
　79,81,86,359n. 13
Arbitrariness of meaning of"good"对"善"

的意义的独断,司各脱主义者等,70,阿
　伯拉尔,71,阿奎那的反对,353n. ,55,
　笛卡尔,158,弥尔顿,160,H. 莫尔的反
　对,167,莱布尼茨的反对,166—168
Aristotle, account of plato's doctrine　亚
　里士多德,~对柏拉图学说的阐述,34,
　37,上帝的观念,42,55,连续性观念,
　55—58,227,等级观念,scalanaturae[自
　然的等级序列],58—59,论边缘是世界
　的优越部分,344n. 6,对巴纳姆博物馆
　的可能兴趣,236
Astronomy　天文学,充实性原则在~史
　上的影响,99—142,190,192—195,
　266—268
Augustine,St. 圣奥古斯丁,67,71,85f. ,
　159,330
Averroes　阿维罗伊,82

Bacon,Francis　弗朗西斯·培根,109f. ,
　187
Bacon,Roger　罗杰·培根,100
Barker,Matthew　马修·巴克,355n. 74
Barnum,P. T.　P. T. 巴纳姆,236
Bayle,Pierre　皮埃尔·贝尔,208,212
Bellarmino, Roberto Francesco Romolo

索　引

罗伯特・弗兰西斯科・罗莫诺・贝拉米诺,91—92
Benedetti,G. B.　G. B.伯奈德蒂,347n. 37
Bergson,Henri　亨利・柏格森,(Ⅱ),281,317,370n. 82
Bernard of clairvaux　克莱尔沃的贝尔纳,73,92
Biology　生物学存在之链,观念在生物学史上的影响,61,79f. ,184,218,227—241,243,251f. ,255—286
Blackmore,Sir Richard　理查德・布莱克默爵士,135f. 165,297
Blood,B. P.　B. P.布鲁德,13
Boethius　波伊提乌,85,324n. 26
Bolingbroke,Henry st. John,Lord　圣约翰・亨利,勃林布鲁克,188f. ,195f. ,212,223,290,359n. 9
Bonnet Charles　查尔斯・邦尼特,194,230f. ,275,283—286
Bray,R.　R. 布雷,371n. 12
Brooke,Henry　亨利・布鲁克,242f. ,244
Browne,Sir Thomas　托马斯・布朗爵士,80
Browning,Robert　罗伯特・布朗宁,24
Bruno Giordano　焦尔达诺・布鲁诺,86,116—121,249,351n. 38
Buddhism　佛教 30,97
Buffon G.—L.　G.—L 布封,229f. ,272,279
Buridan,Jean　让・布里丹,345n. 9;ass of,168
Burnet J.　J.伯内特,32f
Burton Robert　罗伯特・伯顿,110
Burtt E. A.　E. A.伯特,344n. 4

Campanella　康帕内拉 109
Cesalpino,Andrea　安德烈・切萨皮罗,228

Chain of Being,idea of,defined　存在之链,~的观念,~的定义 59,其他有关项未索引
Chesterton,G. K.　G. K.切斯特顿,226.
Chudleigh,Mary,Lady　玛丽・邱德雷芙女士,190f
Cicero　西塞罗,289,344n. 6
Clarke,John　约翰・克拉克,219,242
Clarke,Joseph　约瑟夫・克拉克,242
Clarke,Samuel　塞缪尔・克拉克,149f. ,163,168f. ,289,352n. 48
Coincidentia oppositorum　对立统一,83,114,120,343n. 36
Compossibility　共可能性观念,在莱布尼茨中,170—172
Contingency(non-rationality)of universe　宇宙的偶然性(非理性),156f. 不同的中世纪作家论此主题,70ff. ,阿伯拉尔,71,奥古斯丁,157,笛卡尔,158,皮尔逊 158,J. 诺里斯,159,弥尔顿,160f. 费奈隆,162,S. 克拉克,163,结论,327ff. 参看充足理由,决定论
Continuity　连续性,连续性原则,在亚里士多德中,55—58,G. 赫伯特,60,大阿尔伯特,179. 阿奎那 179,托马斯・布朗,80,扬格,80,库萨的尼古拉,80,V. 雨果,81. 在文艺复兴生物学中,61,莱布尼茨,144f. ,256,弥尔顿,164,洛克,184,勃林布鲁克,196,蒲伯,60,196,S. 杰宁斯 197,布封 229f. ,勃勒特,230f. ,235,戈德史密斯,231,俗人修道院 234n17,康德,241,罗比内,275—277,施莱尔马赫,308,结论,332
Continuum　连续体,~的无限可分性,S. 约翰逊,253f. ,莱布尼茨,257,罗比内,274
Copernicanism　哥白尼的学说,~对想象的影响,对人的观念的影响,等等,99—

108

Copernicus 哥白尼,论宇宙之变革,89

Crane, R. S. R. S. 克雷恩,365n. 9

Crescas 克雷斯卡斯,112

Cusanus, Nicolaus 库萨的尼古拉 104, 112—115, 123, 342n. 18, 348n. 56, 350n. 22, 351n. 29

Dante 但丁,68f.,86,359n. 13

Daudin, Henri 亨利·多丹,61,228

Delisle de Sales 德·萨尔斯·德利尔,368n. 52

Democritus 德漠克利特,117

Derham, Wm 德勒姆,133—134

Determinism 决定论,暗含的宇宙决定论,柏拉图,54,普罗提诺 63,与乐观主义的关系,70,阿伯拉尔,70f.,彼得·伦巴第的反对,73,阿奎那的反对,74,布鲁诺,119f.,斯宾诺莎,151—155,奥古斯丁的反对,157,弥尔顿160f.,弗奈隆,162,布莱克默,165,莱布尼茨,166—180,笛卡尔的反对,158,皮尔逊,158,马勒伯朗士,350n. 26, S. 克拉克(Clarke),163,金,163,伏尔泰的反对,210,358n. 4,参看充足理由

Dewey, John 约翰·杜威,10

Diderot, D. D. 狄德罗,15,268,274f.,278,369n. 77

Digges, Thomas 托马斯·迪格斯,116

Dionysius, Areopagita 阿勒欧帕基塔·狄奥尼修斯,67f.

Diversity of existences 存在的多样性,作为内在价值的~,柏拉图,50f.,普罗提诺,62,阿伯拉尔,72,阿奎那,76f.,阿维罗伊,82,乐观主义,214f.,222,艾迪生,184,布莱克默,297,康德,362n. 哈勒,295,浪漫主义,293—313,施莱尔马赫,308,310f. 参看充实性原则

Drummond, William 威廉·德拉蒙德,159,164

Du Bartas, Guillaumede Salluste 古诺姆·德·萨鲁斯特,杜·巴尔塔斯,100

Ecouchard-le Brun, Ponce-Denis 伊科查德—勒·布隆,彭斯—但尼斯,236,239,364n. 20

Emerson, R. W. 爱默生,251

Encyclopédie 百科全书,176,232

Enlightenment 启蒙运动,简单化设想的倾向,7,参看均变论

Ens necessarium, 本体 151,156,165f.

Epicureans 伊壁鸠鲁,117

Essence 本质,其 exigentia existentiae,斯宾诺莎,153;莱布尼茨,177f.

Ethical and political deductions from idea of Chain of Being 存在之链观念的伦理学和政治学推论,在 18 世纪中,200—207

Evolutionist and progressivis tversions of the Chain of Being,存在之链的进化论和发展论看法,244ff.,300ff.,318—325

Fénelon 费奈隆,162f.,187,349n. 4

Fludd Robert 罗伯特·弗洛德,94—96

Fontenelle B-L-B. de, 丰特奈尔,130—133,237

Formey J. H. S. 福梅 191,294

Frazer J. G. J. G. 弗雷泽,338n. 8

Fuller B. A. G. B. A. G. 福勒,341n. 50,344n. 42

Galileo 伽利略,121f. 188

Gardens 花园,美学鉴赏史或哲学观念史,15f

Gilson, E. E. 吉尔松,77,342n. 17

Glanvill, Joseph 约瑟夫·格兰维尔,126

God 上帝,上帝的观念,柏拉图 41,43,亚

里士多德,43,约拿单,爱德华兹,43—44,C. E. M. 乔德 67f. 阿伯拉尔,71f. 阿奎那,73—76,J. 诺里斯,87,159,弥尔顿,160f. 贝拉米诺,91,布鲁诺,119f.,H. 莫尔,125,斯宾诺莎,152—154,莱布尼茨,166ff. 223,席勒,300f.,谢林,311—323,奥肯,320

God 上帝,两种对立的上帝观念,在西方宗教思想中结合在一起的两个对立的上帝观念,5,157,315ff. 柏拉图,42f.,49ff. 普罗提诺,62,中世纪哲学,82—85,93,96,奥古斯丁,85,贝拉米诺,91,弗洛德,93—96,343n. 39,J. 诺里斯,87,布鲁诺,117—120,蒲伯,202,席勒,302,谢林,317ff.,奥肯,320,结论,326f

Goethe 歌德,189,250,280,369n. 76
Goldsmith Oliver 奥利弗·戈德史密斯,231,360n. 24
Good 善,柏拉图善的理念,39—43
Gradation 等级性,等级性原则,在亚里士多德,58—59,文艺复兴的生物学,61,哥白尼主义,62ff,奥古斯丁,67,但丁,69,阿奎那,76f.,莱布尼茨,144f.,178,206,金,214—216,洛克,184,190,艾迪生,190,191,勃林布鲁克,195f.,配第,190,蒲伯,60,201f.,206,217,E. 罗,206,S. 杰宁斯,207,赫尔德,369n. 75
Green, T. H. T. H. 格林 47
Günther H. H. 君特 234

Haller, Albrecht von 阿尔布雷希特·冯·哈勒,199f.,295,359n. 9
Havens, R. D. 哈文斯,263
Hawkesworth, J. J. 霍克斯沃思,356n. 15
Hegel, G. F. 黑格尔,11
Herbert, George 乔治·赫伯特,60
Herbert J. G. J. G. 赫伯特,280
Holbach P. —H. —D. Borrond 霍尔巴赫,269
Hottentots and principle of continuity,霍屯督人和连续性原则:197,234,363n. 17
Hugo, Victor 维克多·雨果 81,150,359n. 12

Ideas 观念,观念史的研究,其方法和目的,1—21
Infinite 无限,无限性的矛盾,库萨的尼古拉,348n. 56,帕斯卡尔,128f.,H. 莫尔,347n. 48,兰伯特,139f.,康德,141f. 参看"连续统一性"
Infinity of world in space 世界在空间上的无限性,克雷斯特斯,112,库萨的尼古拉,112f.,迪格斯,116,布鲁诺,117ff.,H. 莫尔,125,格兰维尔,126,德勒姆 133,兰伯特 139,康德,140f.,扬格,137ff.
Inge W. R. W. R. 英奇,35,83

Jacobi F. H. F. H. 雅各比,321—325
James, William 威廉·詹姆斯,13,313f. 328
Jenyns, Soame 苏姆·杰宁斯,197,203f.,207,209f.,361n. 26,363n. 17
Joad C. E. M. 约阿德,44f
Johnson, F. R. and Larkey S. V.,F. R. 约翰逊,及 S. V. 拉基,346n. 28
Johnson, Samuel 塞缪尔·约翰逊 135,184,253f.,290f.,358n. 42,371nn. 7,8
Justinian, Institutes 查士丁尼学院,290

Kant, Immanuel 伊曼努尔·康德
Kepler, Johann 约翰·开普勒,105—107,121,345nn,11,14
King, William 威廉·金,188,212—223,352n. 41,364n. 24
Knowles, T. T. 诺尔斯,350n. 13

Lambert, J. H. 兰伯特, 139f
Lange, Joachim 乔基姆·朗格, 175
Law, Edmund 埃德蒙·劳, 185, 206, 212ff., 245, 248f., 350n. 15
Lay *Monastery* 世俗修道院, 布莱克默和休斯的世俗修道院, 234
Leeuwenhoek A van 冯·列文虎克, 236f
Leibnize 莱布尼茨, 144—182, 206, 223—225, 248, 249, 255—262, 274, 294, 297, 349n. 6, 366n. 23
Lenz J. M. R. J. M. R. 伦兹, 250
Linnaeus 林奈, 234
Locke, John 约翰·洛克, 8f., 184, 342n. 23, 356n. 1, 228f., 362n. 2
Lombard, Peter 彼得·伦巴第, 73, 187
Longinus 朗吉努斯, 290
Lussky A. E. 卢斯基 304

Macrobius 马克罗比乌斯, 63
Magnitude of world 世界的巨大, 中世纪天文学中世界的巨大, 99—101
Maimonides 迈蒙尼德, 100
Malebranche 马勒伯朗士, 350n. 26
Manichaeism 摩尼教, 97, 208
Man's place in nature 人在自然中的地位, 中世纪思想中~, 101ff., 不同的18世纪作家, 186—200, 参看人类中心主义神学
Maupertuis P.—L.—M. de 莫帕都伊, 255, 268, 279, 349n. 1
Melmoth W., the younger 小梅尔莫斯, 370n. 5, 371n. 9
Mermaids 美人鱼, 洛克, 184, 罗比内, 271f., 其他作家, 368n. 57
Metaphysical pathos 形而上学的激情, ~的类型, 10—14
Micro-organisms and Chain of Being 微生物和存在之链, 236—240

Middle link in Chain of Being 存在之链的中间环节, 人作为存在之链的中间环节, 79, 103, 189ff., 192, 193, 198—200
Mill J. S. J. S. 密尔, 306
Milton, John, 约翰·弥尔顿, 89, 160—162, 163—165, 212, 214, 351n. 38, 371n. 11
Missing links, 缺环, 对缺环的寻求, 233—236, 255
Molyneux, W. W. 莫利纽克斯, 348n. 57
Monboddo 蒙博多爵士, 詹姆斯·伯内特, 235, 340n. 38, 363n. 19, 370n. 82
Montague, W. P. W. P. 蒙塔古, 261
Montaigne 蒙田, 102, 124, 344n. 6, 357n. 39
More, Henry 亨利·莫尔, 125, 167, 188, 246, 351n. 38
Mornet, D. D. 莫奈特, 15, 336n. 8

Nationlism and the principle of plenitude 国家主义（民族主义）和充实性原则, 313
"Nature" as norm 作为标准的自然, 289ff. 294f., 310
Neo-classic aesthetic theories 新古典美学理论, 288—292
Nicolson, Marjorie 玛乔里·尼科尔森, 364n. 23, 365n. 27
Norris, John 约翰·诺里斯, 87f., 95, 342n. 26, 351n. 38
Novalis 诺瓦利斯, 298, 307, 371n. 18

Ockham, William of 奥卡姆的威廉, 342n. 10, 345n. 9
Omnipotence 全能, ~的困难, 210, 212
Optimism 乐观主义, 在普罗提诺中, 64, 阿伯拉尔, 70f, 彼得·伦巴第的反对, 73, 阿奎那的反对, 78f. 布鲁诺, 119, 18世纪, 208ff., 金, 212ff., 莱布尼茨,

223ff.，参看261，伏尔泰，210，211，245，谢林的反对，323，325
Origen 奥利金，75，165
Other worldliness 来世，来世性的界定，24—31，巴门尼德，39，柏拉图，31，35，338n.24，339n.26，普罗提诺，62，中世纪神学，82—85，93，96，奥古斯丁，85，布鲁诺，120，贝拉米诺，91f，帕斯卡尔，129f.，J.诺里斯，87f.，95，～和对世界无限性信仰的联系，142f.，教皇，202，谢林，324f.
Ovington，Sir J. J. J. J.奥文顿爵士，363n.17

Paine，Thomas 托马斯·潘恩，108
Palingenius 帕林根，115f.
Palmer，George Herbert 乔治·赫伯特·帕尔默，20，25
Parmenides 巴门尼德，39
Pascal，Blaise 布莱斯·帕斯卡尔，126—130，348n.56
Pearson，John 约翰·皮尔逊 158
Petty，Sir William 威廉·配第爵士，190，363n.17，364n.25
Plato 柏拉图，～和欧洲哲学传统，24，～中的两种倾向，24，49f.，解释的困难，31ff.，理念论的原作者和意义，32—39，《斐多篇》37.，《斐利普篇》，42，《斐德诺篇》，34，《国家篇》，34，37，53，《蒂迈欧篇》，33，46ff.，《会饮篇》，88，第七封书信，34，37，337n.7，教皇，202，伏尔泰，253，参看《蒂迈欧篇》
Plenitude 充实性，～原则的界定，52，339n.36，在柏拉图中，50—55，不存在于亚里士多德思想中，55，新柏拉图主义，62f.，奥古斯丁，67，伪狄奥尼索斯，68，但丁，68f.，阿伯拉尔，70f.，阿奎那，73—77，托马斯·布朗，80，V.雨果，181，阿维罗伊，82，诺里斯，87，布鲁诺，117—119，帕林根，115，伽利略，121f.，笛卡尔，123，H.莫尔，125，格兰维尔，126，G.赫伯特，60，莱布尼茨，144，166，170—181，255，斯宾诺莎，152—154，德拉蒙德的否定，164，弥尔顿的否定，164f.，S.克拉克的速写，163，布莱克默的否定，165，丰特奈尔，131f.，M.巴克，355n.74，洛克，184，190，艾迪生，184.，190，239，劳，185，215，M.邱得雷夫，190，J.克拉克，219，勃林布鲁克，189，191，配第，190f.，364n.25，扬格，80，138，190，汤姆森，60，240，特恩布尔，360n.19，S.杰宁斯，197，金，214ff.，蒲伯，60，216f.，康德，140ff.，240f.，布封，272，伏尔泰的反对，245，252f.，约翰逊的反对，253，新来世论，246ff.，罗比内，270ff.，蒙博多，272，席勒，299f.，301ff.，德国浪漫主义作家，303ff.，施莱尔马赫，308，310，参看，245f.
Plotinus 普罗诺德，存在之链观念的系统化者，61—63，蕴含宇宙决定论，63f，神正论，64—66，360n.24，论无限性，66，和德国浪漫主义的关系，298，诺瓦利斯，371n.18
Pluche Abbé 普鲁奇神父，243
Plurality of worlds 世界的众多性，108f.，110，112，114ff.，117—119，121，123，125—126，130—139，141f.
Pope，Alexander 亚历山大·蒲伯，8，9，60，192f.，196f.，199，201f.，211，212，219，223，263，290，357n.24，359n.9.
Potter，G.R. G.R.波特尔，367n.42
Power，Henry 亨利·鲍尔，237
Prévost Abbé 普雷沃神父，15
Price，L.M. 普赖斯，359n.9
Pride 骄傲，人的～，蒙田论～，102，358n.39，蒲伯，196f.，201，卢梭，201，康

德,194;哈勒,199
Privation 缺乏,作为恶的本质和根源的缺乏,亚里士多德,59;普罗提诺,64;金和罗,213

Ramus,Peter 彼得·拉穆斯,83
Ray,John 约翰·雷,243
Reiff,P. P. 里夫,298
Reynolds,Sir Joshua 约书亚·雷诺兹爵士,291
Ritter C. C. 里特尔,32,36f.,40,338n. 8
Robinet,J. B. 罗比内,269—283
Romanticism 浪漫主义,10,15f.,345n. 10
Ronsard Pierre de 皮埃尔·德龙沙,159,345n. 10
Ross,W. D. W. D. 罗斯,57,340n. 37,342n. 46
Rotten E. E. 罗滕,369n. 76
Rousseau J. J. J. J. 卢梭,201,235,273.
Royce,Josiah 乔西亚·罗伊斯,325,330
Russell Bertrand 伯特兰·罗素,146,171,339n. 36,353n. 60,354n. 68,355n. 84

Saintsbury George 乔治·圣茨伯里,370n. 6
Santayana,G. G. 桑塔亚那,13,39
Scale of nature as ladder for man's ascent,作为人的上升阶梯的自然的等级序列,88—92,202,246ff.,251
Schelling, F. W. J. 谢林,11,317—326,373n. 16
Schiller 席勒,299—303
Schlegel,A. W. A. W. 施莱格尔,298,305
Schlegel,F. F. 施莱格尔,10,304,306,307
Schleiermacher,F. E. D. 施莱尔马赫,307—311
Schopenhauer,A. A. 叔本华,30
Self-sufficiency 自足性,作为至善的自足性,柏拉图,42f.,48f.,338n. 24,339n. 26,作为上帝的属性,亚里士多德,43,55,爱德华兹,43,普罗提诺,62,但丁,351n. 31,彼得·拉穆斯,83,龙沙,159,德拉蒙德,159,H. 莫尔,351n. 38,马勒伯朗士,351n. 26,诺里斯,159,弥尔顿,160f.,351n. 38,费奈隆,162f.,浪漫主义反叛的反对,250,克罗普斯托克,300,席勒的反对,300,参见"善的理念"
Sensus eminentior,卓越的感觉 83,323,343n. 36
Sheldon,W. H. W. H. 谢尔登,355n. 74
Shelley,P. B. 雪莱,阿多莱斯的引述,12
Shepherd,R. R. R. R. 谢泼德,204
Shorey,Paul 保罗·肖利,38,337n. 8
Species 物种,自然物种的理念,227f.,对物种的怀疑,228—231
Spencer,Herbert 赫伯特·斯宾塞,28
Spinoza 斯宾诺莎,151—155,166,170,180f.,210,223,292,319,343n. 36,353n. 61
Sprat,Thomas 托马斯·斯普拉特,232
Sufficient reason 充足理由,充足理由律,在阿伯拉尔中,71f.,布鲁诺,118,莱布尼茨,145—149,165—180,352n. 49,354n. 66,斯宾诺莎,152f.,劳,350n. 13,结论,327—333,参看决定论
Swift,Jonathan 乔纳森·斯威夫特,239,289

Tasso,Torquato 托奎托·塔索,86
Taylor,A. E. A. E. 泰勒,33,337n. 5,339n. 35
Tennyson,Alfred 阿尔弗雷德·丁尼生,24,219
Theodicy 神正论,在普罗提诺中,64f.,阿奎那,77f.,金和劳,212—223,莱布尼茨,223f.,参看"乐观主义"

索 引

Thienemann, A. 塞勒曼, 362n. 1
This-worldliness 现世性, 24, 26f., 130, 在柏拉图中, 49f., 51, 53, 普罗提诺, 64f., 但丁, 69, 86, 阿伯拉尔, 72, 阿奎那, 75f., 中世纪思想, 82—84, 93, 奥古斯丁, 85f., 贝拉米诺, 91, 布鲁诺, 120f., 弗卢德, 94f., 与对世界无限性的信仰, 142f.
Thomson, James 詹姆斯·汤姆森, 60, 240
Timaeus of Plato 柏拉图的《蒂迈欧篇》, 46—51, 其他作家的引述：普罗提诺, 62, 但丁, 68, 阿伯拉尔, 71, 阿奎那, 78, 诺里斯, 87, 莱布尼茨, 149, 艾肯塞德, 263, 总的影响, 339n. 31
Time 时间, 时间与充足理由律的不一致性, 151f., 154f., 242f., 329ff.
Toland, John 约翰·托兰德, 9
Trembley, A. A. A. A. 特朗布雷, 233
Turnbull, G. G. 特恩布尔, 360n. 19
Tycho Brahe 布拉赫·第谷, 104, 121

Uniformitarianism of the Enligntenment, 启蒙运动的均变论, 288—293, 浪漫主义反叛的反对, 294—313, 参看"存在的多样性"

Vedânta philosophy 吠檀多哲学, 30, 42
Voltaire 伏尔泰, 64, 184, 210, 211, 245, 252f., 289—290, 349n. 1

Wackenroder W. H., W. H. 瓦肯罗德尔, 305
Warton, Thomas 托马斯·沃顿, 291
Webb, C. C. J., C. C. J. 韦伯, 394n. 5
Whitehead, A. N, A. N. 怀特海, 17, 24, 333
Wilkins, John 约翰·威尔金斯, 102, 109
Wolff, Christian 克里斯蒂安·沃尔夫, 176, 352n. 49
Wolfson, H. A., H. A. 沃尔夫森, 112, 340n. 38

Young, Edward 爱德华·扬格, 80, 136—139, 190, 262f.

Zangwill, I, I. 赞格威尔, 103

译 后 记

说起《存在巨链》一书的翻译，其实是一件很偶然的事。1999年夏天的一天，晓芒兄打来电话，问我最近有没有时间，想请我翻译一本书，当时我刚好完成一项任务，虽然还有许多事要做，但尚无急件，遂答应看看是什么书。当我从华中科技大学杨建邺先生手里拿到原书的复印件时，我马上被书中的内容所吸引。书中所谈到的"存在之链"的思想以及与之密切相关的充实性原则、连续性原则以及充足理由原则正是我在多年的哲学史教学和研究中十分感兴趣的问题。我意识到这是一本很有价值的著作，尽管此时我对洛夫乔伊其人还不了解。后来，我从《大英百科全书》中知道此人在美国哲学界的地位和影响，同时也证实了《存在巨链》是一部在西方哲学史界很有影响的著作。因此，我也就决定要把它翻译出来，介绍给我国从事哲学史研究的同仁。后来我才知道，原来商务印书馆对此书也很感兴趣，只是因为此书的版权被江西教育出版社抢先买到，才放弃译介此书的计划。所以，译介此书的选题看来是选对了，因为无论此书的经济效益如何，但它的学术价值是毋庸置疑的。

虽然对此书我爱不释手，但是一旦具体动手翻译，我又感到有点力不从心。原因是该书涉及多种文字，有英、法、德、意以及拉丁文,而且书中大量引用了各种诗歌,而诗歌的翻译是最令人头疼的。好在有晓芒兄的支持和帮助,否则我也只好望洋兴叹了。因此本书中英文以外的其他文字都是由他译校的,当然,有些文字为了准确起见,我们也请教了相关人士。为了及时将此书译出,我邀请了现在华中科技大学任教的高秉江博士共担此事,我们俩人各译一半,前五章由我译出,后六章及书后注释由高秉江译出,我所译的部分由邓晓芒校,高秉江译的部分由我校,全书统稿由我负责。

关于具体的翻译工作有几点需要加以说明:第一,关于"Being"这个词的译法,现在国内争议不小,在此我们之所以仍然坚持译作"存在",是因为觉得这样译比较恰当,而译作"是"、"有"之类在此总觉不妥。第二,洛夫乔伊的这本书原来是他的讲座的讲演稿,所以,每一次讲演的标题为"第×讲",为了合乎我们的阅读习惯,我们把它改为"第×章",这只是我们自己感觉更好些而已,无实质上的重要性。第三,为了保证译文的准确性,除了我们认真工作外,我们坚持把非英语的原文附上,以保证读者在阅读时不因为我们的错误而被误导。第四,关于书后的注释,我们只是选择与本文思想有关的部分翻译,其他涉及原文出处的注释一概未译,敬请原谅。

本书的译出和出版,首先要感谢杨建邺先生,是他向我们推荐了这本好书;其次要感谢江西教育出版社的编辑同志,特别是张芙蓉编辑,虽然由于种种原因此书未能按时出版,但是最后终于在他们的支持和帮助下得以面世;最后要感谢一切为此书的翻译和出版出过力的人们,没有大家的辛苦,也就没有今天此书的面世。同时,由于时间紧迫,能力有限,书中必有不少漏误之处,敬请读者批评指正。

张传有
2002年元月于武昌珞珈山

新版译者后记

《存在巨链》一书2002年在江西教育出版社出版后,在国内学界产生了较大的影响。书很快销售一空,以至在网上不时出现求购该书的信息,我也收到许多让我代购该书的信件。我自己仅存的一本书,也差点被人拿走。而且,很快在《图书商报》上发表了由中科院自然科学史研究所袁江洋研究员写的评介该书的长篇(占了整整一个版面)文章《存在巨链:思想史研究的纪念碑》。该书中的某些章节也被收进有关的书籍之中。这一切使我感到很是欣慰。它说明,洛夫乔伊的这本书被评为影响20世纪的一百本书是名副其实的好书,我们费力翻译该书也是值得的。更为重要的是,该书的出版使得观念史研究在国内被接受为一种重要的学术研究的方法。我们武大的一位博士生就曾以"革命"这个观念的历史发展作为其博士论文的研究主题。现在商务印书馆重新出版该书,更是对这本书所产生的历史影响的一种肯定。我感到非常高兴。

在重新出版之前,我们对全书进行了一次全面的审校,以求做到更加完美。此次审校原本准备请邓晓芒先生来做,但是由于他最近事情太多,抽不出时间,所以只好采取首先由我们的博士生对译文对照英文原文进行审看，找出译文中可能存在的问题，然后再由我和高秉江各自对自己负责的部分加以审定的办法。我的博士生王福玲同学为此付出了大量的劳动，在此向她表示衷心的感谢。王福玲同学本科是英语专业的，硕士阶段学的是伦理学，博士阶段主要是跟随我研究西方伦理思想史，也就是说，她既具有良好的外文基础，又有西方文化的底蕴，完全足以胜任这一工作。她花了整整一个暑假，对我所译的部分（前五章）进行了认真的审读，发现了其中存在的错译和语句不通畅的情况，这就为我的审校打下了良好的基础，我相信，经过这次审校，该译本将会更加完满。

在重新审校译文的时候，我想起一件令人难忘的事情。1981年，在我写硕士论文时，承蒙我的导师陈修斋先生介绍，曾到北京大学拜访我国著名翻译家王太庆先生，在王先生家中，我看到了他十多年前就已译好的笛卡尔的著作的译稿，其译文之严谨精美，书写之工整，令我感到惊叹。当我问他为什么还不交给出版社出版时，他说，他的译文都是在译好后先放一段时间，然后再加以修订，再才交由出版社出版，因为只有这样才能使译稿避免错误，更加完善。王先生的这种治学态度深深打动了我。然而由于当下社会和学界的急功近利，我们似乎很难如此行事。因此，商务印书馆这次在《存在巨链》一书出版十年后重出，给了我们这样一次完善译著的机会，我们是相当珍惜这次机会的。尽管这次修订使得译文更加完善，但是，很难说已经没有缺点和错误了，因此，我们仍然衷心欢迎读者和学界同仁的批评指正，因为这种批评指正既是对我们的关爱，也是对我国的学术事业的推进。

张传有

2011年10月于武大珞珈山

图书在版编目(CIP)数据

存在巨链:对一个观念的历史的研究/(美)洛夫乔伊著；张传有,高秉江译.—北京:商务印书馆,2015(2019.5重印)
ISBN 978-7-100-11119-5

Ⅰ.①存… Ⅱ.①洛…②张…③高… Ⅲ.①思想史—理想研究 Ⅳ.①B1

中国版本图书馆 CIP 数据核字(2015)第053927号

权利保留,侵权必究。

存 在 巨 链
——对一个观念的历史的研究

〔美〕阿瑟·O.洛夫乔伊 著
张传有 高秉江 译
邓晓芒 张传有 校

商 务 印 书 馆 出 版
(北京王府井大街36号 邮政编码100710)
商 务 印 书 馆 发 行
北 京 冠 中 印 刷 厂 印 刷
ISBN 978-7-100-11119-5

2015年5月第1版　　开本 850×1168 1/32
2019年5月北京第2次印刷　印张 16½
定价:42.00元